# 关于中国国土开发与可持续发展的报告

陆大道院士牵头并起草的上报咨询报告集

中国科学院学部工作局 ◎ 编

Report on China's Land Development and
Sustainable Development

科学出版社
北 京

图书在版编目(CIP)数据

关于中国国土开发与可持续发展的报告:陆大道院士牵头并起草的上报咨询报告集/中国科学院学部工作局编.—北京:科学出版社,2019.4

(国家科学思想库.决策咨询系列)
ISBN 978-7-03-060947-2

Ⅰ.①关… Ⅱ.①中… Ⅲ.①国土资源—资源开发—研究报告—中国—1994-2017②可持续性发展—研究报告—中国—1994-2017 Ⅳ.①F129.9②X22

中国版本图书馆CIP数据核字(2019)第056711号

责任编辑:侯俊琳 牛 玲/责任校对:韩 杨
责任印制:徐晓晨/封面设计:有道文化

编辑部电话:010-64035853
E-mail:houjunlin@mail.sciencep.com

科学出版社 出版
北京东黄城根北街16号
邮政编码:100717
http://www.sciencep.com

北京厚诚则铭印刷科技有限公司 印刷
科学出版社发行 各地新华书店经销
*
2019年4月第 一 版 开本:720×1000 B5
2019年4月第一次印刷 印张:28 1/8
字数:350 000
**定价:158.00元**
(如有印装质量问题,我社负责调换)

# 序　言

　　这本报告集是我自 20 世纪八九十年代以来主持并起草的上报咨询报告及建议的汇总，分生产力布局与国土开发、区域发展战略与方针、区域可持续发展问题三个部分，共计 32 篇。主要内容是针对我国改革开放以来各时期在制定与实施有关生产力布局与国土开发、区域发展方面的方针、政策中提出的需求与问题，在长期研究与专题调查基础上，以咨询报告、专报信息等形式，向政府高层上报的分析与建议。

　　几十年来，我的学习与科学研究的重点也是"三部曲"，内涵与这本报告集的三个部分基本相吻合，彼此相互联系。20 世纪 60~70 年代，我学习和参与工业布局与区域性工业基地综合开发的调查研究与规划。80 年代，我的学习与工作的内容逐步转到国土开发研究与规划及区域发展问题。90 年代初，国家开始将可持续发展问题提到日程上来，我的工作进一步往综合方向转变，逐步以国家的区域发展战略与区域可持续发展方面为重点。当然，研究工作在先，同时通过联系实际的中间环节，形成了咨询报告选题及产出的报告。

　　这本报告集中的报告虽然是我组织研究与编写的，但大都是在综合课题组成员的调查、讨论，以及部分初稿等成果基础上形成的，少数报告是与部分成员共同写作的，个别报告几乎全是合作者编写的，我只是署名而已。这些，在每一篇报告的"编者按"或开始页的脚注中都作了说明。

我于 1963 年自北京大学毕业后被杰出的地理学家吴传钧院士录取为他的研究生。初期，吴先生给我确定的专业方向是工业地理学。就这样，我开始大量接触苏联的生产力布局理论与经验。1980 年，吴先生又帮我获得到联邦德国进修的机会。我利用这个机会，大量阅读了德国区位论及空间结构理论的著作。与此同时，在原中国科学院地理研究所胡序威与李文彦先生的带领下，我在 20 世纪 70~80 年代参与了京津唐、山东、安徽、辽宁、新疆、山西等地区的资源综合开发、区域发展战略的研究与规划。通过这些工作，我学习、积累了比较丰富的实践知识。更重要的是，我意识到我们经济地理学者应该积极主动地为政府科学决策提供建议，这是我们义不容辞的责任。我从 20 世纪 90 年代开始独立工作，并曾任中国科学院地理科学与资源研究所所长、中国地理学会理事长，后被国家发展和改革委员会（简称国家发改委）聘为"十一五"和"十二五"国家规划专家委员会成员，等等。研究工作的范围与视野也较以往更为广阔。客观上，这使我更深地体会到我们学科的价值，也让我领悟到作为一名学者一定要具有强烈的服务国家、服务社会的情怀。这进一步增强了我决心为国家决策服务的意愿。咨询的任务与课题也更接近国家重大决策问题，如城镇化问题、发展与环境问题、国家交通建设、重大工程建设等。2011 年 3 月底，我突然遭到脊髓损伤的袭击，双下肢瘫痪。但这却让我能更加集中精力于咨询工作。在大约 6 年的时间里，我在轮椅上完成咨询报告与专报信息共 12 篇。

改革开放 40 年来，我国经济与社会发展取得了辉煌的成就。2014 年我国国内生产总值（GDP）为 63 万亿人民币，不变价 GDP 是 1978 年的 28 倍，同期名义 GDP 为 174.6 倍，成为世界上第二大经济体。但同时，在生产力布局、国土开发与可持续发展方面，我们也确实付出了很大代价，特别是社会经济及人与自然关系诸多方面出现了严重的不和谐，环境和自然资源已经不能支撑如此高速发展的国民经济。党的十九大报告明确提出：中国经济已由高速增长阶段转向高质量发展阶段。推动绿色低碳发展是中国人民的强烈愿望，也是对传统增长方式的调整。我国国民经济的战略转型正在大步前行。

我国正在向世界大国和强国迈进。巨大规模的社会经济总量和日益复杂而重要的国际关系使国家的可持续发展不断出现变化和呈现新的态势。我国的国内发展和对外发展战略、方针和各种政策需要在连续性、调整、改变及重新制定等方面及时做出科学的反应。加上我国政府领导人的任期制已经普遍实行，一届一届领导人越来越重视来自于社会的建议，政府各部门都有一定的职能分工。但一系列重要的方针政策的制定和实施都会产生综合性的影响，虽然从上到下都有综合性的协调机构，但条条分割现象仍然严重。条条内往往是"一支笔""一张嘴"。在以往的实践中，某些领域由于决策和行动的偏差，给国民经济和社会发展造成巨大影响及浪费，并且得不到前瞻性预警和及时纠正的现象并不罕见。所有这些新的发展形势，为各种类型的咨询研究和智库建设的开展提供了客观需要和客观条件，是智库发展非常重要的大前提，这也表明咨询工作意义重大。置身于政府主管部门之外的智库机构肯定会有很大的发展空间，是建设现代化强大国家所不可或缺的。

地理学是关于国情研究的主要学科之一，是一门经世致用的学问。全国主要高校及一些专业性和大区域性的地理研究所，它们研究领域涉及国土资源各个要素及生产力布局、区域发展、城镇化、水土资源、环境治理、生态保护等诸多方面，科学知识积累最厚重，专业人员很多。地理学交叉学科的特点决定了专业研究人员必须同时具备自然科学和社会科学的知识结构，这非常有利于开展国情和发展的研究和咨询。如果亮出家底，我们中国科学院地理科学与资源研究所是国内智库的第一家，成果也是一流的。这无疑是一笔巨大的财富。其中，人文与经济地理学科由于交叉学科特征，以及学者们知识结构的综合性，承担了很重要的研究咨询任务，几十年来在研究、规划、咨询等方面积累了丰富的经验，培育了研究国情和服务于国家需求的良好传统，在社会上，在学术界都产生了突出的影响。

钱学森先生曾在一次谈话中强调："使地理科学在国家中长期规划中起了作用，我们就算做了件大事。"中国科学院地理科学与资源研究所的老所长、杰出地理学家黄秉维院士在20世纪90年代中期多次谈到，"现在应该怎么前进，应该不应该把自然和社会两方面都结合起来考虑，特别在可持续发展方面，从解决问题方面来考虑"，"最后与可持续发展接轨"。因此，我们在研究基础上加强服务于国家需求的决策咨询工作是完全必要的。这既是实现先辈们的教导，也可以充分体现我们学科的特点与价值。

什么是咨询报告？我以为，咨询报告也可以理解为决策目标明确的科学报告。怎么做咨询？建设一支综合性知识结构的团队极为重要。对于主要研究学者来说，要有经验、有较广博的知识和对事物进行洞察判断与前瞻的能力，这是国内外的经验。如何做好相关的研究与咨询工作？我认为要努力做到以下五方面。

一是要保证研究和咨询报告的科学性、前瞻性。对国土开发与保护、国家和区域发展问题等能够做出一定程度的预警。以国内外的高端智库作为努力方向。不做"事后诸葛亮"。

二是研究人员应该具有必要的知识结构和一定的咨询工作经验。要了解和理解各阶段国家发展的目标和主要的方针政策。在研究与咨询的选题上，既有全国性的，也有地区性的。

三是研究人员要具有独立的见解。我以为，对于没有充分显露的或者没有被发现的问题和倾向，要具备一定的观察能力。如果在这种情况下编写出咨询报告，且其中的部分观点和建议被实践证明是正确的，那就是值得追求的优秀成果，即具有前瞻性的成果。相信，中国的智库必将走出符合中国国情的路子来。

四是参与智库建设的学者与专家，特别是主要定论者，必须有全局观念，乃至全球观念。例如，对于国内问题的决策咨询必须考虑到：对于地区是需要的，在全局上是否可行？对于部门是需要的，对于全局会如何呢？我国以往经济建设中一些政策与项目建设，往往被部门利益所"绑架"而带来不应有的损失。而对于有些地区来说，也希望将自己范围内的问题，作为全国性的问题得到中央政府政策上的支持。而对于这些领域的决策咨询定论，就必须考虑周详。

五是咨询决策建议（报告）需要对所提出的建议进行必要的论证。即不仅要善于提出建议，更重要的是对于所提建议的可行性进行分析、比较和论证。我们有很多这样的案例，由于没有做出必要的论证，而没有获得实质上的重视和采纳。

这些咨询报告是否被政府所采纳，以及在实践中是否及在何种程度上起了实际作用？我相信这肯定是读者们所关注的。本报告集大部分报告的"编者按"中都没有对此做出交代。我认为，大部分报告都具有明显的前瞻性，部分论断被尔后的实践所证明。少数分析建议成为重大的区域发展方针或政策的一部分。

在这次编辑出版中，根据尊重历史的原则，对原报告内容未做任何改动。由于本人学识水平不足及当时条件的限制，文集中一些报告的内容与观点会有不少的错误与不当，希望读者能够给予谅解。

中国科学院学部工作局，长期以来对我组织咨询课题与报告审查给予了长期、热心的支持与帮助。编辑出版这个文集，也是在学部工作局有关领导的鼓励之下完成的。在编辑出版过程中,科学出版社的牛玲女士积极主动,完成了很细致的工作。对此,我一并代表咨询报告的诸多参与者表示衷心的感谢。

陆大道<br>2018 年 6 月 15 日

# 目　录

序言 ................................................................ i

## 第一篇　生产力布局与国土开发

"点-轴系统"理论与"T"字型国土开发、经济布局构架的提出
　　及在实践中的应用 ............................................. 3
为巩固西部国防需要增加西部铁路通道 ............................... 15
关于协调地域（空间）规划及编制全国国土规划的建议 ................. 22
关于着手编制功能区规划及理顺我国规划体制的建议 ................... 27
北京具备建成为大型国际性金融中心的优越条件 ....................... 31
警惕借各类"新区"建设规划实施大规模"造城" ..................... 34
关于避免我国交通建设过度超前的建议 ............................... 41
关于在喀什及霍尔果斯建设特殊经济开发区的初步研究和建议 ........... 60
关于黄河黑山峡河段开发方案分歧的认识和建议 ....................... 86
关于进一步推进独立工矿区改造搬迁工作的建议 ....................... 91

建议将长江经济带作为我国国土与经济布局战略的重要组成部分 ·················································· 97

建设经济带是经济发展布局的最佳选择 ··············· 102

关于京津冀大城市群各部分功能定位及协同发展的建议 ······· 109

中科院院士对《京津冀协同发展规划纲要》重大意义的理解和建议 ·············································· 127

渤海海峡隧道工程建设必要性分析与建议 ··············· 137

## 第二篇　区域发展战略与方针

中国沿海地区持续发展若干重大问题的分析与思考 ········· 161

正确看待东西部间经济发展差距的不断扩大 ············· 185

我国区域政策实施效果与区域发展态势分析报告 ··········· 192

我国区域持续发展的态势、问题与建议 ··············· 213

关于西部地区开发中几个重大关系问题 ··············· 234

关于我国现阶段区域战略的认识和建议 ··············· 248

## 第三篇　区域可持续发展问题

未来1/4世纪我国的环境危机及对策 ················ 257

我国能否保持经济的长期高速增长 ················· 262

全国功能区域的划分及其发展的支撑条件 ·············· 267

关于东北振兴与可持续发展的若干建议（摘要） 312
关于我国大规模城市化和区域发展问题的认识及建议 318
关于遏制冒进式城镇化和空间失控的建议 328
应对环境危机，保障国民健康与生存 344
关于城乡统筹方针下我国城镇化合理进程的建议 374
科学引领我国城镇化健康发展的建议 382
关于走符合我国国情的城镇化道路的认知和建议 397
关于我国经济增长（速度）支撑系统的分析与建议 408

# 第一篇

# 生产力布局与国土开发

# "点-轴系统"理论与"T"字型国土开发、经济布局构架的提出及在实践中的应用[①]

**编者按：**

我国国土开发、经济布局的"T"字型宏观战略（海岸地带和长江沿岸地带作为全国的一级发展轴线）是根据"点-轴系统"理论，在分析了我国自然基础与格局、发展阶段及我国经济布局的特点基础上于1984年9月提出的。1985年初夏，我受国家计划委员会（简称国家计委）之邀，参与由国家计委组织领导的《全国国土总体规划纲要》的编制工作，分工承担"全国生产力总体布局"部分的编写。我将我国未来国土开发与经济布局的"T"字型构架文稿提交给《全国国土总体规划纲要》编制办公室，获得了认同，写进了《全国国土总体规划纲要（草案）》文稿。本篇报告简述了这一构架提出的背景，以及将"T"字型构架写入《全国国土总体规划纲要（草案）》的情况。如果在20世纪80年代中后期就实行"战略转移"，那将使大量的开发区、重点工程、政策配套体系建设形成无数的"半拉子工程"，境外投资者和商人就将不知所措乃至大规模撤资，造成混乱局面。这完全是违背空间经济发展客观规律的。如果出现这种情况，我国改革开放的伟大事业就可能中途而废。《全国国土总体规划纲要（草案）》鲜明主张在20

---

[①] 本文为陆大道在1985年7月为《全国国土总体规划纲要》编制办公室提供的报告及其背景的分析。

世纪内全国经济建设重点置于沿海和沿江,不能转移,可以通过沿江轴线和其他二级发展轴线实现向中西部地区的渐进式经济扩散。本篇报告后附录了学术界若干著名科学家对这一构架及其重大意义的认同与推崇。

## 一、"点-轴系统"理论与"T"字型国土开发、经济布局构架提出的背景

我国改革开放从1979年在沿海少数城市和地区开始逐步展开。但是仅仅三四年后,中西部地区一些领导同志和社会舆论就要求中央改变投资重点,大力开发中西部。当时的领导同志到西部(西宁、贵阳、重庆、乌鲁木齐等)考察,提出要实行"西部大开拓",向西部实行"战略转移""要在十五年至二十年之内将西部地区建成为全国现代化的基地"等。在这种情况下,向西部进行"战略大转移"论,以及"梯度论""均衡论"等十分盛行。当时,我国的区域经济发展战略及决策面临着巨大的挑战。

我从20世纪70年代后期就根据经济地理学的原理对30多年来我国几次战略转移的得失进行了系统总结,痛感一定要改变以往划分重点区和非重点区的做法[①]。我分析,我国沿海地区要基本建成一批开放开发的城市并形成较强的综合实力,包括开放政策制定、总体发展规划的制定,重大基础设施工程(大型港口、机场、高速公路等)建设,外资引进,开发区规划建设,以及大量的管理、立法、政策制定等,

---

① 20世纪五六十年代划分沿海与内地,经济建设战略重点在内地;六七十年代划分一二三线,经济建设重点在"三线"。我认为这是毛泽东主席在当时中华人民共和国面临严峻的地缘政治及国力较弱形势下做出的区域发展战略决策。考虑到这种历史条件,即使是今天,也不能否定当时制定和实施那样的区域战略的客观必然性。但这两个时期的国家区域发展战略,严重限制了沿海地带经济潜力的发挥,由此付出了很大的经济代价。至80年代,国际地缘政治形势已经发生了有利于我国的变化。

需要12~15年的时间。如果在80年代中后期就实行战略转移，那将使大量的开发区、重点工程、政策配套体系建设形成无数的"半拉子工程"，境外投资者和商人就将不知所措乃至大规模撤资，造成混乱局面。这是完全违背区域经济发展的客观规律的。如果出现这种情况，我国改革开放的伟大事业就可能面临严重的障碍。

在总结国内外实践和理论发展的基础上，我于1984年年初在《二〇〇〇年我国工业生产力布局总图的科学基础》一文中初步提出"点-轴开发"理论和我国国土开发、经济布局的"T"字型宏观战略。该文于1985年在湖北和北京的刊物上发表；1986年在《地理研究》上完整发表。以后我又在两本专著（《区位论及区域研究方法》，1988；《区域发展及其空间结构》，1995）和许多刊物文章中对"点-轴开发"理论作了系统的阐述与完善。

在提出"点-轴系统"理论基础上，我又针对20世纪80年代初国家决策中的重大问题，构思了我国国土开发、经济布局的"T"字型战略，即：以海岸带及长江沿岸为国土开发、经济布局战略重点的"T"字型宏观战略，鲜明主张在20世纪内全国经济建设重点置于沿海和沿江，不能转移；可以通过沿江轴线和其他二级发展轴线实现向中西部地区的渐进式经济扩散。

1984年9月29~10月2日，我在新疆乌鲁木齐召开的全国经济地理与国土规划学术会上做的大会报告《二〇〇〇年我国工业生产力布局总图的科学基础》中明确提出："在20世纪末至21世纪初年，全国工业生产力布局总图不应发生重大的变化（转移），以海岸地带、长江沿岸两个一级重点发展轴为主的点轴系统是最有效的工业空间组织形式。"1985年《学习与实践》（湖北，正式刊物）第二期以《工业的点-轴开发模式与长江流域经济发展》为题刊出部分内容，1985年在《效益与管理》（北京，内部）第三期以《二〇〇〇年我国工业生产力布局总图的科学基础》为题全文刊登。

《地理科学》1986年（第6卷）第二期（3月刊印）上的《二〇〇〇年我国工业生产力布局总图的科学基础》的第一部分"二〇〇〇年工业布局总图设想的几点依据"阐述了：经济增长和平衡发展间的倒"U"字型相关、点轴开发——最有效的空间组织形式、从交通运输看点轴开发、水资源空间分布差异影响到工业布局的战略、发达的农业是确定工业重点开发地带不可忽视的前提。

在文章第二部分"二〇〇〇年工业布局变化可能遵循的基本战略"下的第二级标题就明确提出"工业生产力布局总图不宜发生重大变化"。内容中提出：

> 在20世纪末至21世纪初，为了国民经济翻两番及更大的发展，是将重点放在新铺摊子，还是重点在已有一定基础的工矿区域、城市区域扩大发展呢？作者认为应采取后者。
>
> 根据我国工业发展条件地区差异及国民经济各部门的现状分布，以及今后国家的发展任务，20世纪内及21世纪初年全国一级的重点发展轴线是：海岸地带轴及长江轴。

在深刻概要地论述两大发展轴的发展条件基础上，得出结论：

> 上述两大重点轴构成"T"字型。长江轴将内地两个最发达的核心地区与海岸地带轴联系起来，两轴在经济最发达的长江三角洲交会。这种空间结构形式较准确地反映我国国土资源、经济实力及开发潜力空间分布的基本框架，也有助于今后更好地利用与国外经济技术交流中所激发起来的巨大动力。将此二轴进一步开发建设好，就可奠定国民经济翻两番的基础，并促进与之相联结的二级、三级发展轴线，使全局获得顺利发展。

## 二、受邀参与《全国国土总体规划纲要》的编写

1985年5月至1986年秋，我受当时国家计委之邀，参与由国家计委组织领导的《全国国土总体规划纲要》的编制工作，分工承担"全国生产力总体布局"部分的编写。我将我国国土开发与经济布局的"T"字型结构框架作为重点内容写进了未来总体布局中。由于国家计委有关几位领导的正确决策，"T"字型战略被写入1986年国家编制的《全国国土总体规划纲要（草案）》。《全国国土总体规划纲要（草案）》经多次修改和1986年的省长会议讨论，1987年3月25日发到全国试行。之后陆续被写入23个省（自治区、直辖市）的国土规划及诸多的地区性（包括县域）规划。该结构框架科学地分析了我国经济潜力及地学基础条件的空间分布框架，使全国生产力布局与交通运输、水土资源、城市依托和国内外市场实现了最佳的空间组合。在相当程度上，使我国国土开发和经济布局模式得到了调整而走向科学化。我国的"T"字型空间结构战略还在大规模实施。这个理论和模式在我国产生了很明显的影响与经济及社会效益。

1987年3月25日的《全国国土总体规划纲要（草案）》中明确强调：

> 在生产力总体布局方面，以东部沿海地带和横贯东西的长江沿岸相结合的"T"字型结构为主轴线，以其他交通干线为二级轴线，按照点、线、面逐步扩展的方式展开生产力布局。

> 我国东部沿海地带和横贯东西的长江形成密切结合的"T"字型态势，是2000年或更长时期内进行重点开发和布局的两条最主要的轴线。

> 我们认为，作为国土开发和经济建设的一级主轴线，应当突出重点，因此以"T"字型轴线为宜。

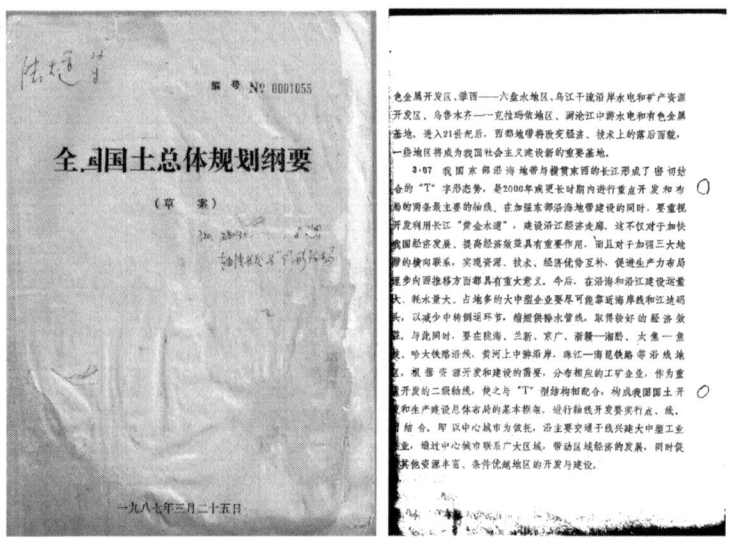

图1 《全国国土总体规划纲要（草案）》封面及"T"字型空间结构战略的依据与意义部分

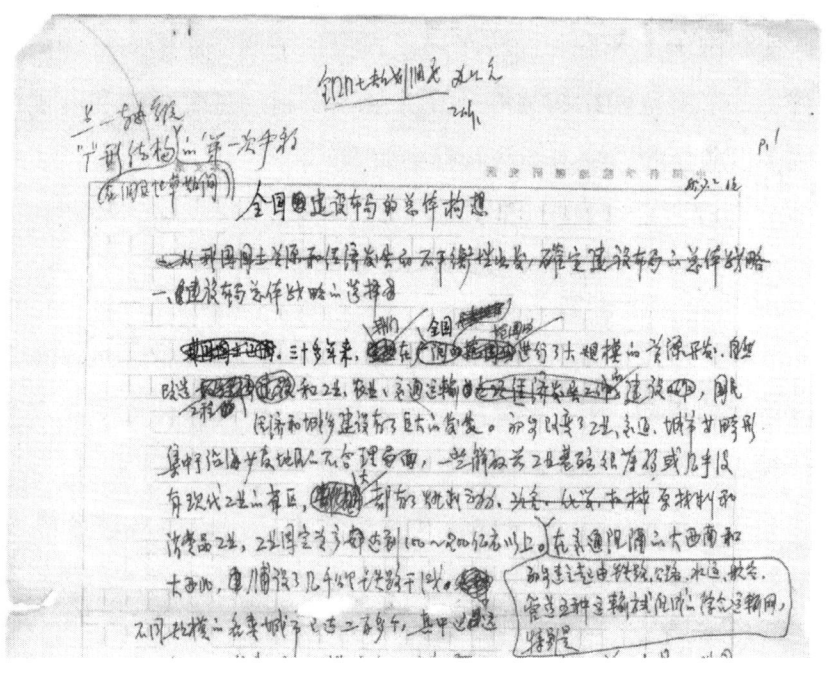

图2 陆大道提交的为《全国国土总体规划纲要（草案）》撰写的"全国生产力总体布局"部分手稿之一

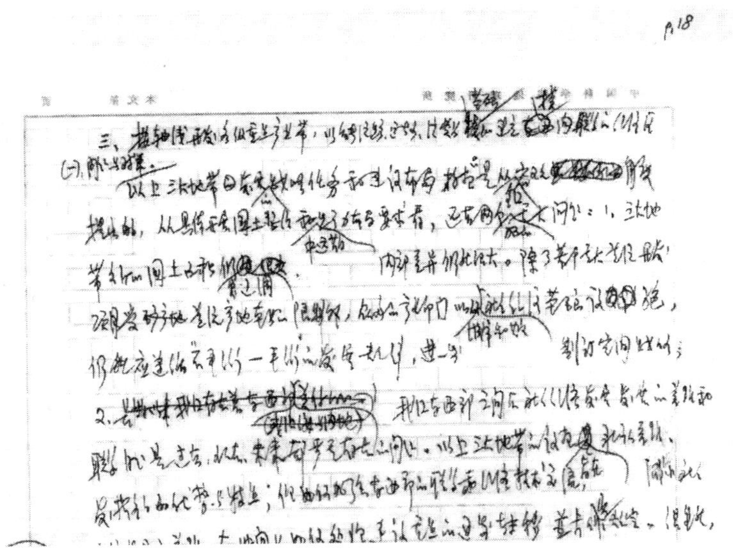

图3 陆大道提交的为《全国国土总体规划纲要(草案)》撰写的
"全国生产力总体布局"部分手稿之二

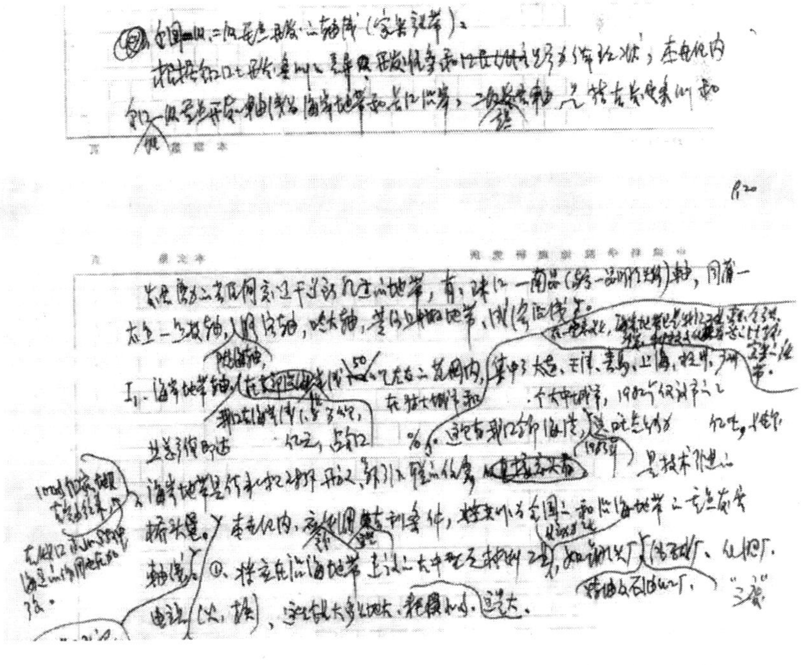

图4 陆大道提交的为《全国国土总体规划纲要(草案)》撰写的
"全国生产力总体布局"部分手稿之三

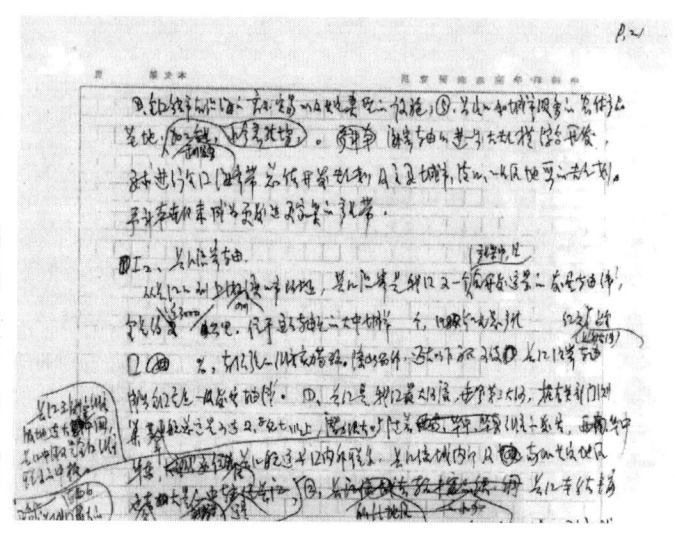

图 5　陆大道提交的为《全国国土总体规划纲要（草案）》撰写的
"全国生产力总体布局"部分手稿之四

## 三、"T"字型空间结构战略得到大规模实施且取得一定效益

自 20 世纪 80 年代中后期，"T"字型空间结构战略就在全国及各地区实施。海岸地带和沿江地带成了国家和许多省（自治区、直辖市）大规模投资和实施开放优惠政策的最主要目标地带。经过十多年的集中建设，至 20 世纪 90 年代末，我国沿海、沿江两大一级发展轴线（地带）成为实力强大的经济带，保障了我国 80 年代中期以来综合国力的大幅度增强。

1999 年国家发改委刘江副主任主编的《中国地区发展回顾与展望》确认了"由沿海和长江组成的'T'字型主轴线布局构想""得到了逐步完善和发展"。

## 四、学术界的广泛认同及对国家实践中作用的评价

自《全国国土总体规划纲要（草案）》在全国试行之后，学术界

陆续有大量著作明确陆大道提出的国土开发与区域经济发展"T"字型战略被国家采纳，得到了实施。孙尚清、王梦奎、白和金等著名经济学家都认为"T"字型战略起了重大作用，并认为21世纪初我国经济发展仍然要以"T"字型为战略重点。在诸多的证明中，兹列如下几个：

  总的设想是：强化发展沿海地区，……着手开发长江黄金水道，建设沿江经济走廊，逐步使沿海、沿江形成"T"字型的一级开发轴线。

（桂世镛、魏礼群：关于到本世纪末经济和社会发展战略的若干构想，计划经济研究，1987，（6~7）：7；桂世镛、魏礼群分别时任国家计委副主任和秘书长）

  在"九五"期间乃至下个世纪……要建设一个辐射和支撑全国开发开放架构。这个架构就是以沿海开放地区为横轴，以长江流域为纵轴的"T"字型开发开放战略。

  "T"字型经济增长格局发展后劲强而有力，对我国经济的长远发展举足轻重，意义重大……

（孙尚清：以"两通"为突破口加快长江流域的开发开放。载：孙尚清主编，《长江开发开放》，中国发展出版社，1996；孙尚清，国务院发展研究中心原主任，著名经济学家）

  陆大道……提出了"点-轴系统"理论和我国今后几十年国土开发和经济建设的宏观区域战略，重点发展海岸带和长江沿岸两条一级开发轴线……这个"点-轴系统"理论结合我国的具体情况，发展了国外学者提出的空间结构理论和工业区位理论，在全国国土规划纲要和地区性国土规划中得到了应用,受到了经济界的广泛关注。

(左大康、李文彦、许月先等:面向经济建设,发展地理科学,载:左大康主编,《地理学研究进展》,科学出版社,1990;左大康,中国科学院原地理研究所所长,李文彦、许月先为副所长)

……点轴开发模式最初是由中国科学院地理研究所陆大道同志提出并系统阐述的。他主张在2000年以前集中力量开发沿海轴线和长江沿岸轴线,由此形成"T"字型战略布局的总体格局。在80年代国家计委编制的《全国国土总体规划纲要》中,曾经采用了这种"T"字型点轴开发模式。

……在近20年时间内,我国生产力布局的重点主要集中在沿海和沿江地区,由此就奠定了"T"字型战略布局的基本框架。

……国家采取"T"字型点轴开发战略是符合我国当时经济发展阶段和国情特点的。它一方面有力地促进了我国经济的高速增长和资金的有效利用,另一方面又将有利于东西向的横向经济运动和整体经济网络系统的形成。

(魏后凯:《走向可持续协调发展》,广东经济出版社,2001;魏后凯,中国社会科学院城市与环境研究所副所长,现为中国社会科学院农村发展研究所所长)

陆大道1984年提出的"T"字型的宏观框架。……陆大道先生的上述观点基本被1990年编制的《全国国土总体规划纲要(草案)》全部采纳,并在各个层次的地方国土规划中予以采用。因此,"T"字型开发模式在我国具有重要的应用价值,它是经济地理学贡献给我国社会主义经济建设的最有影响的一个理论模式。

（樊杰：《经济全球化与区域发展》，人民教育出版社，2001；樊杰，中国科学院区域可持续发展分析与模拟重点实验室主任）

《全国国土总体规划纲要（草案）》提出由沿海和沿江组成的全国"T"字型布局的主轴线构想，在大力发展外向型经济的大背景下，得到了逐步完善和发展。

（刘江主编：《中国地区发展回顾与展望（综合卷）》，共32卷，中国物价出版社，1999年；刘江，国家计委原副主任）

从宏观布局看沿江开放地带与沿海开放地带组成我国"T"字型开放主干架构，使我国最主要的两条经济带在开放的洗礼中增强国际竞争力，支援国民经济加快发展，同时把开放效应传递到广大的内地。

（王梦奎主编，王慧炯、李善同副主编：《中国经济发展的回顾与前瞻（1979—2020）》，中国财政经济出版社，1999；王梦奎，国务院发展研究中心原主任、著名经济学家；王慧炯，国务院发展研究中心学术委员会主任、著名经济学家；李善同，国务院发展研究中心发展战略部部长）

加快长江经济带的综合开发，建成继沿海之后的又一经济发展先行区。……长江经济带都将是我国今后经济增长潜力最大的地区，也将是支持21世纪中国经济成长的重要区域增长轴线。

（王梦奎主编，王慧炯等著：《中国地区社会经济发展不平衡问题研究》，商务印书馆，2000；王梦奎，国务院发展研究中心原主任、著名经济学家；王慧炯，国务院发展研究中心学术委员会主任、著名经济学家）

长江经济带对我国经济发展的战略意义是其他经济地带不能代替的……从我国经济发展由沿海向内地推进的趋势和长江经济带综合开发的条件来看,长江经济带已经具备了综合开发的条件。……经过20~30年或者更长一些时间的努力,建成与沿海经济带相辅相成的、具有强大经济实力的国家一级经济轴线。

(白和金、林兆木主编,刘福垣、王一鸣等副主编:《21世纪初期中国经济和社会发展战略》,中国计划出版社,2000;白和金,国家计委宏观研究院原院长,著名经济学家;林兆木,国家计委宏观研究院原副院长;刘福垣,著名经济学家;王一鸣,经济地理学家)

30多年来,我国经济建设和发展的战略重点一直在沿海地带,其次是沿江地带。1999年中央提出"西部大开发"、2002年提出"东北老工业基地振兴",是解决"问题区域"的结构性危机、促进区域发展的方针,并不是实施经济建设重点转移的方针。

2014年4月,李克强总理在重庆主持召开座谈会指出:贯彻落实党中央、国务院关于建设长江经济带的重大决策部署,对于有效扩大内需、促进经济稳定增长、调整区域结构、实现中国经济升级具有重要意义。

# 为巩固西部国防需要增加西部铁路通道[①]

**编者按：**

本报告简要分析了美国"9·11事件"后中亚与西亚地区的新地缘政治态势，认为通往我国广阔西北地区的铁路交通，只有途径狭窄的兰州黄河河谷的陇海、兰新线，这在国防上是不安全的。鉴于铁路运输在特定时刻完成大规模军事运输的极端重要性，建议修建自内蒙古临河至甘肃西部并进一步与新疆哈密联系起来的新线，以绕开兰州铁路枢纽。

几年后，国家即开始建设临（河）策（克，内蒙古西北边境口岸）铁路，这是贯穿华北与西北，有重要意义的干线铁路，全长768千米，2009年建成通车。该线绕过了兰州枢纽，在内蒙古额尔济纳旗转向（经过）嘉峪关而西北向进入新疆。

近年来，包括我国新疆维吾尔自治区在内的中亚地区，各种分裂势力、恐怖势力和极端势力活动猖獗。美国"9·11事件"后，美国、英国对阿富汗实施军事打击，中亚地区出现了复杂多变的形势。美国、俄罗斯、英国、印度等已暴露要进一步干预这一地区事务的动向。面对这种长期严峻的地缘政治态势，加强西部地区的国防建设极为重要。

---

[①] 本文原载于《中国科学院院士建议》，2005年第1期（总第87期）。本课题研究由叶大年院士牵头，陆大道负责组织讨论、执笔、报送等。课题组成员还有张文尝、李宝田。

其中，增加西部铁路通道是重要的措施。兰州铁路枢纽有四条铁路干线交汇，位于狭窄的河谷，却控制着大半个西部地区的铁路运输，这在军事上是相当不安全的。我们建议尽快将规划建设新的连接东中部与西部地区的铁路通道提到日程上来。

## 一、我国西部地区将长期面临严峻的地缘政治态势

我国西部地区毗邻中亚、南亚地区。从20世纪初，苏联和英国等大国势力就觊觎这个地区。这一地区被地缘政治学家认为是强力集团争夺的边缘地带和缓冲地带（又被称为"破碎地带"）。因此，中亚和南亚地区对于我国国防安全具有极端的重要性。自从清康熙以来的三百多年间，外国的侵略势力和内部的分裂势力相互勾结，企图将新疆、西藏等地从我国的版图上分裂出去。肢解、分裂和中央政府的反肢解、反分裂的斗争从未停止。

苏联解体后，美国国家战略的重点逐渐向亚洲移动，以实现美国所期望的世界新秩序。特别是"9·11事件"后，美国暴露了借对付恐怖主义之机实现其全球战略部署的意图。阿富汗新政府成立后，美国、俄罗斯、英国等大国势力将会以种种理由、多种方式影响乃至控制中亚和部分南亚地区。2000年后，俄罗斯推行所谓"新亚洲外交"，以图扩大在亚洲地区的影响力。

南亚次大陆的态势对中国安全有重大影响。近年来印度不断增加军事装备，研究和发展核武器。目前，印度已经由一个半公开核武国家成为公开的核武国家。

中亚和部分南亚地区，因民族、宗教、领土、资源等因素引发的冲突和战乱的数目及规模有上升趋势。各种分裂势力、恐怖势力和极端势力给国际社会不断带来危害。中亚各国独立后，宗教极端分子与国际恐怖组织相互勾结，不断从事反政府活动。毒品、难民等全球性

问题在这些地区也日益突出。在这种形势下，我国境内的分裂势力和恐怖势力也很活跃。

上述种种错综复杂的国际国内安全问题势将进一步加强中亚和部分南亚地区对我国安全和稳定的重要性。不仅如此，我国对中东原油的依赖程度将进一步增加。中亚也是我国未来石油天然气等资源的重要来源。因此，巩固西部地区的国防，发展西部地区的交通运输是非常重要的。

## 二、铁路通道在西部具有重大的军事意义

我国西部地区国土辽阔，大部分地区被沙漠、高原、戈壁所覆盖，运输距离很长，各省（自治区、直辖市）之间、地区之间，特别是与中东部之间的联系，非常不便。同时，运输线路建设条件差。历史上，运输对于经济发展、文化交流、政治统一就具有重要意义。铁路和高等级公路，运量大，速度快，平时可以承担大运量的运输，在特殊情况下，可以完成大量的军事运输任务。

20世纪20年代末30年代初，西北地区军阀割据，外蒙古独立，东三省和热河被日本侵占，英国始终觊觎西藏。占中国国土面积1/6的新疆（1928年新疆督军杨增新被刺后）爆发了民族仇杀和内战，苏联企图将新疆从中国版图肢解出去。南京国民政府面临失去这一巨大疆域的危险。1933年，曾在我国西北做过考察的瑞典探险家和地缘政治学家斯文·赫定，当被当时南京民国政府外交部次长（刘崇杰）问道："应该采取什么行动，才能扭转局势呢？"时，他建议"中国应该加强内地与新疆的联系。第一步是修筑并维护好两者之间的公路；第二步是铺设通往亚洲腹地的铁路"。同年，南京国民政府任命他为中国铁道部顾问，并任命其为"铁道部西北公路查勘队队长"率领考察团

对铁路线进行考察[①]。

20世纪90年代,虽然国家加大了对西部交通建设的投入,但目前我国西部地区铁路密度仍然很低,铁路路网规模(1.59万千米)不足全国铁路网的1/4,能力有限、线路少、标准低,西部与中部联系的通道数量少,西部省区间铁路运输通道不足。特别是西北地区至今没有形成铁路网络,铁路网网距为707千米。长期以来,我国西部地区长达一万多千米的边境线,仅靠一般公路连接。尽管近年来西部地区的高等级公路建设有较大进展,仍难以满足对外联系的需要。铁路在大运量、长距离运输方面的作用几乎是不可替代的。2001年年底,在阿富汗局势急剧变化的情况下,刚刚建成的南疆铁路(库尔勒至喀什段)在军事运输上就显示出极大的优势,对稳定新疆、应对阿富汗局势起到了重大保障作用。因此,必须建设多条铁路干线和高等级公路,才能确保边境有效防卫和地区稳定。

## 三、通往西部的铁路通道存在的严重问题

我国西部地区不仅铁路路网密度很低,对于广大地区(特别是边境地区)难以实施有效的迅速反应,而且,从军事安全角度看,线路布局存在严重缺陷。主要原因有以下几方面。

(1)现在通往大西北及西藏的既有铁路和在建铁路,均经过兰州铁路枢纽。该枢纽连接着陇海、兰新、包兰、兰青(又接在建中的青藏线)四条干线,成为大半个西部地区铁路运输的"咽喉",控制新疆、甘肃、青海和西藏四个省(自治区),总国土面积405万平方千米(尚不包括内蒙古的西部在内)。但是,这个枢纽位于黄河狭窄的河谷地带[20世纪60年代修建的干(塘)武(威)联络线可认为是兰州

---

① 斯文·赫定:丝绸之路.1996.江红等译,新疆人民出版社:2-4.

铁路枢纽的一部分]。兰州虽然位于国家的腹地，但在现代军事技术条件下，距离已经没有多大意义了。这样一个狭窄的地段，如果出现类似科索沃战争和美英对阿富汗军事打击的情况，我国大半个西部地区的铁路运输就将被掐断，这对我国西部国防安全和社会稳定的威胁是极其严重的。

（2）西北和西南地区之间没有大的运输通道，特别是缺乏直接连接四川省和西南区的大通道。从铁路网看西北区与西南区之间目前仅有宝成线连接。该线纵穿秦岭，途经地形陡峭，铁路线路限制坡度大，曲线半径小。货物输送能力仅有 1500 万吨/年（旅客列车 20 对/日）。为了增加两大区之间的通道，"九五"期间国家开始建设西安—安康线。该线将加强陕西南部与四川东北部和重庆及湖北的联系，但从区位上分析过于偏东。需要在甘肃中部和青海东部与四川西部之间建设新的区际主干通道。即便正在建设中的青藏铁路建成后，拥有 120 万平方千米面积和几千千米边防线的西藏仍缺乏运输安全保障。

## 四、开辟新的铁路通道，增加路网的机动性和安全性

为适应"西部大开发"和巩固西部边防的需要，应该调整铁路交通通道规划，增辟由我国中部地区直接进入西部地区的铁路通道；同时，逐步将西北和西南的铁路联成网络。其关键是要绕开兰州枢纽。为此，建议将长期规划中的下列三条铁路通道尽快提到设计建设的日程上来。

### 1. 临河—哈密线

这是华北通往西北特别是通往新疆的一条直接通道。该线起自包兰铁路临河车站，向西深入内蒙古阿拉善盟和额济纳旗（居延海北），沿中蒙边界巴丹吉林沙漠北缘，经甘肃北地区进入新疆与兰新铁路的哈密站相接，全长 1390 千米，其中，新疆、甘肃境内 320 千米。该

线建成将成为新疆通往华北、东北和通向首都的捷径。沿线大部分地区为戈壁边缘地带，工程比较简单。

该线也是古代"丝绸之路"的北线，即"古居延道"。在唐朝末年安史之乱后，河西走廊由于战乱，交通受阻，这条路成为中原通往西域的捷径。1928年斯文·赫定作西北考察时，为避开中原和甘肃、宁夏一带的战乱，选择从包头出发、经百灵庙、阿拉善北部、额济纳，由甘肃的明水进入新疆哈密。1933年，为避开马步芳占据的河西走廊，他率领的西北考察团，前往内蒙古和新疆，也是走这条"戈壁线"。

2. 成都—格尔木—库尔勒线

该线由成都起，经四川西北的汶川、黑水、若尔盖进入青海的东南部，经过柴达木盆地与青藏线格尔木站相连。然后向西北经大柴旦、米兰（若羌）和塔里木河"绿色走廊"至南疆铁路与库尔勒车站接轨，全长约2700千米。该线建成对开发沿线资源，发展经济具有重要作用。同时，该线也具有重要的路网意义，可以分流缓解兰新铁路的运输，大大增强西北区的路网灵活性，并可以大大增强西北与西南两大区的交通联系。该线也是古"丝绸之路"的通道之一。在魏晋南北朝时期，河西走廊出现了割据政权，战乱频发，交通受阻，"青海道"曾经取代过河西干道的地位。

3. 滇藏铁路

该线南起云南广通、大理铁路的下关车站，向北经德钦、八宿、通麦、林芝、泽当、贡嘎，进入拉萨，全长1863千米，是多方推荐的从南端进入西藏的主要方案。该线与在建中的青藏铁路联成网络，使西藏有两条铁路通道与其他省区相连（南连贵昆线、成昆线和在建的南昆线，可直达中南、华东及北部湾各港），是使西藏稳定的重要运输保障。

上述三条铁路干线，不仅可以增强路网灵活性和运输能力，具有重要的国防意义，而且有一定的经济效益。例如，临河—哈密线可使新疆通往华北的铁路运输距离缩短 800 千米左右，为新疆丰富的资源和农产品进入华北地区节省大量的运输费用和时间。滇藏铁路的建设将有利于沿线森林、水电和有色金属资源的开发，对促进藏东和滇北经济与社会发展、增强西藏经济实力有重要意义。

以上三条铁路干线已经被国家有关部门列入 50 年长期规划。考虑到我国西部地区面临的严峻的地缘政治态势，我们认为需要提前进行规划建设。为此，建议国务院有关部门、有关军区及中国科学院联合组织关于上述铁路干线沿线的地质、地貌、水文、考古和经济等方面的考察，第一步先进行"戈壁线"的考察研究。

## 本报告咨询项目组成员名单

| 姓　名 | 职称（工作单位） |
| --- | --- |
| 叶大年 | 中国科学院院士（中国科学院地质与地球物理研究所） |
| 陆大道 | 中国科学院院士（中国科学院地理科学与资源研究所） |
| 张文尝 | 研究员　　（中国科学院地理科学与资源研究所） |
| 李宝田 | 研究员　　（中国科学院地理科学与资源研究所） |

# 关于协调地域（空间）规划及编制全国国土规划的建议[①]

**编者按：**

　　针对我国长期以来规划体系不健全，提出应该强调开展国家的地域空间规划，包括国土规划、重点地区的区域规划及城镇规划、土地利用规划。认为我国当时的体制与部门间综合协调问题突出，需要对几种地域空间规划做明确的定性，界定其相互关系，以及与政府的相关职能科学地衔接。提出应当着手编制《全国国土总体规划》。编制该规划客观上要以国家发改委作为综合协调部门。

　　全国国土规划是一个国家高层次、战略性、综合性的地域（空间）规划，能够成为落实科学发展观、实施五个统筹的重要载体。为了编制全国国土规划、重点区域的区域规划及城镇体系规划、土地利用规划，需要根据我国的自然基础、现阶段的社会经济发展目标和高速增长引起的区域问题，按照科学的原则和指标，提出我国未来15～20年发展和治理的功能区划方案，并确定各主要功能区的主体功能和发展原则，提出促进不同功能区可持续发展的支撑条件。在当时政府高层管理部门分工不很清晰情况下，功能区划分可以作为全国国土规划的一项基础工作进行。

---

[①] 本文原载于《中国科学院院士建议》，2006年第2期（总第139期），2006年2月15日，报告撰写人为陆大道。

在参加温家宝总理召开的"十一五"规划座谈会中读到中央关于编制"十一五"规划的建议，内中提到要"做好和落实区域规划、城市规划和土地利用规划……"十分令人鼓舞。长期以来，我国的规划体系不健全，强调了国民经济和社会的发展规划，而没有开展经济和社会发展的地域（空间）规划。这类规划包括全国性的国土规划、重点地区的区域规划和城镇规划、土地利用规划。地域（空间）规划是政府通过空间资源的合理配置来协调人口、资源、环境与经济和社会发展关系的重要手段。在我国经济迅速发展和政府职能调整日益取得进展的情况下，其重要性越来越突出了。

20多年来，我国取得了持续高速的经济增长和大规模城市化建设的辉煌成就，但国土开发和城市建设布局出现了无序乃至失控现象，许多地区的自然资源被过度开发利用，生态和环境状况严重恶化。这对我国经济和社会的可持续发展造成了危害。

近年来，在政府职能调整过程中，地域（空间）规划开始被重视。从这一两年的规划实践看，存在两个突出的问题：一是这些规划的内容，你中有我，我中有你，但缺乏综合协调机制；二是至今还没有开展全国国土规划（纲要）的编制工作。

## 一、我国地域（空间）规划面临突出的体制和综合协调问题

目前，国土资源部[①]和建设部[②]都在积极开展全国土地总体规划和全国城镇体系规划。从规划的内容设计和目标看，规划功能之间相互交叉，内容也有大面积的重复。两类规划都希望起到区域协调作用。但由于两个政府部门的职能特点，在没有综合协调的情况下，共同涉

---

① 2018年3月，国土资源部经整合，组建自然资源部。
② 2008年，建设部经整合，组建住房和城乡建设部。

及的城市规模、大型基础设施建设、资源合理利用和环境保护等方面，规划结果的矛盾难以避免。在省（自治区、直辖市）层面上，有关部门规划互不协调的情况很普遍，一些跨行政区域范围不同的地区在这些方面的利益和权限矛盾突出。

目前，国家发改委已经启动了"京津冀都市圈地区"和"长江三角洲地区"的区域规划。希望以这两个地区为试点，取得经验在全国开展。这次试点工作具体由国家发改委地区经济司组织，但建设部和国土资源部的参与程度不够。在北京、天津、上海等大城市都已经编制了城市总体规划和土地利用规划的情况下，实施的区域协调难度很大。

关于协调地域（空间）规划及编制全国国土规划的建议，以及编制全国性的地域（空间）规划即全国国土总体规划的工作，国土资源部一年前就进行了筹划。但由于国土规划要求提出国家未来国土开发和生产力发展的地域总体框架、人口分布和城市化及基础设施总体格局、重大的环境治理和生态建设工程等，涉及众多的政府主管部门，属于综合性很强的规划工作。这项工作需要国家发改委发挥统领和综合协调作用。但是现在国家发改委职能定位却没有这项任务。这种体制和职能的矛盾，使本应立即开展的国土规划难以正式启动。

国家发改委正在制订国家的《规划编制条例》，国务院法制办公室①正在征求意见。我们希望正式出台的《规划编制条例》对各类规划的衔接做出科学和可行的规定，以利于各项地域（空间）规划的彼此协调。城市规划和土地利用规划一般是在全国国土规划和重点地区的区域规划编制的前提下而编制的，应该属于专项规划。但是，城市规划和土地利用规划也是具有一定区域范围的综合性规划。根据这一

---

① 2018年3月，国务院法制办公室经整合，组建司法部。

点，城市规划和土地利用规划应该属于地域（空间）规划的一种。因此，在进行重点地区的区域规划时，需要建设部和国土资源部等部门较大程度的参与。

## 二、需要着手编制全国国土总体规划

我国是一个地域辽阔但人均资源严重不足的国家，如果不能科学、协调地利用有限的空间和资源，将会严重阻碍我国小康社会的建设和整个现代化的进程。市场经济发达的国家一般不干预地区的产业发展，但相当重视全国性的和地区性的区域规划工作。一些国家的成功经验很值得我们借鉴。现在国家发改委抓跨省（自治区、直辖市）的重点区域的区域规划，其性质和内容就是国土规划，是地域（空间）规划。但全国性的地域（空间）规划，即全国国土规划的地位还没有很明确。我们希望将编制全国国土规划的任务纳入国家"十一五"规划，并建议尽快正式启动。

全国国土规划是一个国家高层次、战略性、综合性的地域（空间）规划，能够成为落实科学发展观、实施五个统筹的重要载体。至2020年，我国的年GDP将达到40万亿元左右，城市人口将达到约8亿人。从现在起，就需要对发展的地区格局做出规划和约束，协调市场经济在体制转轨时期出现的人地矛盾，统筹安排关系到国家长远发展的重大建设。编制全国国土规划，也有利于打破地区在资源供求、重大基础设施建设等方面的分割和重复，凝聚优势。因此编制全国国土规划工作确实有着紧迫的现实需要和深远的历史意义。

全国国土规划是一项关于我国未来几十年人口、城市、产业的空间格局及其资源、环境和基础设施系统的总体设计。全国国土规划的任务和目标是：明确未来20年左右国土开发和社会经济发展的空间格局，统筹重大基础设施、生产力布局和生态环境建设，提高国家的可持续发展能力及整体竞争力。根据这个任务，要求以"五个统筹"的科学发展观为指导，通过诊断国土开发、利用、保护，以及整治现状和分析未来20年我国社会经济发展的总体趋势，提出未来20年全国国土开发、生产力总体布局和城市化的总体框架。针对全国国土规划需要解决的资源、环境和基础设施体系的若干重大问题，提出相应的发展和布局方案，使经济和社会发展实现合理集聚，资源和环境得到合理利用和保护，从地域层次上实现经济发展和资源环境保护之间的协调。

编制全国国土规划、重点区域的区域规划及城镇体系规划、土地利用规划，需要根据我国的自然基础、现阶段的社会经济发展目标和高速增长引起的区域问题，按照科学的原则和指标，提出我国未来15～20年发展和治理的功能区划方案，并确定各主要功能区的主体功能和发展原则，提出促进不同功能区可持续发展的支撑条件。这项工作可以作为全国国土规划的一项基础工作进行。

## 三、建　议

综上所述，归结出三点建议。

（1）建议在国家"十一五"规划中，将地域（空间）规划的规划体系概括表述为"做好全国性的国土规划和重点地区的区域规划及城镇规划、土地利用规划"。

（2）为了做好和落实上述地域（空间）规划，建议国家发改委作为综合协调部门。

（3）建议尽快着手编制全国国土规划的工作。编制全国国土规划是一项基础性、综合性和战略性的工作，需要在国家发改委的综合协调下，由国土资源部组织实施。

# 关于着手编制功能区规划及理顺我国规划体制的建议[①]

**编者按:**

这是国务院办公厅秘书一局根据中国科学院院士建议的内容而报送有关领导的专报信息。报告就"十一五"规划中提出的功能区问题,特别是如何进行功能划分、功能区规划,以及与如何调整地域空间规划的体制与任务问题,做了分析并提出了建议。这个报告的内容实际上是同年6月15日上报的院士建议中所提建议的具体化。

## 一、进行全国功能区划分及规划需要解决的主要问题

"十一五"规划提出按功能区对全国的地域空间发展方向和要求进行定位,确实是协调我国人地关系、实施"五个统筹"和可持续发展的重大举措,也是使新时期规划工作适应国家发展需要的一项重要改革。但是,如何进行全国及各地区功能区的划分、规划,以及如何制定和实施相应的区域政策等,涉及全国各地区自然基础的特点和差异、各地区经济发展和社会发展的水平、在经济国际化过程中的地位及现有的国家区域发展方针、政策等。国家"十一五"规划中,优化开发地区主要是正在形成的(大)都市经济区;重点开发地区,既包括一

---

① 本文原载于国务院办公厅《信息专报》,第692期,2006年6月15日。报告撰写人为陆大道。

些产业和城市集聚地区，也包括重点的能源和资源开发地区及重要的农牧业基地；限制开发地区，其类型更是多样的，政策制定可能是最复杂的；禁止开发地区，其自然基础各有不同，但保护的目标相同，划分和政策规划可能简单些。

目前，关于功能区划及其规划工作，有关部门和规划界、学术界提出了诸多的问题。一些地区从自身的利益出发，也表示非常关心未来即将开展的这项工作。专家认为，在进行全国范围及各地区范围功能区划分和制定相应政策时，需要解决的问题将集中在以下方面。

（1）全国四类功能区在划分过程中，应该把握多大的空间尺度？也就是说，每一个类型区及每一个区应该确定多大的空间范围，四种类型区是否对国土全覆盖，或者彼此之间是否有重叠等。

（2）各类功能区的具体内涵和划分的指标体系。由于我国各地区自然基础和社会经济发展特点水平及在经济全球化中的地位差异很大，四种类型功能区的定义还需要具体化，在确定区域边界时需要有相应的指标体系。

（3）功能区规划的性质及与国土规划（以往也称作"空间规划"或"区域规划"）、区域城镇体系规划、土地利用总体规划的关系需要明确阐述。现有的有关国家地域空间规划体制存在重复，需要做出调整。

（4）各类功能区发展和保护涉及经济和社会发展，以及生态环境建设方面的目标、方向和政策等，关系到各地区的当前和长远利益。在进行全国一级功能区划及主体功能区的规划时，需要对各类功能区制定基本的政策和措施。

（5）未来划分出来的各类功能区，在政策层面与现在的"西部开发""东北振兴"等战略方针实施的关系需要在实践中加以明确。

## 二、关于做好功能区规划工作的建议

上述问题需要在规划和制定政策实践中逐步解决。建议分步骤进行。

第一步,从国家层面上强调按照功能区进行地区开发的导向或约束,对于国家可持续发展具有极为重要的意义。这也是发达的市场经济国家的普遍做法。全国功能区及其规划,是根据国家国民经济和社会发展中长期规划的要求制定的地域空间规划,也是具有战略性和综合性的规划。制定和实施这个规划,需要国家发改委牵头。

第二步,在国家发改委领导下,会同建设部、国土资源部等共同组织有关科研单位进行全国功能区划分和规划的前期研究工作。

第三步,选择一至二个省级地区,作为功能区划分和政策制定及实施的试点。全国功能区划及相应的规划、政策制定,涉及多部门和跨地区问题,也会涉及相关地区的实际利益,是一件科学性和政策性都很强的规划及管理工作,需要加强领导,综合协调。

## 三、调整地域空间规划的体制

长期以来,我国规划体系不尽完善。由于缺乏综合性的区域规划或地域空间规划,近年来针对区域间和各部门规划和发展协调的需要,国土资源部在部分地区进行了国土规划的试点工作,并委托进行了全国国土规划的前期研究。与此同时,建设部开展了部分地区的城镇体系规划,也着手编制全国城镇体系规划,并将全国城镇体系规划定位为全国"空间规划"。这次,国家"十一五"规划强调应建立"各类规划定位清晰、功能互补、统一衔接的规划体系",解决长期以来存在的规划内容重复及规划目标彼此不协调等突出问题。在"十一五"规划的统领下,通过开展全国地域功能区划分和规划,将城市规划、土地利用规划，以及其他各项专业规划在地域空间上进行综合协调。城镇体系规划的定位也不宜全面涉及地域空间发展的各项内容，而应重点突出区域各城镇的发展方向、地域空间格局及有关的基础设施建设内容。

城市规划和土地利用规划一般是在全国功能区划及区域规划的前提下编制的，应该属于专项规划。但是，城市规划和土地利用规划也具有一定区域范围的综合性质。因此，在进行全国功能区划划分及重点功能区的区域规划时，建设部和国土资源部等部门较大程度的参与，是非常必要的。

# 北京具备建成为大型国际性金融中心的优越条件[①]

**编者按：**

随着我国正在成长为世界经济大国，中国在经济全球化过程中的地位愈来愈重要。未来维护国家利益及发挥对世界经济发展的日益重大的影响力，中国必须在世界金融商贸中心大版图中占有重要的一席。自1980年首都北京的城市性质中不再有"经济中心"以来，本报告很早就明确强调首都北京需要具有以金融、商贸、信息等高端服务业为特点的经济中心功能。本报告认为，首都北京作为中国的政治中心，具有成为国际意义的金融中心的重要优势，国内外顶级高端服务业机构落户北京已经具备很好的基础条件。

在全球化和新的信息技术支撑下，世界经济的"地点空间"（space of place）正在被"流的空间"（space of flow）所代替。世界经济体系的空间结构是建立在"流"、连接、网络和节点的逻辑基础之上的。一方面，这些"流"在运动路径上依赖于现有的全球城市等级体系，另一方面，"流"也在变革着后者。一个重要结果就是塑造了对于世界经济发展至关重要的"门户城市"（gateway city），即各种"流"的汇集

---

① 本文原载于《中国科学院院士建议》，2009年第4期（总第198期），2009年3月31日，报告撰写人为陆大道。

地、连接区域和世界的节点、经济体系的控制中心。这是当今世界上最具竞争力的经济核心。这种核心（城市）成为国家或大区域的金融中心、交通通信枢纽、人才聚集地和进入国际市场最便捷的通道，即资金流、信息流、物流、技术流的交汇点。土地需求强度较高的制造业和仓储等行业则扩散或聚集在核心城市的周围，形成庞大的都市经济区。核心城市与周围地区存在极为密切的垂直产业联系。

核心城市的作用突出地表现为生产服务业功能（如金融、中介、保险、产品设计与包装、市场营销、广告、财会服务、物流配送、技术服务、信息服务、人才培育等），而周围地区则体现为制造业基地的功能。在以外资驱动为主的地区，核心城市还是跨国公司地区性总部的首选地。具有上述垂直产业分工和空间结构的都市经济区是当今世界上最具竞争力的经济核心区域。东京、首尔（原汉城）、曼谷、新加坡、雅加达等城市地区被认为是典型的都市经济区。在我国，以北京和天津为主体的京津冀都市区，以香港和广州为中心的珠江三角洲都市区，以上海为中心的长江三角洲都市区正在成为这样的大都市经济区。

30年前，我国改革开放从东南沿海地区开始。20世纪90年代初期，国家决定在上海浦东实行特殊政策并进行大规模的以金融商贸中心为主的发展。自此以后，人们就期待着我国北方地区或者环渤海地区也出现类似浦东开发那样的"国家行为"的"国家政策高地"。

实际上，北京长期以来就是这样的"政策高地"，近30年来更是如此。改革开放的30年间，京津冀已经逐步成长为中国三个大都市经济区之一。随着国家经济实力的迅速强盛，北京作为国家的首都已经成为金融、商贸、高技术，以及大规模研发、中介等高级服务业的基地。北京早就是我国的"政策高地"了。这种局面不是像东南沿海和浦东开发那样通过党和政府的最高文件和政策纲领规定的，而是由首都的功能所决定的，有些也是长期发展态势的自然延伸。30年来，总部设在北京的金融机构占据了中国金融资源的半壁江山。其中，对金融市场发展有重要影响的决策和监督机构有：中国人民银行、中国证券监督管理委员会、中国银行业监督管理委员会、中国保险监督管理委员会，实力雄厚的四大国有商业银行总行，11家保险公司总部。特别值得一提的是，逐步发展壮大起来的中国工商银行、中国石油化工集团公司、中国移动通信集团公司等占据国内前10家最大规模资产的企业，它们每一家的资产都有几千亿元乃至万亿元以上。它们的总部均设在首都北京，这就自然会产生庞大的总部经济。这种情况并不奇怪。许多发达国家的首都也都是由于这种功能而发展成为国际大都市和大型国际性金融中心的，如东京、巴黎、伦敦等。

我国正在成长为全球性经济大国，在经济全球化过程中的地位越来越重要。因此，也必然会成为一个金融大国，成为世界金融中心大版图中的重要一极。作为金融大国，需要建设1~3个具有国际意义的金融中心城市，并与若干个次级金融中心组成布局合理的金融中心体系，形成规模合理的金融中心框架。

北京建成为大型国际性的金融中心的基础条件正在形成。北京，作为中国的政治中心和决策中心，具有成为国际意义金融中心的重要优势；不仅可以建成为国家金融决策中心、金融监管中心、金融信息中心和金融服务中心，而且也应该发展金融营运和金融交易。北京应该成为具有重大国际影响力的世界金融中心之一。

# 警惕借各类"新区"建设规划实施大规模"造城"

**编者按：**

　　本报告具体揭示了在全国各地广泛开展各种区域性规划编制中出现的不良倾向，明确指出，这是借各种"新区""新城"建设，搞大规划，进行大面积圈地和大规模"造城"。具体问题表现在：规划的盘子过大，目标不切实际。多数区域的产业规划主观臆断，重大基础设施建设缺乏科学论证。更为严重的是普遍借各类"新区""新城"建设规划之名，实行大规模圈地、（向上）"要地"和"造城"。报告分析了各地这样做的主要原因。

　　在我国应对国际金融危机、实施十大产业振兴规划、全面进行经济结构转型和稳步推进城镇化进程的过程中，全国已经有20多个省（自治区、直辖市），以及众多的地市正在紧锣密鼓地组织编制各种区域性规划（有的称作"空间规划"），包括城乡一体化和城乡统筹的新区规划、产业集聚新区（地带）规划、新城规划和大都市区规划等。其空间范围大到几万平方千米，小的也上百平方千米。各地十分重视这些规划，主要目的是希望通过规划进入即将开始编制的国家"十二五"规划中，希望以某种形式进入国家的区域发展战略，争取成为国家区域政策的"战略高地""第四极"(仅次于珠江三角洲、长江三角洲和京津冀);有些地方希望成为"国家综合配套改革试验区",谋划更大、更快的发展。但是在这个过程中,已经出现了日趋严重的不良倾向,值得引起中央政府的高度关注。不良倾向主要是:规划的盘子过大,目标不切实际;多数区域的产业规划主观臆断,重大基础设施建设缺乏科学论证;更为严重的是普遍借各类"新区"建设规划之名,实行大规模圈地、(向上级)"要地"和"造城"。这种倾向与国家强调的"保增长、调结构"和"促进科学发展"的方针和理念完全背道而驰。如果继续发展,将严重干扰国家应对金融危机的一系列方针政策的实施,危害国家可持续发展的基础。

## 一、严重倾向的种种表现

在全国各地掀起的各类"新区""新城""产业园区"规划建设热潮中出现的严重倾向,具体表现为以下几方面。

1. 以"大手笔"编制"大规划"

继国家建设上海"浦东新区"和天津"滨海新区"之后,许多地区都采取行动争相规划建设类似"浦东新区"的"国家战略重点"和"国家政策高地"的"新区""新城"等。不少地方政府试图通过大手笔,编制"大规划",谋求"大发展"。例如,河南提出建设"大郑东新区"和"郑汴新区",重庆提出建设"两江新区",河北提出建设沧州"渤海新区",杭州提出建设"大江东新城"等,其中有些地区更是明确提出要建成国家发展的"第四极"。这些地区对自身发展潜力和其在国家发展中的战略地位缺乏科学的评估。改革开放以来,长江三角洲、珠江三角洲和京津冀三大都市经济区已经初步成为中国走向世界的枢纽和世界进入中国的门户。这种大格局是在国家政治、经济和历史因素长期作用下形成的,是中央政府应对经济全球化和中国发展的客观需要，代表了全中国的战略利益，其地位和发展潜力是其他任何区域都无法比拟的。继上海"浦东新区"之后一个个拟建的"国家级新区"规划相继出现，决策者很可能认为大手笔就可以带来大发展。但事实告诉我们：大手笔并不一定带来大发展，人为的大规模"造城"只会带来巨大的损失。这样损失的案例已经不少。

2. 借"新区"大规划，进行大面积圈地和大规模"造城"

从正在建设和规划建设的各类新区来看，不少省份以加快城镇化发展步伐为由，大搞"新区"建设，但实际上普遍缺乏对"新区"未来发展定位和建设规模的科学论证。规划的盘子普遍过大，大面积的"新区"建设引发大规模的"造城"，导致大量农田和土地被占用。例如：河北省某地级市规划建设的"一城五星"区面积多达1600平方千米（核心区建设用地超过200平方千米）；沧州"渤海新区"规划建设面积1700平方千米。河南省于2009年2月先提出规划建设面积达1840平方千米的"大郑东新区"，定位为城乡一体化的复合型城区，后又提出规划建设面积达2100平方千米的"郑汴新区"，其面积是郑州和开封两市到2020年中心城区总体规划面积之和的3.5倍，平顶山市提出建设"平宝叶鲁一体化"地区，规划面积达1400平方千米，其中，城镇建设用地300平方千米，是城市总体规划用地面积的2倍。"武汉新区"规划368平方千米，规模接近于武汉三镇现有建成区面积。重庆"两江新区"规划建成中国"第三区"，扩容面积达到1200平方千米，相当于到2020年重庆主城区规划面积的2.25倍，"两江新区"原规划方案为900平方千米，后在细化方案时发现去掉山脉道路后只剩下300平方千米可用土地，继而又在原900平方千米方案基础上进一步扩容至1200平方千米，这其中包括建设用地550平方千米（已建成150平方千米，计划新建400平方千米）；杭州市提出的"大江东新城"规划面积400平方千米，人口200万。

众多的"新区"建设实践表明,大规模"造城"成了某些地方政府实施赶超、展示政绩的重要手段,至于是否具有可行性,资源环境能否承载却无人问津。无序的"新区"建设不仅严重地影响了城乡关系,加剧了城乡用地矛盾,违背了城乡统筹的科学发展观,而且阻碍了城镇化发展进程,使得虚高的城镇化率不可避免。

3. 借"新区"建设之名,将各种用地需求"打包",(向上级)"要地"

在全国省管县的趋势越来越明显的背景下,不少城市政府借推进城镇化和富民强城的名义,不是搭建科学合理的城镇发展和城乡一体化建设框架,而是利用行政强制手段把周边县市抢先纳入新城区建设范围之内,越位撤县改区,盲目扩大新区建设范围,将工业用地、居住用地、道路广场用地、交通仓储用地、商业物流用地、公共服务设施用地、绿化用地等各种用地需求进行"打包",以经过"专家论证"的名义,一揽子上报要求上级批准。在这个过程中,往往并不征求意见和论证改变行政管理区域是否可行。地方领导考虑的是,这样将为省管县体制实施后留足充分的发展和利润增长空间,也为合法取得土地找到合理的依据。部分城市政府领导无视国家提出的18亿亩[①]耕地"红线",公开指出就是要通过"新区"规划"打包"向上要地。一些地区已经开始把几百平方千米的农田变成城市建设用地,并在新区内大搞超前的交通体系规划,特别是轨道交通建设,超标准扩大对外交通用地和道路广场用地面积比例,建设形象和政绩工程。这使得城市规划的新区面积远远超过了城市总体规划的面积。例如郑汴新区规划面积相当于郑州规划建成区面积的5倍,决策者想在中原大地上建设一个面积约2100平方千米的"巨型城区"!不仅如此,河南省目前

---

① 1亩=666.67平方米。

提出规划建设的若干产业集聚新区面积均过大，如航空物流园区规划130平方千米，中原国际物流中心规划100平方千米，每一个产业新区都相当于一个特大城市的建设规模。如此这般"造城"下去，将势必导致产业用地不集约，用地效率低下，二三十年后不少地区（城市）将面临无地种粮的灾难。据沿海一个发达省的调查统计，最近4年每年建设用地的供给增长率平均在35%以上，其结果造成全省每亿元工业产值所占用的土地面积越来越大，土地利用率越来越低，城市未来开发潜力在短期内将消耗殆尽。这种态势对我国未来的粮食保障和整个社会经济可持续发展一定会带来无法挽回的历史性损失。

4. "新区"产业规划多数主观臆断，普遍缺乏必要的产业支撑

编制"新区"规划的专家学者由于知识结构缺陷而对产业发展缺乏深入细致的分析，导致"新区"建设规划的图件虽然漂亮，但缺乏最基本的产业发展分析论证，甚至在"新区"规划中对规划区内几十万甚至几百万农业人口和相应的农业生产只字不提。不少城市（特别是一些地市级城市）都提出要建设大规模高水平的中央商务区（CBD），规划的未来产业都以高级服务业和高新技术产业为主体，提出要把"新区"建设成为国家级先进制造业基地、国家级现代服务业基地、国家级能源重化工基地、国家级现代物流基地、国家级装备制造业基地、国家级经济中心的不在少数。产业规划中如此主观臆断实在令人吃惊！

## 二、遏制倾向的几点建议

1. 正确处理好"新区"建设与"保增长、调结构"的关系，警惕出现新一轮"重化工热"

为应对国际金融危机的影响，国家相继出台了以"调结构、保增长、上水平"为核心内容的十大重点产业振兴规划和政策措施，各地

迎来了拉动内需、扩大城市经济总量、加快城市产业结构优化升级、构建现代产业体系、联合建立各种类型的产业转移新区的战略机遇。在这种情况下，需要把新区建设与"保增长、调结构"有机结合起来，避免借"保增长、调结构"之名大搞"新区"建设，避免借"新区"建设之名大规模变相圈地造城。根据对我国经济增长态势和因素的分析，GDP增长不可能如同前几年持续地"加快"下去，各地区不可能都以同样速度增长下去。一定要警惕在应对国际金融危机"保增长"过程中出现的新一轮"重化工热"，不能将过去十多年靠生产低端产品的"世界工厂"支撑的高速增长延伸到未来，不可将过去粗放的经济增长方式沿袭到未来。

2. 重新评估各地正在规划建设的各类"新区"

面对全国不少地区正在掀起的"新区"建设和大规模"造城"之风，建议国家有关部门采取措施，重新评估各地在建和规划建设的各类"新区"。根据城市建设和产业发展需要，立足当地资源环境承载力，科学定位"新区"发展功能，提出各类"新区"科学合理的建设规模和主导产业，明确产业发展方向与重点，并严格按照《中华人民共和国城乡规划法》的规定，纳入城市总体规划之中，确保"新区"建设范围与城市总体规划建成区面积精准衔接，严禁"新区"面积超过城市总体规划的面积。超标的"新区"必须立即停止建设。要坚决遏制不顾资源与生态环境承载能力，肆意扩大城市建设范围、随意占用基本农田或变相调整基本农田为一般农田再占用等行为。

3. 量力而为，严防越位圈地造城，脱离实际竞建国家级试验区

要从确保国家18亿亩耕地这一"红线"不可逾越的战略高度出发，建议各级城市规划和国土管理部门严把城市用地报批关，依法继续实施最严格的土地管理制度，严防部分领导借城乡一体化和践行科学发展观之名，变相圈地造城，越位撤县改区，剥夺基层地方政府的

发展权。同时要防止出现新区"建而不营，占而不用"的圈地现象发生。要客观认识各地区的发展阶段和在大区域发展中的职能与作用，提倡量力而为，不过分追求建设国家级试验区。如果把全国各地都设立为各类国家试验区，就没有试验示范和推广的必要了。

4. 以功能区划为指导，以新的思路编制区域规划

在各类"新区"规划与建设过程中，要以功能区划为指导，按照优化开发区、重点开发区、限制开发区和禁止开发区的功能要求，在确定主体功能和承载力基础上科学编制各类空间规划和"新区"建设规划。通过科学的区域性规划，促进国家和区域的可持续发展。

5. 实施促进科学发展的干部考核评价机制

针对目前我国在领导干部政绩考核中存在的"以 GDP 论英雄"的局面，中央已经发出了《关于建立促进科学发展的党政领导班子和领导干部考核评价机制的意见》。严格实施此文件的精神，可以将各级领导干部的思想和行动引导到科学规划、科学决策和科学发展的轨道上来。

# 关于避免我国交通建设过度超前的建议[①]

**编者按：**

中国科学院上报的咨询报告《关于避免我国交通建设过度超前的建议》，揭示了当时实施4万亿（全国实际追加了近30万亿）经济刺激计划背景下全国范围内交通运输建设中出现的严重问题：高速公路建设过度扩张，已失去控制；沿海港口建设规模过大，港口间过度竞争；中小城市规划过多的支线机场；远程高铁、大城市城郊铁路等，大项目上得过快，缺乏论证。呼吁中央政府要立即重视和解决这些重复建设、能力浪费、不合理竞争及各种运输方式之间的不协调等严重问题。提出我国交通发展应该逐步进入以优化结构、加强综合运输建设和管理及发展广大基层区域的交通设施为主的新阶段等建议。

2011年年初铁道部领导班子问题爆发。在几个月内国家即对铁路、港口、高速公路等建设规模和重点工程进行了大规模调整。投资大幅度减少，数千千米（近万亿元总投资）的高铁工程停工，损失何其大。但如果不停工，损失就更大。近年来，我国交通事业呈现出科学发展的态势。"4万亿经济刺激计划"带来的负面影响巨大，是学术界的基本共识。由此可见这份咨询报告具有前瞻性和预警性。

改革开放以来，特别是近十多年来，我国交通运输发展取得了巨

---

[①] 本文为中国科学院上报的咨询报告，科发学部字〔2010〕109号，2010年9月28日。

大成就。初步建立起能力强大、水平较高的交通运输体系。现代化运输方式和新的科学技术得到了迅速发展，交通运输结构大为改善，空间布局日趋合理。从能力、结构、时空等方面有力地保障了我国整个社会经济的迅速发展，初步解决了长期以来的供给能力不足的问题。

自20世纪末，我国的交通运输业就开始了大规模投资建设。1997~2007年，交通建设投资累计达到7.2万亿元（当年价）。2008年11月，中央提出在今后两年将以4万亿元的新增资金刺激经济，交通更是成为主要的投资领域。在当时制定的4万亿投资方案中，以交通为主的基础设施建设投资为1.8万亿元。为了配合国务院拉动内需的战略性部署，铁道部、交通运输部、中国民用航空局等交通部门也相继公布了投资方案。全国各省（自治区、直辖区）纷纷宣布自己的扩大内需方案，总金额近20万亿元。在短时间内如此大规模的交通建设投入确实是前所未有的发展机遇。这两年多来，交通建设规模获得更大幅度地扩展。

在2008年提出刺激经济计划时，中央就特别强调要防止新一轮重复建设和布局不当及其他浪费现象。两年多的实践表明，出现的问题和倾向也确实非常突出。本报告对我国近年交通建设成就和交通运输业发展已经达到的水平进行了概括的评价，集中揭示了近年来全国范围内交通运输建设中出现的过度扩张、重复建设、能力浪费、不合理竞争，以及各种运输方式之间的不协调等问题，认为我国交通发展应该逐步进入以优化结构、加强综合运输建设和管理及发展广大基层区域的交通设施为主的新阶段，并对此提出了若干建议。

## 一、我国交通运输建设的主要成就和当前已经达到的水平

（1）交通运输业发展迅速、规模巨大，满足了高速经济增长、全球化和大规模城镇化需要。我国交通运输里程规模总量已位居世界前列，铁路营业里程位居亚洲第一、全球第三，仅次于美国和俄罗斯，

复线率和电气化率均位居亚洲第一。到 2009 年年底，中国已建成的高速公路就已经达到 6.5 万千米左右，里程仅次于美国居全球第二，与欧盟 27 国相当。中国航运大国的地位也得到确立，全球前十的集装箱港口中国占 6 个。2008 年全国沿海港口总吞吐能力为 40 亿吨以上，亿吨大港达到 16 个，现代化集装箱运输体系已经形成。目前中国航空运输量居全球第二，跻身世界航空大国行列。中国的管道里程也步入全球前五的行列。

（2）多种运输方式大发展，结构改善。突出的标志是我国高速公路网络、民用机场和国内外的航空运输干线体系、铁路客运专线骨架的快速形成，开始进入各种运输方式全面发展和全面建设现代综合交通运输体系的新阶段。

（3）运输技术迅速发展，管理水平明显提升。不仅仅体现在现代化运输方式（高速铁路、高速公路、航空等）的迅速发展，原有的铁路运输技术大幅度改进和提升，使我国主要运输方式的速度和运网的通达程度大幅度提高。

（4）我国交通建设中最突出的是各种运输方式的长大干线建设成就巨大，全国综合运输网布局有明显改进，提高了各地区特别是大都市经济区之间和大都市区内部的交通可达性。按照交通干线和机场地面交通 1 小时服务的空间范围统计，到"十一五"末期，铁路、高速公路和航空三种交通方式的服务人口比重已经分别达到 85%、80% 和 40%，近年来又有明显的提高。全国交通优势度与三大都市经济区及产业集聚带（区）的空间格局基本吻合。

## 二、大发展中出现的问题及过度超前的严重态势

自 1997 年起，持续不断的大规模投入产生了"产能过剩"，主要表现为规模过大、重复建设和不合理竞争，以及各种运输方式间的不

协调等。一些问题在2008年以前就已经成为基础设施投资调整的对象，这两年来问题和倾向变得愈加突出了。

### （一）高速公路建设过度扩张甚至失控

1998~2007年，我国高速公路建设迅速扩展，年平均投资在1700亿元左右，年均通车里程超过4900千米。无论从规模总量还是结构等级上看，已经完全能满足我国现阶段发展的基本需求。但是，从2008年起高速公路建设"快马加鞭"，全国总里程规划被调整为10万千米，当年就建设6433千米，总投资6000亿元。据交通运输部公布的"2009年上半年公路水路交通运输经济运行情况"，2009年上半年全国新开工高速公路建设项目111个，建设里程1.2万千米，计划总投资约7000亿元，同比分别增长3.6倍、5.9倍和6倍。在这个高速公路热的大潮中，许多地区在高速公路网络已经形成的基础上还要不断加大建设规模。全国有21个省份计划到2030年要使省内的高速公路里程达到5000千米左右，其中江苏、内蒙古、四川、广东、陕西甚至要达到8000~9000千米，贵州提出达到6581千米，单位面积内的高速公路密度甚至超过英国。全国的高速公路总里程更是要达到惊人的18万千米左右。

### （二）沿海港口发展规划和建设出现严重的不合理竞争

20世纪90年代随着我国经济国际化程度的发展，对沿海港口特别是集装箱吞吐能力的增长提出了巨大的需求。但是，近年来沿海港口建设出现了明显的规模过度扩张与港口间过度竞争，在2008年海港吞吐能力已达40亿吨的背景下，大家还在争先恐后地大上大型泊位和集装箱码头。小港口争做中港口、中港口争做大港口、大港口争做国际航运中心。各地的港口都高调标榜要成为沿海地区的枢纽港、国际商港、国际枢纽大港，多家都要当"东亚或东北亚航运中心"。港口发展在功能上追求大而全的趋同愈益突出，将多功能、综合性、国际性亿吨大港作为发展目标。积极争取的项目也都集中在能源、石化、冶金、物流等领域。2008~2009 年，上海、大连、天津、厦门、宁波-舟山等 20 多个沿海港口都制订了新的宏伟的发展规划，多数已经通过审批。仅 2009 年全国港口新增集装箱吞吐能力就达到 2000 多万标箱。据现在的不完全统计，按照港口的规划，2020 年全国沿海吞吐能力将达到 90 亿吨以上。所以，我们认为港口建设存在严重的"冒进"隐忧。从下面几个在全国位于第二或第三等级的港口发展目标可以具体看出其中的问题。

（1）丹东港，2008 年港口吞吐量 3200 万吨，2009 年提出"大开发、大投入、大建设、大发展——挺进超亿吨大港"的口号，投资 30 亿元开始建设一系列大型工程，将近期目标确定为综合吞吐能力 1.5 亿吨。

（2）汕头港，2008 年综合吞吐量 2750 万吨，计划在 2011 年达到 5000 万吨，集装箱年吞吐能力达到 140 万标箱；2016 年之前建成为达到 1 亿吨吞吐量、区域性的航运中心。

（3）锦州港与中国电力投资集团公司合作，确定中国电力投资集团公司将投资 50 亿元将锦州港建成为吞吐能力 5000 万吨的大港。

（4）防城港在 2009 年 10 月初召开加快港口建设的大会，要求从现在起至 2025 年，防城港将筹措 1000 亿元左右，强力打造超 10 亿吨的国际枢纽大港。

上述大规模发展规划是在金融危机、进出口贸易受到很大影响的背景下做出的。如果港口建设仍然大干快上，那么产能过剩的浪费状况将十分严重。

**（三）远程城际高铁、大城市的城郊铁路系统的规划需要科学综合性论证**

随着我国城镇化和城市现代化的发展，在几个大都市区之间建设城际高铁、在部分特大城市区域建设城郊铁路是必要的。特别是大城市必须大规模建设地铁，全国已经有30多个省市正在实施城市轨道交通计划。国家发改委在2009年10月初步统计，全国已有25个城市轨道交通的近期建设规划通过了国家批准，总的投资规模在一万亿元以上。国家有关部门的中长期规划要建设"四纵四横"客运专线及城际快速客运系统，使其成为省会及大中城市间的快速客运通道。但是，原本属于中长期的规划目标现在在加快实施。其中，2010年就投资7000亿元建设高铁。在3~5年内要很快建成以"四纵四横"为骨架的高速铁路网，以此"引领我国全面进入高铁时代"。

一些省区市正在掀起以大城市至郊区中小城市的城际铁路（以往称之为"城际轻轨"）为标志的铁路建设"新高潮"。例如，2009年12月7日《中原城市群城际轨道交通网规划（2009~2020年）》获批。其规划方案是在至2020年内建设郑州—焦作、郑州—开封、郑州—洛阳、郑州—新郑机场—许昌—平顶山、郑州—新乡的城际轨道，合计里程约496千米。类似的规划和建设在武汉城市群、湖南中部城市群等都已经在实施或者即将实施。我们认为，这些以大城市为中心的轨道交通系统建成后将没有足够的运量予以支撑。

**（四）在支线机场普遍亏损的情况下，中小城市规划了过多的支线机场**

截至2008年年底，我国已有民用航空机场160个，初步建成了覆盖全国主要城市的航空网络，运输能力已经跻身世界航空大国之列。"十一五"期间机场建设原本计划投资1400亿，2008年民航局将机场建设投资规模提高到2500亿元。2009年计划投资为2000亿元，2010年计划投资将达2500亿元。这其中，到2020年要增加机场100个左右，主要是大量的支线机场。近年来全国每年新开工的支线机场在20个左右，更多的支线机场等待上马或审批。西部某省的一个17万人口的城市,也建有737机型跑道的支线机场。西部另一城市已有支线机场,但现在又建成了有737机型跑道的新机场,每天只有一个航班。某沿海省2010年提出要建立"一干多支"的机场体系,并计划开工建设7个机场项目。但该省大多数地级市都在其他区域性(干线)机场的吸引范围内,不可能形成以省会城市为中心的机场体系。省会城市机场2009年的吞吐量为132万人次,但省政府已原则通过按(2020年)年吞吐2000万人次标准进行改扩建。我国部分省区(国土面积较大)应该逐步建成干支线机场体系,但一部分由于面积、城市分布等特点不可能形成以本省区省会(首府)城市为中心的机场体系。

**(五)一些地区高速运输线路及其站点普遍离沿线城市过远,部分新枢纽和园区占地太多**

在城市交通枢纽中各种交通方式的分离运作也相当普遍。其中一个突出问题是高铁和一部分高速公路离所经过的城市(建成区)过远。国家有关部门曾提出要避免"重路线,轻节点"的现象。但是,我国许多城市的"无缝衔接"在综合交通枢纽内没能得到实施,枢纽建设过于强调自身的运营速度、运营效率,而忽视了与城市发展的密切结合和相互协调关系。目前,我国客运专线的设计和建设都尽可能采用300千米以上时速的标准,提高速度成了最重要的目标,而不是尽可能地接近乃至穿行城市的建成区,失去了服务于沿线地区的功能和吸引沿途客流的优势。而实际上,优先连接比速度更为重要。京沪高铁21个站点,由于不利用原有站点而使与城市的平均距离超过18千米。仅仅这一点将增大老百姓出行的困难从而影响经济效益。

许多新的大型交通枢纽和物流园区的规划或建设,动辄占地数千亩。京沪高铁在上海建了新虹桥站,征用土地高达5517亩,造价也高达160亿元。广州新站规划占地面积1140万平方米,相当于近30个天安门广场，是北京南站的5倍。有的物流园区占地多达几十平方千米，如丹徒港口物流园区（占地28平方千米）和上海洋山深水港物流园区（占地13平方千米）。由于物流园区签约率较低，在荒废时间长、经营困难的情况下，许多地方政府放宽行业限制，使部分交通枢纽或物流园区转向大搞房地产项目，有的项目从建设开始就是打着物流旗号实则大搞房地产，部分企业低价囤地。上述远离城市配置站点及大量占用土地的现象与日本、法国、德国等高铁穿行于城市和人口密集区且站点节约土地相比，反差极大。

### （六）我国交通建设超前的表现

我们无法用精确的计量标准推算我国目前交通建设与经济社会发展阶段的适应程度，但从以上不切实际的高目标及以下的基本情况分析，可以判断我国目前的交通建设确实是过度超前的态势。

1. 不断升高的交通建设投资弹性系数和占GDP的超高比重

1991～2000年，每年交通建设总投资由1000亿元上升到4000亿元；2001～2006年，每年投资逐步增加到13 000亿元。近两年来，每年大幅升高到（接近）30 000亿元。交通建设投资占GDP的比重长期（半个世纪）徘徊在1%～3%，表明交通建设落后于国民经济和社会发展的需求。1999～2008年，该比重升高至4%～6%，近年来更是上升到7%～9%。交通建设投资的弹性系数在20世纪90年代以前在0.05～0.4波动，1991～2000年逐步上升到0.8，近两年高速公路和铁路建设投资的弹性系数分别达到2.0以上和3.0左右。上述近年来的三个指标，虽然不能独立证明交通建设过度超前，但已经明显地表明当下的交通建设是很不正常的。

2. 部分交通设施能力过剩，经济效益差

我国许多地区的高速公路网密度已远高于欧美发达国家。例如，东部地区为 2.49 千米/百平方千米，已远高于欧盟和日本，是美国的 2 倍；中部地区为 1.59 千米/百平方千米，也已高于美国和欧盟平均水平。江苏的高速公路网密度达到 3.73 千米/百平方千米，接近于美国高速公路网密度的 3 倍。浙江和河南的高速公路网密度也超过 3 千米/百平方千米，是美国的 2 倍多。我国东中部地区早年建成的高速公路，客货运量大，车流密度很高。但近年来建成的高速公路，相当部分的客货流量严重不足。京津高铁由于两大城市内部各种运输方式不衔接而使旅客上座率低，经济收益差，运营后一年亏损额超过 7 亿元。

由于许多支线机场项目缺乏论证，盲目争取和建设，导致建成之后即大量亏损。现在大部分支线机场的能力闲置，航线布局难以合理化。一些支线机场只有包机公司和廉价航空公司开辟的航线，根本达不到设计能力。2008 年全国中小型机场财政补贴达到 93 亿元。

一些近年来能力扩张幅度很大的港口的吞吐能力已经大大超过实际运量。截至 2008 年，厦门港已投入使用的大小集装箱泊位共有 20 多个，既有泊位的产能早已超过 1000 万标准箱。而 2008 年厦门港的集装箱吞吐量仅有 500 万标准箱左右，产能利用率不到 50%，3 年内至少还将有多个深水专用泊位建设投产，至少形成 1800 万标准箱的生产能力，这种情况普遍存在。一些快速扩能港口的单位岸线的产出率仅为 0.5 万吨/米左右（上海港高达 2 万吨/米）。港口建设要充分注意未来海洋运输特别是出口货运量将不会如以往十年那样的高速增长。根据多方面因素的综合预测，2020 年我国海上货运需求约为 60 亿吨，现在规划建设 90 亿吨的总规模就是"大跃进"的态势。

3. 不合理竞争出现

不合理竞争是过度超前和能力过剩的重要标志。大城市间高速铁路与航空网络、城镇密集区内高速公路、城际快速客运系统之间由于能力重复正在形成不合理的竞争。自铁路"动车组"推出以来，航空票价就受到影响，出现"动车组开到哪里，机票价格就降到哪里"的现象。高速铁路的运营使高速铁路、空中快线、高速公路三种出行方式竞争激烈。2008年8月1日，京津高速铁路正式运营。2009年12月武广高铁通车。2009年12月15日，中国南方航空公司在广州白云机场、武汉天河机场、长沙黄花机场三地同时召开新闻发布会，宣布"武广""长广"空中快线正式开通。从12月17日起，南方航空公司每日将有32个航班分别穿梭于广州、武汉和长沙之间，为旅客提供"公交式"便捷航空服务。武广高铁客运专线武汉—广州南站一等车厢票价780元，二等车厢票价490元。为应对高铁的竞争，民航推出新价格加服务——武汉至广州经济舱全价930元，而特价机票最低卖到了190元。这种情况在其他一些地区也开始出现。

4. 国际比较

我国人口众多，国土大但各地区自然结构差异突出。人均GDP为3000多美元，城镇化水平为46%左右。这种情况与现在任何一个发达国家都不完全一样。这里仅仅就高速公路规模、密度等指标与部分发达国家做一比较：高速公路网总长度，我国已与欧盟27国（人口4.8亿，面积432.6万平方千米，GDP及人均GDP分别为10.6万亿美元和2.2万美元，高速公路6.34万千米）相当，是日本的8倍多。河南、山东、广东、江苏的高速公路里程都超过了英国，均为韩国的两倍以上。在公路的路网结构方面：我国高速公路网占公路总里程的1.62%，高于欧盟和美国。其中，东部地区的高速公路比例高达2.4%，西部也已达到1.16%。这种路网结构鲜明地反映出了不合理，即起骨干作用的高速公路和大量的等级公路不匹配，高速公路长度过大，违背了公路路网结构的普遍规律。高速公路的密度，我国东部地区为2.49千米/

百平方千米,远高于欧盟和日本,是美国的2倍;中部地区为1.59千米/百平方千米,也高于美国和欧盟平均水平。江苏的高速公路网密度达到3.73千米/百平方千米,接近于美国高速公路网密度的3倍。浙江和河南的高速公路网密度也超过3千米/百平方千米,是美国的2倍多。就单位GDP所对应的高速公路里程我国已经达到1.40千米/万美元,约是欧盟的3倍、美国的2倍,以及日本的8倍。西部地区单位GDP对应的高速公路网规模最大,达到1.93千米/万美元,其次为中部和东北地区。

### 三、问题产生的背景及主要原因

1. 没有充分考虑到我国的国情和社会经济的发展阶段及发展态势

30年来高速经济增长使我国经济总量和社会总量(总人口和城镇人口)迅速扩大,但我国的人均经济总量仍然相当低,我国在相当长时期内都是一个发展中国家。因此,不能以欧美国家人均运输能力和线路长度等人均指标作为发展规模、发展速度的依据。此外,由于我国人均自然资源(特别是能源、土地等资源)拥有量严重不足,要在交通运输领域体现建立资源节约型社会的要求,也要在人均占有指标中体现。

如何科学地确定主要干线运输通道的客货流对于交通规划十分重要。主要大都市区之间,重要大城市及城市群、产业集聚区和能源基地通往沿海主要港口之间,是通道的重点联系方向。未来全国"几纵""几横"的大通道框架,需要在这些具体方向上做出生产力发展和城镇布局所产生的客货流的增长分析和预测。也就是说,全国交通运输干线规划要建立在流量和流向分析预测的基础上。而现在的高速公路网规划采用放射线与纵横网格相结合的布局,按照"首都连接省会、省会彼此相通、连接主要地市、覆盖重要县市"的原则确定若干条放射线、纵线和横线。这一原则是现在干线布局特别是高速公路建设过度扩张的重要原因之一。

关于当前需求和长远需求的关系。过去几年国家主管部门和各地区的中长期规划，有些涉及长远的，但在近年来实施过程中，许多工程都大幅度提前了。回顾以往几十年交通运输赶不上社会经济发展的要求而导致"欠账"的发展，交通运输部门做规划实行的是"超前""适度超前"的基本理念。问题是"适度超前"在大发展的一定阶段是正确的，而在大发展到一定规模后，就要认真思考是不是要或者要保持什么程度的"适度超前"。近年来，一些地区和行业的领导人出于多种因素的考虑，持续不断地"超前"大规模建设交通运输工程。

现在规划了很多的以大城市为中心分别连接一些中小城市的铁路客运系统（即城际轻轨），有些已经开始大规模建设。要想使这些客运专线发挥效益，在固定的方向上必须有稳定的大量客流，而这只有大规模通勤才能实现。但只有在区域一体化和产业之间高度关联情况下才会有大量的通勤客流，否则是不可能有那样大规模的旅客流量的。从我国的发展阶段分析，大都市区一体化过程还有很长的路要走。

2. 提高运输服务的能力和空间可达性，将各种运输方式在区域范围内构成合理的等级体系，而不是过多地建设高速公路、集装箱枢纽港等

在一个区域不是高速公路越多越好。国家和区域的交通网络是一个由多种运输方式组成和干支线彼此协调连接的系统，即具有少数干线和多种运输方式的各等级的支线（等级愈低其线路总长度愈长）的系统。高速公路、民航航线（主要指干线）、集装箱枢纽港等在其中只是承担着骨干作用。过多的高速公路，一方面对沿线地区的社会经济系统加以分割，碎化了国土空间，另一方面破坏了社会经济的联系。欧洲国家和韩国、日本，高速公路的密度都不高，只是起骨干

（主干道）的作用。韩国国土面积约10万平方千米，人口近5000万，年GDP约5000亿美元，高速公路只有1996千米。德国是全世界高速公路密度最高的国家，国土面积约31万平方千米，人口约8000万，GDP约40 000亿美元，高速公路1.13万千米。没有哪个国家搞什么类似我们的"市市（县级）通高速""县县通高速"这种违背交通系统发展规律和跨越社会发展阶段的事情。高速公路网的规划规模与空间覆盖水平背离了其技术经济属性，作为非普适化的交通方式在我国表现为空间布局的遍在性。

在对沿海港口发展规模作规划时，往往对腹地划分"以我为中心"，导致腹地运量在各有关港口间重复计算（交叉重叠）非常突出。

3. 大规模交通建设伴随着大量的资金贷款和使用、大量土地的征用及GDP的迅速增加，可能会给有关地区和部门带来巨大的行政绩效和利益，这是一部分地区交通建设积极性空前高涨的动力之一

一些地方领导认为"高速公路投资大，对地方经济拉动作用大"，短期投资效益的逐利意识突出。由于地方发展交通的巨大积极性，常迫使中央有关部门的规划来适应地方的规划。一些地方的交通线网规划是换一任领导就可能重新规划一次。在2008年中央政府出台4万亿投资计划的背景下，少数地区的领导产生了大量的银行贷款唾手可得、让飞机在自己的城市降落会带来荣耀的想法，于是有些中小城市抓住修跑道建机场的机会。这些想法所导致的后果之一就是使规划变得既缺乏科学性也失去了规划应有的严肃性，决策者忽视了或者不了解需求不足而导致中长期的巨大风险。

在提倡持续大规模交通建设的理念中，还有所谓目前国家"土地红利"和政府控制土地征用的机制是超前建设交通工程的"良机"一说。部分人并不是考虑为满足运量增长的需要，而是大量占地。土地征用使地方政府获得大量的财政收入，是地方政府大规模占地建设高速公路和大型交通工程的重要原因之一。

**4. 由于现行管理权限的局限，导致各种运输方式各自为政，有关政府部门也很难协调**

现在的交通运输建设的规划分别由各部门编制，各部门搞的是"大规划""大目标"，再到各级发展和改革委员会进行综合平衡。但是，各种运输方式都有管理机构和实力强大的规划设计机关，各部门和各行业之间存在利益之争，部门的方案往往是决定性的。各地区修路的钱大部分是自己筹措的，决策权很大。地区从当前利益考虑，也不认真地对有关部门在本地区建设的项目进行区域协调，例如连接高速客运的综合性枢纽建设困难，站点离城市过远。有关的部门谋求各自为政、不愿意失去管理权限是导致该种局面出现的主要原因。

## 四、若干建议

**1. 我国交通运输发展应该逐步进入一个新阶段**

我国经济起飞的历程还不长。产业结构水平、资源利用效率、人均经济总量、城镇化的规模和质量等方面都表明，我国的工业化和现代化发展还将是相当长的过程。我们在解决了运输能力长期不足问题和交通建设出现过度扩张的情况下，交通运输建设应该而且可能进入一个新阶段，即逐步进入以优化结构、加强综合运输建设和管理及发展广大基层区域的交通设施为主的新阶段。这个新阶段的重要任务可包括以下几方面。

（1）优化交通运输结构。近年来交通运输业已成为我国能源消费增长最快的行业领域，全国交通运输、仓储及邮政业消耗能源占全国能源消耗的比重约7%。从我国能源资源结构的基本国情和节能减排客观需要的高度出发，必须优化我国综合运输体系的结构。我国能源结构以煤炭为主，石油和天然气等优质能源较少，耕地资源严重不足。由于国土辽阔，各地区的自然结构和特点差别很大，东南半壁人口和产业稠密，而西北半壁则是干旱、高寒，人口、经济密度很低。这种情况决定我们必须科学地确定我国未来交通运输的一次能源消费结构，尽可能减少优质能源的消耗。积极发展能源消耗较低且具有普遍化的交通方式，适度控制能源消耗较高且仅限于少数社会群体使用的交通方式。同时还要发展占用土地特别是占用耕地较少的运输方式，根据人口和经济密度的差别合理规划不同地区的运输网密度和结构。

（2）提高综合运输系统的效率，大力促进综合运输的发展。我国交通建设取得了辉煌成就，但与投入和建设规模相比，现在的运输效率还不高。这主要是由于各种运输方式的协调发展和综合性运输枢纽规划建设明显薄弱。在总体上，未来我国交通运输建设和结构调整需要以轨道交通为基础，多种运输方式协调发展。第一，要根据各种交通方式的技术经济特征和最佳适用范围，即"短途运输以公路为主，中长距离运输以铁路为主，远程和超远程运输以民航为主"这一基本原则，同时与客货流方向及增长预测相吻合，建设主要运输方式的线路和枢纽。第二，确定主要的能源运输、腹地与港口、大都市区之间运输通道的运输能力和运输结构。特别是我国高速铁路与航空网络在城镇密集区之间和特大城市之间存在服务市场的空间叠合，这种重叠要求规划建设合理的区域性运输方式结构。京津冀、长江三角洲、珠江三角洲、成渝地区、辽中南、长江中游地区、山东半岛、关中、中原等城镇密集区是我国主要中远程客货流产生的地区，相互间的客货流主导着我国的综合运输结构和主要干线的走向。第三，在大都市区内部，按地域等级体系的要求，逐步建成干支线在空间节点和能力衔接上彼此协调的运输系统。

（3）加快广大农村和牧区的基层道路网的建设。广大农村和牧区的运输系统还相当落后，有大量的"通达"和"通畅"工程要做。全国有5000多个乡镇、近30万个建制村未通沥青路或水泥路，较大的自然村就更多了。每遇雨雪天，道路泥泞不堪。就是已经通达的农村和牧区居民点，道路的技术等级低，路况差，缺少必要的桥梁涵洞和防护工程。我国的公路建设，需要将大量的投入逐步转移到广大的农村地区和牧区，全面完成"通达"和"通畅"工程。

与广大农民和牧民的出行密切相关的是区域性的铁路系统的建设和完善。这里主要指以省区为单元、联系若干大中城市和诸多中小城市的支线铁路。目前许多地区这种线路少，车站设施供应不足，质量也差。因此这样的铁路系统建设和管理是非常重要的民生工程，其开行的旅客列车的里程一般在200～500千米。另外，有关部门为了保障部分线路上新增运营速度较高的旅客列车的上座率，将相当一部分运营速度较低的"站站停"的列车取消了，许多农民和低收入的老百姓被迫乘坐快车，但票价涨了几倍。我们希望有关部门的决策要真正考虑到我国人均经济总量还很低的实际情况，将民生放在重要位置。

2. 控制高速公路和港口建设规模，遏制无序竞争，对高铁建设规模和方案要慎重研究和综合论证

针对高速公路规划建设过度超前的态势，需要认真考虑全国和地区性的规划工程。要将各地区的规划实行统筹协调，坚决遏制地方高速公路规划无序扩展的倾向。未纳入国家高速公路规划的地方高速公路，国家可通过财政、投资、土地等一系列措施，推迟或不批复建设。在"十二五"期间严格控制新建港口的审批，尽可能消化已经形成的过剩吞吐能力。要密切关注国内外经济贸易发展形势，预测并及时公布市场需求变化和可能存在的投资风险，引导地方政府和港口企业主动调整供给规模。要注重岸线的内涵式开发布局，发挥规模优势。如果我国港口单位岸线的产出达到0.8万吨/米，现有的港口生产泊位岸

线就可满足需要。另外，随着技术的进步及港口大型化的发展，规模效应愈来愈显现，岸线的单位产出将越来越高，这将促进港口的改造，提高码头的利用效率。

有关部门近年来提出了高铁大规划，且正在大规模实施中。对于我国是不是应该大规模地建设远程高铁，是否可以很快"全面进入高铁时代"？我们有如下看法[①]。高铁在我国才刚刚开始，安全性、经济效益，以及与民航、高速公路之间的协调等，还缺乏充分的实践经验，需要总结已有的国内和国际经验。国际上认为，高铁有合理的运营范围（180~800千米），在这个范围之外，分别是高速公路和航空的运营范围。长期以来，世界上高铁成为成熟产业的只是国土内大部分行程在几百千米的日本、法国和德国，这从一个角度可证实上述合理范围的存在。美国奥巴马政府的高铁计划仅仅投资130亿美元，不足京沪高铁投资的一半。

航空运输近年来大规模发展。过去两年，我国机场总投资3000多亿元，各公司力求扩大新机引进，运力大增。但高铁和航空运输之间的激烈竞争需要进行必要的调控。今后，我国支线机场建设在多数情况下要符合经济效益的原则，重点是在经济发展水平较高、人口密度较大的具有区域性枢纽机场的地区。在少数民族地区、具有重要安全意义的边疆和具有区域性救灾意义的区域，布置适当数量和规模的支线机场。

3. 加强城镇密集区的综合交通体系规划建设

经济全球化及信息化推动了长江三角洲、珠江三角洲及京津冀大都市经济区的形成。它们正在成为我国通达于世界的"门户"和世界进入中国的"枢纽"，即各种"流"的汇集地、连接区域和世界的节

---

① 这里讲的"高铁"，不包括过去多年来通过对原有铁路干线进行改造而"提速"的线路（运行速度200千米/时左右），而是指按照运行速度250~350千米/时建设的新线路。

点、经济体系的控制中心。是我国在全球经济循环中最具有竞争力的基本单元。大都市区，在空间上表现为由大运量的高速通道联结的、庞大的、多核心、多层次的城市群。在这个空间里，由于集聚形成的规模经济和范围经济，必须由高速通道和大量中低等级的运输线路组成的系统作为强有力的支撑，使核心城市和整个区域具有最好的可达性，构筑2小时乃至1小时交通圈。促进空间整合和优势重组，有效引导人口、产业适度集中，形成有机的经济地域。在各省区市内及一部分跨省区市的城市和产业集聚区也需要加强综合交通运输系统的规划和建设。

区域性和大城市内部各种运输方式的无缝衔接应该引起交通运输部门的高度关注，我们花了巨额的投资进行了那么宏伟的交通建设，但是导致人们出行困难的最大障碍是交通站场距离城市远，各种站场各自为政。加强城镇密集区（大都市区、产业与城市集聚带）的综合交通体系规划建设和管理，需要抓住三个具体工作：一是要逐步建立起干支线相互连接、在等级和数量上彼此协调的运输网等级体系。二是大力加强由两种以上运输方式组成、实现无缝衔接的综合运输枢纽，这样的枢纽是便于人们换乘、最具有效率的空间组织，也是我国目前需要解决的突出问题及与发达国家的主要差距之一。三是在城镇密集区范围内，对交通运输设施和组织逐步实行一体化管理。这种管理的建立要求将分散在有关部门（行业）的管理权力集中起来，因此需要跨越"体制门槛"。

4. 调整交通建设的投资规模

长期以来，交通运输部门有关基本理念是"适度超前"。但是现在的态势已经不是"适度"超前了。针对近年来交通建设规模和出现的过度超前问题，我们建议在国家"十二五"规划及以后将交通投资规模占GDP的比重控制在3%～4%的水平。

5. 加强中长期交通运输业发展的综合研究

目前我国所形成的交通基础设施水平，包括规模、技术、保障能力、空间网络通达程度与服务范围等，与 1997 年以前的状态相比均已经大大改观。在这种情况下，需要加强中长期交通运输业发展的综合研究，例如，如何逐步使我国交通运输发展进入一个新阶段；在迈向中等发达国家的进程中我国需要规划建设怎样的交通体系，包括区域性交通运输体系；我国在新的发展时期客货运量增长和空间分布的基本规律；等等。

## 本报告咨询课题组成员名单

| 姓　名 | 职称（工作单位） |
| --- | --- |
| 陆大道 | 中国科学院院士（中国科学院地理科学与资源研究所） |
| 叶大年 | 中国科学院院士（中国科学院地质与地球物理研究所） |
| 郑　度 | 中国科学院院士（中国科学院地理科学与资源研究所） |
| 金凤君 | 研究员　　　（中国科学院地理科学与资源研究所） |
| 王成金 | 助理研究员　（中国科学院地理科学与资源研究所） |
| 王姣娥 | 助理研究员　（中国科学院地理科学与资源研究所） |
| 栾维新 | 教　授　　　（大连海事大学） |
| 张文尝 | 研究员　　　（中国科学院地理科学与资源研究所） |
| 樊　杰 | 研究员　　　（中国科学院地理科学与资源研究所） |
| 莫辉辉 | 助理研究员　（中国科学院地理科学与资源研究所） |
| 戴特奇 | 讲　师　　　（北京师范大学） |
| 丁金学 | 博　士　　　（中国科学院地理科学与资源研究所） |
| 杨　威 | 博　士　　　（中国科学院地理科学与资源研究所） |

# 关于在喀什及霍尔果斯建设特殊经济开发区的初步研究和建议[①]

**编者按：**

　　本项研究是应新疆维吾尔自治区有关部门的委托进行的。通过实际调查与国内外经验总结，本报告分析了在新疆喀什与霍尔果斯建设两个特殊经济开发区的宏观背景条件，论证了功能定位和近远期可能的产业发展方向。在综合分析各种条件和资源环境承载力的基础上提出了两个园区的建设规模及布局方案。报告还指出了未来新疆所处的地缘政治环境的不确定性可能对开发区发展带来的影响。

　　为贯彻中央新疆工作座谈会的精神，根据新疆维吾尔自治区有关方面的委托，中国科学院组织成立了关于在新疆喀什、霍尔果斯建设特殊经济开发区问题的院士专家咨询组。专家组对新疆维吾尔自治区有关部门和喀什地区、克孜勒苏柯尔克孜自治州（以下简称"克州"）、伊犁哈萨克自治州（以下简称"伊犁州"）经济发展、园区建设现状及有关口岸进行了访问和实地考察。本报告分析了建设两个特殊经济开发区的宏观条件，论证了功能定位和近远期可能的产业发展方向。在

---

[①] 本文原载于《中国科学院院士建议》，2010年第10期（总第220期），2010年12月15日。本项目组成员有陆大道、叶大年、郑度、严陆光、童庆禧、戴金星、刘卫东、张小雷、郭来喜、樊杰、张文忠、杨兆萍、张晓平、马丽、杜宏茹、王亮。陆大道参与了部分考察，主要考察工作由刘卫东组织，业务总结与报告起草主要由刘卫东组织完成。

综合分析各种条件和资源环境承载力的基础上提出了两个园区的规模及布局方案。报告还指出了未来新疆所处的国际地缘政治环境的不确定性可能对开发区发展带来的影响。

## 一、建设背景与条件

### （一）开发区建设经验

开发区是一个国家或地区为促进经济发展和繁荣而划定的鼓励优先发展的特殊经济区域，往往享有特殊的扶持和优惠政策。开发区具有特定的历史和经济背景，即不同时期划定的开发区具有不同的特点。根据世界各国的经验，开发区经历了以下几个发展阶段：以对外贸易和转口贸易为主的阶段；以出口加工为主的阶段；以促进高新技术产业发展为主的阶段；综合性阶段。综合性开发区是在贸易流通和生产加工基础上形成的开发区的成熟阶段。由于具有多行业、多部门、多功能的综合优势，综合性开发区具有更强的竞争能力和应变能力，对毗邻地区乃至大区域经济的影响更加广泛。

由于开发区的主要目的是通过创立特殊政策环境来吸引投资和促进发展，因而它需要：①政策稳定性。开发区涉及大量对外经济关系，对政策的稳定性、延续性、可兑现性要求很高。②开放性。要确保开发区与国际市场在商品、人员、资金和信息等方面的自由畅通。③局域性。为避免特殊政策对其他地区的经济活动产生冲击，开发区都具备有效的区内外隔离措施。除了优惠政策，良好的经济社会环境是开发区竞争力的基本条件。许多开发区之所以成功，就在于创造了便于投资者经营并盈利的环境。

在我国，开发区分为经济技术开发区（简称"经开区"）、高新技术产业开发区（简称"高新区"）、保税区、出口加工区等不同类型。

其中，经济技术开发区的主要定位是作为对外开放的窗口吸引外商投资；高新技术产业开发区的定位主要是促进高新技术发展和科技成果转化；保税区和出口加工区的定位则是促进出口贸易。在实际发展过程中，很多经开区和高新区在产业发展上有趋同现象，定位区分不是很明显。而且，不少经开区和高新区叠加了保税区或出口加工区。因此，我国的大部分开发区实际上走的是一条综合发展道路。

成功的开发区往往占有优越的地理位置，如临近国际海港和国际航空港，或者位于内陆交通发达的大城市，以及边境地区。与其他各类开发区不同，边境地区设立的开发区具有更为显著的外向性。这类开发区一般具有"前店后厂"的发展模式，即主要由强辐射、多功能的国际性商贸活动来带动产业的发展，在空间布局上往往形成商贸功能区与出口加工区的紧密结合。在商贸功能区，一般设有综合保税区或自由贸易园区。深圳特区早期出口加工业的发展，就高度依赖于香港的自由贸易功能，是典型的"前店后厂"模式。

不同于沿海开发区利用海运、面向全球市场，陆路边境的开发区往往针对邻国市场，"腾挪空间"有限，其发展受邻国的经济发展水平和政治经济态势影响很大。典型的例子是美国、墨西哥边境地区的出口加工区，主要面向美国市场。因此，这类开发区的成功，不仅取决于本国的政策支持力度，而且有赖于毗邻国家的发展水平及合作机制的形成。

**（二）设立喀什和霍尔果斯特殊经济开发区的战略意义**

设立喀什和霍尔果斯特殊经济开发区，发挥依托口岸带来的国际贸易和物流优势，可以有力地促进我国进一步向西开放、增强我国的地缘政治经济影响力、加快解决新疆区域发展极端不平衡的问题，从而为西部边疆稳定和繁荣提供依托点和着力点。

1. 深化我国向西开放和沿边开发战略

在经济全球化和区域经济一体化的趋势下，只有加大对外开放的深度和广度才能保持我国在国际上的影响力和竞争力，维护我国的地缘战略利益。其中重要的一个方面，就是提高沿边开放的水平，形成西部沿边开放与东部沿海开放并举的对外开放新格局。另外，加大向西开放力度也是拓展我国资源保障空间的重大举措。中亚地区和俄罗斯的能源和矿产资源十分丰富，对我国的战略意义非常突出。两个特殊经济开发区的建设，有利于提升我国沿边开放水平，促进我国与中亚、西亚和南亚国家的技术经济合作，完善我国对外开放的战略体系。

2. 增强我国在中亚及周边地区的地缘政治影响力

冷战结束后，国际政治关系处于一个大变动、大调整的新时期。始终被地缘政治学家视为"敏感地带"和"破碎地带"的中亚和西亚地区更是呈现动荡态势，成为世界各大国觊觎的对象。俄罗斯、美国、欧盟等势力与中亚和西亚国家的关系走向，深刻地影响着我国的国家安全及陆权地位。两个特殊经济开发区的建设，并不仅仅是为了获得贸易收益，更重要的是获得该区政治经济规则制定的主导权。这有利于构建我国与中亚及周边国家的区域合作平台，增强我国在中亚地区的政治经济影响力，维护边疆稳定，保障国家安全。

3. 促进新疆维吾尔自治区内部各地区较为平衡的发展

改革开放以来，新疆的发展取得了巨大的成就，但是新疆内部发展极不均衡。经济总量主要集中在以乌鲁木齐和克拉玛依为核心的天山北坡地区，其他地区特别是南疆地区和西部边境地区发展水平低、经济总量小。例如，南疆三地州的人均 GDP 只有新疆人均 GDP 的 1/4，全国平均水平的 1/5。过度的区域发展不均衡，是导致新疆不稳定的重要因素。两个经济开发区的建设可以为南疆地区和西部边境地区经济发展提供加速器,形成新的区域增长极,进而推动边境地区经济社会全面进步。通过繁荣当地经济,进而为实现民族团结、边疆稳定和边境安全奠定物质基础。

**(三)喀什和霍尔果斯特殊经济开发区建设的宏观条件**

喀什和霍尔果斯处于我国向西开放的最前沿,其区位条件和发展基础奠定了设立特殊经济开发区的基础和优势。这种优势既包含在诸如区位、距离、边界、临国及自然资源禀赋等自然要素中,也蕴藏在历史、民族、文化、经济、交通、口岸等人文因素中。两个地方扼守东西方咽喉要道,是开展边境、地方、国际贸易的必经之地。与周边国家经济结构互补性强、互惠贸易潜力大,已开展了较为广泛的跨国合作和开发实践。此外,与中亚国家在民族构成、语言、风俗习惯、宗教信仰等方面的文化认同感强。

1. 喀什

喀什是古"丝绸之路"南道、中道的交汇点和交通枢纽,与中亚、南亚、西亚通商历史悠久。近年来,喀什对内、对外交通运输条件得到了明显改善。国道315、314线通过喀什;南疆铁路对喀什经济社会发展支撑作用明显;航空运输已开通了喀什与乌鲁木齐、北京、广州等地往返的航线。规划的中(中国)吉(吉尔吉斯斯坦)乌(乌兹别克斯坦)铁路和中(中国)巴(巴基斯坦)铁路,将使喀什的对外联系更加通畅。喀什将形成铁路和高等级公路通达内地和周边国家、民航直飞国内及周边国家主要城市、公路覆盖城乡的立体交通运输体系。

喀什与吉尔吉斯斯坦、塔吉克斯坦、阿富汗、巴基斯坦和印度接壤。喀什市区建有喀什机场口岸和新怡发口岸(二类口岸),周边有4个一类口岸,即红其拉甫口岸(巴基斯坦)、吐尔尕特口岸、伊尔克什坦口岸(吉尔吉斯斯坦)和卡拉苏口岸(塔吉克斯坦),是南疆地区最重要的国际商贸枢纽。

2. 霍尔果斯

霍尔果斯位于中国与哈萨克斯坦边界，有着128年通关历史，是中国面向中亚、西亚乃至欧洲市场距离最近、最便捷的口岸。哈萨克斯坦是我国在中亚地区最主要的贸易合作伙伴，中国和哈萨克斯坦间的铁路和公路承载着中国与中亚各国的大部分贸易往来。2005年中国和哈萨克斯坦两国元首确定成立中哈霍尔果斯国际边境合作中心（以下简称"中哈合作中心"），成为新疆与哈萨克斯坦经贸合作的重要平台。

霍尔果斯所在的伊犁州首府伊宁市，在对外开放方面具有良好的基础和优势。拥有1个国家级边境经济合作区和1个国家二类口岸（伊宁口岸）。伊宁国家级边境经济合作区始建于1992年，已经具备良好的产业基础，成为伊犁州重要的产业聚集区。

## 二、战略定位与发展方向

### （一）战略定位

在新的国内外发展环境下，建设喀什和霍尔果斯两个特殊经济开发区，是我国加大向西开放力度、稳定西部边疆和深入实施西部大开发战略的重大战略举措，也是解决新疆内部发展不平衡问题的重要措施。中央领导多次指出，新疆在我国发展和稳定中具有特殊重要的战略地位，是我国对外开放的重要门户，是我国西北边疆的战略屏障，要努力把新疆打造成我国向西开放的桥头堡。在此背景下，建设喀什和霍尔果斯两个特殊经济开发区，是我国在中亚地缘政治经济格局中的战略性布局。为达成这个战略目的，应赋予两个特殊经济开发区如下的战略定位。

### 1. 向西开放的重要门户

新疆是我国联系中亚、西亚和南亚的重要基地和通道，而喀什和霍尔果斯则是这个通道上的两个重要门户。喀什历史上就是古"丝绸之路"的交通要冲和国际商埠，现有五个口岸对外开放，2008年出口额占全疆的近一半。霍尔果斯是古"丝绸之路"新北道的一个重要驿站，自1983年恢复开放以来已经成为我国西部地区综合运量最大的国家一类公路口岸。因此，这两个地区具有独特的对外开放地缘优势，应在我国加大向西开放中承担起重要门户的职能。

### 2. 稳定西部边疆的明珠城市

新疆是我国西部边疆的战略屏障，是遏制境内外"三股势力"的战略前沿，也是维护中亚和平与安全的重要载体，在我国战略安全体系中有着重要的地位。建设好喀什和霍尔果斯两个特殊经济开发区，使其成为我国西部边疆的两个明珠城市，有助于提高我国在中亚地区的影响力，可以为西部边疆的稳定起到重要的保障作用。

### 3. "西部开发"的重要支撑点

扎实推进"西部大开发"在我国区域协调发展中处于优先地位。过去十年，"西部大开发"以"打基础"为重点。随着宏观形势的变化，深入实施"西部大开发"战略要更加重视发展问题，特别是以"富民"为核心持续地促进经济发展。这要求在西部一些条件较好的地区培育新的经济增长中心，促进西部"造血"功能的增强。喀什和霍尔果斯两个特殊经济开发区的建设，可以为"西部大开发"工作提供坚实的支撑点，并起到良好的示范作用。

### 4. 促进新疆区域协调发展的增长极

喀什和霍尔果斯特殊经济开发区的建设，可以分别在南疆地区和伊犁河谷形成两个新的"增长极"，集聚资本、人才、技术和信息等经济要素，推动这两个地区的经济发展，提高民众的就业水平和收入水平，有助于新疆实现较为均衡的区域发展并促进社会稳定。

### (二) 总体发展方向

喀什和霍尔果斯两个特殊经济开发区应围绕"重要门户"、"明珠城市"、"支撑点"和"增长极"这四个战略定位来进行建设。力争用十年左右的时间，使两个特殊经济开发区成为我国西部边疆重要的国际商贸中心，面向中亚、西亚和南亚的出口加工基地，本地优势资源转换基地，以及西部重要的国际国内旅游目的地。

1. 西部边疆重要的国际商贸中心

作为在边境地区设立的特殊经济开发区，要发挥"重要门户"的功能、成为边境"明珠城市"，喀什和霍尔果斯首先要成为具有国际影响力的商贸物流中心，即发挥"前店后厂"模式中"店"的功能。为提升其商贸物流的集聚能力，应考虑在两地建设自由贸易园区和保税物流园区，并围绕"两园"建设商品交易、金融服务、信息服务、仓储配送等设施。喀什要借助"新疆喀什·中亚南亚商品交易会"（以下简称"喀交会"）的平台，加快建立一批中转集散基地、仓储配送中心和商品交易市场，建设面向中亚、西亚国家的商贸物流基地。霍尔果斯应加快中哈合作中心建设，使其成为中亚地区及辐射俄罗斯的最重要的自由贸易园区和商品集散中心之一。

2. 面向中亚、西亚和南亚的出口加工基地

要发挥两个特殊经济开发区"增长极"的作用，仅仅依靠商贸物流是不够的，还要积极发展出口加工业，即承担"后厂"的功能。国际国内经验表明，只有"前店"和"后厂"紧密的配合，才能形成一个有国际竞争力的经济单元。目前，喀什和霍尔果斯的出口商品主要还是国内其他地区生产的产品，本地生产产品有限。由于两地都远离内地制造业基地，随着国际商贸的发展，遥远的"后厂"将很难满足

贸易灵活性的要求。因此，两地应借助国内强大经济实力所培育的生产优势、自身的地缘区位优势和政策"高地"优势，以及"对口援疆"的机遇，积极吸引国内外产业转移，加快发展面向中亚、西亚和南亚的出口产品加工业。

3. 本地优势资源转换基地

加快优势资源的转换，既是增强喀什和霍尔果斯两个特殊经济开发区聚集能力和"产业氛围"的重要途径，也是提高当地居民就业水平和收入水平的重要渠道。只有尽快提高产业聚集程度，形成良好"产业氛围"，如足够的熟练工人、人才的集聚和生产服务能力的形成等，才能进一步加强对产业转移的吸引能力，使两地的发展具有可持续性。因此，应该把本地优势资源的转换纳入到特殊经济开发区建设的范畴，作为一个重要的发展方向来对待。要在特殊经济开发区中设立本地优势资源转换功能区。这一点对于产业基础薄弱的喀什尤为重要。

4. 西部重要的国际国内旅游目的地

两个特殊经济开发区所在地，即喀什地区和伊犁河谷，都拥有丰富的旅游资源。特别是民族风情、西域风光和边境风貌，对国内外游客具有很大的吸引力。另外，随着国际商贸中心的建设和发展，两地将吸引大批国内外旅游购物者。因此，大力发展以旅游购物游、商务休闲游、民族风情游和跨境游为重点的旅游业，是建设好喀什和霍尔果斯两个特殊经济开发区的重要途径之一，对国际商贸中心建设将起到相辅相成的作用。要利用好本地和周边独特而丰富的旅游资源，提高知名度，提升旅游设施水平，并积极争取国家落地签证政策，建设经济便捷的国际旅游大通道，使喀什和霍尔果斯成为我国西部地区重要的国际国内旅游目的地。

## 三、空间布局

### (一) 基本原则

1. 远近结合，滚动开发

由于喀什和霍尔果斯的发展基础比较薄弱，而且短期内市场空间有限，因而很难预期它们能像 20 世纪 80 年代我国沿海地区开发区那样，迅速而大规模地吸引外来投资，实现飞跃式增长。如果开发区划定面积过大，将可能导致政府在土地开发上背负沉重的负担。据调查，每平方千米的生地开发为熟地的费用一般在 1 亿～2 亿元。我国在 1980 年设立的四个特区，除了深圳特区占地面积为 396 平方千米外，厦门、珠海和汕头特区起步阶段均不足 10 平方千米。我国现有的 89 个经济技术开发区，最大的苏州工业园 70 平方千米，最小的虹桥经济技术开发区不足 1 平方千米，平均面积仅为 13.7 平方千米。即使考虑到新疆土地资源丰富的条件，喀什和霍尔果斯特殊经济开发区的面积也不宜过大，应控制在 80 平方千米以内。而且，要远近结合，起步区面积控制在 20～30 平方千米为宜。

2. 依托现有基础，"产""城"结合

我国现有特区和经济技术开发区空间布局大多数依托中心城市，即在城市附近划定一定范围空间，鼓励外商投资企业和本地企业集中布局，并实行特殊的土地、税收优惠政策。这种空间布局方式，一方面依托了现有城市，利用了城市已有的基础设施、水电路线及居民安置功能；另一方面又离开现有城市建成区，可以科学规划，合理布局，并成为城市将工业从城市内部向外转移实现"退二进三"的重要空间载体。而且，随着城市的逐步扩展，这些特区和开发区最后都成为城市建成区的有机组成部分。我国 89 个经济技术开发区到城市中心的距离统计分析表明，开发区到城市中心的距离平均在 15～30 千米，既实现了工业用地与城市用地的分离，又使开发区能够得到城市的良好支撑。

3. 依据主导功能，分区布局

如前所述，边境开发区一般兼有商贸功能（"前店"）和生产功能（"后厂"）。"前店"主要从事生产管理、设计、包装、销售、贸易和市场拓展等职能，需要依托条件便利的城市中心或者位于开发区内条件较好的区段。"后厂"一般位于基础设施成本和用地成本较低的区位。"前店"与"后厂"通过便捷的交通系统连接，构成完整的经济单元。喀什和霍尔果斯作为面向中亚、西亚开放的两个特殊经济开发区，国际商贸和出口加工是其两大主要功能，要通过国际贸易带动相关的出口加工业和物流产业，以及服务于本地与国际市场的地方优势资源转换加工产业。因此，两个开发区内部空间布局需要考虑到不同功能对区位和用地条件的不同需求。

### （二）园区布局与规模方案

1. 喀什特殊经济开发区

依据当地的自然环境基础和开发前景，建议喀什特殊经济开发区的园区布局方案为"3+1"功能组团方案。在现有喀什中亚南亚工业园的东侧，依托喀什机场和规划中的中吉乌铁路编组站，设立综合保税和出口加工功能区，布局出口加工和国际物流产业（占地面积 30 平方千米）；在现有喀什市建成区南部，依托喀什市规划拓展区，设立以国际商贸和旅游购物为主的国际商贸旅游功能区（占地面积 10 平方千米）；以克州阿图什工业园为核心建设地方优势资源转换功能区（占地面积 8 平方千米）。此外，为了考虑利用口岸的便利条件，通过对伊尔克什坦口岸和吐尔尕特口岸建设条件的综合比较，根据未来中吉乌铁路的走向，以伊尔克什坦口岸规划园区为核心，建设口岸功能区

（占地面积5平方千米）。最终该特殊经济开发区的面积为53平方千米。

这个布局方案相对紧凑，满足了不同主体功能的区位要求。围绕喀什市建成区的三个功能区空间距离不超过10千米，可以实现要素的集中配置，以及功能区之间要素的合理流动。各功能区功能定位相对清晰，可以在吸引项目和产业布局上形成良好的分工。而且，该方案还考虑了喀什市发展空间不足的问题，通过喀什市南部国际商贸旅游功能区的建设拓展喀什市的城市空间，最终实现经济开发区与城市发展的地域空间整合。

因此，建议喀什特殊经济开发区的建设以"3+1"功能组团为核心，由国家和地方政府共同投资进行园区的基本建设，实施优惠政策。喀什地区其他县市及兵团的工业园区，可以作为政策比照地区，在不享受国家直接资金支持的前提下，享受相同的政策优惠，通过发展依托地方优势资源的产业和为特殊经济开发区进行配套加工的产业，带动地方经济发展。

2. 霍尔果斯特殊经济开发区

依据霍尔果斯口岸、伊犁河谷地区的自然环境基础和开发前景，霍尔果斯特殊经济开发区的空间布局方案为"一区三园"模式。在该方案中，霍尔果斯特殊经济开发区主要由霍尔果斯口岸"中哈合作中心"配套区与扩展区（占地面积25平方千米）、清水河北工业园（占地面积8平方千米）以及伊宁边境合作区西部配套区与扩展区（占地面积30平方千米）组成。其中，霍尔果斯功能区基本以商贸、会展、金融、出口加工等功能为主；清水河功能区基本以出口加工产业为主；伊宁功能区则以本地优势资源转换和部分商贸出口加工产业为主（靠近火车站和机场地段）。最终该特殊经济开发区的面积为63平方千米。

该方案以中哈合作中心和伊宁边境合作区为依托，三个功能区分工明确，实现了"前店"与"后厂"的空间组合。相对于喀什，霍尔果斯特殊经济开发区在自然环境和经济基础方面条件较好,关键在于如何发挥好中哈合作中心的"龙头"作用。

### (三)"十二五"期间园区建设方案

1. 喀什特殊经济开发区

基于市场空间和未来前景的判断,建议喀什特殊经济开发区的规划面积不宜过大。起步区范围应控制在 14 平方千米左右。其中,综合保税与出口加工功能区 5 平方千米,国际商贸旅游功能区 4 平方千米,阿图什优势资源转换功能区 4 平方千米,伊尔克什坦口岸功能区 1 平方千米。

2. 霍尔果斯特殊经济开发区

建议霍尔果斯特殊经济开发区建设应紧密配合中哈合作中心的封关运营,以中哈合作中心配套区建设为主。因此,起步区范围控制在 26 平方千米左右。其中,霍尔果斯功能区以中哈合作中心配套区为核心,面积 9.73 平方千米,清水河功能区 4 平方千米,伊宁功能区 12 平方千米。

## 四、产业发展方向

### (一)基本原则

1. 市场选择为主、政府引导为辅

喀什和霍尔果斯两个开发区的总体发展方向是以贸促工,因而其产业发展方向的确定,应主要考虑市场因素。"立足新疆,放眼中亚"是产业发展的重要出发点。在一定时期内,两个开发区的市场定位应主要集中在中亚和西亚地区,并通过中亚延伸至俄罗斯和白俄罗斯。当然,由于新疆各主要城市之间距离远,属于分散型市场,两个开发区的产业发展也要考虑服务于本地市场。对于部分优质、特色产品，可以通过空运等便捷运输方式开拓内地市场，特别是东部沿海大城市。

2. 有利于促进本地优势资源的转换

南疆地区和伊犁河谷具有丰富的资源，包括矿产资源、能源资源、特色农业资源等。喀什和霍尔果斯两个开发区作为地区经济增长极，其产业发展方向要能够涵盖本地主要优势资源的合理开发利用。通过给予特殊的政策，促进本地优势资源的转换。这不仅是促进产业合理集聚的需要，而且是开发区功能多元化的需要。对于开发区的外贸和出口加工主体功能是一个重要的补充，有利于增强开发区抵御外贸波动引发的经济增长波动的能力。

3. 充分考虑产业发展的支撑条件

产业发展方向的选择必须考虑到当地的支撑条件。很多情况下，可以看到的比较优势不能发挥出来，就是因为没有配套和支撑条件，如足够的熟练劳动力、技术人员和管理人员，以及强有力的生产者服务业，包括金融保险、商务平台、广告服务、物流服务等。大型组装生产线对于零部件配套条件的要求很高，往往需要即时配送。因此，两个开发区产业发展方向的选择不能只考虑市场机会，还要看现有能力可以发展什么样的产业。这一点对于起步期的产业选择尤为重要。

4. 确保生态环境的可持续性

新疆是典型的干旱区，生态环境比较脆弱。产业发展必须建立在生态环境承载能力基础之上，保障生态环境的可持续性。对于喀什开发区而言，主要是处理好水资源供需的矛盾。对于霍尔果斯开发区，则是处理好产业发展与环境保护之间的矛盾。伊犁河谷目前生态环境优良，是我国为数不多的尚未被污染的河谷，而且物种极为丰富，素有"塞外江南"之美誉。为了眼前利益发展污染性产业，从长远看是得不偿失的。

### （二）产业发展的总体方向

根据上述四项基本原则，喀什和霍尔果斯两个开发区近期产业发展应以国际商贸物流产业和劳动密集型的"过境出口替代"加工产业为主，同时本着生态环境可持续性的原则积极发展本地优势资源开发和深加工。远期可考虑发展与中亚、西亚等周边国家互补性高的先进制造业。

应根据市场条件和本地支撑条件来考虑"过境出口替代"加工产业的发展方向。在市场因素上，最主要的是目前新疆的出口结构和中亚、西亚国家的产业结构特征。2008年，新疆出口前五位的产品是服装、鞋、机电产品、纺织品和农产品，合计占新疆总出口额的83%。在南疆地区，仅服装鞋帽和纺织品的出口额就占总出口额的85%。这种出口结构与中亚、西亚国家的产业结构密切相关；这些国家的产业基本以重化工业为主，特别是资源开采与初加工。从"过境出口替代"和与中亚、西亚国家产业互补的角度来看，特殊经济开发区的起步阶段应以轻纺家电、家居用品、特色农产品、机械设备、建材的生产和组装加工为主。此外，基于文化相通的优势，两个开发区面向出口的加工业发展，也要考虑清真食品和穆斯林用品。

围绕"前店后厂"的发展模式和国际商贸中心的定位，商贸物流和金融服务等必然是两个重要的发展方向。随着进出口业务的发展及各类工贸公司入驻开发区，将会产生大量的贷款融资业务和进出口结算业务。同时，随着国际商贸中心的建设，以及国际会展、旅游和休闲娱乐的发展，企业和居民对金融服务的需求将大为增加。因而，两个开发区都需要金融业的支撑，尤其是与国际贸易相关的国际金融和离岸金融业务。另外，结合国际商贸中心建设，购物旅游、商务休闲等活动将推动旅游业的发展。

从中远期来看，基于我国与中亚、西亚国家产业发展的差异性，喀什和霍尔果斯两个开发区可考虑积极吸引信息产品制造、先进装备制造及其他中亚、西亚国家需要的高新技术产品制造企业进入，将先进制造业作为一个重要的潜在发展方向。这类产业对于"产业氛围"和配套条件的需求更加强烈，在产业聚集达到一定程度之前很难进入，所以不宜作为起步期努力的方向。

### （三）喀什特殊经济开发区

喀什开发区应利用独特的地缘区位条件，全力提升其作为中亚、南亚经济圈商贸物流中心的地位。积极推进国际商贸旅游中心建设，构建喀什国际经贸合作发展平台，将"喀交会"建设成为向西开放的贸易平台。在商贸功能建设上，要以喀什市南部的国际商贸旅游功能区和毗邻机场口岸的综合保税与出口加工功能区内的保税物流园区建设为主，以伊尔克什坦口岸功能区建设为辅。

依托地缘、资源和口岸优势，充分利用对口援疆的机遇，建设喀什"东联西出"的出口加工基地和"西进东销"的商品集散基地，实现向外向型农业、现代工业、集约型经济增长方式和全方位对外开放发展模式的转变。产业发展上，除了国际商贸物流产业外，重点发展纺织服装、特色农副产品加工、家居用品、新型建材、矿产资源加工、旅游购物、清真食品和穆斯林用品等产业。

（1）依托年产1000万担[①]棉花的资源优势，做大做强纺织工业，形成纺纱、织布、印染、成衣完整的纺织工业产业链，建设纺织服装生产基地。

（2）依托农业资源优势，围绕特色林果产品和优质畜产品的精深加工，建设特色农副产品精深加工基地。

---

① 1担=50千克。

（3）面向中亚、南亚国家近13亿人口的巨大市场需求和国内雄厚的加工制造能力，积极引进日用百货、五金等加工企业，建设面向周边国家的家居用品出口加工基地。

（4）围绕周边国家市场及南疆地区大规模建设的需求，积极引进水泥、陶瓷、新型建材生产企业，建设建材工业基地。

（5）依托与周边国家民族相近、宗教相同、习俗相通的人缘优势，以及作为穆斯林国际商埠的优势，积极建设清真食品和穆斯林用品生产基地。

（6）依托喀什和周边地区丰富独特的旅游资源，加快推进国际旅游大通道建设，积极将喀什开发区建设成为欧洲和中国游客双向旅游的枢纽和目的地。

此外，由于喀什的产业基础十分薄弱，为加快喀什开发区产业聚集速度，应考虑将优势资源转换产业作为一个发展方向。即建设一个优势资源转换产业功能区，使主要矿产资源加工（主要是黑色冶金和有色冶金）能够享受特殊开发区的政策，尽快集聚和发展起来，促进当地"产业氛围"的形成。

### （四）霍尔果斯特殊经济开发区

霍尔果斯开发区的产业发展应依托伊宁边境合作区和霍城清水河工业园现有产业基础，以中哈合作中心为"龙头"，大力发展商贸物流、出口加工业、旅游休闲、金融服务等产业。

中哈合作中心于2006年由国务院批准设立，是我国探索与周边国家新型经贸合作的尝试，也是中哈两国层面的重要合作项目。从中亚地区的地缘政治经济格局看，在2011年封关运行后，中哈合作中心很有可能成为中亚及周边地区最重要的国际性自由贸易园区。2004年，哈萨克斯坦与吉尔吉斯斯坦、塔吉克斯坦、乌兹别克斯坦签署了《上海合作组织成员国元首杜尚别宣言》，确定在 2015 年建立自由经济区。2009 年，俄罗斯、白俄罗斯和哈萨克斯坦三国签署了《关税同盟海关法典》，成立关税同盟。通过中哈合作中心，哈萨克斯坦将在我国与中亚及周边国家贸易中扮演重要的"中间人"角色。货物进入中哈合作中心，就等于进入了中亚合作组织国家及俄罗斯和白俄罗斯。

因此，霍尔果斯开发区的发展前景取决于中哈合作中心成功与否。若先期工作重心不能放在中哈合作中心的建设上，将影响后续产业的发展。只有中哈合作中心这个"龙头"发展起来，霍尔果斯开发区的产业发展才有可能上一个新台阶。因此，要以中哈合作中心建设为核心，大力发展国际商贸。积极发展配套的仓储物流产业，以及高效快捷安全的国际联运，大力提倡发展"第三方物流"。同时，积极发展旅游购物游、商务休闲游、民族风情游和跨境游等旅游休闲业，以及服务于国际商贸和国际旅游购物的金融服务业。

在出口加工基地建设上，重点发展轻纺工业、家电产品、机械组装制造（包括交通运输机械）、特色农副产品加工、新型建材等产业。

（1）通过资源优势、地缘优势、政策优势吸引国内外投资，大力发展以服装、家用纺织品、服装饰品、服装附件、鞋帽、家电等为主的轻纺家电产品加工，建成面向中亚的轻纺和家电生产基地和进出口贸易集散地。

（2）利用新疆在食品和农副产品加工领域的优势，发展蔬菜水果加工业、饮料业、酿酒业、精细米面制造业，以及以方便面、辣椒酱、番茄酱、饮料、酵母等产品为主的食品加工业，建设面向中亚、西亚的国际食品及农副产品加工产业基地。

（3）根据中亚市场的需求，积极引进重型机械、汽车摩托车组装等企业，建成面向中亚的机电产品出口加工基地。其中，交通运输设备制造是突破点，重点发展建筑机械、矿山机械、汽车及零配件加工、农用机械等。可考虑建设我国西部区域性汽车零部件配送中心与售后服务中心，为出口中亚市场的各种汽车和大型工程机械提供产业支持。

（4）依托中亚市场，大力培育以建筑陶瓷、室内外装饰材料、卫生洁具为主的新型建材产业。

对于霍尔果斯开发区（含伊宁市和清水河），为保障伊犁河谷的生态安全，应限制煤炭产业及煤化工的发展，不建议在特殊经济开发区内发展矿产资源加工产业。

## 五、支撑条件

### （一）喀什特殊经济开发区

1. 交通通道不畅，但潜力巨大

近年来，喀什对内、对外交通运输条件得到了明显改善。314、315国道通过喀什；南疆铁路对喀什经济社会发展支撑作用明显，喀什到和田的铁路也在喀什与南疆铁路接轨；航空运输已开通了喀什与乌鲁木齐、北京、广州等地往返的航线，对扩大喀什与疆内、内地的联系起到了积极作用。但喀什由于地处边疆，对外联系也受到周边国家的大环境影响。向西开放的通道不畅，与周边国家仅有一条国道相通，路况差、运输成本高，交通末端城市的地位没有改变。尤其是铁路、航空没有通达周边国家，严重制约着喀什经济发展的国际化进程。

随着周边国际环境的变化，喀什的地缘优势不断显现出来。在航空方面，以喀什为中心，构建中国与中亚、南亚、西亚和欧洲的中转中心的可能性很大。特别是边境口岸的进一步开放，314、315国道过境、南疆铁路延伸、中吉乌铁路开通、多条国际国内航线的开辟，喀什将会形成铁路和高等级公路通达内地与周边国家、民航直飞国内及周边国家主要城市、公路覆盖城乡的立体交通运输体系，区域性交通枢纽城市的地位和国际大通道作用将会增强。

### 2. 口岸潜在优势明显，但通达性较差

喀什与印度、巴基斯坦、阿富汗、塔吉克斯坦、吉尔吉斯斯坦五个国家接壤，边境线长达888千米，周边有红其拉甫、卡拉苏、伊尔克什坦、吐尔尕特四个国际边境一类口岸，一个国家一类国际航港口岸。但喀什与四个边境口岸距离较远，喀什向西北近200千米才能达到吐尔尕特和伊尔克什坦口岸，向西南沿314国道需行420千米的路程才可抵达中巴边境红其拉甫口岸，且四个一类陆路口岸都处于高海拔地区，红其拉甫和卡拉苏属于季节性口岸。

### 3. 矿产资源富集，开发的经济成本较高

喀什矿产资源富集，主要分布在西南天山、昆仑山和喀喇昆仑山一带，种类繁多、储量丰富。目前已发现矿产63种，矿产地224处。石膏和蛇纹岩储量名列全国前茅，石油、天然气、铁、铜、铅、锌、玉石、石灰石、石英石、硅、硼储量丰富，资源品质高。油气和战略性金属资源矿藏储量巨大，开发前景广阔。但远离市场消费地，运输成本高，加之气候条件和开采条件等较差，开发的经济成本较高。

### 4. 喀什市周边水资源较丰富，能够满足城市和产业发展需求

喀什地区位于塔克拉玛干沙漠西南缘，干旱少雨、年蒸发量大，水资源是经济和社会发展的关键制约因素。但喀什市周边水资源相对丰富，有五大河流流经该市。其中，叶尔羌河是最大的河流，年径流量为64.33亿立方米，克孜勒河年径流量为20.21亿立方米，盖孜河年径流量9.65亿立方米，库山河年径流量为6.3亿立方米，依格孜亚河年径流量2.02亿立方米。五大河流均以高山融雪补给为主，冬春季枯水期长，夏季洪峰大、历时长，河道来水量时空分布不均。总体而言，剔除流域分水量外，能够满足喀什市城市生活和产业用水需求。

### 5. 土地资源充足，建设用地可占用交通条件便利的沙漠戈壁

喀什地区总面积有16万平方千米，其中绿洲面积有2.74万平方

千米，占总面积的 18.8%。耕地面积为 784 万亩，人均 2.3 亩。在喀什市北部交通干线两侧的戈壁沙漠距离城市近，适宜于建设开发区，最大的好处是不占用耕地，企业也可节约征地费用。总的来看，喀什地区有充分的土地储备潜力可以用于城市化和工业化发展。

6. 大区域的自然和生态环境较差，但喀什市周边条件较好

喀什地区土地面积中 57% 是山地，23% 是沙漠戈壁，气候干旱，天然植被为盐生草荒漠、无植被戈壁和多汁盐柴类荒漠，浮尘天气多达 50～125 天，生态环境极为脆弱。但喀什市位于河流扇状堆积平原上，水土资源丰富，自然和生态条件较好，农业发展历史悠久，是新疆比较重要的粮棉产区，适宜于形成一定规模的大城市。

### （二）霍尔果斯特殊经济开发区

1. 丰富的矿产资源，可保障开发区产业和经贸的大发展

当地矿产资源储量丰富，开发潜力巨大。伊犁地区煤炭资源储量大，煤种齐全，且主要以优质煤为主。煤炭探明保有储量 217.5 亿吨，主要煤种为长烟煤、不黏结煤、气煤、肥煤、肥焦煤。伊宁盆地也是新疆五大含油气盆地之一，根据已完成的石油地质普查，预测石油地质储量 4.5 亿吨，且远景储量可观。金属矿产资源也很丰富。伊犁地区铁矿保有储量 2530 万吨，锰矿也较为富集，预计储量有 380 万吨。铜矿及矿化点有 25 处，已开采利用的产地 8 处，镍矿探明储量 1.54 万吨，工业储量 0.91 万吨。丰富的矿产资源为特区产业发展提供了保障。

周边国家矿产资源富集，对外合作前景可观。中亚国家蕴藏着丰富的矿产资源，且种类多、储量大、品位高、易开采。哈萨克斯坦已探明的石油储量达 100 亿吨，煤储量为 39.4 亿吨，天然气储量为 11 700 万亿立方米，钨储量居世界第一位，铬和磷矿石居第二位，铜、铅、锌、钼和磷的储量居亚洲第一位，B+C1+C2 级铀矿储量约占世界

的19%，居世界第二位。乌兹别克斯坦石油储量5.84亿吨，远景储量11.7亿吨，黄金储量居世界第四位。吉尔吉斯斯坦黄金、锑、钨、锡、汞铀等稀有金属储量丰富，锑产量居世界第三位。土库曼斯坦天然气地质储量29万亿立方米，已探明储量约5万亿立方米。

2. 充足的水土资源，能够满足开发区经济发展的需求

水资源能够支撑人口、产业和城镇的发展。伊犁河谷水源丰富，是我国西部少有的丰水区。区内河流纵横，大小河流120多条，其密度居全疆之冠，主要有伊犁河和三大支流特克斯河、巩乃斯河、喀什河。全流域地表水资源量占新疆总流量的20%，其中我国境内产水量为161.15亿立方米，境外流入5.85亿立方米，境内流出124.5亿立方米。另外，冰川资源富集也是伊犁河谷水资源的一大特色，是新疆冰川最多的区域，有冰川1636条，分布面积2076.36平方千米，储水量783.5亿立方米，其冰川面积及储量居全疆之首；伊犁地区地下水储量15.11亿立方米。充足的水资源为伊犁地区人口、产业和城市发展提供雄厚的支撑作用。但水资源东多西少，空间分布不均，与农业、工业等用水量不完全匹配。

土地资源开发需要考虑生态系统。伊犁河谷是新疆水土资源与气候资源条件最好的地区之一，不仅水资源丰富，而且也是新疆少有的优质土地资源集中区，全疆重要的粮食、畜牧生产基地。伊犁河谷有耕地1800万亩，已开垦利用705万亩，适宜种植多种农作物，如亚麻、薰衣草、红提葡萄等，且品质优于全国其他地区。在伊犁河干流沿岸的一二级台地上，以荒漠草原景观为主，未来随着人口增加和经济发展的需要，农业开垦拓荒对荒漠草原的破坏日益严重，增加了该区荒漠化和发生沙尘暴灾害的风险。

3. 交通通道优势正在显现，但瓶颈制约仍然明显

霍尔果斯位于欧亚经济板块的中心位置，连霍高速公路、陇海—

兰新铁路国际新通道的最西端，是我国铁路、公路和管道运输等对接中亚的重要节点。随着赛里木湖—霍尔果斯口岸高速公路、精伊霍铁路与哈萨克斯坦的对接、伊宁市机场扩建等重大交通项目建设，霍尔果斯成为我国西部集铁路运输、公路运输、空港运输为一体的国际大通道，霍尔果斯作为国际交通节点、能源和资源大通道、向西开放桥头堡的地位将不断增强。

未来发展仍需突破交通瓶颈。目前，霍尔果斯作为交通通道的作用正在日益提升，但交通枢纽的地位仍然不明显。为进一步支撑特殊经济开发区对外开放，要尽快提升机场的等级和航班，扩大对中亚、西亚的联系，形成新疆西部航空枢纽；加大集装箱的铁路和公路联运，形成陆路集装箱枢纽；加快沿边公路和铁路建设，促进口岸间城市间的合作。

4. 良好的自然生态条件，为特区建设提供了优良的人居环境

霍尔果斯自然和环境本底优越。西部较开敞，西来湿润气流和温暖气流汇合，谷地气候温和而湿润，蓝天、白云、雪山、草原景观层次错落有致，组合丰富多彩，气候宜人，风景秀丽，生态和环境条件好，是西北地区最适宜于人居的地区。

大规模的建设会直接威胁脆弱的生态和环境。尽管该区域自然条件的本底较好，但生态环境相对脆弱，盲目开垦荒地、滥伐森林、不合理利用水资源、过度放牧、无序的地下资源开采等都将对脆弱的生态环境造成灾难性的破坏。特别是，特殊经济开发区的建设、经济的快速发展及大规模的人口和产业集聚，将会改变区域生态和环境条件。需要制订严格的矿产资源开发准入机制，有序推进矿产资源开发；合理利用水资源，严禁大规模开荒，确保伊犁河谷天然草场、天然林、次生林、天然野果林、荒漠草原等生态平衡。

## 六、风险分析

与沿海开发区不同,陆路边境开发区的市场主要是周边国家。其成功与否不仅仅取决于国内经济政策,还受到地缘政治经济态势、邻国发展水平和政治稳定性,以及基础设施对接等因素的影响。当前中亚地区主要国家政治格局复杂,总体经济发展水平相对落后。此外,中国与中亚经贸活动受交通运输不通畅的影响和制约作用显著,还没有形成经贸合作的长效机制。在海关程序、标准一致化、商务流通和监管等环境方面还存在着各种各样的壁垒。

1. 我国西部地区将长期面临严峻的地缘政治态势

新疆所毗邻的中亚、西亚和南亚地区一直是大国势力觊觎的对象,被地缘政治学家称为"破碎地带"。苏联解体后,美国、俄罗斯等大国势力以种种理由和多种方式影响乃至控制中亚和部分南亚地区,以图在该地区巩固和加强在政治上、经济上和文化上的影响力。这些地区因民族、宗教、领土、资源等因素引发的冲突和战乱也没有停止,各种分裂势力、恐怖势力和极端势力给国际社会不断带来危害。这种错综复杂的地缘政治态势,将对我国与周边之间的经贸往来和合作带来种种障碍,使得喀什和霍尔果斯两个特殊经济开发区的发展带有一定的不确定性。这需要在规划开发区的发展进程和发展规模时予以客观地考虑。

2. 中亚区域合作存在局部经济利益障碍

进入 21 世纪以来,各国争夺中亚市场的竞争日益激烈,中亚国家与周边国家、欧美发达国家及地区、国际货币基金组织签订了一系列协议,并于 2002 年成立了中亚合作组织,形成了较低层次的区域经济集团,但与我国还没有签订实质性的经济互惠合作协定。上海合作组织成员国的经贸合作尚处于启动阶段,各国在海关程序、标准一致化、商务流通和监管环境等方面还存在着各种各样的壁垒。边境贸易受到邻国海关"灰色"清关的影响很大，存在不稳定性。此外，近年来中亚国家开始着重加强对轻工业等领域的投入，并通过提高关税和技术标准等手段，保护本国民族轻工业和日用品制造业，使我国大宗轻工产品出口难度加大。

3. 进一步深化合作存在基础设施配套制约和物流障碍

我国与中亚国家间的交通基础设施及运输车辆的技术标准不同给物流带来极大的不便。中亚国家的铁路仍沿用轨距为1520毫米的宽轨铁路，而我国使用的是轨距为1435毫米的标准轨，货物换装成为制约贸易规模扩大的重要因素之一。另外，我国与中亚各国还没有畅通的物流协议，物流成本很高。例如，从我国经哈萨克斯坦运输到第三国的货物，必须在哈方口岸转由哈方汽车运送。此外，中亚各国均属于经济转型国家，其市场经济体制尚未完全确立，法律法规多变且不健全，对外经济政策调整频繁。尽管我国和中亚各国都设有解决贸易争端的仲裁机构，但近年来出现的贸易摩擦很少能够借助仲裁机构得到合理、满意的解决。

因此，综上所述，喀什和霍尔果斯两个特殊经济开发区的发展存在一定的不确定性，对其发展前景应保持谨慎的乐观态度。也就是说，不能预期喀什和霍尔果斯能够像深圳、上海浦东或天津滨海新区那样超高速成长。但与西部很多开发区相比，这两个特殊经济开发区能够在国家和对口援助省市的支持下，在较短时间内获得长足的发展。

## 七、政策措施建议

喀什和霍尔果斯两个开发区在新疆维吾尔自治区跨越发展和我国向西开放战略格局中具有特殊重要的地位，应予以特殊政策支持。除了财政、税收、投资、土地、人才等政策措施外，应特别重视加快对外开放的政策措施，以及体制机制创新。

（1）加大对与两个开发区密切相关的重大基础设施建设的支持力度，尽快提升对外开放的便利性。加快启动中吉乌铁路和中巴铁路建设；加快通达边境口岸的铁路和公路建设；加快改造、改善口岸基础设施、生活设施和查验设施；支持伊宁、喀什机场改扩建，创造条件开通直达国内主要城市和周边国家重要城市的国内国际航线。

（2）进一步推进干部援疆，建立健全干部交流机制。通过考察，我们感觉干部队伍和人才队伍是两个特殊经济开发区建设的关键因素。建议参考清水河工业园开发建设模式，通过干部交流，加大深圳市和江苏省对两个开发区建设的参与力度。通过两到三期的重要部门、关键岗位和重点技术环节的干部对口交流，加快开发区建设步伐，并为两个开发区培养高水平的本地干部队伍。

（3）鼓励体制机制创新，允许先行先试。为协调兵地之间关系和地州之间关系，建议考虑成立开发区建设股份公司，通过统计指标分成和税收分成等创新措施完善各方利益关系的协调机制。

# 关于黄河黑山峡河段开发方案分歧的认识和建议[①]

**编者按：**

2010年8月中国科学院组织了由孙鸿烈牵头的考察组，对黄河黑山峡河段水利工程建设进行了实地考察研究。鉴于考察组上报的报告中对黄河该河段开发未作明确的结论，陆大道在两年后根据考察当时自己形成的初步认识，对考察资料特别是对工程开发可能对社会经济带来巨大的负面效果进行了进一步深化研究与整理，明确提出，对于该河段的开发已经完全没有20~30年前所提出的巨大重要性了，宁夏与甘肃提出的方案分歧已经不是哪个好些哪个差些的问题了，而是任一方案开发都会是利小弊大。因此，陆大道郑重建议，该河段完全可以不开发。

2010年8月，我参与了中国科学院学部组织的关于黄河黑山峡河段水利工程的调查研究，沿途考察了工程各个方案的河段、地形地质及社会经济状况，听取了甘肃省、宁夏回族自治区、内蒙古自治区政府有关部门，以及水利部黄河水利委员会（简称"黄委会"）的介绍。

关于在黄河黑山峡河段兴建水利工程的建议，早在20世纪60年

---

[①] 本文原载于《中国科学院院士建议》，2012年第7期（总第238期），2012年7月19日，报告撰写人为陆大道。

代就已经提出。但由于在建设地址和方案上甘肃和宁夏长时期持对立意见，宁夏坚持在本自治区境内大柳树建高坝（大库），甘肃坚持在自己境内河段建低坝（其中包括近年来提出的四个低坝方案）。国家有关部门始终没有做出决策。

长期以来，赞成和坚持在宁夏境内大柳树方案一方强调：大柳树是优良的大坝坝址，可以取得灌溉、发电及防洪等最大的综合效益。支持在甘肃内河段建低坝的一方，认为大柳树坝址的工程地质条件有问题，特别是强调低坝方案可以大大减少淹没损失，省内自己解决移民问题比较容易。近年来，黄委会提出支持大柳树方案的理由，认为高坝大库方案可以形成"人造洪峰"，可以冲掉黄河内蒙古段的泥沙淤积，维持黄河的"健康生命"，保持黄河河道安全。

我对于上述各方的观点和理由有以下综合分析和评价。

1. 大规模移民是重大的社会问题和民生问题

两个方案的移民规模相差很大，大柳树方案需要移民 80 000 人，低坝方案只需要移民 5000 人。大柳树方案将使甘肃沿黄的靖远、景泰等大片优质耕地被淹没掉。这也是甘肃长期不同意大柳树方案的理由之一。大规模移民已经成为现阶段建设大型水利工程的极大难题之一。我认为，今天修建水库的大规模移民问题应该提到重大的社会问题和民生问题的高度来看，我非常同意国家发改委 1166 号文所强调的："移民问题与工程建设问题同样重要。"宁夏提出：大柳树方案的 80 000 移民可以由宁夏在宁夏境内进行安置。我认为，根据以往的经验这样的安排肯定会引起很多棘手的问题，是难以实施并取得理想结果的。

2. 黄河内蒙古段泥沙淤积不可能依靠大柳树方案得到解决

这些年来，黄委会强调黄河内蒙古段的泥沙淤积需要实施大柳树方案。实际上，泥沙淤积是刘家峡、龙羊峡蓄水造成的问题，在临河附近的黄河河段，河面宽约 5 千米，而纵坡小于千分之一，况且这一河段淤积的沙子是粗沙，主要来自石嘴山以下的黄河沿岸。依靠建设大柳树方案形成"人造洪峰"能够起作用吗？由于鄂尔多斯的煤电基地的建设和社会经济的迅速发展，内蒙古河段的河道安全确实极为重要。解决的方向应该是加强两岸堤防的建设和控制流沙进入黄河。

3. 黑山峡河段水资源大规模开发的意义已经不像以前那么重要了

宁夏强调大柳树方案的早期理由是大幅度扩大宁夏回族自治区的灌溉面积和改善灌溉条件，同时可以发电和防洪等。但自从刘家峡、龙羊峡两大水库蓄水后，宁夏的灌溉条件和防洪条件已经大为改善。大柳树方案只是使部分灌溉面积改善灌溉条件（增加自流灌溉和降低扬程）。就发电而言，意义更是大大降低了。现在西北电网的总装机已经超过 1 亿千瓦，而大柳树方案的装机规模只占西北电网总装机的 1.8%，占西北电网水电装机的 8.3%。就发电量而论，所占份额只是这两个很小比例的一半。

4. 利益之争是分歧的关键

大坝在哪个地区，与双方的利益关系非常大。无论工程在哪一个省（区），淹没损失都在甘肃。从甘肃角度，低坝方案，非但损失小，更重要的是可以较好地解决移民问题。大柳树方案，工程在宁夏，但是要甘肃承担损失。宁夏方面提出：如在大柳树建设枢纽，发电的收入可以还给甘肃。按照计划的装机规模，年发电收入（以目前的电价）不足 10 亿元，无法起到平衡利益的作用。我以为，除了大规模移民以外，主要的利益分歧在以下方面。

（1）工程总投资可能达到 200 亿～300 亿元，建筑工期 8～10 年，高峰期将有万人以上的施工队伍在工地。为这些人服务还要 1 万人甚至更多，施工期工程建设需要的建筑材料生产、机械和各种设备的维修，大规模的生产、生活物资的供应及服务业、供电系统、交通系统、供水系统的建设等，将形成庞大的建筑工地和小城镇。工程建成、水库运行之后若干年就会出现一个现代化中等城市，成为所在地区的经济增长极，带动诸多的产业和创造大量的就业岗位，不仅经济意义巨大，而且社会意义更为突出。

（2）中央政府各有关部门的资金进入工程所在地区，金融、商贸、物资等部门会获得巨大的利益。

（3）黑山峡工程关于利益和观点的分歧历史很长，很可能是任何一个工程所没有的，许许多多单位和无数的学者、领导、社会人士等都以某种形式参与进来。最终大坝定在哪一个省（区）成为两省（区）领导人向广大老百姓和社会交代的重大问题。似乎争取到工程在本省（区）建设就是领导人事业成功的重要标志了，也是对自己执政能力的"肯定"！

几十年来，甘肃和宁夏分别邀请不下十多家水利勘测设计机构做了各自低坝方案和高坝方案的勘测和规划，就坝址的工程地质、地形、水文等做了大量的论证工作，认为低坝方案可行或者高坝方案可行的结论几乎同样多。现在，如果还要做类似的工作，比一比哪个方案的工程条件更好、更可行，或者说哪个方案是科学的，哪个方案是不科学的，我认为已经没有必要。

总之，黑山峡河段的开发方案需要按新的背景和环境作出决策，一定要使损失和受益达到区域平衡。实现两方的"双赢"。过去在进行大河开发时往往强调"局部服从整体"。现在我以为黑山峡工程的建设决策不宜简单地强调这一点。

黑山峡河段在今后30～50年内不开发不一定不好。长期以来，许许多多的报告都强调，希望中央政府尽快作出决策，尽快建成这一大型枢纽工程，为沿黄广大人民造福。也有的报告强调这是黄河干流上唯一的一个大型工程了，希望国家早日开发。我认为，这一工程的重要意义已经不比从前，问题和代价却大大增加了，现在没有必要作出强制性的决策。留下这一河段的峡谷景观和人文资源，可能是更好的选择。

# 关于进一步推进独立工矿区改造搬迁工作的建议[①]

**编者按：**

我国自工业化初期开始形成的独立工矿区有 120 多个，它们曾经对国家发展做出了巨大的贡献。但是，进入 21 世纪，由于资源枯竭等原因，不可持续问题日渐严重，成为我国区域协调发展的大难题。课题组从 2012 年年初开始，对全国独立工矿区进行了实地调研，获取了大量的实际情况、数据与问题资料：失业人口高，居民生活困苦；环境污染与地质灾害严重，居民安全受威胁；基础设施破败，城镇功能残缺；社会不安定，等等。本报告概括了我国 120 多个独立工矿区的发展历程，解剖了存在的主要问题及原因，提出了可持续发展的路径等建议。

全国目前有 120 多个独立工矿区，它们大多是在我国工业化起步阶段形成的。近年来，随着资源逐渐枯竭，历史遗留问题及发展中新问题引发的矛盾不断凸显。独立工矿区已成为我国区域协调发展的难点和推进新型城镇化的薄弱环节。在我国经济社会发展转型期，加快推进独立工矿区改造搬迁有利于扩大内需，更有利于改善广大居民的

---

[①] 本文原载于《中国科学院院士建议》，2013 年第 8 期（总第 250 期），2013 年 12 月 20 日。本报告调查研究工作由张文忠团队进行，院士专家对报告进行了讨论，张文忠对报告做了修改定稿。

生活质量，是一项重大的民生工程和发展工程。

## 一、独立工矿区面临的主要问题

自2012年年初，我们开展了全国独立工矿区可持续发展问题研究。通过实地调研和经济社会指标分析，我们确定了全国128个独立工矿区。其中，煤炭工矿区74个、有色金属工矿区28个、黑色金属工矿区14个、非金属工矿区11个、油气工矿区1个。它们分布在全国25个省（自治区、直辖市），涉及总人口约1652万人，涉及国土面积合计约6.31万平方千米。独立工矿区作为国家重要的能源资源供给基地，为国家和地区发展做出了突出贡献。中华人民共和国成立以来，独立工矿区累计为国家生产原煤214亿吨，铁矿石15亿吨，铜矿石1.3亿吨，铅锌、钨、锰、钼、铝土、金等金属矿石8亿吨，磷、高岭土、石膏、石墨等非金属矿产13.5亿吨。但随着资源衰减，工矿区的经济、社会及生态环境问题逐渐显现出来。

1. *资源大幅度衰减，经济发展水平低*

大部分独立工矿区经过几十年甚至上百年的开采，主要矿产资源剩余可采储量大幅下降。据初步测算，目前128个独立工矿区平均矿产资源可采年限为41年，年开采量已普遍降至高峰时期开采量的50%以下，许多工矿区主导矿产资源已经枯竭。由于独立工矿区在经济上严重依赖资源开采和加工，资源型产业一业独大，增加值占地区生产总值比重普遍超过50%，有的甚至超过80%。一旦资源市场出现波动或经济紧缩，工矿区发展就难以为继。目前，全国独立工矿区人均GDP不及全国平均水平的一半，人均财政收入不及全国人均水平的25%。

2. *基础设施和公共服务设施滞后，社会服务功能缺失*

"先生产、后生活"是独立工矿区建设初期的基本思路。长期以来偏重生产基地建设，而忽略了对基础设施和公共服务设施的系统建设。

多数工矿区的对外通道陈旧破损，与外部联系极其不便，难以接收到中心城区的辐射带动。工矿区内部的道路、供电、供水等基础设施主要依靠当地工矿企业自主建设，投入少、标准低、配套不完备，且多数受矿山地质灾害影响受损严重。例如，唐山市古冶区内集中供水率、供热率、供气率分别仅为唐山市的63%、36%、4.4%。同时，绝大多数独立工矿区的资源开采区和居民生活区相互交错，商贸、休闲娱乐等社会综合服务功能严重缺失。

3. 生存环境恶劣，生态和环境问题严重

独立工矿区大多数分布于偏远的山岭沟壑地区，自然环境恶劣，且一半以上的独立工矿区位于自然灾害多发区。长期的高强度资源开采和生态修复工作的缺位导致独立工矿区面临严重的土地沉陷、植被破坏、水土流失、环境污染等问题。目前，全国独立工矿区共有采矿沉陷区3366平方千米，地质灾害隐患点16 833处，影响面积达15 277平方千米。由于技术和资金缺乏，工矿区的生产生活废水大多未经处理直接排放，造成水体和土壤的酸碱污染、有机物质污染和重金属污染等问题。例如，湖南水口山矿区因多年铅锌矿开采导致重金属污染面积达到1.98万公顷。矸石山等固体废弃物堆积和露天开采遗留下来的巨大矿坑不仅破坏自然景观、产生扬尘污染，而且是严重的安全隐患。

4. 居民生活艰苦，社会民生问题突出

随着资源枯竭，独立工矿区的社会民生状况堪忧。2011年全国独立工矿区城镇居民人均可支配收入14 727元，仅为全国平均水平的67%。由于收入水平低，独立工矿区广大居民无力改善居住条件，约有近200万人长期居住在20世纪六七十年代修建的工矿棚户区内，房体残破不堪，没有暖气、煤气、上下水，许多矿区几十户居民共用一个简易厕所，生活条件非常艰苦。工矿区失业率远高于全国平均水平，下岗失业总人数合计108万人，以"4050"人员为主体，且有相当数量的工伤和职业病患者，再就业能力差。

## 二、独立工矿区改造搬迁是扩内需、保民生、调结构的重要途径

2012年9月25日，李克强总理出席了国务院召开的"全国资源型城市与独立工矿区可持续发展及棚户区改造工作座谈会"，并做了重要讲话。为了贯彻落实会议精神，国家发改委按照"试点先行、分步推进"的思路，遴选困难突出、前期工作基础较好的5个地区实施独立工矿区改造搬迁试点工程。从实施效果来看，推进独立工矿区改造搬迁工程利当前、惠长远，是一举多得的重要举措。

1. 完善独立工矿区的基础设施和公共服务，是释放内需潜力的重要手段

实施独立工矿区改造搬迁，弥补基础设施和公共服务设施方面的历史欠账，可以有效拉动投资、扩大内需增长。据初步统计，全国独立工矿区道路受损长度共计15 500千米，水电线路待改造长度共计32 300千米。我们估算，128个独立工矿区按照每个工矿区至少具有一条二级以上连通邻近中心城镇的公路，交通、市政等基础设施综合承载能力达到所在地级行政区城镇的平均水平计算，需要总投资1047.8亿元，至少可带来5000亿元以上的社会总需求，可直接和间接创造就业岗位100万个。由此可见，独立工矿区改造搬迁不仅可以彻底解决工矿区道路、供水、供电、通信等生产生活条件严重滞后的现实问题，而且可有效拉动内需、增加就业、激发潜在消费需求。

2. 独立工矿区的棚户区改造是全国棚改工作的重中之重，是解决城市内部二元结构矛盾的切入点

独立工矿区由于位置偏远，基础设施配套不足，亟待改造的棚户

区规模大,且存在部分异地搬迁的问题,因此,独立工矿区是全国棚改工作难度最大、问题最集中的区域。据我们估算,全国独立工矿区棚户区改造涉及近 280 万居民,90 万户中低收入家庭。加快推进独立工矿区改造搬迁,可彻底改变独立工矿区游离于当地经济社会发展之外的状况,实现由"矿区"向"城区"的转变,破解城市二元结构矛盾,推进以人为核心的新型城镇化建设,提高城镇化质量。

3. 建设各具特色的产业发展平台,有利于改善独立工矿区的发展环境,促进产业结构优化升级

独立工矿区改造搬迁可以改善生产生活条件,进而为接续替代产业发展奠定良好基础,增强工矿区内发展动力。独立工矿区转型发展的成功案例表明,接续替代产业平台建设是促进新兴产业发展的有效手段。例如,河北省承德市鹰手营子矿区通过原有工业区整合、企业搬迁等方式建立的经济转型产业聚集区,到 2012 年年底,规模以上工业企业实现增加值超过 15 亿元,其中 75% 来自非资源型产业;创造就业岗位 7000 多个,非资源型产业从业人数占地区总从业人数比重上升到 77%。接续替代产业平台建设,有效推动了产业结构的优化升级。

## 三、加快推进独立工矿区改造搬迁的几点建议

独立工矿区改造搬迁作为一项重大的民生工程和发展工程,应该在积极完善工作机制的基础上,进一步扩大支持范围,加快出台针对性较强的扶持政策和指导措施。

1. 积极扩大独立工矿区改造搬迁试点工作

第一批独立工矿区改造搬迁工程实施以来,为工矿区群众生活和当地经济发展起到了明显的推动作用,也为探索不同类型的独立工矿区改造搬迁提供了很好的模式。为了加快推进以人为核心的新型城镇

化建设,发挥独立工矿区改造搬迁对经济健康发展和民生持续改善的积极效应,建议在现有基础上,扩大支持范围,将全国128个独立工矿区按照改造搬迁的紧迫程度、工程实施的难易程度等,分期分批给予支持。

2. 科学规划独立工矿区可持续发展

从我国资源枯竭城市转型和棚户区改造的经验来看,独立工矿区的改造工作是一项长期艰巨、系统复杂的工作,需要强化政府宏观指导,由中央和地方合力推进。建议在国务院的直接领导下,国家发改委具体组织协调,尽快启动"全国独立工矿区改造和可持续发展规划"的编制工作。建议比照资源枯竭城市转型试点的扶持政策,中央财政设立针对资源枯竭独立工矿区财力性转移支付专项资金,重点支持社会民生改善、接续替代产业发展、生态环境恢复治理,以及基础设施建设等方面。

3. 促进民生改善与经济发展良性互动

在推进独立工矿区改造搬迁工作中要立足当地发展基础,充分考虑区域的经济社会发展状况和资源环境等条件,综合评判独立工矿区的比较优势,谋划转型发展的总体发展战略和路径。要把独立工矿区改造搬迁工作作为统筹区域发展的重大机遇和破解城市二元结构难题的重要抓手,坚持民生改善与经济发展良性互动,通过完善服务、改造设施、修复环境、培育产业等一系列综合措施,使独立工矿区面貌焕然一新,从被遗忘的角落变成宜居、宜业之地。

# 建议将长江经济带作为我国国土与经济布局战略的重要组成部分[①]

**编者按：**

本报告在简要介绍"点-轴系统"理论基础上，阐述了将长江经济带作为我国国土开发与经济布局战略的重要组成部分的重要意义。认为海岸经济带和长江经济带两个一级重点经济带构成"T"字型，两个经济带在经济最发达的长江三角洲交会，这种空间结构准确地反映我国国土资源、经济实力及开发潜力的分布框架。将此两个经济带进一步发展建设好，即可带动全国经济的持续发展。报告中指出长江经济带发展潜力巨大。

2013年10月，国家发改委等13个部委组织调查组对长江经济带进行了考察研究。中科院院士陆大道结合考察研究情况和相关研究成果，认为在我国经济发展进入"稳增长、调结构"的重要时期，启动长江经济带建设具有极其重要的意义；长江经济带的经济基础和发展潜力仅次于我国海岸经济带。

陆大道院士认为，海岸经济带和长江经济带构成"T"字型，在经济最发达的长江三角洲交会。长江经济带将内地两个最发达的核心

---

[①] 本文原载于《中国科学院专报信息》，2014年第42期，2014年4月15日，报告撰写人为陆大道。

地区（成渝地区和武汉地区）与海岸经济带联系起来。这种空间结构准确地反映了我国国土资源、经济实力及开发潜力的分布框架。进一步发展建设好这两个经济带，就可为实现国民经济持续发展和2020年经济总量较2010年翻一番奠定基础，并促进与之相联结的二、三级经济带的发展，从而带动全国经济持续发展。

陆大道院士认为，建设经济带的空间布局理念和模式，完全符合我国国土开发和经济布局合理化的要求。这种空间布局的理论基础，是空间结构理论范畴的"点-轴系统"理论。

## 一、"点-轴系统"理论

"点-轴系统"理论及我国国土开发、经济布局的"T"字型宏观战略（海岸带和长江沿线作为全国的一级发展轴线）是吸取德国学者区位论和空间结构理论精华，总结国内外国家发展和区域发展实践，在分析我国自然基础，特别是20世纪80年代我国经济布局特点和综合国力的基础上提出的。以经济带模式进行国土开发和发展区域经济，是"点-轴系统"理论的应用核心。

1985年5月至1987年，国家计委组织编制《全国国土总体规划纲要（草案）》（简称《纲要》），"T"字型战略作为未来15年我国国土开发和经济布局基本框架被明确写进《纲要》。《纲要》经多次修改和1986年的省长会议讨论，1987年3月25日发到全国试行。1999年，由国家发改委原副主任刘江主编的《中国地区发展回顾与展望（综合卷）》写道："《全国国土总体规划纲要（草案）》提出由沿海和沿江组成的全国'T'字型布局的主轴线构想，在大力发展外向型经济的大背景下，得到了逐步完善和发展。"

"点-轴系统"理论的基本要点和意义如下。

（1）经济和社会客体在区域或空间范畴总是处于相互作用之中，

由此导致空间集聚和空间扩散两种倾向。

（2）在国家和区域发展过程中，大部分社会经济要素（客体）在"点"上集聚，并由线状基础设施联系在一起而形成"轴"。

（3）"轴"对附近区域有很强的经济吸引力和凝聚力。轴线上集中的社会经济设施通过产品、信息、技术、人员、金融等，对附近区域有扩散作用。扩散的物质要素和非物质要素作用于附近区域，形成新的生产力。在国家和区域的发展中，在"基础设施束"上一定会形成产业聚集带即经济带。

（4）随着社会经济的进一步发展，"点-轴"必然发展到"点-轴-集聚区"。这里的"集聚区"也是"点"，是规模和对外作用力更大的"点"。在实践中表现为城市集聚区和城市群。同时，社会经济要素（客体）将由高等级的"点"和"轴"向较低级别的"点"和"轴"扩散，实现从区域间不平衡向较为平衡的发展。

"点-轴系统"是区域发展的最佳空间结构，要使区域最佳发展，必然要求以"点-轴系统"模式对社会经济客体进行组织。按照"点-轴系统"模式进行区域开发和经济与社会布局，可以使经济和社会要素（客体）与区域性基础设施之间实现有机结合，即经济和社会设施的布局在宏观、中观、微观都与交通、水、土资源等实现最佳的空间结合。这样就会产生空间集聚效果，可以充分发挥各级中心城市的作用，有利于城市之间、区域之间、城乡之间便捷联系。客观上有利于实现地区间、城市间的专业化与协作，形成有机的地域经济网络；可以使全国战略和地区战略较好地结合起来，使各地区、各部门有明确统一的地域开发方向，有利于提高建设投资效果和管理水平。随着国家和区域经济网络的逐步形成，可以实现从区域间不平衡到较为平衡的发展。

## 二、长江经济带经济发展潜力巨大，这是我国除海岸经济带以外的其他经济带所不能比拟的

长江是我国东西向的运输大动脉。南京以下的长江下游航运发展和经济发展潜力相当于两条海岸带。

（1）长江流域具有丰富的天然资源，包括以亚热带和暖温带为主的气候资源，降水丰沛。流域有耕地 2460 多万公顷，占全国耕地总面积的 1/4，而农业生产值占全国农业总产值的 40%，由此造就了强大的农业基础。长江上游和中游具有大规模的水能资源，为工业和大规模的城市发展提供了优越条件。

（2）长江经济带已经具备雄厚的工业特别是重工业和高级制造业基础。其中，原材料工业和以交通运输工具、机电设备和电器产品、重型和精密机械、航空航天及国防军工等为主的制造业在全国地位突出。

（3）长江经济带已形成世界上最大的以水运为主，包括铁路、高速公路、管道及超高压输电等组成的综合性运输通道。2010 年长江流域内河港口的货物吞吐量为 20.94 亿吨，占沿海港口总吞吐量的 38.2%（当年我国沿海主要规模以上的港口吞吐量为 54.85 亿吨），占全国水运货物吞吐量（包括沿海港口总吞吐量在内）的 28%。其中，上海（内河）港至南京港（含）吞吐量达到 13.83 亿吨，占全部内河港口吞吐量的 66%。万吨级以上港口有 5 个，吞吐量 7.27 亿吨，占整个长江流域的 35%。滨江一带有大量的适宜工业、交通设施建设的土地。特别需要强调的是，2010 年长江流域港口完成货运量 8.92 亿吨，占全国铁路运输量的 1/4，超过同年全国十大铁路干线（京广、京沪、京九、陇海、兰新、京包、包兰、京哈、沪昆、胶济）货运量之和的 30%。

（4）以长江三角洲城市群、成渝城市群及武汉城市群为长江经济带的三个核心，依靠这三大城市群连接更多的大中型城市和区域。长江经济带的腹地几乎包括半个中国。在这个范围内，现有经济和技术基础已经很强大，矿产和水能资源丰富，大农业基础雄厚。长江经济带将成为一个以超大能力综合运输通道为支撑、潜力极其巨大的经济带。

## 三、进一步发展长江经济带应作为我国国土开发和经济布局宏观战略的重要组成部分

我国在"西部大开发"、"东北振兴"及国家"十二五"规划中提到长江三角洲、珠江三角洲、京津冀及跨省区的经济区、城市群及"新区"等，这些区域单元是国家一个时期的"政策区"，国家和地方政府对一些项目的投资和运作给予用地、税收、因素价格等方面的优惠。长江经济带不同于此，应作为国家发展的战略和导向性重点区域，由国家在交通、信息、能源、城市发展及对内对外贸易平台等方面予以能力上的保障和科学的空间组织，以保障经济带的整体性和高水平的产业竞争力。除此以外，不需要给予经济上的优惠。也因此，长江经济带的地域范围不需要明确划定。

# 建设经济带是经济发展布局的最佳选择[①]

**编者按：**

本报告指出我国"T"字型国土开发与经济布局宏观框架，是"点-轴系统"的应用核心。自20世纪八九十年代以来，"T"字型开发布局战略得到了广泛的实施。诸多学者建议，在21世纪初年，"T"字型开发布局战略应还是我国宏观区域发展战略的重要组成部分。本报告也指出，长江经济带作为我国宏观区域战略的组成部分，只是战略性与导向性的重点区域。这点不同于"西部开发""东北振兴"那样具有很多优惠政策的内涵。这篇报告与前一篇《建议将长江经济带作为我国国土与经济布局战略的重要组成部分》（2014年4月15日刊载于《中国科学院专报信息》）有部分内容重复。为了保持报告的完整含义，没有删除重复部分。

2013年10月，国家发改委等十三个部委的司局级领导组成调查组对长江经济带进行了考察研究。在我国经济发展进入"稳增长、调结构"的重要时期，启动长江经济带的建设，具有极其重要的意义。就经济基础和发展潜力而言，长江经济带仅次于我国海岸经济带。

海岸经济带和长江经济带两个经济带构成"T"字型。两个经济

---

[①] 本文原载于《中国科学院院士建议》，2014年第3期（总第253期），2014年5月8日，报告撰写人为陆大道。

带在经济最发达的长江三角洲交会。长江经济带将内地两个最发达的核心地区（成渝地区和武汉地区）与海岸经济带联系起来。这种空间结构准确地反映我国国土资源、经济实力及开发潜力的分布框架。将此两个经济带进一步发展建设好，就可奠定国民经济持续发展和实现2020年经济总量较2010年翻一番的基础，并促进与之相联结的二级、三级经济带的发展，从而带动全国经济的持续发展。

建设经济带的空间布局理念和模式完全符合我国国土开发和经济布局合理化的要求。这种空间布局的理论基础是空间结构理论范畴的"点-轴系统"理论。

## 一、"点-轴系统"理论

"点-轴系统"理论及我国国土开发、经济布局的"T"字型宏观战略（海岸带和长江沿线作为全国的一级发展轴线）是陆大道在1984年吸取区位论和空间结构理论的精华，在分析我国自然基础、特别是我国经济布局特点和综合国力的基础上提出的。以经济带的模式进行国土开发和发展区域经济，是"点-轴系统"理论的应用核心。

1985年5月至1987年，国家计委组织编制《全国国土总体规划纲要》（下文简称《纲要》）。作为未来15年我国国土开发和经济布局基本框架的"T"字型战略明确被写进了《纲要》。《纲要》经多次修改和1986年的省长会议讨论，于1987年3月25日下发到全国试行。1999年，由国家发改委原副主任刘江主编的《中国地区发展回顾与展望（综合卷）》中写道："《全国国土总体规划纲要（草案）》提出由沿海和沿江组成的全国'T'字型布局的主轴线构想，在大力发展外向型经济的大背景下，得到了逐步完善和发展。"[①]

---

① 参见：刘江.中国地区发展回顾与展望（综合卷）.北京：中国物价出版社，1999.

"点-轴系统"理论的基本要点和意义如下。

（1）经济和社会客体在区域或空间范畴总是处于相互作用之中，由此导致空间集聚和空间扩散两种倾向。

（2）在国家和区域发展过程中，大部分社会经济要素（客体）在"点"上集聚，并由线状基础设施联系在一起而形成"轴"。

（3）"轴"对附近区域有很强的经济吸引力和凝聚力。轴线上集中的社会经济设施通过产品、信息、技术、人员、金融等，对附近区域有扩散作用。扩散的物质要素和非物质要素作用于附近区域，形成新的生产力。在国家和区域的发展中，在"基础设施束"上一定会形成产业聚集带即经济带。

（4）随着社会经济的进一步发展，"点-轴"必然发展到"点-轴-集聚区"。这里的"集聚区"也是"点"，是规模和对外作用力更大的"点"。在实践中表现为城市集聚区和城市群。同时，社会经济要素（客体）将由高等级的"点"和"轴"向较低级别的"点"和"轴"扩散，实现从区域间不平衡向较为平衡的发展。

"点-轴系统"是区域发展的最佳的空间结构，要使区域最佳发展，必然要求以"点-轴系统"模式对社会经济客体进行组织。

按照"点-轴系统"模式进行区域开发和经济与社会布局，可以使经济和社会要素（客体）与区域性基础设施之间实现有机结合，即经济和社会设施的布局在宏观、中观、微观都与交通、水、土资源等实现最佳的空间结合。这样就会产生空间集聚效果，可以充分发挥各级中心城市的作用，有利于城市之间、区域之间、城乡之间便捷的联系。客观上也有利于实现地区间、城市间的专业化与协作，形成有机的地域经济网络；可以使全国战略和地区战略较好地结合起来，使各地区、各部门有明确统一的地域开发方向，有利于提高建设投资效果和管理水平。随着国家和区域经济网络的逐步形成，可以实现从区域间的不平衡到较为平衡的发展。

## 二、长江经济带经济发展具有巨大潜力

这种强大的发展潜力是我国除海岸经济带以外的其他经济带所不能比拟的。长江是我国东西向的运输大动脉。南京以下的长江下游航运发展和经济发展潜力相当于两条海岸带。

（1）长江流域具有丰富的天然资源。长江流域气候以亚热带和暖温带为主，降水丰沛，流域有耕地2460多万公顷，占全国耕地总面积的1/4，农业生产值占全国农业总产值的40%，具有强大的农业基础。长江上游和中游具有大规模的水能资源，可为工业和大规模的城市发展提供优越的条件。

（2）长江经济带已经具有雄厚的工业基础，特别是重工业基础和高级制造业基础。其中，原材料工业和以交通运输工具、机电设备和电器产品、重型和精密机械、航空航天及国防军工等为主的制造业占全国突出地位。

（3）长江经济带已经形成为世界上最大的以水运为主的、包括铁路、高速公路、管道及超高压输电等组成的综合性运输通道。2010年，长江流域内河港口的货物吞吐量20.94亿吨，占全国包括沿海港口总吞吐量在内的水运货物吞吐量的28%，占到沿海港口总吞吐量的38.2%。其中，上海（内河）港至南京港（含）吞吐量达到13.83亿吨，占我国全部内河港口吞吐量的66%。其中，万吨级以上港口有5个，吞吐量7.27亿吨，占整个长江流域的35%。滨江一带有大量的适宜于工业、交通设施建设的土地。特别需要强调的是，2010年长江流域港口完成的8.92亿吨货运量，占全国铁路（6.6万千米）完成的运输量的1/4，超过同年全国十大铁路干线（京广、京沪、京九、陇海、兰新、京包、包兰、京哈、沪昆、胶济）货运量之和的30%。

（4）长江经济带包含以上海为核心城市的长江三角洲城市群、以成渝为核心城市的城市群，以及以武汉为核心城市的城市群三个核心，依靠这三大城市群可以连接更多的大中型城市和区域。长江经济带的腹地几乎包括半个中国。在这个范围内，现有经济和技术基础已经很强大，矿产和水能资源丰富，大农业基础雄厚。长江经济带将可以成为一个以超大能力的综合运输通道为支撑的、潜力极其巨大的经济带。

### 三、"点-轴系统"理论和我国国土开发、经济布局的"T"字型宏观战略

"点-轴系统"理论和我国国土开发、经济布局的"T"字型宏观战略（海岸带和长江沿线作为全国的一级发展轴线）是通过总结国内外国家发展和区域发展实践，吸取了德国学者区位论和空间结构理论的部分理念，同时在分析了我国自然基础、特别是20世纪80年代我国经济布局特点和综合国力的基础上提出的。

20世纪90年代以来，对于以海岸地带和长江沿岸作为我国国土开发和经济布局的一级轴线的战略，国内著名学者及有关部门的领导孙尚清、王梦奎、王慧炯、李善同、陈栋生、白和金、林兆木、刘江、魏后凯等给予了充分的认同。他们强调21世纪初我国应该继续实施"T"字型宏观结构战略的重要性。相关文献如下。

（1）1987年3月25日《全国国土总体规划纲要（草案）》中明确强调："在生产力总体布局方面，以东部沿海地带和横贯东西的长江沿岸相结合的'T'字型结构为主轴线，以其他交通干线为二级轴线，按照点、线、面逐步扩展的方式展开生产力布局。""我国东部沿海地带和横贯东西的长江形成密切结合的'T'字型态势，是2000年或更长时期内进行重点开发和布局的两条最主要的轴线。""我们认为，作

为国土开发和经济建设的一级主轴线，应当突出重点，因此以'T'型轴线为宜。"1988年该纲要以"草案"的形式发到全国试行。

（2）时任国家计委副主任和秘书长的桂世镛、魏礼群写到："总的设想是：强化发展沿海地区，……着手开发长江黄金水道，建设沿江经济走廊，逐步使沿海、沿江形成'T'字型的一级开发轴线。"（桂世镛、魏礼群：《关于到本世纪末经济和社会发展战略的若干构想》，《计划经济研究》，1987：7）

（3）国务院发展研究中心原主任，著名经济学家孙尚清强调："在'九五'期间乃至下个世纪，……要建设一个辐射和支撑全国开发开放架构。这个架构就是以沿海开放地区为横轴，以长江流域为纵轴的'T'型开发开放战略。""'T'字型经济增长格局发展后劲强而有力，对我国经济的长远发展举足轻重，意义重大，……"（孙尚清：《以"两通"为突破口加快长江流域的开发开放》，《长江开发开放》，中国发展出版社，1996）

（4）国务院发展研究中心原主任、著名经济学家王梦奎和国务院发展研究中心原学术委员会主任、著名经济学家王慧炯等认为："从宏观布局看沿江开放地带与沿海开放地带组成我国'T'字型开放主干架构，使我国最主要的两条经济带在开放的洗礼中增强国际竞争力，支援国民经济加快发展，同时把开放效应传递到广大的内地。"（王梦奎主编，王慧炯、李善同副主编：《中国经济发展的回顾与前瞻（1979—2020）》，中国财政经济出版社，1999）

（5）2000年，王梦奎和王慧炯又强调："加快长江经济带的综合开发，建成继沿海之后的又一经济发展先行区。……长江经济带都将是我国今后经济增长潜力最大的地区，也将是支持21世纪中国经济成长的重要区域增长轴线。"（王梦奎主编，王慧炯等著：《中国地区社会经济发展不平衡问题研究》，商务印书馆，2000）

（6）2000年，国家计委宏观研究院原院长、著名经济学家白和金，著名经济学家林兆木、刘福垣和王一鸣也认为："长江经济带对我国经济发展的战略意义是其他经济地带不能代替的，……从我国经济发展由沿海向内地推进的趋势和长江经济带综合开发的条件来看，长江经济带已经具备了综合开发的条件。……经过20~30年或者更长一些时间的努力，建成与沿海经济带相辅相成的、具有强大经济实力的国家一级经济轴线。"（白和金主编，林兆木、刘福垣、王一鸣等副主编：《21世纪初期中国经济和社会发展战略》，中国计划出版社，2000）

## 四、进一步发展长江经济带应该作为我国国土开发和经济布局的宏观战略重要组成部分

不同于"西部大开发""东北振兴"及国家"十二五"规划中提到的长江三角洲、珠江三角洲、京津冀及跨省区的经济区、城市群及"新区"等，这些区域单元是国家一个时期的"政策区"，国家和地方政府对一些项目的投资和运作给予用地、税收、因素价格等方面的优惠。长江经济带是国家发展的战略性和导向性的重点区域，国家将在交通、信息、能源、城市发展及对内对外贸易平台等方面予以能力上的保障和科学的空间组织，以保障经济带的整体性和高水平的产业竞争力。除此，将不需要给以经济上的优惠。也因此，长江经济带的地域范围不需要明确划定。

# 关于京津冀大城市群各部分功能定位及协同发展的建议[①]

**编者按：**

　　本报告是京津冀协同发展纲要规划编制工作紧锣密鼓进行的时候完成并上报的。报告首先指出：在全球化和信息化条件下，世界经济的"地点空间"正在被"流的空间"所代替。其结果就是塑造了对于世界经济发展至关重要的"门户城市"，即各种"流"（金融流、信息流、人才流、物流）的汇集地，连接国家和世界经济体系的"节点"，即控制中心。中国需要而且完全可能建成对世界经济有重要影响力的全球性城市群。这个城市群的核心城市就是未来世界经济体系的"节点"，即控制中心之一。

　　以京津冀世界级城市群构建应对全球竞争的中国国家竞争力平台，是实现中华民族伟大复兴的重大举措。北京正在成为国际性的金融商贸中心及对全球经济产生重大影响力的世界级核心城市之一。在中国，只有首都北京可以担当这一功能。天津发展及其滨海新区开发的目标和方向不宜与上海（及其浦东）、香港类比，更不可代替北京成为以高端服务业为主体的国家核心城市。天津市几十年来关于"天津市是我国北方经济中心"的诉求，不符合自身的特点和优势，也不符合国家利益。报告对天津市与河北省在京津冀大城市群中的地位与发展方向

---

[①] 本文为中国科学院上报的咨询报告，科发学部字〔2014〕162号，2014年10月30日。

提出了明确的建议。

1980年以来的30多年间，几次关于首都北京的城市总体规划都不提北京的经济功能。本报告不同于长期以来的这个主流观点。这里当然指的是以高端服务业为主体的经济发展功能。

京津冀协同发展是从国家战略层面上优化我国未来区域发展布局和生产力空间结构的重大战略构想。京津冀地区是我国社会经济持续发展新的战略支撑，其未来发展前景是成为全球最重要的现代化大城市群和世界经济的重要增长极之一。

实现京津冀地区协同发展是一件长期而复杂的艰巨任务。中国科学院长期以来在京津冀地区从事水土资源、生态环境、生产力布局、国土开发等方面的战略研究和区域规划工作，对京津冀两市一省的发展和国土开发布局变化有着长期的跟踪和观察，对京津冀大城市群的各部分的经济关系及生态环境问题的发展变化过程积累了较多的资料和研究分析成果。

本报告针对京津冀地区协同发展提出的重大问题及发展目标，对当今世界上大城市群形成背景和我国三大城市群明确定位的重大意义作了简要分析，重点阐述了京津冀大城市群内部各方之间的经济关系及利益矛盾，提出并论证了关于两市一省的战略定位和大城市群发展的目标及内容的建议。

本报告专就京津冀大城市群范围阐述城市群各部分的功能定位及一体化发展，不包括河北省的全部范围。

## 一、大城市群——当今世界上最具竞争力的经济核心区

### （一）大城市群的形成及基本特征

在全国及各地区的国民经济高速增长的同时，产业的空间集聚也

不断发展。大城市群和诸多的城市与产业集聚带正在形成。

大城市群，是指以1~2个特大型城市为核心、包括周围若干个城市所组成的、内部具有垂直的和横向的经济联系、并具有发达的一体化管理的基础设施系统作为支撑的经济区域。大城市群往往是一国或一个大区域进入世界的枢纽，世界进入该区域的门户，是一个国家或区域的增长极，也是最具发展活力和竞争力的地区。

在全球化和新的信息技术支撑下，世界经济的"地点空间"正在被"流的空间"所代替。世界经济体系的空间结构已经逐步建立在"流"、网络和节点的逻辑基础之上。一个重要结果就是塑造了对于世界经济发展至关重要的"门户城市"，即各种"流"的汇集地、连接区域，以及世界经济体系的节点，即控制中心。此为大城市群发展的背景。

大城市群具有规律性的空间结构，即大城市群中的核心城市是国家或大区域的金融商贸中心、交通通信枢纽、人才聚集地和进入国际市场最便捷的通道，即资金流、信息流、物流、技术流的交汇点；土地需求强度较高的制造业和仓储等行业则扩散和聚集在核心区的周围，形成庞大的都市经济区。核心区与周围地区存在密切的垂直和横向产业联系。核心城市的作用突出地表现为生产服务业功能（如金融、商贸、中介、保险、产品设计与包装、市场营销、广告、财会服务、物流配送、技术服务、信息服务、人才培育等），而周围地区则体现为制造业和加工业基地，以及交通、农业、环境、供排水等基础设施的功能。

在当今全球化和信息化迅速发展的时代，核心城市往往是跨国公司区域性（国家、国家集团、大洲）总部的首选地。大城市群在经济上是命令和控制中心（通过高级生产者服务业和跨国公司总部等载体来实现），在空间结构上是全球城市网络重要的节点，在文化上是多元的和具有包容性的，在区域层面是全球化扩散到地方（大区域、国家集团、国家）的"门户"。

具有上述垂直和横向产业分工及空间结构的大城市群是当今世界上最具竞争力的经济核心区域，如以纽约、伦敦、巴黎、东京等为核心的大城市群。

在今天的世界上，处于世界性"流"的节点上的以高级服务业为主体的"门户城市"，其对于国家乃至世界经济发展的意义和地位比相同级别的制造业大城市要重要得多。

### （二）我国三大城市群的明确定位是国家重大的区域战略

我国三大城市群，即以北京为核心城市的京津冀、以上海为核心城市的长江三角洲、以香港为核心城市的珠江三角洲等已经具备条件逐步建设成为对东亚、对世界经济有明显影响的全球性大城市群。

这里需要说明的是，在以香港为核心的珠三角城市群中，香港已经是世界级的以高级服务业为主体的核心城市。广州以其广阔的腹地和作为经济实力强大的广东省省会的优势，已具备发展成为珠江三角洲的核心城市之一的条件。从发展基础和地缘经济考虑，深圳以进一步发展高端制造业为宜。

三个大城市群中的核心城市，即北京、上海和香港，正在成为全球性"流"的交汇地、连接国家和世界经济体系的节点和控制中心，中国进入世界的枢纽，世界进入中国的门户。也将成为世界上最具竞争力的经济核心之一。

以三大城市群及其所直接影响的经济区域构建应对全球竞争的国家竞争力，是国家发展规划和区域性规划的重要目标。

综上所述，我们建议：三大城市群的明确定位及其优化发展应当成为"十三五"及此后一个较长时期内国家的"区域战略"重要组成部分。三大城市群的战略定位和优化发展完全符合全中国的整体利益和长远利益。

## 二、京津冀之间的经济关系及经济发展特点

京津冀大城市群包括北京、天津两大直辖市及河北省唐山市、秦皇岛市、廊坊市、保定市、张家口市和承德市等。在此区域范围内，集中了3000多万城市人口，2013年GDP达到约4.5万亿元，沿着上述城市的连接线所包围的区域约6万平方千米。这是京津冀大城市群的基本范围。

京津二市在河北省的地理范围之内。在长时期发展过程中，两大直辖市之间、其与直接腹地之间具有多方面的利益联系和利益矛盾，两市一省经济发展也逐步形成自身的特点和优势。分析这些问题有助于认识实现京津冀地区协同发展的重要性及途径，有助于制定科学的京津冀大城市群一体化规划。

### （一）河北省与京津二市的经济利益关系及发展中的问题

#### 1. 河北省与京津二市发展关系中的利益矛盾及影响

河北省是我国东部沿海地区人口规模和国土面积较大的省份；具有丰富的煤炭（特别是炼焦煤）、铁矿石、石灰石等矿产资源和一定量的石油资源，海滦河流域水资源总量多年平均为570亿立方米；大部分面积为华北平原，一般年平均降水量为400~800毫米；地理位置扼渤海的西岸和关内外的通道。应该说，河北省的经济发展和现代化建设具有较为优越的自然条件。

改革开放以来，河北省经济增长和人均经济总量水平有关指标在沿海各地区中是较低的。1978年河北省人均GDP低于辽宁，与江苏、广东齐平，高于浙江、山东和福建。但到2007年，河北省人均GDP只相当于广东省的60%，山东省的71%，江苏省的72%，浙江省的54%，福建省的76%，辽宁省的75%。

（1）河北省长期以来是京津二市矿产资源、工业原料、水资源、电力和农产品的供应地。

河北省的唐山、邯郸、邢台向京津二市供应炼焦用煤和发电等动力用煤，向首钢、天钢供应铁矿石和炼钢生铁，以及大量的玻璃、水泥等建筑材料。京津二市在河北省建设迁安铁矿、涉县铁矿及钢铁厂，在行政上都分别设立了飞地。

张家口、承德、秦皇岛、唐山地区是保障京津二市淡水供应的密云、潘家口和官厅（已基本丧失了供水功能）等水库的主要水源涵养区和径流形成区。为了保护京津二市的水源供应，这些地区在资源开发、产业发展方面受到了诸多的限制，在生态保护和污染治理方面进行了不少的投入。应该说，这些水源在量和质方面基本保障了京津二市庞大经济和社会发展的需求。

河北省的多个大型火电厂（陡河、唐山、沧东等）是供应京津二市的主力电厂，这些大型电厂的"吃喝拉"都在河北省，给水资源、环境和运输带来巨大的负担。

河北省的张家口、廊坊等地区是京津二市的蔬菜、肉类和部分鲜活农产品的重要供应基地。

（2）首都北京和天津市的大型交通运输枢纽和交通运输系统覆盖了河北省大部分区域。

以首都北京和天津市为枢纽的交通运输系统，是全国性的交通运输（铁路、民航、公路和高速公路、海运）大系统的主要枢纽。国家系统在客观上导致了形不成以河北省（省会城市石家庄）为主体的运输体系。河北省大量客货运输由京津两大运输枢纽所完成。

石家庄机场的客流量少于全国几乎所有省（自治区）首府城市机场的客运量。

石家庄铁路枢纽的客流量和货运编组流量也少得很。由于河北省为天津港的腹地，河北省没有大中型的综合性的港口（商港）。

近年来围绕首都第二机场的选址，河北省强烈提出固安方案。但最终采取了北京大兴方案。

（3）关于河北省"环京津贫困带"。

20世纪90年代，一些学者提出河北省"环京津贫困带"的概念。这个"带"主要包括河北省的廊坊、保定、张家口、承德及沧州的部分县。他们认为，这个"贫困带"的形成主要由于京津二市（特别是北京市）不顾河北省发展利益的结果；甚至提出，河北省的经济是"缺钙经济"，是由于中央政府要河北省向京津二市供应廉价资源和淡水、接纳两市大量污染物而又得不到合理补偿，河北省"屈从"于中央压力的结果。

**2. 近年来河北省加快了经济增长的步伐：能源重化工大规模迅速扩张**

近十年来，河北省采取了追赶战略，大规模发展能源重化工，经济增长加速。自2005年，河北省GDP的年增长率就超过10%，2006～2008年每年增长14%，2006～2012年GDP实现了翻一番。这种超高速经济增长主要是依靠能源重化工的大规模扩张实现的。2005～2012年，河北省的钢和生铁产量都翻了一番，达到1.8亿吨的惊人数字。水泥产量增加了85%，达到1.4亿吨。火力发电量翻一番，达到2400亿千瓦时。全省煤炭消费量达到2.7亿吨标准煤。这7年间，河北省的电力和煤炭消费的弹性系数分别高达1.0和0.85。与规模迅速扩张的钢铁、水泥等原材料生产能力相对应的是，支撑其发展的企业一半以上为设备落后的中小企业。这也成为京津冀大城市群地区的主要污染源，并酿成了相当突出的结构性问题。"稳增长、调结构"和经济社会的持续发展陷入了困境。

**3. 对河北省与京津二市间经济矛盾及其影响的分析**

河北省位于我国东部沿海，在改革开放以前的近30年期间，国家的重点项目并不少。"一五"期间的"156项"河北省占有4项，在国内配套建设的690项重点工程中河北省的数量居于前列。改革开放前河北省经济增长是比较快的。

河北省在以京津二市（特别是北京）为国家最大型交通运输枢纽的覆盖之下，没有本省大型区域性铁路枢纽、综合性的海港和以省会城市为枢纽的地方性航空运输系统，这对省域经济发展来说是个重大缺陷。但这种地理格局和地缘经济是客观形成的，在国家层面上是合理的。

在京津冀经济关系中，河北省付出了很大的代价。其一，在长时期的计划经济条件下，河北省是输出能源、原材料、工业半成品和农畜产品的一方。这其中，存在着实际的不公平。其二，基本上没有规范化的渠道使河北省得到应得的生态补偿。这些对河北省经济发展带来一定的负面影响。

但是，这不是河北省经济发展滞后于其他沿海地区的主要原因。经济发展不如人意，与省政府在发展战略和空间布局上的不当也很有关系。其一，从20世纪50年代开始，河北省的经济发展重心就置于保定以南的太行山东麓的地带。经济发展重心不置于沿海，是导致河北省经济增长较其他沿海省市发展较慢的重要原因之一。2007年4月11日的《经济日报》报道了在河北省第七次党代会上省委书记的报告内容。报告提出，河北省"只有通过沿海突破，才能走出内陆意识，实现又好又快发展。"这说明，以往的"内陆意识"给经济发展带来了突出的不利影响。其二，近年来的急于追赶而大搞能源重化工，导致了结构性危机，这也是决策上的不当。

河北省"环京津贫困带"的形成，其原因不是京津冀之间资源供应方面某些不公平的经济关系所引起的，主要是由于历史因素，其次是在很长时期内缺乏关于如何主动利用京津二市所提供的发展条件的具体谋划。

### （二）北京和天津经济发展定位及形成的不同优势

1. 关于北京和天津经济发展定位的"争议"

在京津冀大城市群及其一体化发展中，北京和天津的功能定位非常重要，也是长期以来有争议的问题。问题的关键在于：首都北京应不应该同时是国家的最大经济中心之一？天津能不能代替北京而成为具备大规模高级服务业的京津冀大城市群的核心城市？

北京和天津之间围绕城市功能定位和项目建设等方面的"争议"主要表现在以下方面：其一，天津市强调，天津市在中华人民共和国成立前就是我国"北方的经济中心"。中华人民共和国成立以来，天津市有关部门一直要求中央政府对这样的性质和地位作明确的支持。其二，北京市和天津市在中华人民共和国成立以来多个发展阶段对大型和重点工业项目的定点都有强烈的要求，其中大型炼油、乙烯等项目最为突出。在改革开放以前的30年间，这种对工业项目的争取，北京市一般都居于优先地位。其三，按照地理位置和功能，北京的进出口物资毫无疑问应走天津港。但由于两市在这方面没有很好地协调和配合，北京市于20世纪80年代在河北省（冀东）乐亭联合建设了京唐港。其四，20世纪90年代初国家决定在上海浦东建立特区（浦东新区），天津市就一直要求国家决策在天津滨海建立同样的新区（天津滨海新区）。该项申请终于在2006年获得国家批准。但这时的北京作为国家重要的金融商贸等高级服务业中心之一的地位实际上已经确立了。

中华人民共和国成立初期，毛泽东主席亲自制订了变北京消费城市为生产城市的方针。20世纪50年代至70年代，在国家处于极其不利的地缘政治条件下，北京建设了一批重大和重点工业项目，工业总产值有较快的增长。而根据毛泽东主席在《论十大关系》中关于沿海和内地关系的要求,天津始终(基本)没有大型工业项目新建,只有钢铁、化工等改扩建。也就因为这一点,天津的工业基础在较长时期内没有得到充分利用和发挥。到 20 世纪 60 年代末,北京的工业产值开始超过天津。

从 20 世纪 70 年代特别是从 80 年代起,天津的大型钢铁工业、石油化学工业和通信设备制造业等基础原材料和先进制造业发展很快,作为北方重要的航运中心的地位也得到确立。应该说,从这个时期开始天津的发展符合其本身的发展优势和发展潜力,也与其地缘经济的地位相适应。但北京经济增长一直超过天津,且差距以扩大的态势在发展。

2. 首都北京正在成为以高级服务业为主体的国家经济中心

20 世纪 70 年代末,我国改革开放从东南沿海地区开始。90 年代初国家决定在上海浦东实行特殊政策并进行大规模的以金融商贸中心为主的发展。自此以后,人们就期待着我国北方地区或者环渤海地区也出现类似浦东开发那样"国家行为"的"政策高地"。

北京作为国家的首都,随着国家经济实力的迅速强盛,正在成为金融、商贸、高技术,以及大规模研发、信息、中介等高级服务业的基地。北京早已是我们国家的"政策高地"。这一重要性质不像东南沿海和浦东开发那样,是通过党和政府的最高政策纲领规定的,而是由首都的功能决定的。有些也是长期发展态势的自然延伸。国际性的高级服务业机构(国家、大洲等地区总部)进入我国,需要与我国中央政府及各部门合作,它们的首选落户地自然是北京。

30 多年来,总部设在北京的金融机构占据中国金融资源的半壁江山,其中,对金融市场发展有重要影响的决策和监督机构——中国人民银行、中国证券监督管理委员会、中国银行保险监督管理委员会、中国保险监督管理委员会和实力雄厚的四大国有商业银行总行都设立在北京，11家保险公司的总部也设立在北京。逐步发展壮大起来的中国工商银行、中国石油化工集团公司（简称"中石化"）、中国移动通信集团公司（简称"中国移动"），以及拥有国内前十家最大规模资产的企业，它们每一家的资产都有上万亿元至数万亿元，它们的总部在首都北京，也就自然会产生大规模的总部经济。近年来，北京金融业的GDP也已经超过了上海。

北京已成为全球拥有500强企业数量最多的城市。2012年经商务部认定的各类跨国公司地区总部累计达到127家，其中，世界500强地区总部84家，包括日本、美国、英国、德国、法国等一批世界级企业的地区总部。2013年北京有48家企业入选《财富》世界500强企业。这个数量首次超越东京，成为全球聚集世界500强企业总部最多的城市。这说明，北京是全球大企业最向往的城市之一。根据2010年北京市人民政府国有资产监督管理委员会发布的统计数据，跨国公司在北京设立的投资性公司已达到165家，占跨国公司在华设立的投资性公司总数的40%。此外，北京还集中了全国1/4的央企总部，在国资委管理的136家大型企业集团中，有104家企业总部设在北京。

这些情况突出地表明，北京已经是大批国内外特别是国际经济机构云集之地。高级服务业的持续发展，正在为我国大规模融入世界经济体系创造极为重要的机遇和条件。

许多发达国家的首都也都是由于这种功能而发展成为国际大都市和国际性金融商贸中心的，如东京、巴黎、伦敦、首尔等。这种情形是客观规律的反映。

美国和澳大利亚的政治中心和经济中心是分立的，是因为这两个国家都是移民国家，经济中心早已在港口城市（纽约、悉尼和墨尔本）形成。独立建国后，由于各自的政治原因做出了新建首都的决定。这一种情形属于特殊情况。

作为全球第二大经济体,中国必然会逐步形成2~3个具有国际意义的金融中心城市,并与若干个次级金融中心组成布局合理的金融中心体系。北京作为我国的政治中心,具有成为国际意义的金融中心的重要优势,不仅仅可以建成为国家金融决策中心、金融监管中心、金融信息中心和金融服务中心,同时,也应该发展金融营运和金融交易。

高端服务业在城市群核心城市的高度集聚,可以产生巨大的空间集聚效应。这种效应来源于:①这些行业服务(控制)范围广,对信息依赖程度大,其区位在信息流的"节点"(城市)具有及时、准确和共享的效果;②这些行业(企业)的空间集聚可以有利于管理理念、合作和竞争策略、危机应对策略等隐性知识的传播;③这些行业之间需要相互密切合作,这种合作程度远比制造业的垂直产业链和横向产业链的合作更深刻。

3. 天津发展优势、特点与北京、上海及香港等三大城市群的核心城市明显不同

如何认识天津在京津冀地区及北方地区的地位和天津滨海新区开发?这是天津市长期以来不断提出同时希望中央政府明确并将其提高到"国家战略"高度的问题。因此,这是京津冀大城市群规划的重大任务之一。

今天的天津具有相当强大的制造业、航运业、原材料生产等产业,是我国华北地区的经济中心城市,是东北亚地区重要的航运中心之一,也是我国进出关和京津冀与华北及西北内陆的铁路交通枢纽之一。但就经济总量(2012年GDP接近13 000亿元)而言,天津市仍属于全国第二梯级大都市范畴。就产业特点而言,天津市明显以第二产业为主体(占比约为53%),总部经济远远不及北京、上海和香港。因此,天津的经济辐射力和影响力在国内基本上是区域性的。

天津市发展及滨海新区开发的目标和方向也不宜与上海(包括浦

东)、香港类比。上海的腹地几乎包括大半个中国,腹地范围内产业和人口密集。上海在历史上也就是这样很大区域的门户和枢纽。上海正在成为全国乃至国际性的金融、商贸、中介服务及市场营销、广告服务的中心,综合性的交通、通信枢纽,人才聚集地和培育中心及进入国际市场最便捷的通道和门户。如前所述,香港已经是世界级的以高级服务业为主体的核心城市。在这种情况下将天津定位于以高级服务业为主的国家经济中心城市,不符合天津的优势和特点。2014 年 4 月有媒体报道,位于天津滨海响螺湾商务区的商贸金融中心进行了大规模建设,那里曾一度被称作"中国未来的曼哈顿",但"48 栋摩天大厦至今仅有两栋正式完成入驻,多数项目或半途停工或封盘"。这种情况也从一个侧面反映出高端服务业发展潜力受到限制。

4. 北京地区的污染和人口规模过大不是"经济中心"所致

经过以往 20 多年的不懈努力,北京现在的经济结构已发生了根本性的转变:第三产业增加值已经占到全部三次产业的 76%。第二产业只占不到 20% 的比重,而且也是以轻型制造业为主。北京地区的污染,已经不是首都北京"经济中心"的功能带来的。

北京市人口规模过大,高级服务业的发展肯定不是主要因素之一。恰恰相反,单位国民经济增加值所需要的就业岗位高级服务业能提供的仅仅是制造业和其他服务业能提供的 1/5~1/3。建设以高级服务业为主体的"经济中心"有利于优化经济结构,减轻环境污染。北京城市的外围多年来聚集了大量污染环境的中小企业,这是需要也是可以解决的。

## 四、关于河北省和北京、天津两市战略定位的建议

综上所述,京津冀两市一省在改革开放以来的发展中,已经形成了相当明显的各自特点和优势。京津冀两市一省的战略定位,需要根

据它们各自的特点、优势和最符合国家利益等重要原则来确定。对功能定位有如下建议。

1. 首都北京

关于首都北京在京津冀大城市群中的定位，2005年1月12日，国务院总理温家宝主持召开国务院常务会议，讨论并原则通过的《北京城市总体规划（2004年—2020年）》的"总则"中要求，"实现首都经济社会的持续快速发展，解决城市发展中面临的诸多矛盾和问题，迫切需要为城市未来的长远发展确定新的目标，开拓新的空间，提供新的支撑条件"。在关于"城市性质"中明确"北京是中华人民共和国的首都，是全国的政治中心、文化中心，是世界著名古都和现代国际城市"。强调"以建设世界城市为努力目标，不断提高北京在世界城市体系中的地位和作用"。

根据这些论述和几十年来首都北京发展所形成的巨大优势，我们建议：在北京的"城市性质"中，（补充）明确地强调"首都北京是以高级服务业为主体的中国国家经济中心城市（之一）"，这样的定位完全体现了"现代国际城市"的内涵，也是为北京发展确定的"新的目标"和开拓的"新的空间"。

我们希望中央政府能对北京作为国家最主要的金融、商贸等高级服务业中心（之一）作出明确决策和定位，北京和以北京为核心的京津冀大城市群将会较快成为全球经济的核心区之一，从而大大提高中国在世界经济体系中的竞争力和影响力。

2. 天津市（包括滨海新区）

天津是我国华北地区的经济中心城市。天津港已经是具有国际意义的大型港口，是我国北方最主要的航运中心；其腹地范围包括华北和部分西北地区；天津市的制造业已有强大的基础，研发力量强；大规模建设所需要的土地资源可以得到保障。根据这样的发展优势和特点，天津市发展的战略定位可以强调以下几点。

一是进一步加强综合性先进制造业及其所需要的基础原材料、新材料的发展。重点可包括航空航天设备、海洋工程设备、交通运输工具、电子元器件及通信设备、石油化工和精细化工、精密仪器仪表、化学和生物制药等，继续加强这些生产的研发和技术创新。

二是加强作为东北亚重要的航运中心功能建设。包括新的远洋新航线的开辟、发展后方的集疏运及仓储系统、调整进出货物结构（减少散装货物的运量）等。在国内，扩大与直接和重复腹地的经济联系和协调工作，特别是为首都北京的进出口海运发挥更大作用。

三是与我国华北地区经济中心城市的定位相适应，发展中高级的金融、商贸、中介、保险、产品设计与包装、市场营销、财会服务、网络经济和物流配送、技术服务、信息服务、人才培育等服务业。发展为大城市群服务的其他生产线服务业。调整滨海新区的有关规划。

3. 河北省

从发挥大城市群内河北省部分的特点和优势考虑，其未来发展的战略重点：①对现有的能源原材料工业实行大幅度结构调整和技术更新；②发展海洋工程装备、先进轨道交通装备和新型（钢铁、合金和陶瓷等）材料工业，并注重与京津大型制造业相关产业链、产业基地相结合；③大力发展现代农业和畜牧业及农畜产品加工；④瞄准城市群发展的要求发展生产性服务业，发展滨海、山区和山麓地带的旅游业；⑤加强对北京、天津及其他城市的生态服务功能的建设。

河北省要将沿海地区和环京津二市区域的现代化建设作为省内未来发展的重点区域。通过产业对接、交通通信等同城化，使京津冀更好地融为一体。近年来廊坊、张家口、唐山、保定等地区在一系列方面与京津二市发展相衔接，经济发展出现了良好势头。

上述关于京津冀大城市群发展的国家目标和各个部分的功能定位，

将使京津冀地区和京津冀大城市群能够各展其长、优势互补；同时，也有助于逐步解决现阶段两市一省可持续发展面临的困难和问题，从而可以发挥协同发展的巨大综合效益。

## 五、关于京津冀大城市群的一体化发展及规划的建议

1. 发展目标

京津冀大城市群的发展目标是成为世界性的"信息流""金融流""人流"等"流"的重要节点，影响乃至控制世界经济体系的大城市群之一，成为中国在国际经济体系中强大竞争力的最主要的支撑。

为达此目标，城市群及其一体化发展（规划）的基本理念有以下几点。

（1）把握世界大城市群发展的趋势，以高水平高效率规划建设具有强大竞争力的世界经济的核心区。

（2）对京津冀大城市群各部分做出科学定位，并制定能够发挥各自优势和特点的总体规划。这既符合国家的战略利益，也是实现京津冀协同发展的基本要求。

（3）城市群地域结构符合地域有机体发展的客观要求，并在地域分异基础上发展出高度整体性。

（4）合理划分城市群的地域范围，控制并逐步减轻城市群对生态环境的压力（规模）。

2. 主要任务

发展和一体化规划的主要任务和内容有以下几点。

进一步加强服务于国内外的金融、商贸、信息服务、中介、保险、财会服务、物流配送等高端服务业的发展和基础设施建设。发展服务于华北地区和航运中心的金融商贸中介等功能建设。在整个城市群范围内发展生产性服务业，并使生产性服务业和制造业融合发展。

针对我国占有世界第一制造业规模但还不是制造业强国的状况，瞄准国际趋势，京津冀应发挥科技资源和研发力量较强的优势，在装备制造领域和电子信息系统领域成为国家级新型工业化产业示范基地，建立若干个有重要影响力的产业聚集区，逐步建成为具有强大竞争力的产业体系和重点产业链。

促进空间重组和整合，有效引导人口、产业适度集中。编制、落实关于产业集聚区的发展规划。

优化城乡土地利用结构，严格保护耕地。积极治理大气污染及水污染。要将环境治理置于特殊位置，按照世界级大城市群和世界级经济核心区的要求，大幅度改善水环境质量。不以 GDP 的规模为发展目标。

加强区域性基础设施（有多种运输方式组成的交通运输、能源供应、供排水、环境保护等系统）的统一规划建设和一体化管理。为此，必须坚决跨越现行体制（各城市对基础设施行业的分块管理）的"门槛"。在加强生态建设的同时，要下决心在京津二市和河北省之间建立生态补偿制度，并付诸实施。

根据国家关于不同规模城市户籍制度改革的要求，发展中小城市，重点是河北省的廊坊、保定、张家口、承德及若干县级市和县城。严格控制京津二市的人口规模。

## 本报告咨询项目组成员名单

| 姓　名 | 职称（工作单位） |
| --- | --- |
| 陆大道 | 中国科学院院士（中国科学院地理科学与资源研究所） |
| 叶大年 | 中国科学院院士（中国科学院地质与地球物理研究所） |
| 黄荣辉 | 中国科学院院士（中国科学院大气物理研究所） |
| 郑　度 | 中国科学院院士（中国科学院地理科学与资源研究所） |
| 傅伯杰 | 中国科学院院士（中国科学院生态环境研究中心） |
| 郭华东 | 中国科学院院士（中国科学院遥感与对地观测研究所） |
| 周成虎 | 中国科学院院士（中国科学院地理科学与资源研究所） |
| 樊　杰 | 研究员　　（中国科学院地理科学与资源研究所） |
| 刘彦随 | 研究员　　（中国科学院地理科学与资源研究所） |
| 刘卫东 | 研究员　　（中国科学院地理科学与资源研究所） |
| 刘　慧 | 研究员　　（中国科学院地理科学与资源研究所） |
| 陈明星 | 副研究员　（中国科学院地理科学与资源研究所） |
| 周　侃 | 助理研究员（中国科学院地理科学与资源研究所） |

# 中科院院士对《京津冀协同发展规划纲要》重大意义的理解和建议[①]

**编者按：**

本报告是对 2015 年 4 月底中央通过的《京津冀协同发展规划纲要》内涵的解释，是对 2014 年 10 月 31 日中国科学院上报《关于京津冀大城市群各部分功能定位及协同发展的建议》的补充报告。本报告认为，京津冀是世界级的城市群，首都北京为这一世界级大城市群的核心城市。实际上已经赋予（但不公开宣示）首都北京要发展成为世界经济体系中以高端服务业为主体的经济中心之一的目标。崛起的大国，必须占有影响全球金融体系的制高点之一。中国必须在世界城市群节点城市中占有重要位置。能够占据这个位置的城市就是世界进入中国的首位门户，中国进入世界的首位枢纽。这个位置只能是首都北京。这样的地位就要求首都北京成为全球性"流"（金融流、信息流、物流、人才流）的主要节点之一、全球经济的控制中心之一、世界财富新的集聚地。中国的强大及在全球的信任度，给了许多国家以新的选择。天津、河北的定位要服从和服务于京津冀世界级城市群的整体定位。如果不这样定位，就将推迟中国开启百年国运的时代，就将使中国可能丧失掉成为世界经济强国的重要机遇。

---

① 本文原载于《中国科学院专报信息》，2016 年第 12 期，2016 年 1 月 20 日。报告撰写人为陆大道。

中央政治局会议审议通过的《京津冀协同发展规划纲要》（以下简称《纲要》）指出，推动京津冀协同发展是一个"重大国家战略"。中国科学院院士、中国科学院地理科学与资源研究所研究员陆大道认为，其中至关重要的是对京津冀整体功能定位在以首都为核心的世界级城市群：这是构建和提升中国应对全球竞争的国家竞争力的重大决策，是事关开启中国百年国运的重大决策，也是中国国家长期发展的重大目标，这一重大决策完全符合全国人民的整体利益和长远利益。陆大道院士就这一重大决策部署和重大国家战略提出了自己的理解和建议。

## 一、首都北京——世界级城市群的核心城市

近20年来，在全球化和新的信息技术大发展的背景下，世界经济的"地点空间"正在被"流的空间"所代替。世界经济体系的空间结构已经逐步建立在"流"连接、网络和节点的逻辑基础之上。一个重要结果就是塑造了对于世界经济发展至关重要的"门户城市"，即各种"流"的汇集地、连接区域和世界经济体系的节点即控制中心，以及由这样的核心城市所统领和凝聚起来的世界级城市群。《纲要》正是在分析了全球化和信息化带来的新的世界经济发展新格局的大背景下提出的。

《纲要》几次强调"以北京为核心城市""北京是京津冀协同发展的核心"，并明确强调了要"优化提升首都核心功能。"

《纲要》在以往关于北京城市性质，即国家政治中心、文化中心规划的基础上突出地加上了"国际交往中心"及"科技创新中心"。

这个世界级城市群中的核心城市北京正在成为全球性"流"的交汇地、连接国家和世界经济体系的节点和控制中心，中国进入世界的主要枢纽，世界进入中国的主要门户。也将要成为世界上最具竞争力的经济核心之一。

什么是"世界级城市群"?"世界级城市群"是指以一个特大型城市为核心,包括周围若干个城市所组成的内部具有垂直的和横向的经济联系、并具有发达的一体化管理的基础设施系统给予支撑的经济区域。世界级城市群往往是一国或一个大区域进入世界的枢纽,世界进入该区域的门户,是一个国家或区域的增长极,也是最具发展活力和竞争力的地区。

世界级城市群空间结构具有的一般特征是:大城市群中的核心城市是国家或大区域的金融中心、商贸中心、交通通信枢纽、人才聚集地和进入国际市场最便捷的通道,即资金流、信息流、物流、技术流、人才流的交汇点;土地需求强度较高的制造业和仓储等行业则扩散和聚集在核心区的周围,形成庞大的都市经济区。核心城市与周围地区存在密切的垂直和横向产业联系。核心城市的作用突出地表现为生产服务业功能,如金融、商贸、信息、保险、中介、产品设计、广告、财会服务、物流配送、技术服务、人才培育等,而周围城市和地区则主要体现为各种制造业和加工业基地及交通、农业,以及环境、供排水等基础设施功能。

在当今全球化和信息化迅速发展的时刻,核心城市往往是跨国公司区域性(国家、国家集团、大洲)总部的首选地。因此,大城市群在经济上是命令和控制中心(通过高级生产者服务业和跨国公司总部等载体来实现),在空间结构上是全球城市网络重要的节点,在文化上是多元的和具有包容性的,在区域层面是全球化扩散到地方(大区域、国家集团、国家)的"门户"。

具有上述垂直和横向产业分工和空间结构的世界级城市群是当今世界上最具竞争力的经济核心区域,如以纽约、伦敦、巴黎、东京等为核心的世界级城市群。

在今天的世界上,处于世界性"流"的节点上的以高级服务业为主体的"门户城市",其对于国家乃至世界经济发展的意义和地位比相同级别的制造业大城市要重要得多。

现代世界级城市群中核心城市增长的动力和财富的源泉是服务业。城市发展出现在一个完全不同的经济基础上,即一个以信息业为基础的服务业经济,而不是以商品为基础的制造业经济。这样的城市群就成为"将国家与国际经济联系起来的枢纽。"

《纲要》科学地把握了世界经济发展的趋势,是立于全球制高点上做出的战略选择,强调了首都北京(经济)要"高端化、服务化、集聚化、融合化,大力发展服务经济、绿色经济,加快构建高精尖经济结构。"这里的"服务经济、绿色经济""高精尖经济结构"说的就是当今世界银行、非银行的金融机构以及商贸、信息、研发、物流、中介等高端服务业。《纲要》明确强调,要使首都北京实现这样的发展目标,其一,要使京津冀一体化;其二,要"疏解非首都功能",以便使有关方面形成合力,并腾出所需要的空间进行核心功能的建设。

## 二、只有首都北京才能够担当中国在全球的经济核心功能

20世纪70年代末我国改革开放从东南沿海地区开始。90年代初国家决定在上海浦东实行特殊政策并进行大规模以金融商贸中心为主的发展。自此以后,人们就期待着我国北方地区或者环渤海地区也出现类似浦东开发那样"国家行为"的"政策高地"。

北京,作为国家的首都,随着国家经济实力的迅速强盛,正在成为金融、商贸、高技术及大规模研发、信息、中介等高级服务业的基地。北京早已是我国的"政策高地",这一重要性质不像东南沿海和浦东开发那样是通过党和政府的最高政策纲领规定的,而是由国家首都的特殊功能决定的。国际性的高级服务业机构进入我国,需要与我国中央政府及各部门合作,它们的首选落户地自然是北京。

30多年来，总部设在北京的金融机构占据中国金融资源的半壁江山。其中，对金融市场发展有重要影响的决策和监督机构——中国人民银行、证监会、银监会、保监会和实力雄厚的四大国有商业银行总行都在北京，北京拥有11家保险公司总部。逐步发展壮大起来的中国工商银行、中国石油化工集团公司、中国移动等拥有资产规模在国内排名前十位的企业，它们每一家的资产都有上万亿元至数万亿元，它们总部在首都北京，自然也产生了很大规模的总部经济。

北京已成为全球拥有500强企业数量最多的城市之一。2012年经商务部认定的各类跨国公司地区总部累计达到127家，其中世界500强地区总部84家，包括日本、美国、英国、德国、法国等国一批世界级企业的地区总部。2013年北京有48家企业入选《财富》世界500强，这个数量首次超过东京，成为全球聚集世界500强企业总部最多的城市。根据2010年北京市国资委数据，跨国公司在北京设立的投资性公司已达到165家，占跨国公司在华设立的投资性公司总数的40%。此外，北京还集中了全国1/4的央企总部，在国资委管理的136家大型企业集团中，有104家企业总部设在北京。这些情况突出地表明，北京已是大批国内外特别是国际经济机构云集之地。近年来，首都北京的金融业GDP也已超过了上海市。

北京，作为中国国家政治中心具有成为国际意义的大型金融中心的重要优势。这种优势使得京津冀大城市群有潜力建设成为中国经济乃至世界经济的重要核心区域之一，这是国家利益和国家目标，也是京津冀协同发展的目标。首都北京正在成为以高级服务业为主体的经济中心。首都北京将成为全球性"流"（金融流、信息流、物流、人才流）的主要节点之一，全球经济的控制中心之一，世界进入中国的首位门户，中国进入世界的首位枢纽。在我国，能够具有这种地位和承担这一特殊功能的城市，也只能是首都北京。

许多发达国家的首都也都是由于这种功能而发展成为国际大都市和国际性金融和商贸中心的，如东京、巴黎、伦敦、首尔等。这种情形反映了世界级城市群核心城市发展的普遍规律。

除了上述大背景和国家首都的特殊功能外，还需要说明首都北京能够担当中国在全球的经济核心功能的三点理由。

第一，有许多人强调，美国纽约是美国也是全球的经济中心，但却不是美国的政治中心。美国和澳大利亚的政治中心和经济中心是分立的，是因为这两个都是移民国家，经济中心早已在港口城市（纽约、悉尼和墨尔本）形成了。独立建国后，由于各自的政治原因做出了新建首都的决定。还有，美国是联邦制国家，也是金权政治国家。很显然，在这三个极为重要的方面，对于中国来说，都是一种例外的情形。

第二，另一种观点普遍认为，北京地区的污染问题已经很突出，再强调建设"经济中心"问题就会更严重。实际上，北京地区的污染并不是"以高端服务业为主体的经济中心"功能所致。经过以往20多年的不懈努力，北京现在的经济结构已发生了根本性的转变：第三产业增加值已经占到全部三次产业的76%；第二产业只占约20%的比重，而且也是以轻型制造业为主。北京地区的污染，不是首都北京"经济中心"的功能带来的。北京城市的外围多年来聚集了大量污染环境的中小企业，是需要也是可以解决的。

第三，还有一种意见认为，北京市的人口规模、城市空间已经过大，不能再加强经济中心功能了。北京市人口规模过大，高端服务业的发展肯定不是主要因素之一。恰恰相反，单位国民经济增加值所需要的就业岗位高端服务业仅仅是制造业和其他服务业的1/5～1/3。建设以高端服务业为主体的"经济中心"有利于优化经济结构，有利于控制首都北京的人口规模，减轻特大城市的人口负担。

## 三、首都北京可以成为未来世界财富的聚集中心

中国经济发展创造了世界奇迹，充分体现了中国人民和中国政府强大的财富创造力。中国经济总量赶上并超过美国已经不容置疑。

中国与世界上200多个国家和地区有经贸往来，已是世界第一大贸易国、拥有约3.6万亿美元（2015年9月）的第一大外汇储备国、拥有一万多亿美元的最大债权国。"一带一路"倡议、亚洲基础设施投资银行（简称亚投行）、金砖国家新开发银行（简称金砖银行）、金砖基金、中韩自贸区、中澳自贸区、中国东盟自贸区、亚太自贸区、人民币跨境支付系统、海外人民币国债开启等，表明中国正在全方位、多层次地建构未来世界的经济新格局。中国经济影响力已经延伸到整个世界。中国的政治影响力和软实力也正在被愈来愈多的世人所承认。

随着中国经济的持续发展和强大，京津冀将是最大世界级城市群之一。首都北京将是中国最大的高端服务业聚集地，从而成为影响全世界经济的枢纽和全球金融流、信息流、物流、人才流汇聚的最大节点，即中心。

1850年，世界财富的汇聚中心是伦敦。1950年，世界财富的汇聚中心是纽约。2050年，世界财富的汇聚中心在哪里呢？

未来何地可能成为世界各国寻找的财富汇集的安全港湾？纽约还有可能继续成为汇聚中心吗？广大发展中国家还会继续信赖华尔街的银行家们吗？还愿意继续延续现在极不合理的动荡不定的货币体系吗？

中国的强大及在全球的信任度，给了许多国家新的选择。

确定未来世界财富汇聚的安全港湾，这个国家必须有强大的经济实力、巨大的金融财富、稳定的货币和货币度量衡，政府能提供安全保障，能够保值并可能升值等。

中国，已经是几个第一（贸易、外汇储备、美元国债）的大国，

必然要求成为世界财富的汇集地。首都北京应该是未来全球金融资本、商业资本的汇集中心,是亚投行、"一带一路"倡议等大布局的组成部分,也是全球新格局的一部分。

在中国这样的大国首都,将会产生更大安全感。将首都北京定位在世界级城市群的核心城市,以高水平高效率规划建设具有强大竞争力的世界经济的核心区,是非常及时、重要的。

## 四、相关建议

1. 继续加深对《纲要》中关于要将京津冀建设成为"以首都为核心的世界级城市群"这一决策重大意义的认识

《纲要》关于将京津冀建设成为"以首都为核心的世界级城市群"的决策,使中华民族的伟大复兴又增添一块重要的基石。京津冀城市群和首都北京如果不是这样定位,就将推迟中国开启百年国运的时代,就有可能使中国丧失掉成为世界强国的机遇。

建成世界级城市群,关系到国家的根本利益。自1980年以来,在各方面舆论及诉求的压力下,首都北京再也没有提经济功能了。现在京津冀的整体定位和分工,与以往的高度和格局不同,需要认真了解到位。要根据京津冀大城市群各部分的科学定位,制定能够发挥各自优势和特点的总体规划,使城市群地域结构符合地域有机体发展的客观要求,并在地域分异基础上发展出高度整体性。

北京的首都功能,是任何其他城市所不能代替的。对于首都北京,长期以来已经不提经济功能了。我们认为需要改变以往的思维定势。京津冀地区的一体化极为重要,不能回避一体化。中央和首都北京都已经下决心疏解北京的非首都功能,这需要国民充分理解。

2. 北京高端服务业现阶段发展存在的一些问题值得重视

北京目前高端服务业发展还存在较明显的问题:总部机构级别总

体上不高，区域综合服务能力弱，高级人才缺乏，条块分割，对接机制不健全，以及投融资政策不完善等。但最影响高端服务业发展的是现在高端产业的园区分散，特别是服务于国家和国际性的高级服务业，集聚规模和集聚经济优势没有凸显出来，与经济大国地位和形象的要求还不相称。

北京现有的CBD（东城区）和金融街（西城区）主要方向是金融产业功能区和商贸产业功能区。经过近20年发展，以金融街为主体的金融业资产现在已经达到很大规模。CBD的高端服务业发展以与国际接轨的商务中心、跨国公司和国际金融机构的总部集聚地为主。这两个高端服务业应配置具有国家级甚至国际性意义的服务业机构和总部，紧凑集中，但实际上集聚程度很不够。CBD和金融街这两个区域占地范围很大，进一步发展却又缺少空间，原因是其间有较多的非高级服务业的单位和机构。北京的高端产业和高级服务业的集聚区还有：中关村、大兴（经济技术开发区）、顺义（机场）临空经济区和奥林匹克中心区等。"有城无业"的通州在"十二五"期间也规划建设"新城"，功能定位为重点发展国际高端商务和金融业总部。

但从国家利益和北京市整体发展来说，高端产业和高级服务业的大分散并不是最佳选择。

3. 认真落实《纲要》要求北京"空间重组"，搞好顶层设计

《纲要》强调要"优化提升首都核心功能……，大力推进内部功能重组"。优化首都北京的"空间格局"，对于落实《纲要》提出的各项目标是非常重要的。

具有全球意义的城市群都市或"世界城市"，其高级别的服务业机构和总部一般都集中在核心区。如纽约曼哈顿及其华尔街、东京的银座、伦敦的金融城、香港的中环、悉尼的金融区等，它们都位于市中心，占地面积有限，但世界性的金融和商贸等机构非常集中，高楼林

立密集，如在约1000米长的华尔街集聚了超过1000家金融、商贸等企业。

高端服务业在城市群核心城市的高度集聚，可以产生巨大的空间集聚效应。形成产业集群、产业集聚区，可以得到所需要的高级服务和支撑条件；有利于管理理念、合作和竞争策略、危机应对策略等隐性知识的传播；有利于高端产业新产品的创新，从而获得更大的集聚。这种高度集聚，有利于高端服务业企业在各种全球性"流"的节点上对跨国家的大区域乃至全球范围的经济运行产生巨大的影响力乃至支配作用。

为解决北京市高级服务业的空间布局过于分散的问题，建议重新编制金融商贸核心区的规划，具体如下。

（1）对服务企业根据功能、机构级别和服务对象进行明确的定位。一级，服务于国家和具有国际意义的高端服务业企业和机构，尽可能在CBD和金融街发展。二级，服务于本市特别是服务于本园区的服务业，基本配置在本园区内。

（2）对于CBD和金融街，在政府主导下，按照位置级差地租的原理，通过科学规划，逐步实现空间重组。也就是通过现有建筑物的功能置换，让真正国际意义的高级服务业和总部定位于这两个集聚区。当然这个过程不可能很快完成。

（3）根据这样的层级划分，对上述各区加强高效支撑系统的规划和建设。

# 渤海海峡隧道工程建设必要性分析与建议[①]

**编者按：**

近年来，一些部门和单位提出应尽快立项并动工建设渤海海峡隧道工程，但相关研究和立项依据更多集中在工程技术可行性方面，而在工程的必要性、社会经济意义及安全风险等方面的研究论证很不充分，乃至很不专业。本报告针对有关单位提出的建设渤海海峡隧道工程必要性和紧迫性相关依据，从国家交通运输及整个经济社会发展和战略布局、关内外运输格局与运量、环渤海地区经济发展特点、工程安全风险等方面进行了综合研究、预测与评估，认为：关内外（即东北与华北、华东等广大区域间，包括辽东半岛、山东半岛之间的渤海海峡）已经建成和正在建设的运输通道可以满足东北与华北、华东等地区间现阶段至21世纪30年代客货运输的需要，渤海海峡隧道工程现阶段没有必要建设。在渤海海峡隧道建设的交通运输意义方面，本报告根据长期以来的大量研究数据，分析了东北地区与关内广大区域之间的运输涉及全国运输网的大格局。由于自20世纪80年代以来国家进行了大规模的铁路、高速公路、海运、民航等综合运输系统建设，我国进出关运输通道的规模和能力相对于20世纪六七十年代已经不可同日而语了。本报告同时分析指出：多年来进出关客货运量总体上是稳定的，铁路运量还呈减少趋势；指出所谓环渤海"C"字型交通只是

---

① 本报告为中国科学院上报的咨询报告，科发学部字〔2017〕21号，2017年2月9日。

几何直观上的表述，而实际上是根本不存在的，根本不能成为工程建设的理由。

近十多年来，关于要求建设渤海海峡隧道工程的舆论和宣传不断，有关部门及学术团体在提交的研究报告中，十分强调渤海海峡隧道工程对于"提升综合国力，加快东部沿海地区经济社会发展""推动环渤海地区经济一体化""振兴东北老工业基地"等"非常必要"，且具有"紧迫性"，建议尽快立项、动工。但值得关注的是，迄今的研究主要集中在工程技术方面，对于工程的必要性与社会经济意义方面的论证明显不足。

渤海海峡隧道是迄今国内外工程规模最大、耗资最多的海底隧道工程。我们认为，启动建设这样一个巨大的工程，应该具有重大的战略意义。为此，我们对该工程的必要性和风险，进行了综合研究、预测与评估，得出如下基本结论：关内外（即东北与华北、华东等广大区域间，包括辽东半岛和山东半岛之间的渤海海峡）已经建成和正在建设的运输通道可以满足东北与华北、华东等地区间现阶段至21世纪30年代客货运输的需要；渤海海峡隧道工程现阶段没有必要建设；对工程的社会经济意义、工程技术与重大安全问题等还需要进行长时期的综合性深入研究。本报告主要从以下九个方面对渤海海峡隧道作具体分析。

## 一、进出关客货运输的能力与运量：供需的现状与未来

（一）20世纪80年代中后期以来，中央政府大力加强了进出关运输能力建设，规模极大

30多年前，我国进出关运输的路线很少，主要通道只有京沈铁路（复线电气化）。由于京沈铁路承担过量的能源运输，导致进出关铁路

货运紧张，同时铁路承担太多的货物运输，就大量占用了铁路客运运力，引起进出关铁路运输全面紧张。这对全国特别是对东北地区的经济社会发展带来巨大的压力。针对进出关运输的严峻局面，20世纪80年代中后期以来，中央政府在加强关内外运输方面采取了一系列重要措施：

（1）建设大秦（一期、二期）煤炭运输专线（年运量1亿吨）。在秦皇岛港口四期工程完成及营口、大连等煤炭接卸港建成后，晋煤出关大部分改由水路进入东北地区。由此腾出了很大部分铁路运力作为客运。

（2）扩建和新建京津冀地区至东北地区的运输通道。除对原有铁路、国道进行改造、扩建外，新建的主要有京秦铁路、京通铁路、秦沈客运专线、京秦高铁、京沈高铁（未全线通车）、京津高铁、京广高铁、京沪高铁、盘营高铁、锦承铁路、沙蔚铁路等。

（3）新建几十条高速公路和国道，如京哈（京沈）、长深、大广、京津塘等，并有大量联络线与快速路。

（4）大规模改建扩建北京和天津两大综合运输枢纽，使枢纽功能得到了极大提高，在很大程度上增加了进出关客货运输的能力。

（5）建设旅顺—烟台的火车轮渡和滚装船舶、码头泊位等基础设施。2006年9月烟大火车轮渡及滚装船等投入运营。

（6）大规模开发内蒙古东中部大型露天矿，大幅度减少了"晋煤出关"。2014年内蒙古东部总计产煤近3亿吨，供应东北三省（电力和煤炭）。由此大幅度减轻了关内外客货运输的压力。

由于采取了上述一系列重大措施，近20年来关内外运输状况发生了重大变化：现在进出关的综合运输能力（航空运输不计在内）相当于20世纪70年代后期、80年代初期的8倍左右。如果考虑到目前和即将建成的高速铁路（京沈客专、高速公路工程及既有铁路线的扩能、复线或电气化改造），到"十四五""十五五"时期，进出关的运输能力还会有大幅度提高。

### （二）近 20 年来进出关运量变化态势

1. 进出关铁路货运量长期稳定

表 1 是 1985～2014 年 30 年间的进出关的铁路货运量的变化。1985 年货物总运输量总量为 9519 万吨，后增长至超过 1.2 亿吨。但 2005 年开始不断下降，2014 年不足 1 亿吨，少于 1985 年的运输量。从关内至东北地区的铁路煤炭运输量持续降低，目前仅为 1848 万吨，低于 20 世纪 90 年代初期的运输规模（2217 万吨）。（这里要说明的是：2006 年关内发往东三省的运量较之 1995 年增加了 4000 万吨，是由于这 10 年中内蒙古东部煤田大规模开发导致向东三省大量运输煤炭。）

表 1　1985～2014 年东北地区与关内地区铁路货物运量变化

| 年份 | 货物总运输量/万吨 | | | 煤炭运输量/万吨 | | |
| --- | --- | --- | --- | --- | --- | --- |
| | 关内至东北地区 | 东北至关内地区 | 总量 | 关内至东北地区 | 东北至关内地区 | 总量 |
| 1985 | 4 478 | 5 041 | 9 519 | — | — | — |
| 1990 | 5 433 | 5 608 | 11 041 | 2 217 | 181 | 2 398 |
| 1995 | 5 581 | 6 999 | 12 580 | 1 930 | 136 | 2 066 |
| 2000 | 4 857 | 6 481 | 11 338 | 1 363 | 67 | 1 430 |
| 2005 | 5 099 | 6 948 | 12 047 | 1 763 | 112 | 1 875 |
| 2010 | 5 047 | 6 859 | 11 906 | 1 894 | 295 | 2 189 |
| 2014 | 4 173 | 5 048 | 9 221 | 1 848 | 306 | 2 154 |

## 2. 近10多年来进出关铁路客流量呈下降趋势

2005年京哈铁路的旅客发送量为8 465万人，2013年下降到7260万人（表2），客流量呈现较大幅度的减少。虽然，京哈线旅客发送量并不等于进出关的旅客发送量，但已在相当准确程度上反映了进出关客运量的基本趋势。

表2  2005～2013年京哈线旅客发送量及周转量

| 项目 | 2013年 | 2010年 | 2008年 | 2005年 |
| --- | --- | --- | --- | --- |
| 旅客发送量/万人 | 7260 | 7657 | 6366 | 8465 |
| 旅客周转量/亿人千米 | 449.23 | 486.35 | 429.59 | 369.26 |

数据来源：历年《中国交通年鉴》。

## 3. 近十年来旅顺与烟台之间的火车轮渡及滚装船的运输量并没有很快增长

由于旅顺与烟台之间的火车轮渡的投入运行，旅顺与烟台之间及两个半岛诸多港口之间的客货运输能力已大幅度提高，消除了两个半岛之间的运输紧张局面。如表3所示，2005～2014年，烟大滚装航线的车辆滚装量从69.7万辆仅增长到85.3万辆，年均增长不足3%，旅客数量从418万人仅增长到了463.2万人，年均增长不足1.5%。这与许多学者在轮渡投入运行之前作出的"供不应求"的判断相差甚远。目前的状况是由于运量不足，轮渡运输能力没有得到充分发挥。

表3  2005～2014年烟大滚装航线车辆滚装量及旅客数量

| 年份 | 车辆滚装量/万辆 | 旅客数量/万人 |
| --- | --- | --- |
| 2005 | 69.7 | 418 |
| 2006 | 70.3 | 439.5 |
| 2007 | 72.5 | 459 |
| 2008 | 71.6 | 448.7 |

续表

| 年份 | 车辆滚装量/万辆 | 旅客数量/万人 |
|---|---|---|
| 2009 | 78.2 | 501 |
| 2010 | 84.4 | 541.8 |
| 2011 | 89.6 | 562 |
| 2012 | 88.8 | 543.7 |
| 2013 | 86.4 | 498.8 |
| 2014 | 85.3 | 463.2 |

数据来源：中铁渤海铁路轮渡有限责任公司，参见 http://www.sbtf.com.cn。

### （三）小　　结

由于国家进行了大规模的铁路、高速公路、海运、民航等综合运输系统建设，我国进出关运输通道的规模和能力已与20世纪70年代至80年代初不可同日而语。多年来进出关客货运量总体上是稳定的，铁路运量呈减少趋势。从运输角度，现阶段没有必要建设渤海海峡隧道工程。这一点在迄今各种要求尽快建设海峡隧道的建议中都没有加以具体的科学论证。

## 二、从东北地区与关内广大区域之间的运输大格局看渤海海峡隧道工程

### （一）东北地区与关内之间的运输联系

东北地区与关内的运输联系主要的客货运输不是近距离的地市级之间甚至省区级之间的关系，而是大区域间的经济联系，涉及全国运输网的大格局。

我国东北地区与关内之间的运输以长距离的运输占主导地位。无论从经济因素、自然条件因素、城市及人口空间分布格局分析，还

是从历史等因素分析，除航空运输外，通过渤海西岸的陆上通道是很自然的、完全合理的。除山东半岛一小部分地区外的整个关内地区，选择进出关的方向必然途经渤海西岸。自山海关往河北省坝上地区及内蒙古，连接华北与东北地区已有多个方向、多种线路和运输方式，即形成了辽西走廊、北京—承德—赤峰—通辽、北京—承德—朝阳—沈阳、呼和浩特—通辽等四条综合性运输通道，未来还将形成二连浩特—锡林浩特—乌兰浩特—齐齐哈尔综合性通道。通过这些运输通道，连接全国干线京沪、京广、京九、京包等，进入华东、华中、华南、西北及西南。

**（二）环渤海沿海地带的运输实际情况**

有一种观点认为，环渤海沿海地带的运输现在是"C"字型轨迹，是完全不合理运输；建成渤海海峡隧道工程后，环渤海的运输就不再是"C"字型轨迹，而是"D"字型连接两端的直线段了，因而可大大缩短运输距离。

实际情况不是这样的。东北地区（东北三省及内蒙古东部三市一盟）与关内地区之间客货流最主要的产生地与到达地是哈尔滨经长春、沈阳、鞍山、本溪、辽阳至大连间宽50~80千米的人口、城市和经济集聚带，加上黑龙江省东、西两个工业区，总共22个市。在这个范围内，2014年经济总量和人口总量分别占东北地区的83.3%和68.4%。从东北地区出发经辽西走廊到关内的客货流，到达地包括华北、华东、华中、华南及西北、西南的广大范围。从关内到东北的客货流也来自关内广大的地域范围。在这里，根本不存在"C"字型运输线路。

将大格局想象为两个点，认为东北与华北、华东等关内广大范围之间的客货运输仅仅是从大连绕道渤海北岸、西岸、南岸而到烟台才会形成所谓"C"字型轨迹；认为建设渤海海峡隧道就可将不存在的

"C"字型运输（路线）变成"D"字型（两端之间的连接直线）。这只是几何上的幻觉效果，而不是实际的空间经济联系。

如果建设渤海海峡隧道，将目前进出关的大量客货流改道引入山东半岛，但客货流进入半岛后还是要绕道转入京沪、京广、京包、陇海等方向的铁路、公路直下华东、华中、华南与西南、西北等运往全国各地，其结果将形成真正的不合理运输。

### （三）小　　结

东北地区与关内广大区域之间的运输涉及全国运输网的大格局。有关单位提出的"将有缺口的'C'字型交通变为四通八达的'D'字型交通，能有效地解决环渤海地区交通瓶颈问题，促进环渤海区域乃至全国经济的全面协调一体化发展"论断，完全不符合实际。环渤海周围根本不存在"C"字型的不合理运输，"通过建设海峡隧道将'C'字型改变为'D'字型的一直线，从而大大缩短关内外运输距离"，也就不能成为工程必要性的重大理由。

## 三、渤海海峡隧道与环渤海地区经济一体化

在当今全球化、信息化及我国在提出"一带一路"倡议的背景下，我国宏观区域经济正在形成以沿海大城市群为平台、以广阔的内陆为腹地的"沿海-腹地"型的大经济合作区。这是我国经济发展的区域大格局。这种大经济合作区的合作对象主要是当今世界上的近200个国家和地区，这样的大格局将使我国及其主要区域更大程度地融入国际经济体系，促进我国综合国力持续增长。

在环渤海地区，正在形成三个经济合作区。其中，最主要的是以京津冀为枢纽区域的华北经济合作区（广义也可将影响范围扩大至山西、内蒙古的大部分，而称之为华北地区），以辽宁省中部城市群为枢

纽区域的东北经济合作区和山东省省域合作区。

东北经济合作区具有相当强大的制造业等经济实力和广阔的腹地（内蒙古东部，未来还很可能与蒙古国及俄罗斯的部分西伯利亚地区建立经济合作关系），也正在形成为重要经济合作区域。从其在全国的地位和发展前景看，可以属于第二级（相较于华北经济合作区次一级）的经济合作区。

山东省省域经济合作区处在以京津冀为枢纽区域的华北经济合作区与以长三角为枢纽区域的长江流域经济合作区之间。青岛是沿海重要的对外运输、进出口贸易中心，吸引范围除了山东省以外，还包括河南、山西、陕西三省部分地区。这三省部分地区同时也是天津（港）的腹地，是谓"重复腹地"。

上述如此大经济合作区的格局对国内区域经济组织将产生下列影响。

（1）我国（"沿海–腹地"型）经济合作区之间的经济联系并不紧密。即华北经济合作区、长江流域经济合作区、华南经济合作区、东北经济合作区及山东省、福建省两个省域经济合作区，它们的主导经济合作方向都是国际市场，彼此之间并没有紧密的经济合作，三大城市群（京津冀、长江三角洲、珠江三角洲）及其带起的大经济合作区之间的联系较少。未来，实力强大的经济合作区，使传统意义上的经济区已经没有必要，也不可能建立起来。对这种区域经济大格局的形成与运作，渤海海峡隧道工程没有特殊意义。

（2）建设渤海海峡隧道，并不能促进环渤海经济圈（经济区）的形成，更不可能加强环渤海地区的经济一体化，不可能"最终形成一个真正的、完整意义的环渤海经济圈，构成中国经济增长的第三极"等。现在有些文献和报告中所称的环渤海经济圈（经济区）实际上是不存在的，也看不出未来可以形成一个经济区的前景。环渤海三个经济区域，虽然彼此之间有货物和人员交流，但各自拥有自己的大区域金融商贸中心、大区域性电网、对大区域经济起统领作用的核心城市或大城市群。它们彼此间没有共同的大区域性门户城市，也基本上没有诸如大型的产业链联系等。因此，建设渤海海峡隧道，对这种大格局不会有任何改变，也没有必要去改变。

我国经济的国际化程度已经并将继续向前发展。关于加强国内地区间合作、建立传统意义的经济区观念已经过时，环渤海范围内有三个相对独立的经济区域，它们以往未曾有过、未来更加不可能实行经济一体化。

## 四、建设沿海（海岸线）大高铁的实际经济意义不突出

关于"渤海跨海隧道建设将使中国海岸线的沿海大铁路得以全线贯通"的问题。我们认为，基本平行海岸线的沿海铁路（非高铁），只是在某些区段，即主要是部分省区内部（南北），具有较重要意义，如从黑龙江经丹东至大连，山东半岛沿海岸线（德州至龙口、胶州至日照）、苏北铁路、福州至厦门等。建设沿海大铁路（高铁）并将全国海岸带贯通起来，从整体看，并无多大实际经济意义。因为，我国的社会经济要素主流量的流向是东西向的。人类社会经济活动受海洋的吸引是长期趋势，以港口为起点向内陆腹地横向延伸建设铁路，始终是我国经济发展的主导需求。我国沿海各相邻省区的沿海城市之间的客货流量并不大，而且各城市之间的经济结构雷同的现象比较普遍，特别是东北地区、华北地区与山东省三个地域单元产业结构与资源结构很相似，彼此间合作关系不密切。

从发展综合运输特别是充分发挥我国海运能力大、运输成本低的优势来看，沿海地带的南北向长距离货物运输（环渤海地区各港口腹地区域的散装货物及集装箱发往上海及上海以南沿海区域），大部分应

该由海运完成。2014年,全国港口总吞吐量66.5亿吨。其中,环渤海地区沿海一市三省总共30.05亿吨,占45.2%。根据2010年当时的在建规模,2020年全国的港口吞吐能力将达到90亿吨。辽宁省将达到13.5亿吨的吞吐能力,山东省未来吞吐能力更大。从货物运输的角度,将从根本上否定渤海海峡隧道的必要性。我国南北方的沿海已经建成了大规模港口群,且具有与其腹地之间的现代化集疏运系统,沿海(岸)运输修建和利用高速铁路必要性也不大。长距离沿海岸带的高铁运输与海运相比,将完全不具有优越性。

综上所述以沿海几个大城市群为枢纽区域、发展与其内陆腹地的经济合作区是大趋势,但经济合作区之间的经济联系并不密切。因此,贯通全国沿海(岸)的大高铁,没有很大的经济意义。沿海南北间的运输应该发挥海运的优势。以贯通全国沿海大高铁为理由而认为需要建设渤海海峡铁路隧道工程,不能成为主要理由。

## 五、渤海海峡铁路隧道工程只对两个半岛的部分区域具有运输经济意义

世界上其他海峡处的跨海隧道(铁路或公、铁合建),往往是两岸之间联系的唯一路径。例如,日本津轻海峡青函海底铁路隧道和欧洲英吉利海峡隧道等就属于这种类型。也就是说,日本本州与北海道之间的火车运输只能选择通过津轻海峡;英国与法国、德国之间的铁路运输,只能在多佛尔海峡处建设海底隧道。但我国的关内外铁路、公路等运输联系,无论从经济因素、自然条件因素、城市及人口空间分布格局看,还是从历史等因素分析,除山东半岛一小部分地区外的整个关内中国(地区),选择进出关的方向必然途经渤海西岸。

我们对东北地区和山东省经济发展、经济联系的基本特点和对客货运量增长的影响进行了初步分析,可以得出如下几点结论。

**1. 渤海海峡隧道仅仅可以缩短两个半岛部分地域间运输距离但不具有大区域间的运输意义**

认为建设这条跨海通道可以大大缩短关内外的运输距离，这一点只对两个半岛一部分范围讲是成立的，即辽东半岛鞍山—本溪一线的东南部分，山东半岛淄博—日照以东部分。这两部分之间的客货运输经海峡通道比经过渤海西岸陆上通道要近600~800千米。需要注意的是，具有这样较长距离的两地路径长度只涉及（两个半岛的各一部分）很小的面积（其中，涉及山东半岛部分地区的人口规模只占关内地区人口总量的4.0%左右）。客货运输量相对于我国的全部进出关运量来说，只占很小的比重。

我们对1995年与2006年的关内外铁路货运量及其关内的发送地和到达地做一分析，具体证明了东北地区与山东省之间的运输经济联系仅仅是东北地区与全国运输经济联系大格局中的很小一部分。1995年，东三省全年发往全国关内的铁路货运量为7003万吨，其中发往山东省735万吨（占发往关内总量的10.5%）。2006年，东三省全年发往全国关内的铁路货运量为7089万吨，其中山东省816万吨（占发往关内总量的11.5%）。也就是说，东北地区与山东省之间的铁路运输经济联系只占关内外总运量的5%~11%。而且，从运输经济来看，这个比重中可能只有不到一半应该经由跨海峡通道运输，一大半仍然需经渤海西岸到达山东省的中西部地区。

所以，如果建成渤海海峡铁路隧道，对沈阳以北的东北地区和胶济铁路以南的广大华东地区乃至华中、华南、西北和西南等地区之间的运输，没有明显的运输经济意义。

**2. 东北地区与山东省的人均GDP高而人均旅次低，在预测未来关内外之间客运量时需要采取较为谨慎的态度**

人均旅次（出行频率）与人均GDP密切相关，这是一个普遍规律。我们对改革开放30多年以来全国各省区市代表年份的人均旅次做了分析。东北地区和山东省的人均旅次的特点，不同于一般规律。以2013年为例，辽宁人均GDP明显高于全国水平，人均旅次（20.9）高于全国平均（15.6）的34%。吉林和黑龙江人均GDP分别高于和低于全国平均水平，但人均旅次都不到全国平均水平的80%。就东北三省总体而言，属于人均GDP较高而人均旅次较低的地区类型。山东省也属于这种类型，2013年，山东省人均旅次只有7.7次，不到全国平均值的一半（只及全国的49%），但其人均GDP却是全国平均值的134%。这种情况代表了1973年以来的基本趋势，如1995年，东北三省人均GDP均超过全国平均水平，但人均旅次大约为8.7，只及全国平均值的90.0%。山东省的人均GDP超过全国平均水平，但人均旅次只有4.98，相当于全国平均水平的38.4%。

东北地区和山东省的人均GDP高而人均旅次低的特点，使我们在预测未来关内外之间客运量时需要采取较为谨慎的态度。

## 六、关于未来20年左右东北与关内地区间运量增长与供需平衡的态势预测

对东北地区与关内交通运输量和交通运输的供需平衡状况的预测，我们着重考虑：以往多年来运量增长的实际趋势，东北地区资源、产业结构和整个经济发展、城镇化的基本特点，并考虑到铁路、海运、公路相结合的综合运输观点，应用实证分析与模型相结合的方法，得出未来大约20年间的运输量增长态势及可能的供需态势。

1. 未来20年左右，辽西及内蒙古部分的进出关客货运量将长时期保持稳定或缓慢增长趋势

我们判断，关于货运量增长，将基本稳定在当前的水平；进出关的能源运输，随着东北地区大耗能工业的调整、西伯利亚天然气进入

东北等措施，东北不会大幅度增加对关内能源的调入，很可能会进一步减少运入量。目前关内（华北、华东、华中及全国其他的地区）运入东北的轻工产品、家电、农畜产品、蔬菜、钢材、交通运输工具、建筑材料、机械设备、工程设备等，以及东北地区入关的玉米、大豆、饲料、钢材、工业设备、汽车、金属制品等将长时期保持较为稳定的状态。即使增长，也将呈缓慢增长趋势。

关于客运量增长，通过分析历史时期特别是近年来进出关旅客流量的变化，我们认为会改变近十多年来运量基本不增长的态势，而进入长时期的低增长，年增长速率可设定为2%~4%。

上述较为缓慢的客货运量增长，将可通过现有运输线路运输效率的提高和总体运输能力（包括新增铁路、公路、航空等设施）的进一步加强而得到解决。从东北、华北地区部分规划新建和在建路线看，进出关的运输能力仍具有相当大的增长空间（表4）。

**表4　东北、华北地区部分规划新建及在建路线**

| 类型 | 线路名 | 起止点 |
| --- | --- | --- |
| 铁路 | 京沈客运专线 | 北京—沈阳 |
| | 集通复线 | 集宁—通辽 |
| | 锡张快速铁路 | 锡林浩特—张家口—崇礼 |
| | 张蓝铁路 | 正蓝旗—张家口 |
| 高速公路 | 赤峰—锡林浩特—二连浩特 | — |
| | 张家口—锡林浩特—西乌珠穆沁旗 | — |

2. 渤海海峡南北间的运量及其增长趋势

目前，经营渤海海峡通道的主要有中铁渤海海峡火车轮渡公司及烟台港务局、大连港务局及其他有关的海运部门。近年来，随着经济发展进入"新常态",环渤海烟大航线客、货、车运量,增长率总体趋势相应减缓,有的经营单位甚至连续出现负增长。表3所表明的是2005～2014年的客运总量的缓慢上升情况,2014年旅客总运量为463万人次。但现在烟台和大连两市已有1200万人次/年的总客运能力,即2014年只大约利用了30%。

对于今后20年左右时间内,我们按照不考虑建设渤海海峡铁路隧道和建设渤海海峡铁路隧道两种情况进行分析。

其一,在不建设渤海海峡铁路隧道的情况下,在实证分析中,我们将年客运量增长率设定在3%～5%,比近年来有较大幅度的增长。至2030年和2040年,将分别增加到860万人和1280万人(平均按4%增长率计)。近年来,渤海海峡通道的年货运量也仅占实际运输能力的50%左右。其中,中铁渤海铁路轮渡铁路货车运量占实际运输能力的65%左右。

由此可见,无论客运还是货运,渤海海峡的现有设施还有很大的运输能力没有得到发挥。即使用比这个增长率更快一些的数据计算,也可以通过对现有运输设施的改扩建(增加船舶及扩大船型等)得到解决。

其二,我们运用现有的统计数据与有关的模型,对渤海海峡铁路隧道未来几十年做了运量预测,得出:在建设渤海海峡铁路隧道情况下,至2030年和2040年,铁路客运量预计分别为3650万人与7680万人。需要说明的是,由于考虑到较多的运量增长变量,这个预测只是潜在的理论值,代表未来两个特征年份的最大可能的运量。

但是近年来(2012年、2014年)有关主张立即着手建设渤海海峡隧道工程的人士和报告中强调:渤海海峡铁路隧道建成客运量很快即可达到2亿～3亿人。这说明渤海海峡的客货运量被严重高估了。

## 七、在改善地缘政治与实施"一带一路"倡议及"东北振兴"方针中的作用

1. 关于海峡通道工程在东北亚地缘政治及"一带一路"倡议中是否具有重要意义问题，需要做实事求是的分析

东北亚地区自第二次世界大战结束特别是冷战结束以来，政治军事形势几乎是愈来愈紧张。其根源是美日同盟、美日韩军事联盟和美日安保条约将目标针对中国，日本政府长期奉行军国主义复活及军事扩张政策，朝核问题威胁到我国的国家安全，并可能将中国拖入严峻的对抗之中。这些紧张的根源不消除，中国在东北亚地区的地缘政治安全形势，难以改善。渤海海峡隧道建设，如何能够改善我国在东北亚的地缘政治形势，我们现在很难做出有道理的联想与判断。在远期有可能出现：由于我国实力十分强大，东北亚上述问题基本得到解决，东北亚自由贸易区建立并形成深度合作的局面，各国间政治、经济、文化、人文等往来极为频繁。在这种情况下，海峡隧道将促进我国与各国的交流与合作，确实具有重要意义。

"一带一路"是习近平总书记提出的当代中国的全球观念和全球倡议。我国经济发展面临着极其广泛深刻的转型、实现可持续发展重大任务。在这种大背景下，各地区都有"走出去"的客观需要和强烈愿望。在国内通过各种类型对外投资、贸易的平台和机构的建设，促进和引领全国各地区更好地与"一带一路"相关的国家和地区展开合作和交流。就环渤海而言，将形成三个大的经济合作区域，分别以京津冀大城市群、辽中南城市群及青岛-济南城市集聚带为枢纽（门户）实现大规模走出去，实现大区域经济的可持续发展。但是，根据以上关于"经济区"及"区域经济一体化"的分析，我们看不出渤海海峡隧道工程对"一带一路"倡议的实施具有巨大意义。

*2. 东北地区现阶段经济转型任务非常艰巨*

尽管在20世纪90年代特别是2002年国家实行了"东北老工业基地振兴"的方针，可是东北地区的经济结构不是短时期就可彻底改观的。近年来，东北三省经济均不景气，人口和劳动力外流，经济增长率下降，一些行业还将进一步下降，如钢铁、铝合金及部分化工原料等的生产。我们认为，渤海海峡隧道工程不能解决东北发展中的结构性问题。如果建设资金由辽宁、山东分别负担一部分，可能非但不能对经济恢复增长起促进作用，反而可能带来负面影响。

## 八、渤海海峡工程具有巨大的安全风险，对于这类不可行性至今没有得到应有的重视和深入研究

国际经验表明，长距离隧道往往都有突出的安全保障问题。对于渤海海峡这样超长距离的隧道工程，未来可能带来诸多的、难以解决的巨大隐患，亟须给予比任何国际上类似工程更多的重视。

（1）渤海海峡建设隧道工程必须考虑附近区域的地质背景、构造活动和安全条件。首先需要考虑的是郯庐断裂带。据统计，自公元1400年以来，以郯庐断裂为中心200千米范围内共发生M（震级）8.5级地震1次，M7.0～7.9级地震5次，M6～6.9级地震11次。其中中段——沈阳—苏北宿迁段（跨越渤海）就发生M8.5级地震1次，M7.0～7.9级地震7次，4.7级以上地震60余次。引人注目的是，这几次大地震几乎都发生在渤海及其周围，震中位置几乎无一例外都落在郯庐断裂带上或其附近。因此，渤海海峡是历史上地震特别是强震高发地区。在这样的区域建设如此大型的海底工程，考虑到未来一百年乃至数百年运行中遭受强震冲击下的安全问题，可能成为否定这一巨型工程可行性的关键因素。

（2）消防安全是超长距离隧道的极大难题。国际上部分长距离过

山与跨海隧道曾发生过损失巨大的火灾事故。2008年英吉利海峡隧道就发生火灾而停运两天,由于隧道本身的局限性及救援的困难,造成巨大的生命财产损失。渤海海峡隧道的长度比现有世界上所有隧道都长得多,加上目前对海底地质、水文等状况还没有具体勘探的情况下,消防安全如何保障等问题还无法做出科学判断。

（3）长距离隧道的通风问题、毒气与停电应急处理等若干问题,仍需要进一步地考量。尤其是渤海海峡隧道建设施工与列车运行所带来的生态环境风险仍是未知的,而我国某些超大型工程建设所带来的生态环境与地质风险已经成为所在流域与地区的重大问题。

（4）相关军事意义也需要重新评估。有研究认为建设隧道工程"具有战略军事意义,沿线可以快速集结调动部队,快速移动军事设施,以保护北京和天津",但如何具有这样重大的意义,并没有说明。我们认为,在战争一旦发生的情况下,隧道工程更容易遭受攻击。另外,在一般情况下,海底隧道也容易成为恐怖活动的袭击目标。

## 九、工程浩大、耗资极高

渤海海峡,从山东蓬莱经长岛到辽宁旅顺,海峡长105.56千米。平均水深25米,老铁山一个海沟最大水深86米。如果按照有关部门提出采用"全隧道"的建设方案,隧道长度达125千米左右。以上下行铁路隧道修建,以及需要的逃生、安全设施等,我们估算整个造价要超过4000亿元。如果渤海海峡通道按照如此大运量铁路隧道的要求建成,为发挥其经济效益,需要对东北地区和关内华北、华东地区的部分铁路系统和高速公路系统进行加强和改造。这也是一笔巨大的投资。我们综合估计,整个投资可能需要5000亿元左右,是世界上超大型的建设工程。在海底隧道建成投入运行后,运营阶段的维护和维修费用也非常高昂。

如此巨大的投资，能否产生相对应的社会经济效益回报？截至目前没有科学的回答。但可以肯定的是，渤海海峡隧道在今后一个相当长时期内能够发挥明显作用的地区主要限于两个半岛部分地区（之间），对沈阳以北的东北地区和胶济铁路以南的广大华东地区乃至华中、华南、西北和西南地区，没有明显的运输经济意义，这将会带来大规模亏损。此外，两个半岛之间已有花费巨资新建的海峡火车轮渡和滚装船运输，其能力并没有得到充分发挥。目前世界上有70个左右的海峡轮渡在运营，航线长度达到1.4万千米。

## 十、总结与建议

### 1. 对工程必要性与不可行性的主要看法

现阶段，我国社会经济发展处在一个转型的关键时期。经济增速趋缓，调整产业结构、改善民生与治理环境等压力巨大，国家正在实施"三去一降一补"重点任务，需要大量的投入。所以，渤海海峡铁路隧道建设这样巨大规模的投资，在必要性方面无疑要仔细掂量，反复论证。而这一点，恰恰被许多主张尽快建设海峡铁路隧道工程的单位和学者所"忽视"了。另外，我们不应该无视以往的经验教训，任何涉及国民经济建设的重大工程都需要开展深入充分的前期论证和效益与风险评估。

（1）渤海海峡隧道工程是举世罕见的宏大工程。在世界近现代史上，就其工程建设规模，堪比苏伊士运河、巴拿马运河。这样的工程，应当具有巨大的战略意义和社会经济意义，而渤海海峡（铁路）隧道工程并不具有重大经济与社会意义。对于这一点的判断，是整个工程决策的首要关注点和核心，应该给予极其高度的重视，以防止出现误判。

（2）提出工程建设对我国沿海地区、环渤海地区经济发展及东北老工业基地振兴具有一系列"重大意义"，多数不切实际。这个工程只是对两个半岛不大范围有意义，而不具有战略全局意义。强调促进全国区域经济发展及环渤海经济一体化，不符合实际。

（3）东北地区与关内地区间现有与正在建设的运输设施（包括改扩建）的运输能力完全可以适应至 21 世纪 30 年代中期以前的需求。已有的报告都将预测的运量高估了，甚至太离谱了。

（4）渤海海峡隧道工程的地质、消防、通风、战时可能受到打击等种种巨大的安全风险应当引起高度重视。

有鉴如此，我们再次郑重强调：现阶段没有必要建设渤海海峡铁路隧道工程。

2. 关于工程前期研究的建议

（1）关于建设渤海海峡通道工程，讨论会、呼吁、报告、政府文件批示等，已经不少了。但几年前还一直停留在少数学者的"民间研究"层面上，近年来的研究工作只是侧重在建造渤海海峡隧道工程技术性的可行性方面，而忽视了前期研究的主要方面，即工程的必要性、重大意义及安全风险等方面问题的充分论证与评估。应该说，对这样超大型工程研究来说存在严重不足。日本津轻海峡青函海底铁路隧道（长约 54 千米）、英法英吉利海峡隧道（长约 51 千米，海底下为 38 千米）等重大工程，比渤海海峡隧道工程要小得多，但社会经济意义很大。他们的理论准备、实际研究与勘测及最终决策，曾经历了几十年的时间。前期工作量之大及论证之细致，很值得我们参考。

（2）如此超大型的基础设施建设工程，需要从自然条件、社会经济意义、工程与技术可行性、安全保障、危机处理、生态环境风险、国防军事等多方面开展深入细致的专题研究和综合研究，并反复进行论证。对各种可能的负面效应及对国民经济、国家安全等可能带来的重大影响等，做出科学判断。

（3）在综合多学科研究与决策过程中，需要防止被部门、团体利益所左右,并为充分享有有关资料信息、发表各种意见创造良好的氛围,以使这一宏大的世纪工程真正实现民主决策与科学决策。

## 本报告咨询项目组主要成员名单

| 姓　名 | 职称（工作单位） |
| --- | --- |
| **组长** | |
| 陆大道 | 中国科学院院士（中国科学院地理科学与资源研究所） |
| **成员** | |
| 何祚庥 | 中国科学院院士（中国科学院理论物理研究所） |
| 周孝信 | 中国科学院院士（中国电力科学研究院） |
| 叶大年 | 中国科学院院士（中国科学院地质与地球物理研究所） |
| 简水生 | 中国科学院院士（北京交通大学） |
| 刘嘉麒 | 中国科学院院士（中国科学院地质与地球物理研究所） |
| 郭华东 | 中国科学院院士（中国科学院遥感与数字地球研究所） |
| 周成虎 | 中国科学院院士（中国科学院地理科学与资源研究所） |
| 夏　军 | 中国科学院院士（武汉大学） |
| 孙九林 | 中国工程院院士（中国科学院地理科学与资源研究所） |
| 成胜魁 | 研究员　　　（中国科学院地理科学与资源研究所） |
| 樊　杰 | 研究员　　　（中国科学院地理科学与资源研究所） |
| 刘卫东 | 研究员　　　（中国科学院地理科学与资源研究所） |
| 孙峰华 | 教　授　　　（鲁东大学） |
| 张文忠 | 研究员　　　（中国科学院地理科学与资源研究所） |
| 王成金 | 研究员　　　（中国科学院地理科学与资源研究所） |
| 陈明星 | 副研究员　　（中国科学院地理科学与资源研究所） |
| 孙东琪 | 助理研究员　（中国科学院地理科学与资源研究所） |

# 第二篇

# 区域发展战略与方针

# 中国沿海地区持续发展若干重大问题的分析与思考[①]

**编者按：**

本文为中国科学院"区域开发前期研究"专项基金资助的"中国沿海地区持续发展研究"课题的研究报告。报告指出，自改革开放以来的十多年间，我国沿海地区经济发展取得了举世瞩目的成就，成为世界上发展最快及最具活力的地区之一；与此同时，今后如何发展，也成为国内外普遍关注的话题。本报告就以下方面作了前瞻性分析：经济的持续适度快速增长、外向型经济发展及产业结构优化、重大项目的合理布局、城市化及其规模结构、自然资源节约与高效利用、生态环境的治理与保护及区域发展规划管理与调控等。

东部沿海地区在我国经济发展中具有举足轻重的地位，改革开放以来，在加速现代化进程方面取得了举世瞩目的成就，现已成为世界上发展最快和最具有经济活力的地区之一。今后这一地区将如何发展，

---

① 本报告为中国科学院上报国务院的咨询报告，科发协调字〔1994〕0104号，1994年8月1日。本报告以中国科学院"区域开发前期研究"专家委员会名义署名。陆大道为课题组长，副组长有：陆亚洲、佘之祥、毛汉英、郭文卿。为本报告提供专题研究成果的子课题负责人有：陆大道、董锁成、刘卫东、刘毅、姚培元、郭腾云、张文尝、顾朝林、霍明远、庞效民、叶立梅、姚士谋、陆亚洲、孙建中、唐振鈇、陈涛、佘之祥、毛汉英、郭文卿。陆大道拟定报告提纲，并对整个报告作了综合集成和定稿。

亦成为国内外众人所关注的大课题。近年来中国科学院拨出专项基金支持开展一些重要地区的区域开发前期研究，其中包括环渤海地区、长江三角洲地区和东南沿海地区等研究课题。本文即在综合吸取上述研究成果并参考其他有关文献的基础上，结合当前我国沿海地区发展中所存在的一些重大问题，提出一些见解和解决问题的思路，供有关领导部门战略决策参考。

## 一、经济的持续适度快速增长

改革开放以来，我国沿海地区的经济增长十分迅速。20世纪80年代全国经济年均增长速度为9.3%，而沿海地区达10.3%。1992年全国经济平均增长速度为13%左右，而沿海地区却超过18%。在中国经济走向现代化和国际化进程中，沿海地区对增强国家经济实力，参与国际经济合作与竞争，带动内陆中、西部地区经济的发展，均起着不可估量的巨大作用。因此，争取沿海地区长期保持经济的快速增长，并使其在一定时期内继续保持略高于全国平均水平的发展速度，具有重要战略意义。

从国际经济大环境和沿海地区本身的经济发展潜力分析，也完全有可能实现经济的持续快速增长。

首先，现阶段国际地缘经济关系的重新调整，给我国沿海地区的发展提供了极好的机遇。在一些发达国家出现经济萧条，美国、日本、西欧之间经济摩擦加剧的同时，西太平洋的一些亚洲发展中国家和地区却在迅速崛起，拥有巨大市场潜力的中国大陆地区尤为引人注目，对外资的吸引力愈来愈大。我国对外开放最早和开放度最大的沿海地区更具有得天独厚的吸引外资的区位优势。外资来源已由以邻近大陆沿海的日本及我国的香港、台湾地区为主逐步向多元化发展。中韩建交后，韩国对山东等沿海地区的投资在急剧增长，美国对华投资1993

年较1992年增加一倍。1979～1991年我国沿海地区实际利用外资共800多亿美元，而1992～1993年这两年就达300多亿美元，占全国的80%以上。预计在今后一个较长时期内，美国、日本、韩国和某些西欧国家在我国沿海地区的投资将呈稳定增长趋势。

自改革开放以来，在沿海地区进行了大规模的能源、交通、通信、金融、贸易及各种城市基础设施的建设，投资环境有了明显的改善，经济特区、沿海对外开放城市和经济技术开发区经过多年的开发建设，已为发展外向型经济奠定了坚实的基础，农业和原材料工业等基础产业也得到一定程度的加强，仅在1990～1993年投入沿海地区基本建设的资金总额就已超过1.5万亿元。一系列大型骨干工程项目的陆续建成投产，为实现跨世纪经济持续快速增长准备了后劲。

一些亚洲国家和地区在过去年代经济长期快速增长的经验可供我国借鉴。根据世界银行《1990年世界发展报告》提供的资料，1965～1980年GDP年均增长率，日本为6.5%，我国香港地区为8.6%，韩国达9.6%，新加坡更高达10.1%。其中有些国家和地区至20世纪80年代仍继续保持经济快速增长的势头，如1980～1988年韩国GDP年均增长率达9.9%。这说明在我国沿海地区，随着改革的深化和宏观调控能力的提高，只要能抓住有利的发展机遇，并尽力避免在过去历史上曾出现过的大起大落的情况，就同样有可能在今后10～20年内长期保持年均递增超过8%的经济快速增长。

1992年以来，沿海地区的经济出现了超高速增长。近两年全国经济年均增长速度高出20世纪80年代平均速度3～4个百分点，而沿海地区经济增长速度高出全国平均速度的差距，已由80年代的1个百分点扩大至现今的5个百分点以上。其中江苏、广东及海南等沿海省区1992年的经济增长幅度均高达20%以上。发展速度如此之快，既令人振奋，又使人隐忧，因为快速也有一个如何适度的问题。其一，追求速度要以提高经济效益为前提,只有在经济效益较好的情况下,加快速度才有意义。近年来产值增长虽很快,而企业亏损面和亏损额却在不断上升,产品销售率、资金利税率、成本利润率等主要效益指标均低于"七五"平均水平。其二,要追求效益型的速度,应重视通过内涵扩大再生产,而不是主要靠外延式的大上新建项目。近年来固定资产的投资增长过猛,1992年与1991年比较,全社会固定资产投资额,全国增长37.5%,沿海地区增长49.2%;1993年与1992年比较,全国增长47%左右,沿海地区约增长60%。基建投资规模过大,会引发通货膨胀,影响社会的稳定。其三,加速发展要防止地区间发展差距的过于拉大。沿海地区的发展速度可略高于中西部内陆地区,但其差距不宜过大。近年来,沿海地区发展速度与内陆地区的相对差距比80年代的平均相对差距拉大了好几倍,如果长此下去,将会急剧扩大沿海与内地之间的贫富差别和利益矛盾,并将促使大量内地劳动力流向沿海地区求业,增大社会压力。其四,加速发展要与产业结构的逐步调整和优化相结合,而后者非短期内就能一蹴而就。目前沿海地区产业结构的层次仍不高,资源消耗强度大的传统产业尚占很大比重。在这种情况下,经济的超高速增长必然将大量增加资源消耗,而这对沿海地区来说,困难是显而易见的。其五,加速发展不能置环境污染于不顾。在东部沿海经济发展最迅速的长江三角洲、珠江三角洲等地区,也是当前环境污染相当严重的地区,今后不能再一味追求经济的高速增长而忽视环境治理和生态建设。

因此,必须全面贯彻中央提出的持续、快速、健康地发展国民经济的方针。关键是经济的快速增长要适度。据我们分析计算,在今后10~15年内,全国平均经济增长率按8%~10%,沿海地区平均按9%~11%进行宏观调控较为适度。前5年的发展速度可略高于后10年的发展速度,某些经济活力很强的沿海省市,可允许其发展速度在一定时期内高于沿海地区的平均速度，但也以不超过 14%～15% 的增长率为宜。

改革开放以来，沿海地区内部各省市之间发展也很不平衡，经济增长速度存在着明显的差距。近年来经济增长速度一直高于沿海地区平均速度的有广东、福建、海南、江苏、浙江、山东、广西等省区，低于沿海地区平均速度而高于全国平均速度的有河北省与上海市，低于全国平均速度的有北京[①]、辽宁和天津。以 1991～1992 年的年均增长率为例，最高的广东省达 19.6%，最低的天津市只有 8%，辽宁亦仅有 8.6%，与广东相差竟达 11 个百分点。从今后发展趋势看，有必要也有可能适当调控沿海地区南北发展的差距。辽宁、上海、北京、天津等地均是我国主要的老工业基地，国有大中型企业较多，为使老基地焕发青春，国家应对其实行某些政策倾斜。鉴于自从国家对浦东的开发和开放实行类似经济特区的特殊政策以来，上海市的经济发展速度大大加快，并在有力地推动着长江沿岸经济的发展。因此我们建议国家对天津塘沽和大连大窑湾也实行与上海浦东相似的特殊政策，以促进北京、天津和辽宁的老工业基地的改造，加速北方沿海地区乃至广大华北、东北地区的发展。

## 二、外向型经济发展与产业结构的优化

东部沿海地区大力发展外向型经济，是保持沿海与全国经济持续快速增长的客观要求。改革开放以来，以沿海为前沿的外向型经济发展已卓有成效。全国引进外资大幅度增加，"三资"企业已具有相当实力。至 1992 年沿海地区外资企业注册投资总额已达 785 亿美元，占全国总额的 76.5%；外贸商品出口总值 576.8 亿美元，占全国出口总值的

---

① 北京在地理位置上不属于沿海地区，但在经济地理中将其归入我国东部沿海地区。

67.9%；对外经济出口依存度已达25.5%。预计21世纪初，沿海地区经济国际化将迈入一个新阶段，包括跨国经营在内的对外经济依存度将超过40%。

沿海经济在外向化过程中产业结构的转型与升级，既是推进区域经济向高级化阶段演进，协调沿海与内陆经济关系的重要途径，也是使其适应于资源与环境承载能力的基本对策。

当前沿海地区产业结构水平尚处于较低层次。1992年沿海地区GDP中三次产业构成比为23.9∶48.2∶27.9。第一产业的基础地位不坚实，近年来在某些地区还有所削弱；第二产业的主导功能不强，缺乏带动整体经济外向化的实力；第三产业发展滞后，尚未形成高效、便捷、健全的社会服务系统。企业间关联度低，经济效益差。基础产业中，交通运输紧张、能源与原材料供应不足，已成为制约经济发展的重要因素。制造业中，劳动密集型（特别是南部）、资金密集型（主要是北部与中部）占很大比重，技术与知识密集型所占份额尚小，北京、天津、上海三大城市高技术产业仅占工业产值的10%左右，其他省区比重更低。出口商品中，劳动密集型产品仍居于主导地位，农产品及轻纺产品约占出口总值的68.6%。由于多种原因，地区产业结构的趋同化明显，低水平的重复建设现象较严重。

沿海地区产业结构的优化，应在国家产业政策的指导下，同发展外向型经济紧密结合，以市场为导向，因地制宜发挥沿海各地区的优势，不断以先进技术改造传统产业，着力提高某些重要优势产业在国际市场的竞争力，积极开拓和培育具有潜在优势的产业新领域，并适当增强产业之间的关联度。在产业发展过程中，要坚持第一产业的基础地位，强化第二产业的主导作用，推动第三产业的全面振兴。

沿海地区的人口占全国41%，而耕地面积只占全国32%，在加速工业化和城市化过程中必须十分重视加强作为第一产业的农业基础。

今后应在合理开发利用海陆域资源的基础上，大力发展优质、高效、高产的集约化农业，建设具有不同地方特色的商品农业基地。在沿海经济发达、城镇密集的核心地区，以及人多地少矛盾很突出的东南沿海地区，可侧重发展以生产名、优、特产品或鲜活、珍稀产品为主的出口创汇农业和以满足当地"菜篮子"需要为主的城郊农业；除少数特大城市外，还应争取口粮基本自给，在输出高产值农产品的同时，换回饲料粮等低产值农产品。在沿海省市的内侧和主要经济核心区的外围地带，尤其是北方沿海人均耕地和海涂面积相对较多的黄淮海和辽河下游的三角洲平原地区，除发展各自的名优特产品扩大出口创汇外，还应有重点地建设好面向沿海发达地区大市场的商品粮基地及大宗经济作物和水产、畜牧、林果基地。要推行种（植）养（殖）加（工）销（售）四结合的农业综合开发，走以工商补农、促农的路子。

第二产业的发展也应区别不同情况采取相应的对策。在长江三角洲、珠江三角洲等经济发达地区，对其第二产业结构的转型，应着重于强化与资金密集型相结合的技术密集型产业的先导地位，重点发展机（械）电（子）仪（表）一体化、石化与精细化工及高档轻纺产品，使其逐步成为这些地区发展外向型经济的主导产业，将一般劳动密集型产业尽量扩散到内地和沿海欠发达地区。在以重化工为主体、国有大中型企业较集中的环渤海地带，尤其是辽中南和京津地区，应在大量引进外资、引进先进技术的基础上，加速对冶金、化工、机电、轻纺等传统产业的技术改造，促进产品的更新换代，逐步扩大投资类产品和成套设备的出口比重，并充分发挥智力资源的优势，开拓以信息电子为中心的高新技术产业。为改变这一地区明显存在的二元经济结构，现阶段仍有必要继续发展以劳动密集型为主的乡镇企业。至于沿海的一些欠发达地区，则将在今后相当一个时期内，主要通过发展劳动密集型和资源密集型的产业来加快工业化的进程。对沿海各地区的工业发展，应加强分行业的信息交流、规划指导和宏观调控，对某些市场畅销的热门产品可考虑组织区域性或全国性的企业集团，加强分工协作或联合开发，以避免盲目发展、重复建设。

发展第三产业，对改善国内外生产要素的流动，加快产业发展的国际化进程，促进一、二产业的转型升级，提高社会经济效益，均有十分重要的意义。应尽力加速沿海地区第三产业的发展，争取到2000年沿海地区第三产业在GDP中所占比重达40%左右，2010年达45%以上，其中一些沿海的重要中心城市将达50%左右。沿海地区第三产业发展的方向，应以发达的生产、生活服务业为先导，以大市场、大流通为媒介，逐步建立起多层次、全方位、优质、高效的系列化与现代化的第三产业体系。要改造和提高交通运输、邮电通信、商业与饮食服务业等传统行业，大力发展金融、保险、房地产、旅游、信息咨询等新兴行业。从长远发展看，上海、广州、北京、天津、大连、青岛等沿海大城市将有条件建设成为第三产业高度发达的国际性中心城市。

## 三、重大建设项目的合理布局

根据我国国民经济及产业结构的发展阶段和水平，在今后15～20年内，仍需加强能源、原材料和交通等基础产业大型项目的建设，其中大批重点建设项目仍将放在沿海地区。这是因为：沿海地区目前的经济总量超过全国的一半，且其增长速度在今后相当一个时期内将继续高于全国平均水平，因此沿海地区仍将是能源、钢铁、化工原材料的主要消费市场，加之经济的国际化趋向和进出口贸易额的剧增，迫切要求有发达的现代化交通设施与其相适应。尽管国家正在中西部地区建设火电、水电基地，实施西电东送，但这只能满足东部沿海电力消费增长的部分需求；至于钢铁、石油化工等原材料工业，因今后进一步发展所需的大部分铁矿石原料和一部分原油均靠国外进口，沿海地区的运输、原料供应、利用海水作工业用水等条件优于内地，因而进一步加强沿海能源与原材料工业的基础也势在必行。为了保证沿海地区及全国经济持续、快速、健康地发展，搞好大型基础产业建设项目的布局极为重要。

改革开放以来，虽然沿海地区的基础设施面貌有很大改观，电力、冶金、石油化工等基础工业也有较大发展，但交通运输紧张及能源和原材料供应不足却始终是沿海地区经济迅速发展中的"瓶颈"，各地政府对此感受很深，随着地方经济实力的增长，都在想方设法采用多途径集资兴建基础产业，其积极性可贵。只是由于缺乏规划协调和宏观调控，出现了各自为政，重复建设的问题，规划建设的项目过多、规模过大，超越了客观需要和现实可能。若听之任之，必将造成投资的巨大浪费。

港口建设对沿海城市的发展至关重要。当前，许多沿海城市都在扩建和新建港口泊位，其中有些建港条件较差的，不顾腹地大小、港湾水深和泥沙回淤等客观条件，也在盲目建港，而且都要建设1万~3万吨级以上的深水泊位。经济发展最快的珠江三角洲和长江三角洲也是当前在建或规划建设港口泊位最多的地区。以珠江三角洲为例，正在扩建的有广州港、黄埔港、黄埔新港、蛇口港、赤湾港、妈湾港，正在新建的有盐田、惠州、大鹏湾、大亚湾、沙角、高栏、南沙等港。这些港口的规划虽也分析预测了腹地及其运量，但多数是重复计算的，其中有些港口均以整个珠江三角洲为其腹地，规划吞吐量明显过大，建设中的珠海西区的高栏港，工程浩大，按规划将新建1万~20万吨级深水泊位100多个，而与其紧邻的中山、新会两市又都在规划建设自己的深水港。由此可见，加强对全国沿海港口建设的规划协调和宏观指导已迫在眉睫，尤其是对那些港口众多而其腹地又相互交叉重叠的珠江三角洲、长江三角洲及环渤海、北部湾（含湛江）等地区，应优先开展以区域港口群协调发展和合理布局为主体的总体规划，明确区内各港口的职能分工、规模大小、空间区位和开发顺序，促进大中小港口的有机组合与共同繁荣。

航空港的建设也存在类似情况。沿海发达地区的一些城市，为改善自己的对外交通联系，扩大其在国内外的影响，多有雄心建设国内或国际民航机场。在珠江三角洲直径约200千米的范围内，已建、在建和拟建的国际、国内民航机场已达十多个（包括港澳）。航空港的建设布局过密会影响空运的安全，而且机场建设投资巨大，占地甚广，必须十分重视建成投产后能否取得应有的效益，要以对当地和国内外空运客货源市场的科学分析和预测作为是否有必要建设航空港的主要依据。国际航空港一般应只限于广州、深圳等少数向国际化中心城市发展的大城市，国内航空港也不宜各县市分散建设，各搞一个，而应通过区域规划尽可能由若干相邻市县共同联合开发建设和使用。

要使海港和航空港的空间布局合理，尚须有快速陆上交通的建设与其密切配合。在20世纪内高速公路的建设仍以中短程为主，主要解决几大经济密集区内部大中城市与港口间的运输问题。进入21世纪后，重点要在几大经济密集区之间建设中远程的快速干线，即在已建、在建和已确定建设的沈大、京津塘、济青、沪宁、沪杭甬、福厦、深汕、广深、广珠、广湛和海南环岛等高速公路的基础上，进一步修建京沈、京济（济南）宁（南京）、广汕厦、杭温福、湛钦（州）邕（南宁）等高速公路或高等级公路，使其逐步形成贯通整个东部沿海地区的南北快速运输干道，并争取在2010年前首先建成全国第一条京沪高速铁路。此外，还需要统一协调各省市编制的综合运输网建设规划，使其相互配合和衔接。要使沿海的所有大中型港口都有铁路与全国路网和内陆腹地沟通，并经过长期努力逐步修通联结沿海港口城市、基本上与海岸带平行的沿海铁路干线，这对加速滨海地带的开发和加强沿海城市及港口间的分工与合作有重要意义。

沿海港口城市利用廉价海运，依靠外来矿物原料和燃料，发展电力、钢铁、石油化工等基础工业，就近向沿海重要市场供应二次能源和多种原材料产品，几乎已成为许多沿海港口城市制订工业发展战略的共同模式之一。但由于此类基础工业对规模经济要求较高，不允许每个沿海港口城市都按这一模式发展，应从国家和整个沿海地区总揽全局的宏观高度，在对众多沿海港口城市可供选厂的厂址进行区位比选和科学论证的基础上，进行合理的布局定点。

目前沿海地区大型火电厂的建设尚缺乏统一规划，仅南方沿海各地自行规划要在2000年内新建的大型火电厂就多达几十个，而其中有些选址地点至今尚未具备通海轮条件，需为其开辟新港，配套建设卸煤深水泊位；有些彼此相邻的沿海城市均各自规划建设几百万千瓦的大型电厂。据粗略预测估算，在2010年前沿海地区约只需增建20~30个大型火电厂，在地域分布上不宜太集中，可在临海各省市，分别就众多的规划厂址进行择优选点。从长远发展看，核电建设的高潮必将到来，新建核电站应优先在长江口以南沿海和辽东半岛选址。

根据对钢材需求量和矿石进口量增长的预测，至2010年有必要在沿海港口再新建2个年产钢在1000万吨以上的大型钢铁基地。由沿海各省提出的可供新建临海型大钢铁厂选址的共有7处，经过综合比选，倾向于先在华南沿海的湛江或惠州建设一个大型钢铁基地，虽然惠州厂址的市场、水源等条件优于湛江，但由于珠江三角洲地区的工业和人口已很密集，而粤西地区尚有很大开发潜力，故建于湛江从总体效益看较为合理。新建的第二个大型钢铁基地可放在北方沿海的山东日照或冀东王滩，后者的港口水深条件不及前者，而前者的供水保证尚有待进一步落实。首钢规划在山东兖州建设年产钢1000万吨的大型钢铁基地。该厂址远离海岸，厂外运输量将全靠铁路承担；因不能利用海水,将增大当地已感紧缺的淡水资源的耗用量;因受地形限制,所排放的大量污水将进入鲁西南重要水源地南四湖;厂区和城市生活区均将占用大片高产良田。对此不利于全局的布点应设法予以制止。

沿海地区现有的炼油和石油化工基地偏集中于环渤海和长江下游地区,主要依靠大庆和环渤海诸油田供原油。从资源和市场需求的发展趋势看,今后在南方沿海利用国外进口原油和部分近海油田开发的油气资源发展炼油和石油化工,并以其部分产品推向国际市场也是合理的。由于这一基础产业经济效益相对较好,现已成为外商和地方合作投资的热点。据初步掌握的资料,不计老厂的扩建,仅拟新建的10多个大中型炼油厂,合计石油加工能力已近8000万吨,其总规模显然过大,亦需在加强宏观调控的基础上择优布点。炼油厂的选址必须考虑与石油化工的发展相结合,而以乙烯为中心的石油化工基地不宜布点过多,应选择原有化工基础和协作配套能力较强,厂址条件较优越的少数地点集中建设,以保证规模经济效益。

## 四、城市化与大中小城市的协调发展

沿海地区经济的持续快速增长,强有力地推动着城市化的进程。1980~1992年东部沿海地区设市的城市由78个增至215个,1992年市区的非农业人口已达1868.4万人,为1980年的1.8倍,平均每年增长5%。若根据1990年全国人口普查,以市镇人口占总人口的比重衡量城市化水平,全国平均为26.2%,沿海地区则为30.5%。预计到2000年沿海地区的城市化水平将超过40%,新增市镇人口将超过1亿人。

近年来随着地区间发展差距的拉大,在市场经济的作用下,由不发达地区和广大农村大量涌向沿海经济发达地区和大城市的民工潮已成为不可阻挡之势。仅广东省由省外进入的民工就达650万人。这种由于劳动力进入市场而形成的跨地区的长期流动人口,为城市的发展带来活力,但同时也给城市建设和社会治安增大压力。当前用户籍管理制度来控制大城市人口的增长实际上已不再起多大作用,进城的长期流动人口或暂住人口在北京、上海、广州等特大城市均已超过100万人,在珠江三角洲、长江三角洲的一些大中城市也多达十几万至几十万人,有的甚至超过市内有户籍的常住人口。例如,深圳市1992年的270多万城市人口中约有2/3为无户籍的长期"暂住"人口。这种长期暂住人口对城市各种设施的需求,除受公寓住房条件的限制外,在其他方面与有户籍的常住人口并无多大差别。有相当多的暂住人口在大城市边缘找住处,形成居住环境恶劣并对城市社会治安产生不利影响的特殊社区。显而易见,今后规划城市的发展和建设再不能无视这部分日益增多的进城暂住人口。

在沿海地区城市化进程中,大城市发展很快。1980~1992年,按市区非农业人口计算100万人口以上的特大城市由7个增至15个,在沿海地区城市非农业总人口中所占比重高达47.4%,高出全国相应比重7.5个百分点。若将流入大城市的大量暂住人口也计算在内,则在城市规模结构中特大城市的比重过高和某些特大城市人口规模过度膨胀的问题就更显突出。虽然大城市和特大城市在推动区域经济和社会的发展中有其不可替代的重大作用,但也不容忽视由人口过度集聚所带来的负面效应,而中小城市的发展却有助于缩小地域间发展的差距和相对改善城市生态环境。在区域城市化过程中,大中小不同规模的城市各有其不同的地位和作用。当前值得注意的一种倾向是,沿海发达地区的许多城市,不顾客观条件,相互攀比,贪大求全,都想把自己的规模发展得越大越好。在各自的远景规划中,有不少中等城市拟发展成为城市人口达100万~200万的特大城市,一些经济腹地狭小的县级小城市也想规划建设成为拥有城市人口50万以上的大城市。不切实际地将城市发展规模规划得过大，可能严重影响城市建设的空间布局和投资效益，对此必须保持清醒的认识。迫切需要通过区域规划来协调城市之间的发展。

在我国现阶段大城市发展较快，既有主观的人为超前因素，也有其客观经济规律在起作用，因而对控制大城市的规模问题需作具体分析，不能一概而论，更不能机械地以是否超过50万或100万城市人口作为控制的特定界线。如像上海、广州、北京、天津等特大城市，具有进一步发展成为国际性中心城市的条件，尽管其城市人口已超过300万乃至700万以上，今后仍将不可避免地会继续有所增长。只是增长要适度，要与城市环境的承载能力相适应，尤其是北方沿海严重缺水的城市，其城市人口规模的扩大需以发展节水型产业、压缩耗水工业的比重或跨流域调水开辟新水源地为前提。对于一些人口和工业高度密集，已严重影响城市生态和社会环境质量的大城市、特大城市的市中心区，必须严格控制其继续集聚的趋势，但在市场经济条件下，要控制市中心区的规模，也不能只靠行政手段采取硬性的管、卡、压，而应采取积极的疏导政策，例如，可考虑适当提高控制区内的房地产基准价，按城市规划的要求控制市中心区的建筑密度和容积率，对新招外来职工的企业按人头征收城市配套建设费等，促使劳动力密集型、科技含量不高、单位面积效益低的工业企业外迁或转产，让低层次的产业向周围地区扩散。市中心老城区的改造应与建设新区和卫星城相结合，改善新老城区间和城市间的快速交通联系，加速大城市周围地区中小城市的发展，将有助于减缓人口和工业继续向特大城市和大城市中心区集聚的压力。在我国长江三角洲、珠江三角洲、京津唐、辽中南等沿海较发达地区，将有可能形成以某些特大城市为核心，以现代化交通等基础设施为网络，由众多的大中小城市群所组成的若干大都市连绵带。

沿海地区乡镇企业的蓬勃发展，大量农村剩余劳动力就近转向第二、三产业，成为加速农村地区城市化的主要推动力。但在以往历史发展过程中所形成的乡镇企业的布局过于分散，缺乏统一规划，影响小城镇的合理发展。现有的散布于各地的大多数小城镇，规模过小，公用设施简陋，建设布局零乱，三废污染缺乏治理，离现代城市化标准尚远。今后应通过合理规划和必要的政策措施，加强小城镇建设，引导乡镇企业逐步向某些交通区位和建设条件相对较好的小城镇集中，提高集聚经济效益，增强市场竞争能力；与此同时，还应对县城和县辖镇放宽户籍管理政策，允许农民就近进城落户，从事二、三产业，具备一定条件后即可转为城镇人口，这样有利于加速小城镇的发展，使其能吸纳更多的农村剩余劳动力。多数县城镇和一些重要的集镇，有条件在小城镇的基础上逐步发展成为拥有几万至十几万城镇人口和城市设施较齐全的现代化小城市，其中有不少发展条件较优越的县级市，还可进一步由小城市发展成为更高层次的中等城市。

开发区的成片建设对城市的形成发展和布局有重要影响。前个时期曾出现一哄而起的大量开发区的盲目兴建，或为吸引外资而一味迁就外商，让其任意选择确定开发区的用地范围和方向，这已给城市发展和布局的规划带来很大冲击，今后必须加强对开发区建设的规划指导和宏观调控。在区域和城市规划的指导下，对各地拟建的各类新开发区的功能目标、建设规模和区位选择，通过规划协调和科学论证，做出正确决策，将有助于促进大中小城市及区域城镇体系的健康发展和合理布局。

## 五、自然资源的节约与有效开发利用

沿海大部分地区是中国经济的高密度区，人口稠密，土地垦殖指数高，工业集中指数和城市化水平均较高。经过近十多年来经济的快速增长，沿海地区各类自然资源的开发利用程度亦较高，某些紧缺资源，如北方沿海地区的淡水资源、南方沿海地区的土地资源，以及南北沿海均缺的能源资源等，已成为区域发展中的重要制约因素。

我国沿海地区淡水资源总量虽占全国的 26.5%，但由于人口密集，人均水资源量仅相当于全国的 65%，特别是北方环渤海地区三省二市，人均水资源量 487 立方米，仅相当于全国平均数的 19.8%，属严重缺水地区，平均年缺水约 80 亿立方米。其中辽中南、京津唐、山东半岛地区，水资源开发利用程度已达 60%~75%，开发利用潜力已不大。据估算，环渤海地区在未来的 10~20 年中，用水量大约按 2.5% 的速度增加，年缺水量到 2000 年将达 150 亿立方米，到 2010 年可能达 400 亿立方米。

解决北方沿海地区严重缺水的途径，一方面要依靠长距离跨流域调水积极"开源"，争取在 2005 年前建成中线"南水北调"工程，同时完成东线"南水北调"至山东的工程，并争取在 2010 年前过黄河。另一更重要的方面是，必须大力提倡"节流"，将发展节水产业和推广节水措施作为一项重要的战略措施来抓。近期要抓紧做好节约淡水资源的工作：一是稳定农业种植结构，不再扩大水稻种植面积，并大力推广节水农业；二是继续注重工业和城市节水。工业用水占城市总用水量的 4/5，在滨海城市要逐步实行工业与城市生活用水的分质供应，并着力提高工业用水的重复利用率；三是大力扩大海水资源的利用，将大量耗用冷却水的电力、冶金、石油化工等企业尽可能建到海边，利用海水代替淡水，这不仅在技术经济上是可行的，而且许多经济发达国家早就这样做了，如日本大型火电厂的冷却用水几乎全部利用海水，冶金和石油化工工业用水中海水占 1/4 以上。

南方沿海地区的水资源条件虽相对略优于北方沿海地区，同样需要重视利用海水和节约淡水资源。当前东南沿海的某些临海型工业港口城市供水不足的矛盾也较突出，从发展看，有不少需安排跨县市、跨小流域的调水工程解决。

我国人多地少是经济建设中的一大矛盾，近年来经济发展较快的珠江三角洲、长江三角洲、闽南和粤东沿海地区也正是我国人口密度最大的地带，不少地区人均耕地已不到0.5亩，甩地矛盾十分突出。尽管国家已将"十分珍惜和合理利用每一寸土地，切实保护耕地"作为我国的基本国策，但具体执行过程中问题很多。因为同样的土地用于第二、三产业，可比用于农业提高多倍价值。自土地有偿使用权的租让进入市场后，各级地方政府多以批地出租作为地方聚财集资搞开发建设的主要手段。由于土地的批租管理尚未规范化，法制不健全，未形成有效的宏观调控体系，以致近年来沿海地区耕地减少相当严重。改革开放以来，仅珠江三角洲就有400万亩耕地被占用。特别是1992年"开发区热"中，出现了严重的土地失控现象，据估算，仅这一年全国新增的2000多个开发区共占地约1.5万平方千米。这些开发区绝大部分分布在沿海地区，60%~80%的土地是耕地。尤其是在闽、粤两省沿海地区的干线公路两侧，连绵不断地竖立起众多的开发区大幅标牌，有的圈地后因长期未得到开发而造成大片耕地撂荒，有的为吸引外资不惜以低于成本的价格批租出让开发区土地，甚至还出现了在批租后因对这块地另有急需，又不得不花高出原租金几倍的价格再从外商那里"租"回来的怪事。

今后20年，沿海地区如果按20世纪80年代每年占用耕地200万亩的速度发展，到2010年共减少耕地3600万~4000万亩，届时苏、浙、闽、粤四省人均耕地可能下降到0.5~0.6亩，其中闽南、粤东沿海地区农村人均耕地将减到0.3亩以下。由于优质耕地大量被占用，到20世纪末，沿海12省（自治区、直辖市）一般年份缺粮将达1500万吨。

为了抑制沿海地区土地资源（特别是优质耕地）迅速减少的势头，做到既要保证合理开发建设用地的需要，又要尽可能减少不合理占用土地所造成的重大损失，为此，我们建议采取下述对策：

（1）加强沿海开放地区的用地管理。要通过政府垄断国有土地分配权来调控地产市场，合理配置土地资源，调整投资结构，控制基建规模，强化政府对土地市场的调控职能。各级政府应严格把好建设用地审批关。

（2）做好沿海开放地区土地利用总体规划。统筹合理安排区域经济和社会发展所需的各项用地，对开发建设用地可通过规划导致土地增值。应本着有计划地使用、逐步开发的原则，分阶段一块块批租开发，以促使土地不断增值。由于沿海地区土地资源十分珍贵，因此，从长远看，必须通过适当提高地价以达到节约土地和增加建设资金来源的双重目的。

（3）尽快划定基本农田保护区。在沿海地区优质耕地目前还在被大量占用的情况下，应尽快划定基本农田保护区，尤其是高产优质农田、名特优产品基地、商品粮基地及大中城市附近的菜田，应作为保护的重点，一般不得占用，必须占用时，要经上一级政府批准，并加收补偿费用，开辟出相当数量和质量的耕地加以弥补。

（4）加强对沿海滩涂的开发利用。我国沿海滩涂。资源总面积5308万亩。其中潮上带占37.3%，潮间带占58.7%，另有潮下带可养殖面积1246万亩，目前资源利用不到1%。滩涂是沿海地区宝贵的土地后备资源，今后应按照海岸带统一规划，进一步扩大开发利用，综合发展农、渔、盐、苇，在有淡水的地方，继续扩大滩涂围垦。

（5）填海造陆。沿海地带的港口、工业、城市及其他设施建设均需占用大量土地，为保护珍贵耕地资源，一部分滨海重点工程应依靠填海造陆解决用地问题。香港100多年来连续不断地进行填海造陆，至1984年造陆面积已达34平方千米，占城市建成区面积的1/3。日本20世纪60年代以来沿海地带工业、城市发展也在很大程度上依靠填海造陆。我国沿海地区填海造陆的重点是在人多地少平原狭小的沿海地带，解决港口、城市商业中心、大工业企业及飞机场等用地。

沿海地区1990年能源资源探明储量（折合标准煤）仅占全国8.8%。一次能源产量占全国的26.2%，一次能源消费量却占全国的44.3%。且能源资源与能源生产主要集中于北方沿海的山东、辽宁、河北三省，广大的中部和南部沿海省区，能源资源与能源供应严重短缺。1990年，北方各省区有1.23亿吨能源（折合标准煤）经海运和铁路运往上述地区，但仍远不能满足这些省（自治区、直辖市）经济和社会发展的需要。即使是在北方沿海各省市，除山东省外，其他各省、市能源消费量均超过生产量。为缓解我国沿海地区21世纪能源供需的尖锐矛盾，一要狠抓节能措施，发展节能型产业。二要通过国际招标和合作经营的方式，加快近海地区（特别是东海、南海及北部湾）油气资源的勘探和开发。三要抓紧山西、陕西、内蒙古各大煤田煤炭外运通道（如神府至黄骅的现代化输煤专用铁路）和港口建设。四要为提高核能在沿海能源消费结构中的比重，不断加快其建设步伐。

## 六、生态环境的治理与保护

改革开放以来，我国沿海地区在经济取得持续快速增长的同时，由于工业化和城市化引起的环境污染，以及自然灾害的双重影响，致使生态环境日渐恶化，主要表现在以下几方面。

（1）环境污染日趋严重。沿海地区随着钢铁、石油化工与海洋化工、火电、建材、造纸等大污染产业及乡镇工业的迅速发展，环境负荷日渐加重，当前沿海地区环境污染较严重的有三类地区：一是产业和人口过于集中的特大城市地区，如上海、北京、天津、沈阳、广州等地；二是污染性企业较集中或扩散自净能力较弱的地区，如鞍山、本溪、唐山、淄博等地；三是乡镇企业较发达而分布又甚分散的地区，如长江三角洲、珠江三角洲的水网地区。相互污染水源较为严重。由于从现在起到2010年，我国沿海地区主要处在工业化的中期阶段，经济的高速增长，资源消耗大、"三废"排放量大的基础工业仍将会有较大发展。因此沿海地区将继续面临环境污染的严重威胁。此外，20世纪80年代起，沿海地区由于燃煤排硫量的增加，从华南到华东沿海一线普遍出现酸雨，并有逐年加重趋势。酸雨不仅破坏土壤和水域，而且侵蚀建筑和材料，对农、林、渔业都有较大的危害，必须引起高度重视。

（2）洪涝与风暴潮灾害。我国沿海地区是大江大河的主要入海通道。20世纪60年代以来，洪涝灾害频繁，灾害的损失也越来越大。究其原因，一方面，同强台风登陆和风暴引起的特大暴雨及风暴潮有关。如1992年8月28日到9月2日，我国南起福建，北至辽宁，沿海地区有8省（市）受特大风暴潮袭击，死亡近300人，直接经济损失达94亿元。另一方面，长江和珠江三角洲等地区，由于不合理的围垦，大量侵占水面，加之水利工程年久失修，河槽变窄淤积，排水不畅，使得行洪能力大大降低。例如，1991年太湖流域汛期降水仅为25年一遇，较1954年50年一遇要小得多，但7月份水位却比1954年高0.14米，直接经济损失近百亿元。

（3）滨海地区海水入侵。在北方沿海的山东半岛及辽东半岛地区，由于降水和地表水资源严重不足，滨海地区大量超采地下水，致使地下水位大幅度下降，如莱州湾滨海地区出现了面积2000平方千米水位低于海平面的负值区，破坏了咸淡水间原有的水动力平衡条件，引起海水入侵，到1992年，山东半岛海水、咸水入侵面积已达594平方千米，据不完全统计，每年减产粮食2亿~3亿千克，工业产值损失3亿~4亿元，45万人吃水发生困难。

（4）海平面上升。由于"温室效应"，导致全球气候变暖，冰川融化，引起全球性海平面上升。据中国科学院地学部11位院士1993年春考察综合评估预测，包括全球海平面上升、构造下沉和超采地下水引起的地面沉降等海平面上升因素在内，到2050年海平面上升幅度：珠江三角洲为40~60厘米，长江三角洲为50~70厘米，现代黄河三角洲为40~50厘米，天津地区为70~100厘米。近年来海平面上升已导致风暴潮灾害加剧、咸水入侵范围扩大、洪涝灾害威胁加重、城市排污困难、港口功能减弱等一系列问题。

（5）赤潮猛增。近年来在渤海的天津、大连湾和莱州湾，东海的舟山渔场、厦门港及南海的广东近岸海域，频繁出现赤潮，有的面积达几十平方千米。赤潮的产生主要是陆地大量工业有机废水和城乡生活污水、垃圾、化肥等进入海域，海水富营养化所致。赤潮不仅对海洋生态系统破坏严重，而且给海洋捕捞、海水养殖和旅游业造成巨大损失。

此外，沿海地区还存在着水土流失、土壤盐碱化和土地退化等生态环境问题。

## 七、生态环境治理建议

对于沿海地区随着经济高速增长而引起的各种生态环境问题，必须采取综合整治与保护相结合的对策。为此，建议采取以下措施。

（1）较大幅度增加环境治理费用。为了缓解沿海地区日渐加重的环境负荷，随着经济的快速发展，政府和企业应通过建立环保专用基金等方式，投入较多的资金，用于治理环境污染，改善生态环境。到21世纪初，力争用于生态环境治理与保护的投资占国民生产总值的2%。

（2）严格执行污染物排放的总量控制。要根据沿海地区环境保护的功能区划及陆地与海洋的环境容量，制定和协调各沿海城市污染物允许排放的限额，并落实到各主要排污单位，实行排污申报和总量控制。同时，要区别对待具有不同功能、不同环境容量和自净能力的地区，在全国通用的一般排放标准的基础上进行必要的调整。例如，北京作为全国政治、经济、文化中心的首都和世界著名的国际旅游城市，对其环境质量应有更高的要求，相应地对三废排放量较大的企业应制定更为严格的排放标准。

（3）逐步调整产业和人口的空间布局。沿海地区应根据其自然条件特点和环境承载能力的大小制定与社会主义市场经济相适应的中长期产业与城市发展战略，逐步使产业和人口的空间布局有利于生产环境的治理与保护。

（4）抓紧进行自然灾害的综合防治。如对于沿海地区海平面上升，既需要有长远规划和打算，又需要及早采取措施，消除不利影响。为此，一方面要加强海岸及沿河防御工程建设，按照抗百年一遇的标准设计，提高抗御风暴潮和洪水灾害的能力；另一方面采取多种有效措施，严格控制地面沉降。如在由超采地下水引起地面沉降的沿海地区，要合理、有限制地利用地下水，并持续进行人工回灌，以缓解或控制地面沉降。同时，在沿海地区新建的港口和开发区，对其重要设施场地标高的确定，要考虑在今后数十年或百年内海平面上升允许的标高范围，并采取有力措施，坚固设防。在沿海地区城市修订城市总体规划时，也应充分考虑海平面上升给老城区带来的困难和问题，并提出解决方案。

## 八、区域发展的规划管理与宏观调控

为实现沿海地区持续、快速、健康发展的战略目标，使经济发展与人口、资源、环境相互协调，需要认真研究解决在发展过程中，尤其在新旧经济体制转轨过程中，所出现的各种新问题。解决这些问题的根本途径还在于深化改革，即一方面要进一步发育和健全市场体系，发挥市场机制对区域经济发展的自然调节作用；另一方面又要在加速政府职能转换的基础上，加强对区域持续发展的规划指导和宏观调控。

当前不仅要强调各市县、乡镇进行开发建设都得事先制订规划，并不断提高各自的规划质量，而且要重视搞好不同层次地域之间的规划协调工作。应尽快对环渤海、长江三角洲、珠江三角洲、北部湾和东南沿海等地区开展地区间、城市间、城乡间的综合协调规划，组成上下结合、左右兼顾、相互衔接、利益协调的国土、区域与城乡规划体系。只有那些对局部与整体，近期与长远，地方与国家等各方面的利益进行过综合协调的规划，才有可能对区域发展和城乡建设布局进行科学指导。

要想使各地区的开发建设能基本按科学合理的规划实施，还需要有一套科学的行之有效的调控管理手段。在社会主义市场经济体制下，老一套的以指令性为主的规划管理办法已失灵，应学会综合运用经济、立法和行政干预等多种手段，对企业活动和投资行为按规划要求进行空间调控。国家的宏观调控不能只限于对发展速度、基建规模、投资方向、产业结构等进行货币、信贷、利率等总量调控，还应包括对区域发展和城乡建设布局的空间调控，而后一调控领域至今尚未引起有关方面应有的重视。

今后有必要在搞好区域规划的基础上，因地制宜地研究制订运用各种经济手段对企业的空间活动和投资区位进行诱导或约束的各种区域政策和空间政策，以加强对区域发展和空间布局的宏观调控。自改革开放以来为加速我国沿海地区发展所实行的区域倾斜政策，已取得明显的效果，但发展到现阶段，其倾斜度应逐步趋缓。尽量缩小沿海地区现存的南北之间倾斜政策的差别；对北方沿海以重工业和国有企业占较大比重的老工业基地，应在政策上进一步松绑、搞活，为引进国外资金和技术加速老企业技术改造积极创造条件；对沿海某些尚欠发达的地区应给予必要的政策扶持，改善其投资环境，提高其就近吸纳外来资金、技术和信息，用以发展乡镇企业和劳动密集型产业的能力；要采取更多地鼓励发展农村小城镇和中小城市的经济政策。对各类自发形成的给投资者以各种优惠的开发区要进行政策的重新审核，一般应有选择地对某些开发区发展某些特定的产业实行优惠政策。为促进各地区进一步发挥各自的优势，进行地区间的分工与合作，要使产业政策区域化，亦即要使全国产业政策结合沿海各地不同的特点，在国家允许范围内做些必要的调整，着重鼓励发展那些具有地区优势和体现地区分工的产业；同时要打破行政区对市场的分割，纠正按行政区搞自成体系的不良倾向，按客观存在的经济区组织和发育市场体系，在市场公平竞争中体现优胜劣汰，让重复建设和重复引进的决策者直接承担经济风险。为使经济发展和建设布局与合理利用资源和保护环境更好地协调，可根据各地不同的资源和环境特点，因地制宜地制订为提高资源利用效率而收取不同的资源使用费或为改善环境质量而按不同的三废排放标准征收环保费用等特殊政策。

为保证沿海地区的区域规划和城乡规划的实施及其相关的区域政策和空间政策的贯彻，还必须加强有关法规和法制建设。经过上下结合、总体协调和必要审批手续的不同地域层次的规划，以及与其有关的各项已较成熟的政策，还需要通过一定的立法程序，形成相应的国家与地方法规。将规划与有关政策的制订与实施纳入法制的轨道，使其具有更大的权威性和约束力，不允许因领导的更替而任意修改规划，对不按规划搞违章建设者应追究其法律责任。要保证空间调控管理体系的正常运转，以促进区域持续、快速、健康地发展。

# 正确看待东西部间经济发展差距的不断扩大[①]

**编者按：**

本报告针对我国改革开放至20世纪90年代的高速经济增长加剧了我国各地区间的不平衡的问题，阐述了高速增长与平衡发展之间的相关规律，分析了我国导致地区间经济实力差距扩大的主要因素，指出部分发达国家的内部差距经历了由大到小的变化过程。报告重点就当时社会上出现的对地区不平衡的种种顾虑作了实事求是的分析，提出了几方面的政策与措施。同时，对西部地区的发展目标与发展途径提出了具体建议。诸多方面，在尔后开展的"西部大开发"及实现公共服务均等化、主体功能区等方针政策中得到了体现。

## 一、经济高速增长加剧了地区间的不平衡

1979~1994年我国国民经济平均年增长率约10%，15年内以国民生产总值衡量的经济总量增加了3倍以上。作为大国，这样的发展速度在世界上是没有先例的。经济的持续高位增长，国力加强，出口大增，加速了工业化、城市化进程，提高了我国在全球地缘经济中的地位。与此同时，地区间经济实力差距扩大，环境污染加重、部分资源出现短缺，通货膨胀率高，国际贸易摩擦时有发生。

---

[①] 本文原载于《求是》编辑工作简讯，1995年增刊（123），1995年5月25日。报告撰写人为陆大道。

在这些问题中，东西部间经济差距不断扩大，成为国家和社会最为广泛关注的问题。以国民生产总值（GNP）衡量，1990年东部地区占53.8%，1991年上升到55.1%，1992年为57.0%，1993年上升为58.3%。平均每年增加1.5个百分点。西部地带GNP占全国份额在1991~1993年平均每年下降0.5个百分点。即使考虑到中央政府采取一系列促进西部发展的措施及东部地区的对口支援等因素，中西部GNP占全国的份额仍将由1990年的46.2%降到2000年的38%左右。到2000年左右，占全国国土面积不到14%的沿海地区将贡献全国70%的GNP，而占全国国土面积56.7%的西部地区的GNP将只占到全国的10%左右。这其中的趋势是国民经济增长愈快，地区间经济增长的差异愈大，符合经济增长与地区经济不平衡之间相关的规律。这个规律说明，在工业化的初期和中期，国家一般都要集中资金于有利的地区，只有这样，才能在总体上实现较快的增长。但在同时，地区间经济实力和人均产值的差距却必然地要扩大，这已被许多国家工业化过程中区域经济发展的普遍特征所证实。也就是说，地区之间发展不平衡的扩大是经济高速发展难以避免的副作用。

我国沿海地区由于经济高速增长，加快了产业结构的转型升级。新兴产业及第三产业取得较大进展，推动了出口的大幅度增长，使我国经济大规模地走向世界市场。这无疑是符合我国社会经济发展长远战略目标的。世界上任何一个幅员大国，发达的经济集聚区都主要位于沿海地区。沿海地区由于对世界市场反应灵敏而导致新兴产业往往先于内陆发展，产业结构层次往往高于内陆。有一定资源优势的内陆地区应当谋求发展资源产业，促进与发达地区间的贸易，以便充分发挥自己的优势。

## 二、导致经济实力差距扩大的主要因素

首先，最直接的原因是西部地区资金投入能力低。如四川、云南、贵州三省1993年全社会固定资产投资只有946亿元，只相当于浙江省或上海市的投资规模；实际利用外资只有7亿美元，只占全国总数的2.5%。

其次，乡镇企业不发达。1993年全国乡镇企业总产值达到3.15万亿元，其中西北陕西、甘肃、宁夏、青海、新疆五省区647亿元，占2.05%。西南四川、云南、贵州、西藏四省区2221亿元，只占7.0%。整个西部地区只占全国的9.05%，只及浙江一省的规模。而山东、江苏都分别占全国的15%。东部发达地区的许多乡镇企业，以其技术开发能力、生产规模、管理水平及产品出口情况衡量，已属现代化企业。

由于地缘经济条件、技术与管理水平及市场条件的差异，东西部之间的投入产出指标相差很大。以独立核算工业企业考察，百元固定资产原值实现的产值，东部地区大约为西部地区的2~3倍（以省区为单位），百元固定资产原值实现的利税，东部约为西部的2~4倍（以省区为单位）。

西部地区具有某些资源优势，考虑到开发利用条件差乃至恶劣，并不像一般所说的那么大。20世纪80年代中期地矿学家曾就东、中、西三个地带矿产资源的潜在价值作了计算，结果为1：2：2。从开发利用的可能性及产生的纯效益评价，东、中、西部矿产资源的实际价值比为32：43：25。也就是说，从资源的实际意义论，西部地区的资源不算很丰富。我国东部地区可同时利用国内国际两类资源，这种趋势愈来愈明显。而西部地区某些资源大规模开发利用的困难和巨大代价却是如故。

以上这些因素的作用将会长期存在。

## 三、发达国家的地区差异经历了由扩大到缩小的过程，许多发展中国家的内部地区间差异比我们严重得多

处在发展中的幅员较大的国家，内部差异普遍很大。西方发达国家在工业化至后工业化过程中的内部地区间的差异也经历了由扩大到缩小的过程。

美国幅员辽阔，但内部各地区自然条件和经济基础差异比我国要小得多。况且，美国西部濒临太平洋。即便如此，美国工业化过程中生产力由东北部向中西部推进，形成目前的态势大约用了150年。在20世纪50年代美国各州之间人均收入最高与最低之比也达到3.1～3.3。1970年高低比降为1.54。

幅员小国、经济大国的联邦德国、日本，1976年人均GDP最高区与最低区之比分别为2.62和2.92。

在经济方面有一定实力的发展中国家，伊朗、巴西、阿根廷、哥伦比亚、委内瑞拉、墨西哥、南斯拉夫、泰国，最富地区与最穷地区的人均GDP之比均大于5.0（1976年状况）。据不完全资料的分析，1976年之后，这些国家中只有泰国、伊朗地区间差异有些缩小。

我国人均GDP和人均收入的地区差异仅比某些发达国家大一些。1978年人均GDP最低是贵州省，最高为辽宁省，比值为3.9；1991年，人均GDP最低是贵州省，最高的省区（三个直辖市不宜与省区比）是广东省，两省之比为1∶3.2。以人均消费水平对比，1993年全国农民每人为774元，最高省浙江省为958元，贵州省为421元，高低比为2.3∶1；非农民的人均消费水平，全国为2480元，最高省广东省为2839元，西藏次之为2829元，最低省江西省为1271元，高低比为2.2∶1。

## 四、关于民族团结和国家稳定

我国少数民族主要聚居在西部地区。近年来，一种顾虑相当盛行，即目前地区经济实力差距拉大趋势发展下去会导致少数民族地区的不稳定乃至影响到国家的团结。我认为，对目前存在的地区差距要作实事求是的分析，即可以消除这种顾虑。

中国人均收入水平的地区差异，最大的是城乡之间，其次才是省、市、自治区之间。以人均GDP及人均收入水平、消费水平衡量，差异并不完全体现为东中西三大地带之间，更不完全体现为汉族聚居地区和少数民族聚居地区之间。低收入的10个省区中，西部的5个，中部4个，东部1个；下中等收入的9个省区中，西部3个，中部4个，东部2个。面积辽阔、少数民族所占比例很大的新疆人均GDP的增长率明显超过全国平均水平。西藏自治区的人均消费水平居全国最高之列。安徽、江西两省许多指标处于最低。

有人将贵州与上海市、贵州省晴隆县与珠海市人均GDP的比较来说明东西之间的差距之大，是不适宜的。这是城乡之间的差异。

中西部地区经济实力份额的下降，早已引起了中央政府和各地政府的重视，制订和实施了许多促进中西部发展的政策与措施。国家正在少数民族聚居的边疆地区投入扶贫资金、乡镇企业专项资金，增加重点项目的中央投资比例，增加税收返还，投入农业综合开发资金和保持原有的财政补贴等一系列措施。这些措施将有助于少数民族聚居地区的人民生活水平能与东部地区基本同步增长。

20世纪80年代以来，国家将较多的资金用于沿海地区的基础设施、原材料工业、高新产业的发展，这完全符合我国区域经济和地缘经济的客观条件，产生了巨大的效益，成为中国经济日益强盛、即将成为世界经济大国的最主要因素之一。

顾虑东西部之间经济的不平衡可能会引起中国社会的不稳定,我认为这个顾虑可以打消,原因是:国家经济日益强盛,是国家统一的最主要保障力量;国家经济停滞乃至崩溃,是国家动荡、分裂的最高层次因素。中国历史经验表明,几乎没有一个朝代在经济繁荣、最高领导层又没有严重内部斗争情况下发生国家分裂现象的。

## 五、西部地区发展目标与途径

根据以上分析,在今后若干年内,要求全国经济建设实行某种程度的"战略转移",从而对西部地区实行大规模投资倾斜,是很不可取的。更不用说,国家计划内的投资规模已经不可能实现这样的"转移"了。长期的经验说明,在西部一些地区不宜搞那些代价极大但收益不高的资源开发和加工工业大项目。

在20世纪末及21世纪初,西部地区发展的目标应是:在加强部分有优势的资源开发利用的同时,重点放在基础的建设,改善交通、通信、供水、居住条件,通过中央政府及东部发达地区的对口支援,提高人民的生活水平和文化教育水平。总之,实施的是改善基础设施和生活条件、提高居民收入水平、提高人口素质的富民政策。具体的发展方向是:逐步扩大开发有优势的有色金属、非金属和水能资源;扩大建设西北、西南对外运输的大通道,包括新建、扩建铁路干线,增加航空运输干线和机场;逐步建成覆盖整个农区和牧区的基层交通体系,提高区域可达性;通过加大经济投入和技术推广,发展水资源的高效、节约利用。同时要积极地建设若干大型水利工程;积极发展西部地区的基础教育工程,要使一部分重点中学、职业学校、大学的教育设施尽快实现现代化;有重点地加强一部分中小城市的现代化建设,提高其居民的生活质量,并成为带动周围地区经济的中心城市;加强生态脆弱地区的环境整治和生态建设。

通过实施和完善现有的一整套扶持欠发达地区社会经济发展的政策与措施，逐步减缓地区间经济实力差距扩大的趋势，实现东中西地带间的协调发展。我认为，这样的提法比较准确和稳妥。

第二次世界大战后几十年，特别是最近几年，联邦德国内部地区之间、社会阶层之间的矛盾时常出现，德国政府的态度是主动采取措施，"悄悄地平衡矛盾"。这种做法对我们也有启发。我建议，对我国东西部经济差距扩大问题在舆论上需要"降温"，在宣传上应该"淡化"。

# 我国区域政策实施效果与区域发展态势分析报告[①]

**编者按：**

本文为在《1997中国区域发展报告》基础上凝练的决策咨询报告。本报告重点分析评价了"八五"与"九五"初期国家及各地区实施的区域政策及其效果、发展态势与出现的问题，提出了有关区域政策的建议。本报告认为，1979～1992年，我国成功实现了由"平衡增长"到"不平衡增长"的战略转变，优先发展我国东部沿海地区获得了巨大的成功，为我国快速实现工业化与大规模城镇化奠定了重要基础。报告也提出了出现的诸多问题，如地区间差距扩大、部分地区重复建设严重、环境问题开始突显、地区间经济合作面临着障碍等。

## 一、宏观区域发展战略符合我国现阶段国情，取得了巨大的成功

1. 从"平衡增长"到"不平衡增长"的战略转变

中华人民共和国成立以来，我国实施的宏观区域发展政策可划分为四个阶段。1949～1972年是从属于国防安全目标下的区域发展政

---

① 本文为中国科学院上报的咨询报告，以"中国科学院区域发展研究中心"名义上报，科发资字〔1998〕0163号，1998年4月20日。课题组长陆大道，成员有薛凤旋、刘卫东、樊杰、刘慧、蔡建明、庞效民、卢佩莹、谷树忠、金凤君、王辑宪、傅伯杰、李雅芹、刘毅、林初升。陆大道拟定报告提纲并对整个报告做了综合集成、定稿。

策，先后将全国划分为"沿海"与"内地"和"一线""二线""三线"地区。国家的发展重点在内地和三线地区。此阶段的发展战略通常被理解为"平衡增长"战略；1973～1978年是我国区域发展政策第一次大的调整阶段。原因是"三线建设"出现很大困难及严重损失，加上中美关系开始正常化。国家的建设重点开始东移，1979～1992年实施的是在改革开放宏观战略下的以加快全国经济整体增长为目标的区域发展政策，先后实施了沿海地区发展战略和三个地带发展战略，表现为沿海地区对外开放和优惠政策的实施及投资倾斜；1992年以来是区域发展政策的第二次调整阶段。主要原因是针对地区间经济增长差异扩大，提出地区协调发展战略。要求加快中西部地区的发展，减缓地区差距扩大的趋势；在全国经济布局战略上，20世纪80年代以沿海为主轴，带动全国经济的发展。自80年代末，大规模开发长江沿岸地带，构成"T"字型的宏观布局战略。

2. 以沿海和沿江为主的宏观发展战略取得巨大成功

1979年以来实施的区域发展政策和经济布局战略，在总体上取得了巨大的成功，使综合国力大大增强。1978～1990年全国国民收入年平均增长8.5%，而沿海地区约为11%；1981～1990年国家用于沿海地带大中型项目建设的资金大约占全国的47%，但沿海地带提供的GDP却占到全国的58%；1990～1995年，全国GDP年增长约11.5%，其中沿海地区在15%以上。沿长江的安徽、江西、湖北、湖南等省GDP增长也超过了全国的平均水平。长期以来，沿海地区的外贸出口值和利用外资均占全国的85%以上。近年来产业结构的调整及产业发展与国际的融合取得了显著成效。部分地区加强和培育了若干支柱产业，如汽车、通信、钢铁、石化等，以及生物制药、计算机等。其中电子工业已成为国民经济新的生长点。电器、集成电路、程控交换机等产业大幅度增长。部分产品越来越多地进入世界市场。

沿海地带经济的高速增长、国际化程度的提高是我国国民经济持续发展的基础和保障。

3. 优先发展东部地区的宏观战略符合我国现阶段国情

改革开放以来实行从"平衡增长"到"不平衡增长"的战略转变符合我国现阶段国情特点。中华人民共和国成立后近 30 年内，国家实施促进区域平衡发展的战略，全国省际的区域绝对差距基本上没有大的变化。有若干年份沿海发达大城市经济呈低增长乃至负增长。这表明"平衡增长"是在一定程度上以牺牲全国经济增长速度来达到这一战略目标的。我国是发展中的大国，处在大规模工业化和城市化的初期，国家的优先目标必须谋求经济的快速增长。这就决定了现阶段区域经济的不平衡发展。这种不平衡是经济快速增长难以避免的副作用，也是现阶段难以逾越的。20 世纪 70 年代经济国际化和全球化的趋势迅速发展，发达国家和地区向外大规模转移产业和资本。我国政府实行的改革开放和一系列相关的区域政策是对这一态势的科学反应，符合区域发展的客观规律。沿海地区固有的优势和潜力得到了充分的发挥，保证了全国经济总量的扩大和整体实力的增强。

## 二、在促进东西部协调发展的同时，仍需要实施沿海地带现代化带动战略

1. 促进中西部地区的发展政策已使东西差距扩大趋势减缓

"七五"计划开始实施的促进沿海地区优先发展的宏观区域战略，在导致全国经济迅速发展、综合国力大大增强的同时，也使东中西地带性差距逐步扩大。表现为 20 世纪 80 年代中后期东中西地带差距明显扩大，90 年代初期急剧扩大。"八五"期间，全国 GDP 年平均增长速度为 11.5% 左右，东部地带达到 15%，地带间差距明显。而西部地带大部分省（自治区、直辖市）都明显慢于全国增长速度（青海

7.3%，宁夏 7.6%，贵州 8.5%，甘肃 9.2%，陕西 9.2%）。1995 年较 1990 年，GDP 占全国的比重：沿海地区增加了 4.6 个百分点，中西部地区分别减少了 2.4 个和 2.2 个百分点。但"八五"末期，东西部相对差距扩大趋势变缓，绝对差距仍在扩大。1994～1996 年东部地带 GDP 占到全国的比重稳定在 58% 左右。

1994 年以来，我国东西部经济发展差距扩大的趋势减缓的主要原因是：1993 年 6 月起实施对国民经济"软着陆"的宏观调控，使沿海一些高投入高增长的地区投资规模受到一定程度控制；国家加大了对中西部地区的支持力度，使中西部，特别是中部地带的增长加快了步伐。1994～1996 年，中部地带的河南、安徽、江西、湖南、山西、湖北等的经济增长速度超过了全国的平均值（10.5%）；沿海经济特区和开放城市的优惠政策逐步取消，特区的优惠政策淡化，面临着增创新优势的巨大压力。1996 年年初国家全面实施对进出口税收的三项改革，使占全国 GDP 比重为 23.26% 的出口生产厂家和外贸公司（75% 以上在沿海地区）受到影响；"八五"末期以来，国家对沿海地区的投资份额已明显减少。其中，自 1996 年起沿海地区的部分基础设施工程投资全部由地方和企业承担。

2. 实现国家"三步走"的总体战略目标，仍需要实施沿海现代化带动战略

沿海是当前和今后一定时期内中国经济大规模走向国际市场和对全球经济循环发挥重大影响的决定性地区，在国家区域经济和社会发展战略中处于突出位置。沿海地区虽然实现了连续十多年的高速经济增长，但在面向 21 世纪的发展中，面临着一系列问题和困难：投资增长（包括利用外资）将变得缓慢，基础产业与经济发展规模不相适应，多数省（自治区、直辖市）缺乏有活力且已有较大规模的经济增长点，外贸出口的持续增长面临挑战，严重的生态环境问题将对经济增长起

制约作用。随着国家投资份额的明显减少和优惠政策的取消,面临着增创新优势的巨大压力。为此,要加速沿海地带技术创新体系的建立,加快进入国内外市场的进程;使经济管理、金融体制、商贸体系等扩大与国际市场的融合,将几个发达地区的核心(港口)城市尽快建成为国际化的城市;加快沿海地区产业结构升级的进程,使主要的发达地区都能有若干个新的经济增长点;继续改善发达地区的投资环境和生活质量,大力整治环境污染和生态破坏;强化与中西部欠发达地区的经济技术和人才的合作,使珠江三角洲与西南地区、长江三角洲与长江沿江地区、环渤海地区等大经济区的合作真正运作起来。

3. 以基础设施和社会发展为重点,促进中西部发展

在今后若干年内,全国经济建设依靠大规模投资倾斜,实行地带性战略转移,缩小东中西部的绝对差异是不现实的。国家计划内的投资规模也难以实现这样的"转移"。在20世纪末及21世纪初,西部地区发展的目标应是:在加强部分有优势的资源开发利用的同时,重点放在基础设施的建设,改善交通、通信、供水、居住条件。在中央政府的支持下,通过和东部地区开展合作,实现优势互补,促进经济持续发展,提高人民的文化、教育和健康水平。

具体的发展方向是:逐步扩大开发有优势的有色金属、非金属和水能资源;扩大建设西北、西南对外运输的大通道,包括新建、扩建铁路干线,增加航空运输干线和机场;逐步建成覆盖整个农区和牧区的基层交通体系,提高区域可达性;在发展高效、节约水资源利用技术的同时,积极建设若干大型水利工程;发展西部地区的基础教育工程,使一部分重点中学、职业学校、大学的教育设施尽快实现现代化;有重点地加强一部分中小城市的现代化建设,提高居民的生活质量,成为带动周围地区经济的中心城市;加强生态脆弱地区的环境整治和生态建设。

## 三、在缓解东中西地带性差异的同时，南北间的活力与结构差异值得重视

1. 区域发展重心南移，南部经济增长更具活力

改革开放的 20 年中，北中南三个地带［北部地带指东北、华北和西北的 15 个省（自治区、直辖市），含河南和山东；中部地带指沿长江的 10 个省（自治区、直辖市）；南部地带指福建、广东、广西、海南、云南、香港特别行政区、台湾等 7 个省（自治区、直辖市）。香港特别行政区、台湾地区数据未包括在内］的经济总量和人均经济水平发生了巨大的变化。北部地带的 GDP 和人均 GDP 大幅度下降，南部地带大幅度上升，中部地带略有下降。1995 年较 1980 年，北部地带 GDP 占全国的份额由 46% 下降到 41.2%，减少了 4.8 个百分点；中部地带由 41.9% 下降到 40.2%，南部地带由 12.1% 上升到 18.6%，增加了 6.5 个百分点。

改革开放前的 30 年间，北方一直是我国建设投资的重点，基本建设投资占全国的 50% 以上，建成一系列重要的重化工业基地，形成"南轻北重"的区域结构特征。20 世纪 70 年代中期以前，由于地缘政治因素的影响，中部地带和南部地带的优势没有得到充分发挥，长期停留在以农业为主的局面。特别是南部地带的基本建设投资一直只占全国的 11% 左右，大型项目少、经济增长比较缓慢。这个阶段已经出现明显的"南北问题"，表现为经济结构和工业实力的差异，人均经济发展和生活水平指标并不存在明显的差距。

20 世纪 80 年代以来，由于国际地缘经济的变化和对外开放政策的实施，为南部地区经济发展注入了新活力。我国已有的"南北问题"发生了相反的重大变化。第六个"五年计划"以来，广东和福建的投资一直居于全国的前列。南部地带的五个省占全国投资的比重由 70 年代末的 10% 左右上升到 1995 年 19.9%；进入 90 年代以后，中部地带建设投资占全国的份额也在不断上升，1995 年达到 39.2%。而北部地带在资金

投入方面的地位大幅度下降。1976～1985年的10年间,北部地带的基本建设投资占全国的58%。到1995年,北部地带的全社会固定资产投资只占到全国的37.1%。加上北部地带的开放区域小,没有经济特区,北部地带在利用外资、进出口方面都与中南部地带存在显著差距。

2. 北方结构性问题困扰社会经济发展

南北间地带性差距与东西间差距有本质的不同,在人均GDP水平差距上并不悬殊,主要表现为长期"南轻北重"带来的"结构性危机"。"七五"和"八五"期间,所谓"东北现象"的辽宁、黑龙江、吉林等省的"结构性危机",困扰着社会经济的发展。其主要原因及表现是:传统产业比重大,技术设备老化,产品结构不合理,市场竞争能力差;国有大中型企业和国有经济所占比重大,企业缺乏活力;经济的开放程度较低;企业开工不足,失业面大;资源型产业比重大,由于部分资源面临衰竭,接替产业跟不上;部分城市工业聚集地区的生态环境恶化,对经济发展起着制约作用。在这些因素的综合影响下,导致投资能力低,经济增长和居民收入增长缓慢,出现非良性循环。

"东北现象"并不仅仅出现在东北。改革开放以前(1952～1978年),辽宁、陕西、天津、北京和黑龙江等省(直辖市)的国民收入年增长速度都明显超过全国平均值的15%～30%,甘肃、山西、内蒙古等省(自治区)的增长速度也基本与全国持平。在改革开放的头10年,上述这些省(自治区、直辖市)的经济增长率均低于全国平均值,由此引发一系列的社会经济问题。南北差距的结构性问题仍将长期影响区域经济发展,需要予以高度重视。

## 四、省(自治区、直辖市)经济发展重排座次,"量"和"质"的差异非常明显

改革开放以来,我国省(自治区、直辖市)间经济发展水平的绝

对差距迅速扩大，但同时相对差异却呈下降的趋势。地区发展差异表现出复杂的多面性，并非地带性和人均GDP的差异所能完全反映。为此，我们用区域发展综合指标体系，对各省（自治区、直辖市）的发展进行了衡量与排序。

1. 综合评价座次重排

根据经济发展水平、社会发展水平、居民生活质量和基础设施水平综合评价，并考虑经济增长活力与竞争力等因素，1995～1996年各省（自治区、直辖市）相对发展状态可归并为以下几种情况：上海和天津属上升型发达城市地区。其中上海保持遥遥领先的地位，天津人均GDP有超过北京居第二的趋势；广东、浙江、江苏、福建和山东属持续快速上升型发达省区。但社会发展水平只相当于全国平均水平；河北和湖北属快速上升型中等发达省区；安徽、河南、江西和广西属快速上升型较不发达省区。但社会经济发展总体水平仍然很低；北京和新疆属稳定增长型地区。新疆人均GDP相对水平略有上升，但在全国的位次没有发生变化；辽宁和青海属经济活力一直欠佳的省；海南省属大起大落型地区，1990～1994年GDP增长速度高出全国平均速度50%以上，从1995年开始，其增长速度急剧下滑到全国最低；黑龙江和吉林属复苏型较发达省区，1995年以前一直处于相对衰退状态，但1996年经济增长高于全国平均值；湖南、山西、内蒙古、甘肃和云南属复苏型较不发达省区，1995～1996年经济增长高于全国平均水平；四川、宁夏、陕西、贵州和西藏属长期增长较慢活力较差的省区，1996年四川、陕西和宁夏经济增长稍有好转。

2. 单项考核各有千秋

（1）经济活力与竞争力。根据GDP增长速度、投资率、投资效果、经济运行质量、外资比重和非国有工业份额综合评价1995～1996年省（自治区、直辖市）经济活力与竞争力，最佳的是福建、天津、上海、广东、江苏、浙江和山东；其次是河北、湖北、河南、安徽、江西、广西、北京和湖南；最差的是青海；其余省份经济活力大部分在平均值左右。

（2）社会发展水平。省（自治区、直辖市）间社会发展水平差距比较小。京、津、沪三个直辖市最高，其中北京较大幅度超出其他省（自治区、直辖市）；其次是辽宁和吉林；另外，新疆、黑龙江、广东和湖南也高于全国平均水平；最低的省份是广西、贵州、云南、安徽和四川。近十多年来经济高速增长的广东、浙江、福建、山东和江苏，社会发展水平所居位次落后于经济发展水平的位次，需要引起重视。

（3）生活水平。我国城镇生活水平最高与最低相差不到1倍，而农村生活水平地区差距达4倍以上。农村生活水平最高的是京津沪三个直辖市和浙江、广东、江苏三省；另外，辽宁、福建、黑龙江、山东和河北也较大幅度高于全国平均水平。

## 五、地区产业发展政策各具特色，但决策失误而导致的重复建设、布局不合理等问题相当严重

1. 地区产业结构调整和培育新的经济增长点取得广泛进展

"八五"以来结构调整仍是省（自治区、直辖市）产业发展的主流趋势。大多数省（自治区、直辖市）的产业发展重新突出工业，1995年全国工业增加值在GDP中的比重比1990年提高了3个百分点，达到41%，而且多数省份重工业发展为改革开放以来增长速度最快的时期。传统重工业大省（如辽宁、吉林、黑龙江、山西等）继续保持重工业优势。轻工业生产在激烈的市场竞争下，生产趋向集中化。1995年全国电视机、电冰箱和洗衣机生产厂家分别比1990年减少了13家、33家和20家；绝大多数省（自治区、直辖市）农业内部结构的调整成效显著，种植业在第一产业中的比重有所下降，1996年全国平均种

植业比重比 1990 年下降了 7 个百分点（为 58%）。其中很多经济比较发达的省份种植业比重已经降到 50% 以下。沿海地区表现为渔业发展加快，而中西部则是牧业大幅度增长；多数省（自治区、直辖市）第三产业的发展仍以商贸餐饮、运输邮电等传统部门为主，但有不少省份房地产是增长最快的部门。

部分大城市产业结构有了一定程度的高度化。如北京、天津、上海三个直辖市着重支持第三产业和具有较高科技含量工业的发展，使产业结构向着"三、二、一"的构架转变，第三产业已成为推动经济增长的主要力量。工业发展上，按照技术密集度高和附加值高的要求，进行工业结构的调整。电子、汽车和石油化工等部门发展迅速，在工业结构中的比重大幅度上升，普通机械、化学原料、纺织等部门的比重明显下降。

沿海较发达的省份强化基础工业发展。例如，浙江工业投资重点向基础工业倾斜；山东坚持基础工业、基础设施先行的方针；江苏集中力量，高质量高效益地搞好一批重点基础工业建设项目；福建则倾斜发展基础工业，缓解能源和重要原材料短缺状况。在农业政策上，几个省份都因地制宜地强调综合开发和多种经营，特别是"山海联动"战略，使林牧渔业的比重大幅度提高，增强了农业发展的效益和后劲。

中等发达及欠发达省份集中力量培育支柱产业。在充分发挥传统产业优势的基础上，都不同程度地从市场和效益出发开拓了新的经济增长点。例如，湖北、安徽、河北等省集中培育轻工优势企业和名牌产品。安徽培育出了一批轻工优势企业和名牌产品。河南则"走资源开发和深度加工增值的发展道路"，培育食品和烟草等轻工支柱行业。

2. 交通通信基础设施地区发展差异显著

"八五"期间，东部地区交通通信基本建设投资占全国交通通信基本建设投资的比例在 1/2 以上，而中西部合计不到 1/2。省（自治区、直辖市）中，交通通信基本建设投资规模最大的省区是广东省，5年累计投资达700亿元左右。投资规模最小的是青海省，5年累计投资为10亿元左右。

交通通信基础设施发展的区域主要问题是发展的不平衡。在全国交通通信基础设施供求矛盾突出、建设能力有限的大环境下，大量建设资金集中在沿海地区，使得其交通通信基础设施发展迅速，区域发展的投资环境进一步优化，有力地支持了沿海发展战略的实施和经济的高速发展，但导致东中西地区间基础设施差距扩大。省（自治区、直辖市）反映的特点是经济较发达的省投资能力强、力度大，基础设施发展速度快，投资环境改变明显，沿海少数省（自治区、直辖市）变化尤为明显；经济欠发达的省（自治区、直辖市），投资能力弱、力度小，基础设施发展速度较慢，投资环境的改善程度有限。若按照这种趋势长此发展下去，不利于中西部地区的发展。

3. 粮食生产布局重心向北、向西迁移，增产途径因地制宜

1981~1995年我国粮食产量从3.25亿吨增加到4.67亿吨，年均增长2.62%。但我国粮食区域供需仍不平衡，地区格局发生了新的变化。

其一，粮食生产重心正在北移，且趋势将继续发展。南方粮食所占比重由1990年的55.4%下降为1995年的54%。东北及新疆成为全国的新粮仓；其二，西部是全国粮食增产潜力最大的地区。1995年与1990年相比，西部粮食所占比重上升了1.8个百分点；同时西部中低产田比例较大，增产潜力也较大，但缺水、土地荒漠化等问题严峻；其三，东南沿海地区粮食产量在全国的比重明显下降，调进和进口的规模愈来愈大。

20世纪90年代以来，各省（自治区、直辖市）粮食生产的动态为：持续增产的有安徽、河南、云南、贵州、新疆、山东、河北、内蒙古、吉林、海南和西藏等11省区。这些地区多为宜农荒地较多或中

低产田较多、粮食增产潜力较大的地区。其中，西藏和贵州的粮食增产以小幅度和持续为特征，属于特殊类型的民族和自然区域；多数年份增产、少数年份减产的有福建、天津、黑龙江、江西、湖北、湖南和宁夏7省（自治区、直辖市）；总产相对稳定的有山西、江苏、四川和甘肃4省，其中江苏和四川农业集约化程度已相对较高；总产波动较大的是辽宁和广西2省区；总产连年下滑的有陕西、青海、广东、北京和上海5省（自治区、直辖市）。广东、北京和上海是经济发达、耕地减少较快的地区，陕西、青海是经济欠发达地区，农业潜力尚在。

全国各地增产粮食的途径有五种：黑龙江、新疆和内蒙古以开荒及坡改梯为主；河北和宁夏以水利增粮为主；辽宁和青海以复垦为主增粮；浙江、河南和广西以结构调整增粮为主；山东、云南和福建以提高复种指数为增粮主要措施。水利增粮、复垦增粮、坡改梯增粮和结构调整增粮等与可持续发展方向是一致的，应继续予以鼓励和支持；对开荒及提高复种指数可能造成的环境生态负效应和经济效益问题，须给予高度重视，特别是在生态相对脆弱的农牧交错带和农林交错带的开荒问题。

4. 急于求成、重复建设问题相当严重

一些欠发达省（自治区、直辖市）存在经济发展"急躁症"的倾向，忽视自身发展能力，提出过高经济发展目标和过多的产业重点。没能集中力量和有限的资金成功地培养一、两个在全国具有较强优势的支柱产业和优势产品。如贵州用了较多的资金分散地支持了白酒生产，收效较差。海南非生产性投资比重过高，出现过一定程度的"泡沫经济"。

各地区支柱产业选择重叠的问题突出。机械、电子、石油化工、汽车和建筑业是大多数地区确定的支柱产业，重叠程度非常高。特别是，有22个省（自治区、直辖市）将汽车工业作为支柱产业。广东省曾投资近百亿元建立了200家汽车厂，带来巨大的浪费。支柱产业重叠问题将会使一些地区在将来的激烈竞争中"败北"。

第三产业的一些部门发展需要加强宏观调控。不少地区房地产出现了发展过热、商品房大量积压问题。一些落后和经济活力欠佳的省（自治区、直辖市）第三产业在 GDP 中的比重过高，这是工业不景气的表现。另外，一些地区的大型国际机场和豪华宾馆饭店建设等存在过于超前和供大于求及"形象工程"等问题。

## 六、扩大利用外资取决于地区经济发展活力，大规模走向国际市场需要以沿海中心城市作枢纽

### 1. 许多地区的外向型经济获得发展，但保持对外资的持续吸引力愈来愈取决于地区经济发展的整体活力而不是优惠政策

我国外向型经济的发展对改革开放以来的经济持续快速发展作出了巨大贡献。1978~1996 年的 17 年间我国实际利用外资额累计为 2714 亿美元，年平均增长率达 37% 左右。根据测算，跨国公司的国际私人直接投资每增加 1 美元，进出口额即相应增长 5 美元，GDP 相应增长 89 元人民币。随着外向型经济在区域分布上不断拓展，保持对外资的持续吸引力愈来愈取决于地区经济发展活力的因素。1979~1982 年，广东利用外资占全国的 62% 以上。福建、上海和江苏分别为 7%、5% 和 4.5%；1985~1992 年，由于开放地区扩大，广东和福建利用外资份额降为 32% 和 4.7%，而上海、辽宁、北京、天津和江苏却增长迅速，其中上海达 14.4%；1992 年以后，我国实施全方位对外开放，外资在华的地域集中程度下降。总体上看，一是外资投向正逐步向内陆推进：东部地带各省（自治区、直辖市）外资外贸占 GDP 比重平均比中、西部地区高 3 倍，但外资占 GDP 比重的增长后者却远高于前者；二是私有经济成分较大或经济发展较快的省（自治区、直辖市），利用外资的比重有明显上升，如山东从 2% 上升到 6.7%，江苏从 5% 上升

至10%。未来各省（自治区、直辖市）吸引外资的强度将取决于经济发展的总环境，而不仅仅是一些优惠政策。

2.特区和沿海开放城市发展状况参差不齐，优惠政策的作用不断淡化

经济特区和沿海开放城市一直是我国改革开放的前沿。20世纪80年代，特区和沿海开放城市主要是依靠政策优势，实现了外向型工业经济带动下的经济总量的迅猛扩张。进入90年代以来，特区和沿海开放城市在外向型经济中的绝对领先地位明显被削弱，除北海、湛江、温州和威海外，绝大多数沿海特区与开放城市在本省区利用外资的比重有大幅度的下降，厦门、深圳、秦皇岛、青岛、宁波等城市平均降低了近50%。特区和沿海开放城市之间的发展水平差距拉大，首末位城市人均GDP水平从1990年相差15倍，扩大到1995年的18倍；仅有半数特区和开放城市在本省区经济总量中的比重增长明显，深圳、大连、厦门、青岛等增加幅度最大。产业结构也出现两种变化趋向：一种是以第三产业作为实现经济高速增长的支柱产业，中心城市功能得到强化，如上海、天津、厦门、大连、青岛；另一种则仍以提高工业化程度为基本战略，珠海、连云港、秦皇岛、湛江、温州等多数城市整体经济发展水平不高。

近年来，国家通过具有不同开放力度的特殊类型区特别是保税区和上海浦东的开发建设，使特区和沿海开放城市发展形成高潮。但总体上看，优惠政策在开发建设的启动阶段所发挥的优势作用已经淡化，特区和沿海开放城市的持续发展和"第二次创业"成效如何，同样是取决于城市发展经济的整体活力。

3.地区外向型经济发展战略有待调整，培育现代化中心城市势在必行

目前我国区域外向型经济发展面临各自为政、国内市场不统一的

障碍,妨害主导产业发展和优势地区的形成;技术开发不足,影响出口后劲。目前出口产品仍以粗加工和浅加工制成品为主,面临其他国家的竞争压力。未来我国外向型经济的发展战略,主要是寻求与跨国公司打交道的战略对策。我国最终的制衡力量在市场,跨国公司的最终制衡力量在高新技术,以市场换技术是合资过程中的必然过程。关键在双赢的局面下找到市场和技术交换的平衡点。

为此,我国未来外向型经济发展应采取如下战略:为确保主导产业迅速成长,在选点上应考虑地区优势,集中布点。在确定主导产业上,仍可以采用梯度战略,实行梯度扶植发展;通过建设国际城市,抢占信息、技术制高点。集中国家力量,发展上海和北京成为我国未来的世界城市,以尽快使其成为了解全球新动向的信息枢纽和国际融资中心,成为跨国公司在华的重要基地。近期,应当加强具有发展活力的特区和沿海开放城市的区域中心作用,突出大连、天津、上海和广州在大经济区中的龙头地位。大连市被确认为东北地区开放的龙头;天津市的作用定位为"北方区域性金融贸易中心城市";上海作为长江三角洲和长江产业带的龙头;广州作为我国华南地区传统的中心城市的辐射功能应进一步完善。厦门、北海、连云港等也要努力创造优势,形成跨省区对外联系的窗口。

## 七、扶贫攻坚取得重大成就,地区政策措施各具特点

*1. 扶贫战略实现由量到质的转变,扶贫效果地区差异显著*

扶贫攻坚是"八五"重大的地区发展任务。1994年开始实施"国家八七扶贫攻坚计划"以来,平均每年减少730万贫困人口。国家扶贫战略从单纯补贴贫困地区财政、救济贫困人口的外部输入型转向以区域经济开发为主的开发式扶贫,力求通过贫困地区整体经济实力的增长带动区域内贫困人口脱贫和自我发展能力的提高。这种以区域经

济发展为主的扶贫战略，对于贫困地区整体经济的发展和各级政府财政收入的增长起到了有力的推动作用。1996年，中共中央、国务院进一步提出了扶贫到户开发式扶贫战略，采取的以工代赈、机关定点扶贫、对口帮扶等主要扶贫措施适合我国各地区具体情况。

扶贫效果地区差异大。东部地带（广西除外）脱贫速度快，可自己解决贫困问题。如福建省1995年有50多万贫困人口，1996年当年就有42万人脱贫。中部地带近年来经济增长较快，经过努力，能够按期完成"八七扶贫"攻坚目标，如内蒙古1995年成为我国脱贫速度最快的省区之一。西部地带是扶贫的重点和难点，除陕西省之外，其他省区实现扶贫攻坚目标难度较大，特别是西南地区难度更大。

2. 地区扶贫政策各具特色，面临的问题也比较突出

在国家开发式扶贫方针指导下，各地区也根据实际情况和多年的扶贫经验，总结出了许多适应区域状况，行之有效的脱贫措施。西南喀斯特山区：贵州省根据该省缺乏耕地资源的实际，实行"坡改梯""开发非耕地资源"等措施，1996年，全省48个贫困县20多个实现了粮食自给。广西壮族自治区积极尝试异地开发，兴办扶贫经济实体。黄土高原干旱区：宁夏西海固地区从解决水问题入手，窖水节灌，成功利用雨水解决了干旱问题，人均收入提高到600元以上。

在扶贫政策和措施实施过程中，一些地区重硬件、轻软件。如对人口素质的提高关注不够，贫困地区人口增长居高不下；个别地区在异地开发过程中，投资规模过大，配套工程难以跟上；扶贫资金绝大多数来自中央，1996年扶贫资金总额为100亿元，平均每个贫困人口只有153.8元，即使加上地方配套资金也远远达不到扶贫资金额的要求。因此，扶贫资金投入不足的问题相当突出。

## 八、分税制是市场经济调控地区资源的客观需要,但促进区域协调发展的目标尚未实现

1. 分税制改革符合市场经济调控地区资源的客观需要

中央与地方财政关系是对区域发展产生主要影响的因素之一,"八五"期间实施的分税制是我国涉及区域发展政策的重大变革,符合我国建立市场经济调控地区资源的客观需要。20世纪80年代初至1993年年底,我国实行的是不同方案的财政包干。财政包干调动了地方发展经济的积极性,在一定时期内促进了区域经济的快速发展。但财政包干不符合市场经济合理配置资源的要求,导致区域发展和中央与地方关系面临着一系列严重问题:中央财政收入占全部财政收入的比重持续下降,1984年,这一比重为40%左右,1990年下降为34%,1993年降低为22%;地方自主能力大大增强,强化了地方利益机制,加剧了地方保护主义,阻碍统一市场的建立,造成地区产业结构趋同;地方对中央的贡献及负担程度苦乐不均,地区分配不公,使地区间发展差距扩大。因此,增强中央政府的宏观调控能力,改变中央与地方的财政失衡关系,促进区域协调发展,实行分税制改革的客观要求愈来愈强。

2. 分税制的实施加强了中央财力,取得了显著效果

从1994年1月1日起开始实施的分税制取得了显著效果。分税制加强了中央的调控能力,改变了中央与地方关系格局。中央财政收入占全部财政收入的比重大幅度提高。1994年,中央占全部财政收入的比重达到55.7%,比1993年上升了33个百分点;地方对中央财政依赖程度加强。1995年全国仅三个省财政可以自给,28个省(自治区、直辖市)依赖中央的财政支持。特别是沿海发达省(自治区、直辖市)在实行分税制后,都由中央财政依赖地方型,变为地方财政依赖中央

型。改变了中央与地方的关系格局，加强了中央的宏观调控能力。如将消费税划归中央所有后，大大抑制了各地发展"小烟厂""小酒厂"的势头，有利于地区产业结构的调整。

3. 促进地区协调发展的目标尚未实现

分税制存在的问题主要是基数返还的做法不规范，致使经济发达地区与经济不发达地区之间的差距不仅没有缩小，而且有所扩大。不发达地区与发达地区所获得的中央财政援助额分配不公平，中央对各省（自治区、直辖市）人均财政援助额与各省（自治区、直辖市）人均GDP相关性很差。由于中央财政可用于返还的资金有限，因而难以有效地调节地区之间的差异。分税制实施过程中在一定程度上保留了地方的既得利益，中央做出了较多让步。但是，财税体制改革本身就是利益关系的再调整，如果不触动原有的利益格局，分税制改革难以达到预定目标。

分税制的改革在实施中有待进一步完善。特别是要建立科学、规范的地区转移支付制度，取消基数返还法。以客观因素测算各地区的收入能力和支出水平，以人均GDP水平排序，重新"发牌"，促进缩小地区间人均财政收入的差距。

## 九、地区间经济技术合作方兴未艾，但还存在较多的障碍

近年来，全国地区间开展了多领域、多层次、多形式的横向联合与协作，对于推动生产要素的优化组合，加快地区产业结构的合理化、促进全国统一市场的建立和区域经济的发展起了重要作用。

1. 经济技术合作范围扩大，形式多样化

形成了相对稳定的区域合作范围。国务院确定的七大经济区在共同建设基础设施（如南昆铁路、神黄铁路）、开发利用能源和资源，以及商贸、金融等领域扩大了合作。跨省（自治区、直辖市）的、以中

心城市为核心、以主要交通干线为纽带的经济协作区主要有南京区域经济协调会、武汉经济协作区、重庆经济区、晋陕豫黄河三角洲经济协作区、淮海经济协作区、中原经济协作区、闽东南经济协作区等；跨地带的省（自治区、直辖市）间的合作自20世纪90年代中期以来也得到了发展。

合作的领域和方式进一步扩大。跨地区资金市场建设和信息网络建设及区域性环境保护等已开始起步；在协作区范围之外的重大单项协作发展较快，主要包括三种形式：国家经济实体联合地方政府进行大型项目的联合开发。如国家能源投资公司联合广西、贵州、云南、广东组成"南方电力联营公司"，联合投资建设164万千瓦的天生桥水电站；两地政府就某一个重大项目进行联合开发建设；广东和广西就红水河"西电东送"工程的合作。大城市特别是沿海地区的大城市，在内地建设各种配套基地，主要从事资源开发和围绕发展名优短线产品、发挥进口设备的能力和提高国产化水平的相互配套等。如天津市以"三源"和"三个配套"与有关地区进行合作，通过合作取得能源、原材料和出口货源。

2. 东西部间的合作有了明显发展

中西部的生产要素（资金、人才、能源原材料）进一步流向沿海地区，其中，上海和深圳是最主要的聚集地。1991～1995年外省（自治区、直辖市）在上海的投资达600亿元。上海、深圳等沿海地区的一些中心城市正在成为我国区域性的金融中心，加强了沿海地区的资金集结功能。广大中西部地区的办事机构和信息中心愈来愈多地在沿海发达地区的中心城市建立起来。

中部地带加强与东部和西部的双向合作。与东部发达地区开展了轻工、化工、食品和机械等重要产业资产的重组，通过名牌联合，利用闲置的生产能力，企业获得发展，产品有了市场。中部地带的多数省份在注意开拓东部市场的同时，开始把产品推入西部市场。西部地带从东部地带和中部地带获得资金和技术规模有所扩大。投资主要集中在大农业产品深加工、土地与矿产资源开发和轻工等劳动密集型项目。另外，东部名牌产品通过对口支援与西部企业联合发展（开发性扶贫）也取得一些实效。

3. 跨地区经济技术合作还面临一系列障碍

我国市场经济尚不完善，跨地区经济技术合作的深入遇到一系列行政和制度性障碍因素："条块分割"和地方保护主义倾向依然严重；联合协作各方的合法权益的法律保障仍很薄弱，影响合作伙伴积极性；联合开发利用自然资源的利益分配问题也较多，例如珠江三角洲与西南水电合作项目在实施过程中供电合同难以履行；跨省（自治区、直辖市）产业转移互惠性较差；现有的财政金融政策与广泛开展地区合作还很不适应，如跨地区产权和金融市场不发达，跨地区贷款机会少，外地企业没有融资权等。

## 十、经济高速增长导致许多地区生态环境问题愈来愈严重

20世纪80年代以来，在获得令人鼓舞的经济发展成就的同时，也付出了巨大的生态环境代价。

1. 水体污染状况触目惊心

1995~1996年，全国废水排放量持续上升，仅有不到1/5的城市生活污水进行了治理。受工业、城市污水污染而没有洁净水体的平原、三角洲、河谷地带达70万~80万平方千米，属环境污染严重的地区，在这范围内居住人口1.5亿左右。严重的水质污染已威胁到该范围内几千万人的身体健康。还有100多万平方千米的人口密集区大多数水体受中度以上的污染。严重污染的湖泊是太湖、巢湖和滇池；淮河、长江、辽河、珠江等大江大河也受到不同程度的污染。这些受到严重

污染的地区经济增长速度和经济增长方式有两个基本的情况：其一，人口密集且工业化、城市化加速发展的地区，如以太湖为中心的长江三角洲地区、珠江三角洲、胶济铁路沿线等，这些地区经济持续高速和超高速增长；其二，河南、安徽、山西、云南、四川等中部地带和西部地带部分地区，1990~1996年，经济高速增长，甚至大大高于全国平均水平，但主要依靠资源开发和原材料工业大规模扩张，且以中小企业为主，水体污染也很惊人。

2. 大气污染仍然比较严重

这主要是由于能源结构以煤为主，以及利用技术总体上落后造成的。1985~1994年，全国废气排放总量年平均增长率为4.9%；主要大城市大气中的总悬浮颗粒物（TSP）和二氧化硫（$SO_2$）含量已超过世界卫生组织推荐标准的2倍。1995~1996年二氧化硫污染以贵阳、重庆、宜宾为代表的西南高硫煤地区最为严重；由于长江三角洲燃煤电厂容量大增，二氧化硫污染日益严重。1996年，酸雨降水污染普遍加重，分布区域有所扩展，已超过国土总面积的29%。以长沙为代表的华中酸雨区，酸雨呈逐年加重趋势；西南酸雨区污染程度仅次于华中酸雨区；华南酸雨区和华东沿海酸雨区分布较广，污染也较重。

3. "八五"以来，生态状况形势严峻

"八五"以来，生态状况形势严峻，特别是在西部地带中经济增长快的地区。这些地区原本生态系统十分脆弱，人类不合理的开发利用进一步加剧了生态系统的恶化。如山西、陕西、内蒙古接壤地区、贵州、云南和广西的石灰岩山区、长江上游部分地区、内蒙古西部阿拉善盟黑河的中下游地区等。主要表现在植被破坏，水土流失面积不断扩大，土地荒漠化仍在发展，生物多样性受到严重威胁，导致农田、森林、草原及江河湖海等自然生态系统生产力下降。在生态系统功能较强的东部地区已出现土地退化和环境恶化的现象。

# 我国区域持续发展的态势、问题与建议 [①]

**编者按：**

这是在《1999中国区域发展报告》基础上凝练的政策咨询报告。本报告以区域可持续发展为主题，在强调"九五"以来我国经济保持持续、快速、健康发展基础上，重点阐述了各地区对国民经济进行战略性结构调整取得的进展，经济的区域性特色开始形成。同时，报告揭示了高速经济增长中部分地区出现严重结构性问题和付出的巨大环境代价，还对"十五"和至2010年我国区域发展战略，以及"西部大开发"提出了框架性建议。

## 一、地区发展差距继续扩大，但扩大趋势明显缓解

1. 大多数地区经济高速增长，区域经济格局发生一定变化

在以往的20年间，全国GDP年均增长率为9.7%。在全国经济发展实力大大增强的情况下，各地区经济实力普遍大幅度增长。这是改革开放以来地区发展的总趋势，也是1997~1999年的基本态势。即使是增长速度居于最后的几个省（自治区、直辖市），GDP年均增长率也达到8%左右。1990~1995年是我国地区经济增长差距迅速扩大的

---

[①] 本文为中国科学院上报的咨询报告，科发资字〔2000〕0099号，2000年3月8日。陆大道任课题组组长，为本报告的主要执笔者。参与《1999中国区域发展报告》部分编写与讨论的有：刘毅、樊杰（课题组副组长），以及薛凤旋、金凤君、谷树忠、李雅芹、刘慧、傅伯杰（课题组成员），特聘人员有：杨朝光、李小建、陈田、于秀波、任东明。

阶段。沿海地区有 7 个省（自治区、直辖市）GDP 年增长超过 15%，西部地区也达到 9%。1995~1998 年，沿海省（自治区、直辖市）平均 GDP 增长速度约 11%，中西部省（自治区、直辖市）一般也在 10% 左右。只有个别地区由于特殊原因低于这个速度。

1997~1999 年，中央政府重点加大了对中西部地区发展的支持，采取了一系列促进中西部地区发展的政策和措施。以国家投入为主兴建了一批资源开发、能源原材料和大型基础设施工程。1996~1998 年，西部地区在全国固定资产投资总额中的比重持续上升，分别为 12%、14%、15%。1998 年全国全社会固定资产投资增长 15%，其中西部地区的投资增长 38.4%。1997 年东亚地区出现金融危机，导致我国 21 个省（自治区、直辖市）出口规模有不同程度的缩小。由于经济外向型程度高，广东、浙江、福建、辽宁、山东、江苏等省经济受到的负面影响大于中西部地区。1998 年，国家采取"扩大内需"的积极财政政策，主要受益地区是中西部。在上述形势和政策作用下，长期高速增长的沿海地区发展速度明显下降，多数中西部省（自治区、直辖市）保持着相对平稳的增长态势，区域间经济增长速度的差异缩小到改革开放以来的最小值。1992 年，全国省（自治区、直辖市）GDP 增长速度的离散系数为 0.46，1997 年和 1998 年减小到 0.17 和 0.11。这样，1997~1999 年是我国地区发展差距继续扩大但扩大趋势明显得到缓解、地区发展格局产生一定变化的三年。

2. 人均 GDP 的地区差距继续扩大

20 世纪 80 年代中期以来，各省（自治区、直辖市）人均 GDP 分组变化趋势呈喇叭形，即高收入组和低收入组扩大，表明我国地区经济发展的"两极分化"明显。1998 年，人均 GDP 低于全国平均值 75% 的省（自治区、直辖市）有 13 个，高于全国平均值 150% 的省（自治区、直辖市）有 7 个，与"九五"初期状态相似。但是，处于下中等状态的地区由 1995 年的 5 个上升到 7 个,处于上中等状态的地区由 1995 年的 5 个下降到 3 个。1995 年全国人均 GDP 是 4825 元(当年价),1998 年为 6727 元(当年价)。1995 年相对于全国平均值的 75% 的 GDP 值为 3619 元,1998 年的相应值为 5045 元。按照可比价格计算,两者之差约为 800 元。1998 年人均 GDP(现价)最高的地区是上海,为 2.8 万元,其次是北京 1.8 万元,天津 1.4 万元,广东 1.1 万元,分别为全国平均水平的 4.3 倍、2.8 倍、2.2 倍和 1.7 倍。在 80 年代至 90 年代初,各省(自治区、直辖市)真实人均 GDP 相对差异系数是下降的(1985 年为 87.5%,1991 年为 81.8%)。但是,1998 年这个系数竟然达到 88%。因此,1996～1998 年,我国地区经济发展的差距扩大是非常明显的。

3. 地区间产业结构水平差距日渐突出

20 世纪 90 年代以来,特别是自 1997 年中央对国民经济结构实施战略性调整以来,各地区借国民经济紧缩之机,根据国内外市场的压力和要求,抓紧了产业结构的调整和升级。在总体上,沿海地区产业结构调整的力度大于中西部地区。沿海多数省(自治区、直辖市)将引进资金和技术同地区产业结构调整结合起来,特别是在上海、天津、大连、青岛、厦门、广州、深圳等沿海主要开放城市和经济特区城市,瞄准产业创新和技术创新的目标,开始有选择地接受国外投资项目,培育面向 21 世纪的优势产业群体。北京、天津、上海、广东、江苏、浙江、山东等已经成为较先进的制造业生产地区。这几个省(自治区、直辖市)微型电子计算机、移动通信设备、程控交换机的产量占到全国总量的 82%、85% 和 92%。由于及时调整出口结构,增加高附加值产品的出口比重,出口产品的技术层次有所提高,参与国际竞争的能力有所增强。1998 年出口产品结构同 1997 年相比,全国只有机电产品出口有较大幅度增长,主要是靠沿海地区出口产品结构调整来支撑的。中西部以能源原材料工业为主体的传统工业结构、同东部沿海以先进的制造业为代表的新兴工业结构（雏形）形成明显的层次差别。这种产业结构水平差距成为我国地区发展实质上不平衡的主要表现。东部地区现代企业制度和所有制结构的改造也走在了前列。

## 二、各地区结构性调整取得明显进展，区域特色经济出现

1. 市场竞争加剧，对各地区产业结构调整形成了压力和机遇

在各省（自治区、直辖市）编制的"九五"计划和到 2010 年发展纲要中，大多数省（自治区、直辖市）已经认识到本地区经济发展中的问题：外延式扩张、粗放式经营、结构雷同、能源和原材料的高消耗及生态环境的高负荷和强破坏。1996 年之后，全国部分原材料和能源市场开始出现供大于求的局面，国内市场的变化使许多企业和部分地区的经济高速增长难以持续。这种难以持续的经济增长又使下岗、失业和城市贫困化等社会问题加剧。与此同时，1996 年我国取消部分进出口优惠政策，给部分地区特别是沿海地区带来了很大的压力。尽管 1998 年又部分地恢复了这些政策，但国际市场的竞争比以往更加严峻。近 8 年来，我国出口呈波动之势，其中在 1996 年和 1998 年出口只有微小的增长。1998 年国家虽然实施了扩张性的财政政策，但国民经济仍然出现通货紧缩问题。供大于求和市场竞争的加剧，为各地区调整产业结构提供了很好的机会和动力，导致地区特色经济开始出现。

2. 各地区产业结构调整的基本趋势

1997～1999 年，产业结构调整是经济增长和出口继续增加的重要原因。各地区产业结构调整的总趋势是：结构水平有了一定程度的提高，制造业产品结构有所优化，第二产业规模增长快。工业构成中，纺织品和服装业增长最快。家用电器和以电子工业为中心的高技术产业有明显的增加。电力、冶金、石油化工、机械等产业也有了很大加

强。建筑业和第三产业发展加快。同时，克服结构雷同现象有实质性进展。多数地区开始压缩出现"长线"的原材料生产。部分省（自治区、直辖市）的家电生产企业在激烈竞争中被大量淘汰。"八五"期间曾经出现的大部分省（自治区、直辖市）发展汽车工业、电子工业等问题基本上得到缓解。一些中西部省（自治区、直辖市）则确定不将高新技术产业作为支柱产业。产业结构调整的成果显著体现在我国出口结构改善中：1998年机电产品出口值增长11.9%，高于整个出口增长速度10.6个百分点，占出口总额比重已经达到35.4%。

但是，一些地区产业结构的调整和支柱产业的选择艰难，产业结构升级步伐缓慢。一些省（自治区、直辖市）的国民经济发展缺乏有活力的经济增长点。少数地区改革开放以来经济增长一直很快，但现在许多生产部门和行业在与国内同行的竞争中已不占优势。

3. 继续加强基础设施建设

20世纪90年代以来，基础设施对于地区经济发展的重要性已经被各地区充分认识到。1997年前后，山西、陕西、河南、河北等省对基础设施建设投资开始大幅度增加。广东、山东、江苏等率先扩大省内公路建设的投资。1998年增加的1000亿元国债和央行的配套贷款，大部分用于农田水利、交通通信、城市基础设施、城乡电网、国有粮库等。在地区分布上大部分用于中西部地区。侧重点放在国内需求上，而不是在由出口带动经济增长上。上述地区基础设施建设对经济增长的作用已经显露出来。其中，山西将基础设施建设作为全省的"三个基础"之一，并将挖煤、引水、修路、输电作为四个实施重点，近年来经济增长保持了良好势头。

4. 高新技术产业在一些省（自治区、直辖市）有长足发展

"八五"期间，电子工业已经成为国民经济新的生长点，突出地表现在沿海地区。"九五"期间电子信息产品、移动通信设备、程控交换

机、微型电子计算机、光纤通信设备和载波通信设备等快速增长。北京、天津、上海、广东、江苏、浙江、山东等成为先进的制造业生产中心。上海自"八五"期间即采取措施，发展汽车、通信设备、电站设备、生物制药、计算机等，使其成为经济支柱产业。进入21世纪，北京调整了城市发展方针，将高新技术产业作为支柱产业，大力建设高新技术开发区和中关村"硅谷"。广东正在积极进行软件产业的建设，争取成为"软件大省"。天津、江苏、重庆、广东、辽宁、山东、陕西等高新技术产业发展也取得了不同程度的进展。天津扭转多年工业低谷状态，针对传统工业过多的现状，积极引进、发展了一些充满活力的新产业，彩色显像管、录像机、空调器、轿车等成为天津的重点产品，相应的行业成为天津新的经济增长点，对国民经济起到了带动作用。

5. 基础原材料工业得到控制

我国已是基础原材料工业产品的生产大国。根据近年来市场态势的变化，许多地区基础原材料工业的发展得到一定程度的控制。1998年压缩淘汰了落后的棉纺锭480万锭，非法开采和布局不合理的煤矿开始关闭，这主要在山东、江苏、山西等地区。但1999年由于扩大内需政策的实施，部分地区的钢铁和水泥生产再次出现重复建设与生产分散化趋向。

6. 第三产业在三次产业中增长最快

上海、天津、北京、吉林、广东、青海、江苏、江西等八个省（自治区、直辖市）第三产业比重有明显提高。通信信息、金融保险、房地产业等新兴的第三产业在东部沿海发达地区、特别是大都市产业结构调整中占据重要地位，为加快产业结构高级化发挥了重要的作用。1998年，沿海地区交通通信、金融保险和房地产业在第三产业中的比重已经达到49%，高于全国平均值近10个百分点。四个直辖市和部分省（自治区、直辖市）的重点城市，金融业有了较快的发展，作为国民经济晴雨表的证券市场日趋活跃。商贸餐饮及服务业在各地区普遍得到发展，是经济欠发达地区第三产业的重点发展领域。云南、新疆、广西、陕西等地区旅游业发展势头较好。但同时应当看到，几乎所有的省（自治区、直辖市）都将旅游业确定为新兴的支柱产业，一些地区旅游业的重复建设问题应引起重视。

7. 农业继续朝优质高效方向发展

近年来，国家集中投入加强农业持续发展能力建设，许多农业大省将农业经济发展放在战略位置，全国农业经济稳中有进。上海、广西、福建、安徽、河南、海南、湖北、湖南、吉林、山西、辽宁等省（自治区、直辖市），1997年和1998年农业总产值增长速度都曾超过8%，支撑了地区经济的发展。农业结构调整的步伐也有所加快。在沿海地区，特别是长江三角洲、东南沿海和北方的山东及京津地区，高效优质农业特别是蔬菜、瓜果、海淡水养殖等发展迅速，产品出口也明显增加。与此相适应，土地利用方式和结构也有变化。中西部地区的河南、江西、湖南、甘肃、新疆等，有特色的优质农牧业产品生产的规模经营有不同程度的发展，带动了地区经济增长和出口增长。但是，由于农产品市场普遍趋淡，影响到农业经济效益的提高，阻碍了各省（自治区、直辖市）农业结构调整的进度。种植业比重在越来越多的省（自治区、直辖市）又开始抬升，1997年为6个省（自治区、直辖市），1998年增加到16个。

地区农业持续发展的能力建设受到国家重视，1998年农业综合开发资金总量达到120亿元。国家将重点放在国家商品粮生产基地、农牧业生态工程、重点农业综合开发区建设和大江大河的治理等方面，取得显著成效。而地方农业战略取向更侧重发展具有市场需求的效益型农产品，沿海水产和内陆淡水水产、农区畜产品均有稳步增长。特别是在东部发达的城市周边区域，大量出现引进技术和品种、经济收益很高、产业化经营的养殖、种植基地，虽然目前规模有限，但却在提高第一产业现代化水平中发挥着龙头作用。

8. 企业在区域发展中的主体作用增强

近年来，企业愈来愈成为区域经济活动的主体。名牌企业、国有企业、乡镇企业的发展状况决定着地区经济持续增长的活力。1997~1998年，各省（自治区、直辖市）通过现代企业制度的实施和企业组织结构的调整，进一步巩固名牌企业的地位，强化地区经济的特色与竞争能力。例如，湖北省对555家汽车企业进行组织结构调整，强制淘汰100家，重点发展50家，争取使"汽车大省"变为"汽车强省"。以国有经济为主体的省（自治区、直辖市）经济开始复苏。例如，辽宁省通过深化国有企业改革，到1998年年底全省288家大中型国有企业中，有54%步入良性循环，38%开始解困；1999年通过主辅分离等措施，辽宁国有企业得到了更好的发展。江苏省将乡镇企业结构调整作为全省经济发展的重点，1998年上半年乡镇企业改制面已达到85%，全年乡镇企业增加值增幅达到15%。

总体上，东部地区现代企业制度和所有制结构的改造走在了前列。企业重组活跃，兼并扩及中西部地区，大型企业集团迅速成长。中西部的部分地区企业重组兼并缓慢。1997年年底，全国上市公司有745家，总市值占国民生产总值的1/4以上，其中64%的企业集中分布在东部沿海地区。此外，所有制结构的区域差异也非常大。在西北五省（自治区、直辖市），东北的吉林和黑龙江，西南的重庆、贵州和云南，以及内蒙古和江西等国有工业经济比重仍高达70%以上，而浙江、福建、广东的非国有经济比重在70%以上，沿海其他省（自治区、直辖市）该比重也在50%以上。在各地区国有企业活力一般低于非国有企业的情况下，经济发展水平越高的地区，企业所有制结构的特征越有利于区域经济发展活力的形成。

9.地区特色经济开始形成

在国民经济结构战略性调整中，通过竞争和市场调节，各地区逐步明确了自己的优势和在全国分工中的位置。"八五"期间地区经济发展的雷同现象比较明显，"九五"期间情况有较大变化。"竞争-特色-发展"是近年来区域经济发展的主线。

北京、广东、上海、江苏、福建、天津等开始形成以面向国内外市场的轻型加工工业和高新技术产业发展快的局面。其中上海市正在发展以信息产业为龙头的高新技术产业，对现有的六大支柱产业进行电子化、信息化改造；同时发展食品加工、印刷包装、家具制造、服装、箱包等都市型工业。

在资源优势基础上发展大宗农畜产品及其深加工和能源、原材料生产的省（自治区、直辖市）日渐增多。较早实施这种思路的有河南、山西、安徽、江西等，近年来有甘肃、陕西、内蒙古等。内蒙古将农畜产品加工工业作为第一支柱产业，乳制品、肉制品、制糖、纺织等得到很大的发展。1997年内蒙古全区轻工业增长15.8%，比重工业增长高1.5个百分点。近年来，甘肃经济发展加快，重要的原因也是充分利用农牧业资源发展地区特色经济，即加快建设了瓜果、蔬菜、中药材、花卉、啤酒原料、葡萄酒原料和畜产品及其加工等支柱产业基地和特色产品基地，发展了一批特色农副产品及其加工企业。1998年，山东蔬菜种植面积2348万亩，总收入520多亿元，连续8年居全国首位，销往省外的蔬菜占总产量的70%，占全国流通量的20%，创造了著名的"蔬菜经济"。1998年，海南发展以"订单农业"为重点的热带高效农业，使经济摆脱了自1995年以来的持续低迷状态，GDP比上年增长8.3%。

以老工业基地振兴为特色形象的省（自治区、直辖市）有上海、北京、辽宁、吉林等。上海和北京共同的思路是在进行传统产业技术改造的同时，发展高新技术产业。吉林则是在加强传统产业技术改造的同时，发展大农业、农副产品的加工和储存等，特别是玉米的深加工产业化，初步形成了"龙形"企业。

## 三、社会发展取得巨大成就，部分地区出现新的社会问题

改革开放以来，我国同世界发达国家社会发展水平的差距正在逐渐缩小。据联合国开发计划署《1999人文发展报告》分析，1999年我国人文发展指数在世界174个国家和地区中排列第98位，分别比1998年、1996年的人文发展报告中的排序上升了8位和6位，比1992年上升了12位。如果将上海市、北京市的人文发展指数纳入世界各国和各地区排序，则接近工业化国家水平。但一些新的社会发展问题，如大规模人口流动、城市边缘区治安与环境恶化、城市失业与贫困人口增加及社会保障制度转轨等重大问题，已成为制约区域经济持续发展的重要因素。

1. 社会发展地区间不平衡，部分地区与经济发展水平不一致

全国各省（自治区、直辖市）社会发展的主要指标，如人口、科技、教育、卫生、城市化、社会保障等，无论是绝对值还是相对值都存在着差距。这种差异并不表现为东西差异，除北京、天津、上海外，新疆、辽宁、广东、吉林、湖南社会发展总体水平相对较高，西藏、青海、贵州三省区的社会发展水平最低。此外，社会发展水平与经济发展水平存在一定的错位。社会发展水平相对于经济发展水平较高的省份有：辽宁、吉林、黑龙江、湖南、新疆、陕西等。而近年来经济高速增长的沿海地区社会发展相对滞后，浙江、江苏、福建、海南和山东的社会发展水平相对落后于其经济发展水平。

## 2. 新的城市贫困问题突出，结构性贫困、区域性贫困和阶层性贫困并存

1994年国家实施"八七扶贫攻坚计划"以来，农村绝对贫困人口大幅度减少。城市贫困问题日益突出，新的城市贫困人群正在形成。在城市贫困人口中，因企业不景气原因致贫的约占贫困人口的30%，因停发、减发退休金致贫的离退休职工约占17%。1997年，全国还有约150万未能领到失业保险津贴的失业者，约310万未能领到下岗职工生活补贴的下岗无业者，190万停发、减发退休金的离退休人员，共计650万。这些人员最有可能陷入贫困。新增贫困人群主要集中分布在纺织、机械、森工、煤炭及部分政策性亏损企业。地区分布集中在中西部欠发达地区和东部的一些老工业城市。

## 3. 人口流动继续保持较大总量，流向开始多元化

虽然人口流动集中流向仍以东部沿海地区，特别是京津地区、长江三角洲、珠江三角洲及闽浙沿海地区为主，但一些新兴的开发热点地区，如新疆、西藏及京九沿线等地区也在成为新的分流地区。四川省1997年流出总量虽有减少，但西出新疆的农村劳动力超过60万人以上。甘肃流向新疆植棉的劳动力也达到15万左右。欠发达地区与发达地区间人口出现双向流动。不少地区（突出的如浙江温州市和安徽阜阳市）在大量吸纳外来劳动力的同时，本地劳动力也大量向外流动。1995年以来，东北地区和中西部地区的一些城市，也包括北京、天津等大城市，有一定数量的职工进入郊县乡镇企业或回流农村开发或务农。

## 4. 城市化进程加速，但沿海与内地城市化水平的差距继续扩大

我国城市化水平低于世界城市化的平均水平。1998年，包括城市和建制镇中的暂住人口，城市化水平也仅为34%左右（世界平均水平为45%）。但近年来城市化水平提高的速度大大快于工业化水平提高的

速度，城市化已步入快速发展阶段。1962～1998 年，全国城市化水平平均每年提高 0.38 个百分点，而 1997 年和 1998 年全国城市化水平年均提高 0.84 个百分点。东部地区城市化发展速度约为西部地区的 1.7 倍，城市化水平差距扩大。现有的小城镇及乡村城市化发展模式既限制了城市自身发展也制约区域经济发展活力的增强。

## 四、基础设施快速发展，地区与结构不平衡很突出

### 1. 基础设施快速发展，地区差距很大

在国家倾斜政策的引导下，各地区基础设施建设投入大幅度增加，在交通通信、能源、水利、城市基础设施、环保、生态、社会福利设施等方面取得了显著成就。1998 年各地区用于基础设施建设的资金规模都比 1990 年增长了两倍以上，沿海多数地区增长五倍以上。即使经济发展相对落后的地区，基础设施的投资增长也是显著的。例如贵州省，虽然其 1998 交通通信基本建设投资只有 25 亿元，但也是 1991 年的 15 倍。总体上，基础设施为沿海地区提供的区域发展环境远远优于中西部地区。交通通信基础设施从短缺向适应过渡；水利、环保等基础设施发展滞后，中西部地区的问题尤为突出。

### 2. 省（自治区、直辖市）基础设施发展水平呈四种状态

以全国平均水平为参照，对交通通信、能源供应、防灾、环境保护、水利基础设施及城市公共设施构成的区域基础设施体系进行综合评价，可将省（自治区、直辖市）分为四种状态：北京、天津、辽宁、上海、江苏、浙江、山东、广东属基础雄厚、发展强劲的地区；河北、山西、安徽、福建、河南、湖北属基础较好、发展良好地区；内蒙古、吉林、黑龙江、江西、湖南、广西、海南、四川、重庆、云南、陕西、新疆属基础一般、发展一般地区；西藏、甘肃、贵州、青海、宁夏属基础薄弱、发展缓慢的地区。

交通通信基础设施体系建设从规模扩张到质量提高,从短缺到适应。沿海地区的经济竞争能力和发展环境进一步优化,并促进了中心城市和重点区域的可持续发展能力。

## 五、高速经济增长下的生态环境问题严重

1. 国家采取重大举措,力图扭转环境与生态恶化的严重局面

1998年长江流域特大洪水和多年来黄河断流,是生态环境恶化的重要标志,也是我国经济长期高速和超高速增长付出的巨大代价,表明我国生态环境与经济发展之间的矛盾已经非常尖锐。

"九五"以来,国家制定了若干重要法律,采取和实施了一系列重大措施和工程,力图扭转以牺牲环境为代价发展工业和以牺牲生态为代价发展农业的局面。前者从淮河污染治理开始,以1996~1997年全国关闭"十五小"企业为标志,对污染型企业实行"关停并转"。后者从1998年长江流域洪涝灾害以后国家制定灾后恢复重建的"32字"方针为起点,以实施《全国生态环境建设规划》为标志,通过较大的国家投入,全面纠正长期以来过度森林砍伐、围湖造田、荒地开垦等生态破坏问题,并通过限制生态脆弱地区的农业发展来达到确保国家生态安全的目标。1998年11月国务院通过的《全国生态环境建设规划》为这次生态建设战略的转变提供了政策保障。

2. 环境治理和生态建设取得一系列重要进展

各地区在实施《绿色工程计划》与污染物总量控制计划和"33211"环境工程中,已经取得了一定进展。三河(淮河、海河、辽河)、三湖(太湖、滇池、巢湖)、两区(二氧化硫控制区、酸雨控制区)、一市(北京市)与一海(渤海)治理正在大规模进行。根据《全国生态环境建设规划》,天然林保护工程、退耕还林还草、退耕还湖与移民建镇等生态恢复建设也进入实施阶段。1998年在19个省(自治

区、直辖市）和新疆建设兵团的 108 个县实施生态环境建设工程，中央累计投入资金 9.23 亿元，地方配套资金 5.64 亿元，总共 14.87 亿元。

1997 年以来，重点地区生态环境治理初见成效。截至 1997 年年底，淮河流域取缔和关停了 4987 家污染严重的小企业，基本上实现了工业污染源达标排放；全流域共削减入河排污化学需氧量（COD）约 70 万吨，占规划排污总量的 40% 以上。截至 1998 年 12 月底，太湖流域排污单位基本实现达标排放。在日排放废水 100 吨或日排放 COD 30 千克以上的 1035 家重点排污单位中，总达标率达到 97.3%；日排废水 100 吨或日排 COD 30 千克以下的 1052 家非重点排污单位的治污设施也已完工 70%。由此，江苏省的太湖流域每年可减少 COD 排放 12 万吨。1998 年工业废水、烟尘、二氧化硫等主要污染物排放总量呈下降或持平之势。另外，北京市大气污染治理也已取得初步成效。

3. 生态环境总体呈现出三个新特点

一是在由单纯的工业污染过渡到工业和生活污染并存。我国工业污染依然突出，同时，随着城市特别是大城市的发展及生活水平的提高，生活污染物排放总量占排放总量的比率迅速上升。1998 年全国垃圾清运量达到 14 223 万吨，有 70% 的城市被"垃圾山"包围。二是水体污染由工业污染到工业、农业复合污染。20 世纪 90 年代以前，我国水体主要污染指标是工业排放有毒污水引起生物耗氧量的增加，而现在由于化肥、农药和农用化学物质的大量使用，水体中氨氮、磷及高锰酸钾和挥发酚等不断累积，水体富营养化日趋严重。三是生态和环境问题由局部扩展到更大范围，由流域的一部分扩展到全流域。最主要的原因是由于森林植被破坏、土地退化、生物多样性减少等，使大范围的生态平衡失调。主要表现在黄河、长江两大流域。长江上中游地区由于大面积的森林砍伐、过度放牧和围湖造田，致使长江含沙量不断增加，河流淤积，洪涝灾害加剧，造成了 1998 年长江流域"中流量、高水位、大灾害"的特大洪水。

4. "总体恶化、局部改善"的基本趋势仍在持续

虽然我国生态环境治理取得了重大进展，但总体上生态和环境状况仍在恶化。二氧化硫排放居高不下，酸雨区面积不断扩大。以长沙、赣州、南昌和怀化为代表的华中酸雨区已成为全国酸雨污染最严重的地区，到了"逢雨必酸"的程度。我国成为仅次于欧洲和北美的第三大酸雨区。虽然滇池、巢湖、太湖水体污染得到控制和治理，但该三湖及洪泽湖与南四湖等仍然处于富营养水平；全国主要流域（水系）63.1%的河段水质为Ⅳ类、Ⅴ类或劣Ⅴ类，失去了饮用水的功能，且污染物的排放仍在增加。部分城市工业大气污染有所控制，但汽车尾气污染与铅排放等问题在一些大中城市日益突出，已成为北京、广州、上海、武汉、杭州、合肥、大连、深圳、珠海9个城市的主要污染物。城市垃圾量每年约以15%的速度增加，围城影响愈来愈明显。全国农田遭受污染的面积高达1.5亿亩，每年因此损失粮食达120亿千克，主要是由乡镇企业污染造成的。

我国经济总量巨大，且以消耗资源、排放废弃物量大的基础产业为主。同时生态环境问题本身具有复杂性，现行的生态环境政策不够完善，控制措施仍带有计划经济的烙印。加上投入生态建设和污染治理的资金占GDP的比重仍然较低，是"总体恶化"的主要原因。还由于生活安置、就业等原因，使巩固现有治理成果难度很大。在一些地区，短期强制性措施一结束，污染事件随之"回潮"。

5. 实施区域性环境政策，提高排污费，加强科技支撑

东部地区特别是发达型高负荷地区，在产业结构升级的同时，应严格限制那些耗能大、污染重的产业发展。中西部地区要走发展与保护相结合的道路，在促进经济增长同时，加大环境治理力度。目前污染物总量控制试点主要局限在"两控区"和三个试点城市，建议适当

扩大到一些大中城市与部分城市化区域。现行的排污收费制度的主要问题是收费标准低、排污费使用体制不顺。需要逐步提高排污费收费标准，落实《国务院关于环境保护若干问题的决定》中提出的"排污费高于污染治理成本"的原则。要加大环境信息披露的力度，加强生态环境建设项目的立项与实施过程中的科技支撑。

## 六、水土资源的支撑能力在削弱

### 1. 地下水资源大面积过量开采，许多地区供水形势严峻

由于我国城市发展规模迅速扩张及城市用水制度建设跟不上，我国城市缺水问题愈来愈严重。近年来，在668座城市中，已有300多座城市缺水，其中严重缺水的有108个。缺水导致对地下水的掠夺性开采。全国城市地下水总开采量约占全国城市总供水量的1/3左右，有310多个城市以地下水作为供水水源。地下水过量开采导致储量严重减少和地面下沉。农村地区过度开采利用地下水问题也相当突出，表现为机井深度和密度均在不断增加。北京、天津、河北、山西、内蒙古、辽宁、甘肃、宁夏、新疆等地区的深井率已分别高达16%、31%、11%、34%、17%、37%、41%、16%和41%，远远高出全国8%的平均水平；全国机井保有量每年以5%以上的速度在增加，深水井每年也以5%的速度在增加。过度开采地下水、特别是过度开采深层地下水，犹如"饮鸩止渴"。

### 2. 耕地总量动态平衡中"等量不等质"问题突出，农业综合生产能力在削弱

1991～1995年全国耕地净减少68.28万公顷。1996年以来，有近半数的省（自治区、直辖市）未实现耕地动态平衡目标。天津、辽宁、云南、西藏、宁夏、新疆耕地有净增加，共增加耕地5万公顷；山东、江西、浙江、江苏等11个省（自治区、直辖市）实现了建设占用耕地

的占补平衡。1998年有14个省（自治区、直辖市）没有实现占补平衡，其中上海、河南、安徽、福建、重庆、贵州、青海已连续多年未实现耕地占补平衡。

这期间耕地净增加集中在东北、西北和西南，而净减少集中在东南沿海地区。各地区耕地的农业综合生产能力有着明显差异。东南沿海地区单位面积耕地生产力大致是东北、西北和西南地区的2.5倍。因此，东北、西北和西南地区的耕地净增效果被高估了，而东南沿海地区耕地面积净减量的后果被明显低估了。实际上，从耕地的综合生产能力衡量，全国耕地净减少量应为统计量的两倍以上，即每年耕地实际净减少量应为30万公顷以上。我国虽实行了"世界上最严格的土地管理制度"，仍有部分地区土地管理失控。

## 七、各省（自治区、直辖市）持续发展状态呈现较大差异

1. 发展与环境关系出现明显的地带特征

20世纪90年代以来，我国经济和社会发展与资源环境之间相互关系呈现出大地带性特征：以东部沿海为主的经济高速增长、人口密集和城市化迅速地区，资源与环境处于高负荷状态，部分地区出现危机；以中部为主的主要以大量开发资源、发展基础产业取得经济快速增长的地区，资源与环境破坏普遍比较严重，部分地区非常严重；以西部为主的生态环境脆弱但经济也取得快速增长的地区，付出了巨大的生态代价，且影响范围很大。

2. 区域持续发展状态差异十分明显

根据对"九五"以来各省（自治区、直辖市）的经济发展、社会进步、资源与环境支撑等因素的评价，同时还考虑到国际化发展带来的可持续发展能力的变化，对我国各地区持续发展状态进行了定量化评价。可看出区域差异十分明显。按赋值综合排序，持续发展强弱大

致呈东部＞中部＞西部的格局。

（1）强持续发展状态，包括北京、天津、上海三个直辖市和广东省。除北京外均为沿海地区，经济发展、社会进步及可持续发展能力、经济外向度都处于全国的高水平。但除广东外，地区内资源与环境的支持度都处于全国的最低水平。

（2）较强持续发展状态，包括福建、黑龙江、辽宁、新疆、浙江五省区。东部沿海有三个省，中部和西部各有一个省区。东部各省的经济发展水平较高而中西部两省区的资源与环境支持度较大。

（3）上中等持续发展状态，包括内蒙古、海南、山东、江苏和河北五省区。东部占四个省，中部仅一个自治区。同样是东部地区的经济发展水平较高，而中部地区的资源与环境支持度较大。

（4）下中等持续发展状态，包括青海、山西、吉林、西藏、湖北、广西和宁夏7个省区，都属于中西部地区。除了个别地区（西藏、青海、广西）的环境相对良好外，无论经济发展、社会进步和持续发展能力都处于全国的中等以下水平。

（5）较弱持续发展状态，包括湖南、云南、河南、安徽、江西、重庆、陕西7个省（直辖市）。都为中西部省（直辖市），无论是经济发展水平、社会发展水平、资源与环境支持度和持续发展能力来说都较低。

（6）弱持续发展状态，包括四川、甘肃、贵州三省。都为西部省份，除了四川和甘肃的环境达到全国的下中等水平外，无论是经济发展水平、社会发展水平和持续发展能力来说都处于全国的低水平。

## 八、"十五"及至2010年的区域政策建议

1. 两个层次的区域性问题

今后10年，根据邓小平同志关于发展战略上的"两个大局"的思想和"通盘构想"的要求，考虑到改革开放以来我国区域发展形成的

基本态势，需要按两个大的空间层次制订区域发展战略和政策。第一个层次是宏观战略性问题，着手解决西部地区发展和促进沿海地区现代化问题。同时南北问题也应得到较大重视；第二个层次是区域性问题，要求进一步促进地区特色经济的形成和发展，解决区域性特别是流域性的生态环境问题。这样，未来的地区发展战略应该是在加强欠发达地区经济实力的同时，促进先进地区结构水平的进一步提高。社会发展问题应该受到更大的重视。城乡差距问题也应重视，特别是中部和西部地区内的城乡问题。

2. 区域发展战略目标和方针

今后10年，我国将实施"西部大开发"战略。同时，区域发展战略和发展政策还要对各种不同的"问题区域"都能覆盖。基本的战略目标应该是：第一，缓解东中西地带性经济发展差距扩大的趋势；第二，缩小地区社会发展差距；第三，促进各类"问题区域"的发展。

根据上述战略目标，在"十五"及至2010年期间，在协调发展的原则下，国家区域发展的总方针是：加快中西部地区特别是西部地区的发展，推进沿海地区和老工业基地的现代化。

3. 西部大开发：需要划分近西部和远西部，分别制订和实施具体战略

我国西部地区的范围很大，自然条件和社会经济基础基本上可以分成两个大的部分。在实施"西部大开发"过程中，应该将西部地区分成近西部地区和远西部地区。其中，远西部地区是指贺兰山、乌鞘岭和四川盆地以西的地区，在行政上包括青海、新疆、西藏和内蒙古西部、甘肃河西地区、四川西部。从自然地理意义上，远西部地区分属干旱区和青藏高原区两大自然区。近西部地区在行政上包括陕西、宁夏（大部）、甘肃东部和中部、四川（大部）、重庆、云南、贵州。这些地区，在自然条件和经济与社会发展特征方面与中部地带差别较

小，在经济和社会发展思路方面也不应该有很大的差别。西部地区开发中的生产力布局应按"点-轴系统"模式，建设不同等级的经济中心和经济带，避免分散布局。

在实施"西部大开发"中，国家近期宜将资源开发和产业发展的投入重点置于近西部地区。

4. 沿海地区

沿海地区发展目标是尽快实现现代化并加强对中西部地区的带动作用。为此，要促进沿海地区的产业结构和社会经济体制转型，从根本改善经济增长质量和产业素质，大幅度改善生态环境状况，加快产业结构的优化升级。优质高效农业、资金密集型高新技术产业形成较大规模；商业、贸易、金融、保险、房地产、信息咨询等现代化第三产业比重进一步提高；向中西部地区转移产业、产品、技术和资金的规模逐步加大；进一步提高外向型经济在国民经济中的地位，形成与国际市场相连接的经济运行机制；上海、北京向国际化大都市发展，在亚太经济圈中发挥更加重要作用。

5. 中部地区和近西部地区

加快资源型产业的发展，促进传统产业主要是老工业基地的调整和技术改造。提高重要农业、能源、原材料基地的经济发展水平，并规划建设一批新的能源、原材料基地发展农业的规模经营和产业化。重点整治大江大河和资源开发区、工业和城市聚集区的环境污染。调整改造、大力振兴原有"三线"地区的国防工业。

6. 远西部地区

在加强部分有优势的资源开发利用的同时，重点加强基础设施建设，以改善交通、通信、供水、居住条件和文化教育水平。促进地方资源的开发和农牧业的规模经营及产业化，通过富民以稳定边疆。着手进行大江大河源头地区的生态保护和生态恢复。在制订远西部地区大开发方案时，要重新审视远西部地区的资源优势问题。远西部地区不宜再搞那些代价大、收益低的资源开发及加工的大项目。

### 7. 老工业基地

以东中部地区为重点，深化老工业基地经济体制改革，加快企业经营机制转换的步伐。沿海、沿江地区老工业基地的企业应走在全国的前列。振兴西部老工业基地，是西部大开发的一项主要任务。近期主要依靠政府的财力，以国有大中型企业技术改造为重点，集中资金扶持一批优势产业和优势企业特别是国防军工企业，改变技术落后的面貌。在上海、天津、沈阳、武汉、重庆、哈尔滨、西安等条件好的老工业基地城市，要将高新技术产业及生产名牌产品的骨干企业作为发展的战略重点，在企业组织专业化、联合化、社会化方面取得实质性进展，实现工业结构高度化，带动区域经济发展。

### 8. 建立各具特色的区域分工和合作格局

充分发挥地区比较优势，建立各具特色的区域分工和合作格局是实现我国经济长期快速、健康、协调发展目标、增强国家和各地区经济实力的重要措施。首先是进一步发展东部、中部、西部三大地带和南北间的分工和协作。三个地带仍是我国今后一个相当长时期内经济发展的宏观格局和实施不同发展战略的空间框架。通过上述区域发展战略目标和政策的实施，使沿海地区尽快实现现代化并带动中西部地区发展。中西部地区发挥巨大的市场潜力和丰富的资源赋存优势，更多地吸收沿海地区和国外的资金和技术。尽快形成全国范围的资金、技术、商品的大市场。其次，通过建设基础设施、产业基地和金融外贸中心等措施，重点促进大经济核心区的发展。主要有长江三角洲地区、京津首都圈地区、珠江三角洲地区、武汉经济区、成渝经济区、关中经济区、辽中南经济区、山东半岛经济区、北部湾经济区和天山北部经济区。最后，分类指导，加快各地区特色经济的进一步发展。

# 关于西部地区开发中几个重大关系问题[①]

**编者按：**

本报告是在《2000中国区域发展报告——西部地区发展基础、政策与态势》基础上凝练、综合而成的，由中国科学院"中国区域发展问题"研究组编写。本报告以发展态势与实际问题为主线，提出并剖析了"西部开发"中近期与长远、传统产业与高新技术产业、新建与改造利用现有基础、重点地区与一般地区、经济发展与生态环境建设、经济发展与社会进步等重大关系。

"西部大开发"战略提出一年多来，中央各部门和全国各地区，特别是西部地区，热烈响应。为了实施"西部大开发"战略，中央一再强调西部地区开发"是一项规模宏大的系统工程"，"也是一项艰巨的历史任务"，这完全符合我国国情和西部地区的区情。根据我们对全国和各地区的发展问题几十年的研究和跟踪，以及对国际经验的总结，认为大规模开发西部地区是加强我国综合国力、实现可持续发展的战略性措施。同时，在强调"发展是硬道理"的前提下，需要科学

---

[①] 本文为中国科学院上报的简要报告，2001年3月13日。陆大道任课题组组长，为本报告的主要执笔者。参与《2000中国区域发展报告——西部地区发展基础、政策与态势》部分编写的有：刘毅、樊杰、金凤君（课题组副组长），以及谷树忠、刘卫东、庞效民、刘慧、于秀波、李雅芹（课题组成员）。特聘人员有：杨朝光、陈田、吴绍洪、牛亚菲、毛汉英、李宝田。

地认识我国西部地区。在充分认识西部地区优势的同时，要看到西部地区的恶劣条件和开发中遇到的困难。要确立开发西部地区是长期的艰巨任务的观念。具体而言，实施"西部大开发"战略需要处理好以下六个重大关系。

## 一、近期与长远

"西部开发"面临着一系列不利的自然条件和困难。多数地区自然条件比较恶劣。水资源的严重不足又是西北地区最主要矛盾。经济和社会发展基础较薄弱，大部分行业在全国竞争力较弱。有较多的矿产资源因运输成本过高、开采条件差而丧失了区外市场。知识贫困问题和人口增长过快问题突出。在我国加入世界贸易组织（WTO）以后，目前已经不具备比较优势的部分资源型产业将面临更大压力。因此，西部开发将是长期的艰巨任务，处理好近期和长远的关系是编制和实施"西部开发"规划非常实际的问题。

20世纪90年代以来，西部地区经济发展与东部地区的差距愈来愈大。尽管近年来中央政府加大了对西部地区的支持力度，东西部地区经济差距扩大趋势变缓，但经济总量和人均CDP差距仍在扩大。1996~1999年，西部地区的GDP平均增长率比东部地区低1.5个百分点，1999年西部地区的人均CDP只有东部地区的43%。在今后10年，与东部地区的经济总量差距还将继续扩大。因此，在这个阶段实际上只能是遏制东西部经济发展差距扩大的趋势。

今后10年内"西部开发"的主要目标应当以"打基础"为主。重点搞好生态环境建设与基础设施建设，增强西部地区可持续发展的能力。积极发展旅游业，着力推动社会事业的发展，提高第三产业在GDP总量中的比重。

具体地说，要以较多的人力、物力用于奠定生态环境基础、基础设施基础和人力资源开发基础。同时,调整好产业结构,扎实进行扶贫,为第二阶段经济发展准备良好的生态基础及基础设施条件。近年来,西部的 GDP 的增长速度是较高的,但主要是依靠投资和消费拉动的,出口贡献很小,有的省(自治区、直辖市)几乎为零。而今后 10 年投资主要在生态和基础设施方面。因此,经济增长速度不可能很高。

在这个阶段,应重点加强劳动密集型项目,尤其是那些能够直接改善当地人民生活,促进贫困人口、少数民族、社会弱势人群发展的项目的建设,即农村的发展和农民致富是近期发展的重要目标。1998 年,西北 5 省(自治区、直辖市)城市居民收入水平相当于全国平均水平的 74%～93%,而农村人均收入仅相当于全国的 64%～79%。因此,西部地区"富民"目标实现的关键是农业与农村经济的发展问题,使广大城乡贫困人口脱贫,缩小西部地区内部城乡之间、社会人群之间的贫富差距。

在 2010 年之后,"西部开发"可以进入较快经济增长的发展阶段。重点是利用已经形成的重化工业基础、农业产业化提供的条件,着力发展以轻纺工业为支柱行业的工业经济,加速工业化进程。实现西部同东部发达地区社会事业和人民生活水平的差距显著缩小,经济发展同资源环境步入良性互动发展的目标。在 2030～2050 年达到全国的平均水平和世界中等收入国家的水平。

我国西部地区发展取得了巨大的成就。在非常不利的条件下,建立了很大规模的工业、城市、农业和交通通信等基础设施系统。尽管美国西部地区的自然条件比我国西部地区要好,但美国西部开发的进展速度比我国西部地区开发却慢得多。今天美国国土开发和区域发展的基本格局的形成大约经历了 200 年的时间,这说明,在任何一个幅员大国内,大范围欠发达地区的开发并赶上发达地区的水平是长期的甚至是需要几代人为之努力的历史任务。

## 二、传统产业与高新技术产业

西部地区目前以传统的基础产业为主体，处在工业化发展的初级阶段。第一产业在西部地区的比重高于全国的相应比重，但基础不强。第二产业的比重西南、西北分别低于全国平均水平6个和8个百分点，由于相当多数是资源开发型而又没有形成较长的产业链，大量的初级能源原材料产品进入市场，因此主导功能不明显，关联效应较差，对地区经济发展的带动力弱。第三产业在近年来发展较快，但以一般的商业、饮食业、旅游业等为主，金融、信息等新兴的第三产业发展规模小。西部整体上是以资金密集型产业为主，劳动密集型和科技含量高的产业比重小。

在国际化迅速发展的背景下，我国西部实施资源开发的传统工业化战略将面临挑战。可以肯定的是：西部地区的能源原材料产品在国际市场上缺乏竞争力，也不具备出口的比较优势。我国对石油、铁矿石、液化气、金属和非金属矿石等资源型产品的进口不可避免将继续增加，其结果将导致化工、钢铁、石油、有色金属等工业进一步向沿海地区集中。因此，"西部开发"中要对资源开发和工业结构作战略性调整。

在这种情况下，调整产业结构要使改造传统产业和发展高新技术产业相结合。

传统产业是西部地区经济发展的主体部分，今后必须有计划地进行技术改造。包括国有企业的技术创新和体制上的重组，同时要求放弃那些处于比较劣势的产业和产品，加强一些部门和行业，迅速扩大具有比较优势与竞争优势产品在全国市场的份额。要开发能源（天然气和水能）和适度开发矿产资源，积极发展在资源开发和农牧业基础上的优势产业和产品。对那些确无存在价值的企业，应迅速进入破产程序，避免打长期消耗战而变成"烂泥潭"和"无底洞"。

只依靠传统产业的改造，或者过分强调将资源优势转变为经济优势，必然导致将能源原材料作为发展的重点，走依靠规模扩张使经济增长的老路子。改革开放以来，国家在西部地区投入大量的资金发展一大批基础产业企业，但是，相当部分企业经济效益很差，非但没有促进经济快速增长，还成了中央政府和地方政府的负担。近年来西部地区工业的劳动生产率、资金利税率只相当于全国的60%左右。当我国加入WTO后，西部地区资源开发成本将会越来越高，资源密集型产业竞争力、产品比较优势将不同程度下降。现在完全依靠基础产业"量"的扩张来缩小与全国水平的差距，显然不是明智之举。

因此，在对传统产业进行技术改造的同时，要有重点地逐步发展高新技术产业，即在重点地区和重点行业大力发展高科技产业，有选择地振兴原"三线"地区的国防工业企业，并相应地建设若干大型高科技发展研究中心，这是实现西部地区经济较快增长和社会经济持续发展的关键之一。在这方面必须实行一定程度的跨越，可以在关中地区利用以往的基础及科研机构和高校多的优势，发展电子和信息产业、航空航天、电器制造、生物技术和基因工程等。在甘肃和四川适当地点建立新的航天器研究和制造基地，以配合酒泉、西昌两个卫星发射中心的需要。在四川、贵州进一步振兴国防工业和以现代技术改造一批老的"三线"工业企业，主要指重型机械、发电设备制造及冶金、化工、汽车、武器制造。在云南可以重点发展生物制药和基因工程产业等。这样在部分地区和少数行业集中大力发展高科技产业，可以形成带动西部地区产业结构升级换代的"龙头"，提升产业层次和素质。高起点地建设现代化的交通通信等基础设施，积极发展国内国际旅游业。

这样做的一个重要理由是，西部的部分地区和城市（如西安、成都、重庆等），科技力量相当强，西部曾经是我国20世纪50年代至70年代初期经济建设和国防建设的部分重点地区之所在，近年来加大了能源资源的勘探和开发的规模。在石油、水电、天然气、钢铁、有色金属等能源原材料、国防军工制造及电子工业方面有较强的基础和较大的潜力。

美国在两次世界大战期间，发展了一批高技术水平的军工企业，大部分在美国的西部地区。第二次世界大战后，大量军工企业转为民用，利用西部地区丰富的资源以廉价的土地和劳动力，西部地区成为美国宇航、原子能、电子、生物等高科技产业迅速发展的主要地区，西部的产业结构也得到升级换代。20世纪90年代，德国对东部地区基础设施特别是通信系统的改造是按照当时最高水平一步到位的，这些是可以借鉴的成功例子。

### 三、新建与改造利用现有基础

"西部开发"是几代人的宏大事业，不能急于求成，也不能延续以往的"开发就是上项目"的模式。现在，许多省（自治区、直辖市）上报的规划项目数目惊人，投资额高达数千亿元，显露出"争大项目""上大项目"、通过大规模地新建项目以谋求经济的高速增长的现象。但前些年已投资几十亿元乃至数百亿元的正在建设或已建成项目，部分并未取得应有效益，甚至在建成后严重亏损，生产能力浪费严重。此外，西部省（自治区、直辖市）国有企业的比重大，改革任务很重。约3000个国有大中型企业中，一部分严重亏损而处于停产或半停产状态。

"西部开发"过程中的经济项目规划和建设，要优先发挥已建成的各类投资项目的效益，特别是要发挥特大型水利和水电设施项目的效益。对于那些尚未达到预期效益的项目要限期达到目标。加快或至少按时完成在建项目，使其尽快投产并产生效益。党中央强调以新的思路和模式进行"西部开发"，其中也就要求避免立项的盲目性，同时，努力克服体制上的障碍。新建项目应有利于新的经济增长点的培育，有利于产业结构的调整。重点搞好优势矿产资源和生物资源的开发利用，发展特色农业和旅游业，加强基础设施建设。

加快天然气和水能资源的开发，以及"西气东输"与"西电东送"工程的建设步伐，是科学的决策。对国家具有重要意义的石油资源，应保持较大的勘探规模，增加战略储备，控制开采和就地加工规模。在已经探明的资源中，除水能和天然气外，西部地区磷、钾、硼、镍、锂、铅、锌、铂、钴、铝土矿、钒、钛、硫铁矿、铜矿等矿产的储备具有较大的比较优势。但目前相当一部分开采和加工生产在技术经济方面不过关。考虑到国内外市场的变化和一系列技术上的难题等因素，西部矿产资源开发利用不能沿用以往的工艺技术和管理办法。要通过技术引进与开发，高起点地开发利用资源，保障取得好的经济效益和生态效益。今后一段时期，应做好科学研究、技术攻关和规划，不宜全面大规模启动资源开发。

西部特色农业的发展应充分发挥生物物种和生态环境独特、土地资源丰富多样、劳动力成本低等优势，重点发展果蔬农业、绿色食品、籽种农业、草地牧业、中草药业、特种养殖业、野生动植物驯化种植、花卉、观光农业和生态农业等10种特色农业。特色农业发展应防止步入"特色必定高效、规模越大越好、产品越深加工越好和特色越多越好"的误区。发挥政府、企业和农牧民三方的积极性，完善产前、产中和产后的服务体系，重点搞好科技培训、信息沟通和市场开拓等工作。依托特色农业基地，发展以医药、生物制品、食品等为主的轻工业。

西部旅游资源富集程度高、类型多样、不可替代性强，是我国旅游业实现跨世纪发展的主要潜力所在。目前，西部旅游业发展水平与旅游业作为优先发展产业的地位不相适应。今后，西部旅游资源的开发应采取集中投资、重点建设的战略。对西部地区旅游资源进行开发条件的对比和论证，筛选一批旅游资源条件好的地区，按国际旅游的标准集中投入、重点建设。通过重点建设，形成具有西部特色的精品旅游线，培育成为世界级和国家级的旅游景区和线路，尽快使西部旅游业在国际和国内旅游市场上形成品牌效应。增强旅游业的整体竞争力和吸引力，带动整个西部旅游业的发展。

交通和通信是西部基础设施建设的重点部门。根据西部地区的实际情况，可以适当高起点地新建通信系统。按照业务宽带化、传输数字化、网络智能化和国际化的要求，新建的接入网以光纤为主。结合产业发展和城乡规划，因地制宜地建设信息网络。西部地区公路新建的任务很大，但是，由于大部分西部省（自治区、直辖市）的人口密度和经济密度很低，西部中远程的高速公路建设要慎重，一定要严格论证。近年来西部地区建成的中短程高速公路，多数没有达到最低流量（昼夜车流量最少要求 8800 辆以上）。20 世纪 90 年代以来，西部机场经过了大规模的新建、扩建和技术改造，现有 41 个机场，在总体布局和能力方面，已经基本能够适应今后相当长时间的需要。在规划和建设上，要对机场新建数量和扩建规模加以控制。根据需要，适度配套，合理利用。

## 四、重点地区和一般地区

西部地区有 10 个省（自治区、直辖市），地域辽阔，地势、水分、资源、交通、民族、文化及经济和社会发展水平等差别很大。因此，在规划和实施"西部开发"过程中，处理好西部地区内部重点和一般区域之间的关系非常重要，总的原则是发挥比较优势，实行合理分工，充分利用现有基础，适当集中。分阶段有重点地推进，使重点和一般相结合。在近期内，包括基础设施建设项目在内的重点经济发展项目，可以部署在经济技术基础较强的中心城市所在的区域和交通干线沿线地带，逐步建成能带动广大区域发展的轴线（产业带）。特别是高新技术产业的发展，绝对不能分散布局，重复建设。生态恢复建设应严格按照国家的部署，由重点到一般积极而稳妥地逐步推进。在远期，随着经济实力的增强，经济布局可以在较大的面上展开。

以贺兰山、乌鞘岭和四川盆地西缘一线为界可以分成两部分。此线以西，包括青海、新疆、西藏、甘肃河西地区、四川西部，在自然地理上属干旱区和青藏高原区两大自然区。干旱区内人口和经济都集中在面积不大的绿洲里；青藏高原气候高寒，自然条件严酷，少量的人口和经济主要集中在河谷里。这部分地区的面积大约占全国面积的近40%，关系到我国的社会安全和生态安全。其发展方向是在加强具有比较优势的资源勘探开发的同时，将基础设施、生态建设和社会发展放在极为重要的位置，积极发展农牧业及其加工生产，对大型的资源开发和加工项目要特别慎重。通过富民以稳定边疆。此线以东地区，包括陕西、宁夏（大部）、甘肃东部和中部、四川（大部）、重庆、云南、贵州等，自然和经济社会发展条件方面与我国中部地带比较接近，"西部大开发"中用于产业发展特别是加工制造业发展的投入主要在这部分地区。

在上述两个大的地域分区基础上，还可进一步分成五个差异较大的区域。

（1）黄土高原地区。基本的特点是水土流失严重，但能源资源丰富。今后，应继续走生态经济的路子，有计划地退耕还林、还草。发展林果和牧业等特色经济，搞好天然气资源的勘探开发。治理煤炭开发区的环境污染。

（2）四川盆地。自然资源和人力资源及工业发展其中包括国防工业发展有巨大的潜力，但"三线"建设时期的老工业基地和国有企业活力差，对外交通不发达。今后，发展方向应以航空航天工业和电子、汽车为主体，以优质钢材、化工原料为支撑，建成为我国西部实力最强大的工业基地。

（3）云贵地区。地处高原，地形崎岖，能源和生物资源丰富，但经济实力较弱，贫困人口多。发展方向是加强交通设施建设，重点发展建立在丰富生物资源和农业资源基础上的轻工、食品和制药工业，发展利用水能的铝、磷及其他有色金属冶炼等耗电工业，有重点地改造贵阳等地的国防工业，进一步发展旅游业，搞好贫困山区的扶贫开发。

（4）新疆与河西地区。气候干旱，荒漠化面积在扩大。能源和贵金属资源具有比较优势，地区经济实力比较强。今后，要继续加强石油、天然气、铁、黄金的勘探工作，建设我国的能源储备基地。限制耕地规模盲目扩大，发展特色农业和以优势资源加工为方向的轻纺工业。更加重视社会事业的发展。

（5）青藏地区。自然条件恶劣，自然风光和传统文化独特，今后的开发将交通通信等基础设施放在极为重要的地位，实施西藏"两江一河"的开发规划。发展社会事业。改善牧民的生存和发展条件。慎重对待铜和非金属矿产资源的大规模开发。

在这5个区域的内部，可以进一步确定"西部大开发"第一阶段（至2010年）和第二阶段（2011～2030年）的重点建设发展和重点整治的区域。确定第一阶段的重点发展地区，基本的原则是经济技术基础和交通地理位置较好及对西部带动作用大的地区，先易后难，逐步推进。在整治方面，总的原则是先整治生态环境问题严重且人口和经济比较密集的地区。这样，"西部大开发"第一阶段产业和城市发展的重点区是：关中地区、成渝（铁路和高速公路）沿线和宝成铁路沿线地带、天山北麓的乌鲁木齐至克拉玛依一带。资源开发的重点地区是：塔里木盆地（天然气和石油资源的勘探开发）。生态环境重点整治区：以陕北为中心的水土流失治理和生态建设重点区，川西水土流失区。西部大开发的第二阶段资源开发的重点地区是金沙江及长江上游主要支流的水能开发地带、滇西水能资源开发带。重点治理地区是长江、黄河源头区的生态建设、塔里木河综合整治及西南石灰岩地区的综合治理。

## 五、经济发展与生态环境保护

我国西部大多数地区地处西北干旱区和青藏高原区，生态环境脆弱。在大开发中处理好经济发展与生态环境保护的关系非常重要。

近年来西部地区取得了与全国基本持平的经济增长速度，但在一定程度上是由牺牲生态效益而得到的农牧业发展（大量增加牲畜头数和扩大种植面积）支撑的。同 1995 年相较，1998 年新疆、宁夏、内蒙古、陕西四省区的作物播种面积增加了 1430 万亩。牲畜头数大幅度增加。其中，特别是严重破坏草地的山羊头数增加幅度更大。此外，由于近年来能源基地的大规模建设和高耗能、重污染的工业部门的迅速发展，西部地区的酸雨、部分大城市的大气污染已经相当严重。

现在，各地区在启动大规模的生态恢复和建设的同时，还是计划了很高的经济增长速度（9%，甚至两位数）。在目前产业结构不可能大幅度升级的情况下，要想达到如此高的增长速度，只能依靠基础产业规模"量"的扩张。其结果，一是带来市场问题，二是引起生态环境的又一轮破坏。这是应当审慎对待的。

处理好经济发展和生态环境建设之间的关系，合理利用和分配水资源是一个重要的环节。水资源的严重不足是制约西北地区生态恢复建设和经济发展的瓶颈。近年来，新疆、宁夏、甘肃、内蒙古大规模开垦、扩种，经济用水挤占乃至剥夺了生态环境用水。西北内陆干旱区实际生态耗水只有284亿立方米。而实际需要最小生态耗水量为388亿立方米。导致原本就十分脆弱的生态环境变得更加恶劣，植被大面积枯死、沙漠化东进南侵。塔里木河、黑河等一些重要的内陆河流，上中游大规模发展灌溉，损害了中下游的生态环境，造成大面积土地荒漠化。生态环境用水是用水大户。根据多年来的研究，在西北地区一般应有30%的水资源量为生态用水，这部分水量必须给予保证。

在生态恢复和建设中，处理好经济发展和生态环境保护之间的关系的关键是要使两者的效益相结合。既不能以牺牲生态环境为代价发展经济，也不能片面地强调生态环境保护，而忽视了扶贫富民目标的实现。这两种发展方式都是不可持续的。在规划和实施"西部开发"的过程中，在"山川秀美"工程实施过程中，存在另一种倾向，就是普遍存在着认为生态建设就是单纯的"退耕还草还林"，部分地区出现了"一哄而上"的现象，甚至由此引发一些不按科学规律办事的结果。其中一个重要原因，就是忽视生态建设与其他产业发展之间和生态建设与扶贫富民之间、植被重建与土地合理利用之间的关系。处理这种关系，要求生态环境建设与富民增收并举。把恢复植被和建设生态农业作为主攻方向，调整土地利用结构，开发替代产业和增加就业机会，使生态建设和经济发展很好地结合起来。

西部生态环境建设的效果，直接关系到我国可持续发展战略能否得以实施的大局。由于干旱化和不合理的土地利用引起的荒漠化的扩展，我国西北地区成为全球四大沙尘暴高发地区之一，从而导致2000年入春至四月中旬北方连续出现七次大范围沙尘暴天气。长江、黄河源头地区植被的破坏，水土流失的增加，已经成为这两大河流及流域生态安全的严重隐患,影响到长江、黄河两大河流中下游的生态安全和经济安全。因此,西部生态建设,也是为我国东部地区率先实现现代化创造一个良好的环境,东部发达地区对西部地区给予必要的经济利益补偿也是必要和合理的。建议中央将这种利益补偿机制作为加强地区合作的一个重要的政策措施。

## 六、经济发展与社会发展

中华人民共和国成立后的前三十年,中央政府在国民收入很低的情况下,将较多的资金用于发展各地区的教育、科技、医药卫生等社会事业。西部地区社会发展水平与全国没有明显的差距。改革开放20年来,随着我国经济的大幅度增长,综合国力迅速增强,社会发展水平也明显提高。但是,西部地区与全国及发达地区在经济和社会发展水平方面的差距都已经拉大了。

1997年,全国的人类发展指数为0.701,西部地区的10省(自治区、直辖市)全部低于这个水平。其中在0.5~0.6的是陕西、青海、云南、贵州,西藏在0.5以下。除新疆外,全部都在各省(自治区、直辖市)排列的第20位之后。西部地区平均受教育年限远低于全国的平均水平,15岁及15岁以上文盲、半文盲比重为27%,比全国平均水平高11个百分点。西部地区人口自然增长率近年来每年均高出全国平均水平20%左右。人口增长快,社会事业发展水平低,增加了经济发展的压力,也是导致生态环境不断恶化的主要原因之一。

在西部地区发展中,正确处理经济发展与社会发展之间的关系非常重要。根据世界上一些国家区域发展的实践,中央政府应更为重视消除地区间社会发展的差距。而且,消除地区间经济发展水平的差距较为困难,而消除地区间社会发展水平的差距较为容易,并且有助于加快经济发展差距的缩小。目前,西部地区与全国的社会发展差距小于其经济发展差距。1999年西部地区人均GDP相当于全国的73%，而平均社会发展指数相当于全国的81%。

中央政府在发展西部地区的教育、科学技术、扶贫等方面已经制定了一系列政策和措施。在西部各地区制定的"十五"规划中，部分地区对经济发展的规划都很具体，而对社会发展目标和措施的规划比较笼统。我们建议，争取用20年左右的时间，使西部社会事业的发展水平争取赶上东部地区。首先，在普及基础教育、提高国民素质的同时，针对"西部开发"的需要，加强科技普及和创新能力的建设。西部开发的模式应由以开发矿产资源为主，转向重点开发人力资源、知识资源、民族文化资源及其他西部地区优势资源。建议设立国家教育西部专项基金，加速发展多样化的教育体系。加速科技体制改革，提高本地区科技普及和创新能力。特别是在农业、环境保护、资源开发、人口与卫生等领域，要大幅度提高政府对研发的投入。其次，进一步加大扶贫力度。根据扶贫攻坚的长期性，分阶段实施贫困地区发展目标。一方面，增加健康投资，改善贫困地区用电用水等基本生活和生产条件；另一方面，及时调整反贫困战略的政策导向，制定综合性的反贫困战略政策体系。尤其要抓住"西部开发"的有利时机，将西部开发中的有关政策措施与消除贫困结合起来。

# 关于我国现阶段区域战略的认识和建议[①]

**编者按：**

从"十一五"开始，各省区市大都非常重视国家的"区域发展战略"，努力使自己的一部分区域上升为"国家战略"范畴。作者认为，当时已经获批的"国家战略"中有相当一部分区域不可能是国家的战略重点区域。指出，我国区域发展的战略重点自改革开放以来就置于沿海地区。其中，以首都北京为核心的京津冀大城市群、以上海为核心的长江三角洲大城市群和以香港、广州为核心的珠江三角洲大城市群的明确定位与优化发展是构建和提升面向国际经济体系的中国国家竞争力的最重要平台，正在成为"十二五"及此后一个较长时期内国家的"区域战略"的主要组成部分。报告还对三大城市群中首都北京、上海、香港与广州等各自的经济功能地位作了简明的分析。

## 一、我国区域发展的战略重点应长期在沿海地区

"西部大开发""东北振兴""中部崛起""沿海地区率先实现现代化"等组成为我国现阶段区域协调发展战略的构架。但是，我国现阶段区域发展的战略重点在哪里，反而变得有些模糊了。实际上，我国区域发展的战略重点自改革开放以来就置于沿海地区，现在和未来很长一

---

① 本文原载于《中国科学院院士建议》，2012年第6期（总第237期），2012年7月19日。报告撰写人为陆大道。

段时期内也都在沿海地区。沿海地区的率先现代化和大规模地进入国际经济循环，无论在国家政策层面还是在经济发展水平、产业结构升级、大规模基础设施建设及大都市区的发展等方面，都说明了这一点。

19世纪末，地缘经济学家就将海洋称之为"伟大的公路"，是国家富强的基本决定因素之一。长期以来，全球经济总量的60%以上集中在海岸带纵深100千米左右的范围内。特别是在全球化和信息化的大背景下，世界上的经济和人口愈来愈集中到沿海地区。我国沿海地区正在形成大都市经济区和众多的人口及产业集聚带。沿海地区在全国GDP增长速度、经济总量和产业结构层次、经济国际化程度及国际竞争力等方面，必然占有很大的份额和优势。

我国区域发展的战略重点长期置于沿海地区，完全符合全中国人民的整体利益和长远利益，也科学地反映了客观规律的要求。人类的社会经济活动受海洋的吸引是长期趋势。在经济全球化和信息化迅速发展的今天，沿海地区的发展优势进一步加强了。

影响乃至决定我国各地区经济发展水平差距的主要因素有自然基础、历史基础、区位（自然的和历史的）、科学技术创新等。近年来，全球化、信息化的发展也是导致我国区域发展差距扩大的重要原因。我国是幅员大国。现阶段基本上处于工业化发展的中期，其特点是高速经济增长及较低的人均经济总量，这些情况使得区域间发展不平衡成为高速经济增长难以避免的副作用，而从不平衡到较为平衡的发展将是一个长期的过程。

## 二、关于"十二五"阶段的"国家区域战略"

区域发展战略是国家关于在一定发展阶段内各（类型）区域的发展方向和总体格局的指导思想和基本方针的概括。从"十一五"开始各省（自治区、直辖市）就非常重视国家的"区域战略"，都在努力使自己的一部分区域上升为"国家战略",即将本地区的重点区域进入"十二五"国家战略(区域)的清单,写进国家"十二五"规划的文本。现在,大部分地方性的"重点地区"已经被批准为"国家战略"的组成部分,主要名目有"经济区""生态经济区""经济带""城市群""都市圈"等。

正在实施的"十二五"规划文本将"国家战略"区域分别在区域协调发展战略和主体功能区战略两种类型中列出。看起来,它们都是国家的战略重点区域,但仔细分析,它们中相当一部分不可能是国家的战略重点区域。原因是各地区提出"国家战略"的重点区域,区域名称多种多样,类型和内涵也各不相同。有些区域肯定不能作为国家战略(组成部分),名不副实。一些省(自治区、直辖市)将自己范围内的欠发达地区经过规划("包装")上报要求成为"国家战略"的,基本上是省内平衡发展的政治和经济需要;另外,这些"国家战略"区域整合后不成为一个全国性系统,且所占国土面积范围过大。

## 三、关于三大都市群和都市经济区的定位

在全国及各地区的国民经济高速和超高速增长的同时,我国产业的空间集聚也不断发展,大城市经济区和诸多的城市与产业集聚带正在形成。

在全球化和新的信息技术支撑下,世界经济的"地点空间"正在被"流的空间"所代替。世界经济体系的空间结构已经是建立在"流"、连接、网络和节点的逻辑基础之上。一个重要结果就是塑造了对于世界经济发展至关重要的"门户城市",即各种"流"的汇集地、连接区域和世界经济体系的节点,即控制中心。这是当今世界上最具竞争力的经济核心(城市)。这种核心(城市)成为国家或大区域的金融中心、交通通信枢纽、人才聚集地和进入国际市场最便捷的通道,

即资金流、信息流、物流、技术流的交汇点；土地需求强度较高的制造和仓储等行业则扩散和聚集在核心区的周围，形成庞大的都市经济区。核心区与周围地区存在密切的垂直产业联系。核心城市的作用突出地表现为生产服务业功能（如金融、中介、保险、产品设计与包装、市场营销、广告、财会服务、物流配送、技术服务、信息服务、人才培育等），而周围地区则体现为制造业基地的功能。在当今全球化和信息化迅速发展的时代，核心城市还往往是跨国公司地区性总部的首选地。具有上述垂直产业分工和空间结构的大都市经济区是当今世界上最具竞争力的经济核心区域，如纽约、伦敦、巴黎、东京等。

我国已经成为世界第二大经济体。三大都市群，即以北京、天津为核心城市的京津冀、以上海为核心城市的长江三角洲、以香港和广州为核心城市的珠江三角洲等已经具备条件逐步建设成为对东亚、对世界经济有明显影响的全球性大城市群及以它们为主体的都市经济区，成为全球性"流"的交汇地、连接国家和世界经济体系的节点和控制中心，成为世界上最具竞争力的经济核心之一，是中国进入世界的枢纽，世界进入中国的门户。

三大都市经济区的明确定位及其优化发展应当成为"十二五"及此后一个较长时期内国家的"区域战略"（或重要组成部分）。实施这样的战略定位，就需要组织编制三大城市群及其相应的三大城市经济区的区域规划。规划的主要内容建议包含以下方面。

（1）区域的整体功能及城市发展方向定位。

（2）瞄准国际趋势，调整产业结构，逐步建成为具有强大竞争力的产业体系。

（3）促进空间重组和整合，有效引导人口、产业适度集中。

（4）优化城乡土地利用结构，严格保护耕地，积极治理水污染，改善水环境质量。

（5）加强区域性基础设施的统一规划建设和一体化管理。为此，必须坚决跨越现行体制的"门槛"。

## 四、关于北京、上海、天津的主要经济功能定位

20世纪70年代末我国改革开放从东南沿海地区开始。90年代初国家决定在上海浦东实行特殊政策并进行大规模的以金融商贸中心为主的发展。自此以后，人们就期待着我国北方地区或者环渤海地区也出现类似上海浦东开发那样"国家行为"的"国家政策高地"。实际上，北京长期以来就是这样的"政策高地"。

改革开放以来30多年间，京津冀已经逐步成长成为中国三个大都市经济区之一。北京，作为国家的首都，随着国家经济实力的迅速强盛，正在成为金融、商贸、高技术及大规模研发、中介等高级服务业的基地。北京早已是我们国家的"政策高地"。这大部分是由首都的功能决定的，有些也是长期发展态势的自然延伸，不像东南沿海和上海浦东开发那样，是通过党和政府的最高政策纲领规定的。国际性的高级服务业机构进入我国，需要与我国中央政府及各部门打交道，它们的首选落户地当然是北京。

30年来，总部设在北京的金融机构占据中国金融资源的半壁江山，其中，对金融市场发展有重要影响的决策和监督机构——中国人民银行、证监会、银监会、保监会和实力雄厚的四大国有商业银行，其总部都设立在北京，同时，北京拥有11家保险公司的总部。逐步发展壮大起来的中国工商银行、中石化、中国移动等拥有国内前十家最大规模资产的企业，它们每一家的资产都有数千亿元至数万亿元，它们的总部在首都北京，就自然会产生庞大的总部经济。这种情况并不奇怪。许多发达国家的首都也都是由于这种功能而发展成为国际大都市和国际性金融和商贸中心的，如东京、巴黎、伦敦、首尔、新加坡

市等。

我国正在成长为全球经济大国,在经济全球化过程中的地位愈来愈重要,将很可能成为世界金融中心大版图中的重要一极。这样,必然会逐步形成1~3个具有国际意义的金融中心城市,并与若干个次级金融中心组成布局合理的金融中心体系。北京作为我国的政治中心具有成为国际意义的金融中心的重要优势,不仅仅可以建成为国家金融决策中心、金融监管中心、金融信息中心和金融服务中心,同时也应该发展成为金融营运中心和金融交易中心。

天津及其滨海新区开发具有相当的优越条件和发展前景,主要体现在航运中心、先进制造业、原材料工业、物流业、仓储业、产品设计与包装等方面。天津滨海新区开发的目标和内涵不适宜与北京、上海浦东类比。上海的腹地几乎包括大半个中国,产业和人口密集。上海在历史上也就是这样很大区域的门户和枢纽。其主要经济功能是国家乃至国际性的金融中心、商贸中心,中介服务及市场营销、广告服务中心,综合性的交通通信枢纽,人才聚集地和培育中心,以及进入国际市场最便捷的通道、门户等。

# 第三篇

# 区域可持续发展问题

# 未来1/4世纪我国的环境危机及对策[①]

**编者按：**

本文简要分析了改革开放以来十多年间我国高速经济增长引起局部地区严重的环境污染。从经济增长趋势、工业化与城镇化发展阶段及环境污染与生态建设投入的限制等因素分析，认为我国未来1/4世纪内环境将呈现出恶化趋势。至2020年前后，我国环境污染恶化的趋势将开始得到扭转。提出了在这段时期内如何减缓环境污染压力的建议。报告具有一定的预见性。

## 一、高速经济增长引起严重的环境污染和资源短缺

20世纪80年代以来，我国环境污染已由少数人中城市郊区扩大到广大的人口密集地区。据不完全统计，受工业、城市污水污染而没有清洁水体的平原、三角洲、河谷地带等环境恶化地区占地面积约70万～80万平方千米，约为1980年以前的5倍。在此范围内居住的人口达1.5亿～2亿人，严重的水体污染已威胁到其中几千万人的健康。此外，还有100多万平方千米的人口密集地区大部分水体受中度至严重污染。长江、淮河、辽河、珠江等大河流的污染也相当严重。

大量耕地被占用。仅珠江三角洲1980～1992年耕地减少400万亩

---

[①] 本文原载于《人民日报》编辑部《内部参阅》，1995年第19期（总第258期），1995年5月15日。报告撰写人为陆大道。

（绝大部分为优质耕地！）。1992年全国净减600多万亩耕地。20世纪末21世纪初，广东、福建、浙江、江苏等省的人均耕地将降到0.8亩乃至0.6亩以下，沿海几个省（自治区、直辖市）一般年份缺粮1500万吨。

环渤海三省二市平均年缺水已达100亿立方米，东南沿海许多城市也存在供水不足问题。由于大量开采地下水，沿海地区部分沿岸地带海水浸入纵深达10~20千米。

45种主要矿产中目前已有11种难以满足需求。如果地质勘探方面没有重大突破，2000年左右将有1/2的矿种不能满足需要。资源的供给短缺，又会诱发和加重生态环境问题。

此外，还有日益严重的工业废弃物污染，农药与化肥污染等。

严重的环境与资源问题，可能会严重阻碍我国的社会经济发展。

## 二、在未来1/4世纪内，环境呈恶化趋势

至2000年前后，我国将开始进入经济大国之列。至2020年，我国将基本完成工业化中期的发展目标，预计人均国民生产总值（GNP）将达到3500美元以上，在生活水平的某些方面基本赶上中等发达国家。在这个目标实现之前的1/4世纪内，我国的环境呈现出逐步恶化的趋势。实施正确的方略，可以减缓环境危机及压力。进入21世纪20年代之后，生态环境状况将可能获得真正的改善，开始经济发展与生态环境真正协调的进程。

1. 我国经济需要争取长期适度的快速增长

为了应对全球日益严重的生态环境问题，一部分西方学者认为应当抑制各国的经济增长，提出了"低增长"和"零增长"的主张。我国不能接受"低增长"（按西方经济学的观点，GNP的增长率应为2%~3%），更不能"零增长"。我国的人均GNP才几百美元，只有加

快发展，才有可能逐步解决生态环境问题。我国长期保持6%～8%的经济增长率（如2000年前设定为8%，2000～2020年可设定为6%），不仅是必要的，而且是可能的。2020年后，经济增长将逐步趋向平缓，进入工业化后期阶段，相应的经济增长对环境的压力也将减轻。

2. 在工业化的初期和中期，经济高速增长，资源消耗强度大、废弃物排放量大的产业必然占据主体地位

钢铁、石油化工与建材、火电、有色冶金、造纸等均属于资源消耗强度大、废弃物排放量大的产业，属于"大污染"的"三大部门六大企业"范畴。由于我国工业化起步晚，国内需求压力很大，这些产业在一个相当长的历史过程内还要以较快的速度增加规模。

3. 未来1/4世纪我国人口持续大量增长，2010～2020年总量达到高峰；大规模人口城镇化将在相当程度上改变消费结构，额外增加能源、水资源的消耗，废弃物也相应增加

我国人口每年净增1000万人以上，2010～2020年达到高峰，将超过15亿。我国城市人口的生活用能源消耗相当于农村人口的3～5倍，淡水的消费量也大得多，且城市取水集中，对局部地区的水资源平衡往往会产生很不利的影响。如果对人口流动不加控制，至2010年，将有5亿左右的人住在城市区域，其中可能有2亿人口住在大中城市的城乡接合部。城乡接合部的面积将不断扩大，空间拥挤、基础设施差，加之工业与城市污染，这一区域将产生突出的生态和社会问题。到2020年以后，我国人口总量和城市化速率将会缓慢下降，对生态环境造成的压力也将趋缓。

4. 我国人均国民收入还很低，在相当长的时间里不可能有大量的资金用于环境治理和生态建设

国家只有在经济实力和福利水平提高情况下，才可能在国民收入再分配中将较大的份额用于生态环境保护。在部分西方发达国家中，

用于环境与生态方面的资金占 GNP 的比重自 20 世纪 80 年代以来呈明显上升的趋势。美国用于污染治理方面的资金占 GNP 的 3.5%，而我国只占到 0.7%~0.8%，而且由于各方面的原因，有相当一部分资金并没有发挥作用，污染治理能力赶不上污染增加的程度。

## 三、减缓环境危机的对策

我国应该实施两类生态环境问题同时整治的战略方针，即在继续加强对水土流失、沙漠化、洪涝、干旱综合治理的同时，把环境污染的治理、地面沉降和海水浸入的控制、酸雨现象的根除、开辟新的居住地改善亚城市化地区的生活状况等提高到为子孙后代造福的战略高度。具体措施有以下几方面。

（1）增加国民收入中用于环境治理所占的份额比例。至 2000 年和 2010 年，我国国民生产总值可能达到 3.82 万亿和 6.84 万亿（1990 年价），如以 2% 用于生态环境投资，则分别为 760 亿和 1370 亿人民币，再加上企业本身的治理资金（总量可能超过此数），就可能减缓日益严重的工业污染的影响。

（2）根据各大区的自然环境特点和环境负荷承载能力的大小，对全国工业布局实行宏观调控。我国大型的能源（火电）、原材料工业的大厂应重点在东部沿海、长江沿岸地带新建和扩建。至于在微观和中观范围内，工业合理布局对减轻污染的危害也是有一定作用的。

（3）明确污染治理的责任，改革产品成本核算制度。目前还没有明确污染物治理的责任范围，工业排放"三废"不合标准的，通过收取罚款了事。解决工业排放污染的根本办法是工厂自己处理"三废"，达到排放标准，真正做到"谁污染，谁治理"。企业由于排放废弃物给社会带来危害，应将全部需要的治理资金和其他方面的损失计入产品的生产成本，政府从中提取部分资金作环保专用基金，用于环保工程的建设。

（4）节约利用资源，建立资源节约型的社会经济体系。广泛存在的工业污染，既危害了人类生活和工作的环境，又浪费了许多宝贵的资源。建立消耗资源少的产业结构，发展节约资源、重复利用资源的工艺技术，必然会减少废弃物的排放量。

（5）加强人与资源、环境相互关系的理论研究，并对此做广泛的社会宣传。

# 我国能否保持经济的长期高速增长[①]

**编者按：**

本报告分析了改革开放至1992年我国经济高速增长的基本因素。与此同时，也付出了不小的代价，即生态环境恶化、面临着通货膨胀的压力等。针对1991～1995年年平均增长11.7%的情况，认为超高速增长难以持续。但从经济因素本身考量，可以保障获得长期较高的增长速度。所以，经济增长总体目标可以确定为长期适度的快速增长。

## 一、长期高速增长的因素

1979～1992年我国国民生产总值年平均增长为9.1%。1993年、1994年分别达到13.4%和11.8%。实现这种持续高速增长的直接原因有以下几方面。

（1）大量的资金投入。1985～1992年全社会固定资产投资达到2.9万亿元，其中1992年为7855亿元。1993年投资总额较1992年增加了50.6%，1994年又比1993年增加25%左右。与此同时，1978～1991年实际利用外资786亿美元，1992～1994年分别利用外资192亿、398亿和338亿美元。

（2）出口大幅度增加。我国出口导向战略获得初步成功，

---

[①] 本文原载于《人民日报》编辑部《内部参阅》，1995年第20期（总第259期），1995年5月22日。本报告撰写人为陆大道。

1980～1994年我国出口总额由181.4亿美元上升到1200亿美元，年均增长约14%。出口增长对整个经济增长的贡献大约占25%。出口增长对我国沿海地区经济发展的作用更大。1978～1990年广东出口年增长速度高达29%，为GDP年增速（12.4%）的两倍多。一些沿海省市的外贸盈余一直稳定在出口值的30%左右。1994年我国成为仅次于美国、德国、英国、日本、法国、荷兰、比利时、意大利和加拿大的第十大出口国。

（3）产业结构调整升级。在宏观产业结构方面，第三产业比重有了增加，1993年达到27%；第二产业规模增长很快，在GDP的比重也有提高。在工业构成中，轻工业增长快，特别是纺织品和服装业增长最快。家用电器和以电子工业为中心的高技术产业也有明显增加。冶金、石油化工、机械等也有了很大加强。产业结构调整是出口大幅度增加的一个重要原因。

（4）固定资产投资愈来愈集中于经济发达、效益好和出口势头好的沿海地区。不仅国家资金、外资集中于沿海地区，而且中西部地区的资金（近10年总计在1000亿元以上）也大量流入沿海地区。由于沿海地区以港口为枢纽的综合运输及航空运输能力、新产品的引进消化能力、金融环境等都有很大的提高和改善，其投入产出效益和资金利税率大约高出西部地区80%～100%。这表明，经济增长与区域不平衡发展之间的"倒U"字型相关规律在我国经济发展过程中起了实际作用。资金向沿海地区的较大倾斜导致全国经济总量的较快增长。

## 二、长期高速增长的代价

但是，高速增长也让我们付出了不小的代价。

（1）生态环境普遍恶化。由于经济高速增长，水、土资源被加速消耗，特别在沿海的三个大的三角洲和大中城市集聚地区，水体被污染的情况愈来愈严重。大量的优质耕地被占用,东南沿海地区森林覆盖率下降,部分地区水土流失和荒漠化加剧。在沿海地区许多大中城市,形成了大规模的城乡接合部,其中环境问题和社会问题都相当突出。生态环境的恶化,还由于用于环境治理的资金太少,近几年只占到 GNP 的 0.7%(美国占 3.5% 左右)。

(2)巨大的通货膨胀压力。近三年 GDP 增长连续超过 10%,相应地,零售物价指数大幅度上升。1994 年我国消费物价指数达到 21.7%。

## 三、超高速将难以持续

近几年来,大部分地区经济增长率超过 10%。沿海各省(自治区、直辖市)中 1993 年 GNP 增长超过 20% 的有江苏、浙江、福建、山东、广东、广西、海南。可以肯定,大范围这样高速、超高速增长,如果不是含有较大"水分"的话,将难以持续。美国一个世纪以来,除了 20 世纪 30 年代初经济危机时的负增长(-12% 增长率)和危机之后几年的高增长(1934~1942 年平均率为 10.9%)外,其余年均增长率为 3.5%~4%。第二次世界大战后日本有两个 5 年经济增长达 10% 和 10% 以上(1946~1951 年为 10%,1965~1970 年为 12.2%),1951~1965 年约 8.8%,1975 年以来一直下降。半个世纪以来,日本经济从高速增长演变为稳定增长。美国、日本均为经济大国。我国经济增长的轨迹可能将类似日本。韩国、新加坡,以及我国的台湾地区、香港地区在以往 20~30 年内也实现了高增长,但其地域范围小,基本上是靠出口导向促进了高速增长,我国经济的出口导向难以达到那样的程度。

(1)资金投入增长将受到抑制。据对沿海一些地区的调查,从近一两年起,绝大部分省(自治区、直辖市)的社会固定资产投资增长不可能如过去几年那样快,一个重要原因是普遍要在交通、能源等方面上建设数量众多的项目。甚至有的地区，今后几年的投资将呈下降态势。1983～1993年利用外资年均增长41%。据美国商业报纸报道：中国近两年每年利用外资均已接近最高点。今后每年利用的外资量，将不会继续大幅度增加。在投资方向上，基础设施、城乡建设等将比以往占用较大的份额。

（2）市场进一步扩展困难，将成为经济增长的制约因素。20世纪80年代以来的高速增长，在相当程度上依靠出口（进口在内）的迅速增加。由于我国出口产品技术含量低，要大幅度增加出口值，基本上只能依靠扩大出口量。在现今国家间、地区间贸易壁垒和摩擦不断发生的情况下，加上基数的扩大，我国出口增长的速度也将逐步慢下来。由于沿海地区出口导向战略的成功，1980～1992年工业品出口占全部出口品的比例由约50%上升到约80%。从出口工业品构成可知，纺织品、布匹、服装、工艺品之类的产品占了很大的比重，而机电产品的进出口贸易近年来每年有300亿元左右的赤字。今后要继续增加工业品出口的比重，速度也将较为缓慢。

（3）要消除高位通货膨胀率带来的危险，政府需严格控制经济增长速度。其措施包括提高存款利率、控制商业银行信贷规模、控制消费基金的过分上涨等。

（4）国民的生态环境意识将显著加强。这将对过高的经济增长率形成舆论上的压力。

## 四、目标是保持经济长期适度的快速增长

虽然过去若干年我国经济超高速增长，并带来一些问题，但经济因素本身并不会导致经济的停滞和挫折，仍可能获得长期的较高增长速度，这是因为：

（1）过去十多年特别是近三年经济连续超高速增长，社会供给能

力大为增强,已具备经济较快增长的物质条件,其中包括外汇储备有了较大的增加。一系列改革措施已开始发挥积极作用,表明我国经济的适应能力大为增强。

(2)国内市场需求呈稳定增长趋势。如果我国注意发展外贸的多元化战略,国际市场不至于出现大的波动。如能恢复我国的"关税及贸易总协定"(General Agreement on Tariffs and Trade,GATT,简称"关贸总协定")缔约国地位,则国际市场状况将更为乐观一些。

## 五、经济增长的阶段性及可能遵循的轨迹

我国是典型的发展中大国,经济发展过程也有明显规律性。20世纪70年代初,我国即开始重化工业发展阶段。由于经济基础薄弱,国土辽阔,人口众多,重化工业发展过程将是相当长的,可能到2015~2020年才能基本完成。也就是说,在今后20年间与重化工业发展相应的经济增长速度可能较高。由于我国经济正在实现国际化,在这个阶段,也将出现某些成熟阶段的特征。日本作为经济大国,对国际市场的依赖程度比我国大得多,在第二次世界大战前已经历了几十年的工业化,其重化工业的高潮是从战后至70年代初,这期间经济保持8%~10%的速度。近20年来,日本经济"正患成熟的工业国家的中年疾病",增长速度缓慢下降。80年代我国经济平均年增长9%,近年来的超高速增长是在特殊背景下的超常规发展,预计今后20年总的增长速度将在7%或8%左右。大约到2020年,我国人均GNP将达到3500美元以上,开始进入工业化后期阶段,社会福利水平明显提高,环境恶化趋势开始扭转,经济由较高速增长过渡到平稳增长。

# 全国功能区域的划分及其发展的支撑条件[①]

**编者按:**

2004年,陆大道和樊杰具体组织完成了《全国功能区域的划分及其发展的支撑条件》咨询报告,对我国20多年来国土开发与建设布局的无序乃至失控的状况进行了深刻分析,尖锐地指出:在一些高速经济增长的地区特别是大城市地区的经济与社会发展与环境、生态及资源状况之间的矛盾已经相当严重,明确提出未来必须"按照功能区构建中国国土开发和区域发展格局"的建议。当时在报告中,将全国划分成全国综合经济区、重点发展功能区与生态建设重点功能区。其中"重点发展功能区"中又划分都市经济区、人口-产业集聚区、能源-资源重点开发区、农业综合开发区等。报告的主要建议被国家"十一五规划"起草组采纳。在《中华人民共和国国民经济和社会发展第十一个五年规划纲要》中被直接采用。胡锦涛同志在党的十七大(2007年)报告中进一步强调了形成主体功能区的要求。2011年,国务院正式批准实施《全国主体功能区规划》。2012年,在《中华人民共和国国民经济和社会发展第十二个五年规划纲要》中,形成主体功能区、促进区域协调发展被提升为"国家战略"。功能区的划分及实施的相

---

[①] 本报告为国家发展和改革委员会委托的咨询研究项目报告,2004年4月8日由中国科学院上报。报告课题组由孙鸿烈、郑度、陆大道牵头,陆大道与樊杰具体负责组织实施补充调研、讨论、报告编写、上报等。课题组成员还有:陈田、张文忠、刘卫东、吴绍洪、杨勤业、谷树忠、刘彦随、张文尝、李丽娟、周成虎、王传胜、戴尔阜。

应管制政策在西欧部分国家20世纪80年代已经有之。我们的作用是：考察并及时指出了我国国土开发及空间管制方面存在的突出问题及对国家可持续发展的严重影响，阐述了对区域开发实行"倡导"或"禁止"的理念与实施相关政策的极端重要性和可行性。2004年之后，樊杰研究员配合国家发改委在我国主体功能区划分指标体系、等级结构、政策设计等方面做出了一系列杰出的工作，并被推荐在中央政治局集体学习会上做了讲座。

20多年来，我国取得了持续高速经济增长和大规模城市化的辉煌成就。但国土开发和建设布局出现无序乃至失控，许多高速增长的地区特别是大城市地区，产业和城市布局混乱，社会和经济发展与资源、生态、环境之间的矛盾和冲突表现非常严重。一些生态脆弱地区的人口和经济发展压力太大。许多地区的自然资源过度开发利用，生态和环境状况严重恶化。一些地区的基础设施供应不足，发展潜力未得到充分的发挥。地区间产业和基础设施重复建设，特别是大型基础设施没有跨区域的联合开发和共同使用，不仅不合理，更是造成巨大的浪费。开发区建设过多。中小城市摊子太大，大城市的郊区化过程过快，土地等国有资产大量流失。不管具备不具备条件的行政区域都要求实现工业化和GDP翻番，加剧了部分地区发展与水土资源的尖锐矛盾。某些产业发展势头过猛，超出所在地区的资源支撑能力。在一些地区部门规划互不协调，在一些跨行政区域范围不同地区在资源利用、环境保护、基础设施建设及管理方面的利益和权限，矛盾重重，等等。

长期以来，我国的规划体系不健全，只强调国民经济和社会的发展规划，没有开展以国土开发和生产力布局为主要内容的区域规划。区域规划包括全国国土规划、区域规划、城市（镇）规划、土地利用规划等，可以理解为地域空间的"布局规划"。我国是一个地域辽阔但人均资源严重不足的国家,如果不能科学协调地利用有限的空间和资源,将会严重阻碍我国小康社会的建设和整个现代化的进程。发达的市场经济国家一般不干预地区的产业发展,但相当重视全国性的和地区性的区域规划工作。一些国家的成功经验很值得我们借鉴。

区域规划的重点是将与开发建设有关的资源开发、环境整治、城乡建设和生产力布局各项规划落实到具体的地域空间。是市场经济条件下政府利用可调控资源、实现政府发展思路和政策导向的科学依据和有效手段,也是新时期加强政府宏观调控的重要环节。对于上述问题及建设和发展中的地域上的矛盾及冲突,通过区域规划加强地域综合协调和管理,也是实施新的发展观实现可持续发展的重要措施。

## 一、区域规划的地域范畴

为了编制区域规划和提出、实施相应的区域政策,需要根据我国的自然基础、现阶段的社会经济发展目标和长期高速增长引起的大量区域问题,按照科学的原则和指标,提出我国未来15~20年发展和治理的功能区划方案,并确定各主要功能区的主体功能和发展原则,提出促进不同功能区可持续发展的支撑条件。

由于我国地域辽阔,各地区的自然地理、生态与环境条件及社会经济发展的差异很大。根据影响我国区域发展的自然要素和社会经济要素,针对近年来在国土开发和生产力布局等方面出现的问题及实现各种类型区域可持续发展的要求,我们建议需要划分出三种类型的综合功能区,即:综合经济区、重点发展的功能区、生态重点建设类型区。

第一类,是若干省(自治区、直辖市)组成的大区域单元——综合经济区。划分综合经济区是适应科学合理的全国国土开发和生产力布局宏观战略的需要,包括全国的人口、城市的宏观分布格局,能源、大型农产品生产基地、国际性的交通和信息枢纽的布局，各地区在国际化中的地位和在全国大范围内生态功能区的确定等。除了三大地带外，还需要以综合经济区为单元做出战略安排，以实现大区间的优势互补。综合经济区也是确定第二和第三类区域主体功能及发展原则的前提，因此是非常重要的区域规划单元。这种类型的规划区域单元在全国是全覆盖。

第二类，是属于今后20年我国重点发展和开发的区域。包括4种功能区，即：都市经济区、人口-产业集聚区、能源-资源重点开发区、农业生产基地。其中，都市经济区和人口-产业集聚区是产业和城市重点发展和集聚的地区，即重点工业化和现代化的区域。都市经济区还是我国未来继续大规模推进国际化的重点地区。划分出这两种类型区域是为了整合优势，统筹重大基础设施建设，提高整体竞争力。对于这些地区，国家和地方需要继续加大投入力度，尽快改善发展环境，形成新的和加强原有的发展极，并形成好的人居环境。加强大城市地区的经济和基础设施的规划和重组，以形成大城市经济区和相应吸引范围的一体化。不包括仅有大城市但缺乏能够提供较大规模人口和产业进一步集聚空间的地区。能源-资源重点开发区是我国已经探明的能源和资源储量巨大、对全国的能源、资源供应具有重大影响并将大规模开发利用、大量输出的区域。不包括那些能源和资源开发的规模已经基本稳定的矿业地区，以及还缺乏有深度的地质工作近期尚难以安排大规模开发的地区。农业生产基地则是具有较大发展潜力并对我国农副产品供给安全具有重大意义的地区。

第三类，是需要进行重点保护和综合治理的生态类型区。这类区域的生态和环境背景多种多样。这类区域中，一部分主要由于人类不合理的开发利用资源，引起生态严重退化，甚至威胁到人类的生存和发展基础。这些区域需要控制资源开发利用规模，适度引导人口转移和减轻社会经济压力，并实施有力的治理措施。本报告提出的重点自然保护区域，是涉及较大范围并具有极为重要的生物多样性保护的区域，不包括所有的国家设立的自然保护区。

上述综合功能区的划分是针对国家对区域规划和管理的需要而进行的目标性很强的功能区域划分，不是从学科出发的区划体系。这三种综合功能区的规划组成具有密切关系的地域空间规划体系。由于全国国土规划及大综合经济区的规划在规划目标、组织机构、人力条件等方面尚不很具备，建议首先进行第二类功能区中都市经济区和人口-产业密集区的研究和规划，这类区域多数也是各种矛盾集中的跨行政区的地域范畴。第三类区域，是要求进行严格保护、治理的地区，需要进行规划并制定和实施相应的法规和措施。

## 二、功能区划方案及其支撑条件

### （一）全国综合经济区

1. 综合经济区划的基本原则

综合经济区划的总体指导思想是：充分考虑各地区在落实新的发展观和全面建设小康社会中应具有的主体功能。突出在市场经济体制建设中，中央政府在全国人口和城市宏观分布格局、能源及大型农产品生产基地建设、国际性交通和信息枢纽布局、具有全国意义的生态功能区保育等方面的宏观管理职能。适应国际形势的变化和全面加强国际竞争力的需要，塑造具有国际竞争力的区域单元。高度重视地缘政治经济态势，兼顾计划经济时期形成的经济大区格局及其所具有的优势。据此，确定综合区划的原则如下。

（1）综合经济区内部应具有一定的社会经济联系或历史渊源。

（2）综合经济区内部具有一定的地理特征一致性（资源或环境

的），但应服从于社会经济联系的原则。

（3）尽可能保持省（自治区、直辖市）行政单元的完整性，使区划具有可操作性。

（4）每个综合经济区一般应具有一个或两个超大城市作为组织经济活动的核心和参与全球竞争的门户。

（5）地域单元大小和人口规模之间的互补性，即综合经济区之间面积或人口规模不能相差太大。

（6）综合经济区内部在未来发展方向上应具有某些共性。

2. 综合经济区划方案

根据上述原则确定的全国综合经济区划方案（表1）由九个综合经济区构成。其中，受地理联系的影响，内蒙古、河南、江西和湖南被打破了省级行政界线，分属不同的大区。

表1　全国综合经济区划方案

| 大区名称 | 面积/万平方千米 | 人口/万人 | 门户城市 | 地理范围 |
|---|---|---|---|---|
| 东北经济区 | 127 | 11 671 | 沈阳大连 | 辽宁、吉林、黑龙江、蒙东地区（兴安盟、呼伦贝尔市、通辽市和赤峰市） |
| 华北经济区 | 91 | 26 449 | 北京天津 | 北京、天津、河北、山西、山东、蒙中地区（呼和浩特市、包头市、乌兰察布市和锡林郭勒盟）、河南中北部（安阳、鹤壁、新乡、焦作、商丘、开封、郑州、洛阳、三门峡和濮阳） |
| 华东经济区 | 45 | 22 221 | 上海 | 上海、江苏、浙江、安徽、江西北部（景德镇、九江、上饶、南昌、鹰潭、抚州、新余、宜春和萍乡） |
| 华南经济区 | 75 | 23 049 | 广州香港台北 | 广东、广西、海南、福建、江西南部（赣州和吉安）、湖南南部（永州、郴州、衡阳、邵阳）、香港、澳门、台湾 |
| 华中经济区 | 43 | 14 934 | 武汉 | 湖北、湖南北部（长沙、株洲、湘潭、娄底、怀化、湘西土家苗族自治州、张家界、常德、益阳和岳阳）、河南南部（信阳、驻马店、南阳、周口、平顶山、许昌和漯河） |

续表

| 大区名称 | 面积/万平方千米 | 人口/万人 | 门户城市 | 地理范围 |
|---|---|---|---|---|
| 西南经济区 | 113 | 19 352 | 成都重庆 | 重庆、四川、云南、贵州 |
| 近西北经济区 | 110 | 7 072 | 西安 | 陕西、甘肃、宁夏、蒙西地区（鄂尔多斯、阿拉善盟、巴彦淖尔市和乌海） |
| 新疆经济区 | 164 | 1 824 | 乌鲁木齐 | 新疆维吾尔自治区 |
| 青藏地区 | 192 | 737 | NA | 青海、西藏 |

注：NA 为不适用。

3. 综合经济区的主要职能与发展方向

（1）东北经济区。

东北经济区是"一五"开始国家重点建设的老工业基地，也是全国最重要的和最具潜力的商品粮生产基地。东北经济区应继续发挥全国最重要的原材料工业和装备工业基地的作用，以及国家食物安全保障基地的作用。在国家"振兴东北等老工业基地"政策的支持下，尽快调整产品结构、实现产业升级，同时加快体制改革和创新、改善投资环境，建成具有国际竞争力的重型装备制造、钢铁、石化、汽车、医药等加工工业基地。要以沈阳和大连为门户城市，加强该地区参与国际产业分工的能力，使哈大铁路沿线成为东北亚地区最重要的产业聚集区之一。

在区域性基础设施方面，应尽快修建京沈与哈大客运专线，以实现客货运输分离、大幅度提高铁路运输能力；重点建设大连集装箱干线港和营口支线港，同时大力发展大宗散货运输系统，在大连、营口等港建设接卸矿石和石油的深水泊位，优化港口布局；适时建设"东水西调"工程，解决辽中南地区的缺水问题，同时大力开展海水利用，建设滨海节淡水产业带。本区局部地区沙漠化趋于严重，生物多样性减少，因此需加强森林生态系统、湿地生态系统和黑土地生态系统的保育工作。

（2）华北经济区。

华北经济区是一个产业结构层次和发展水平差异明显的区域。北京和天津是以高新技术产业及先进制造业为主导的发达地区，山东和河北是以一般加工制造业为主体的较发达地区，山西、内蒙古和河南是以资源开采及加工为主体的欠发达地区，具有良好的区域合作条件。华北经济区应成为我国北方地区实现现代化的先导区和示范区，以及对外开放和参与全球竞争的主要基地，建成全国最重要的包含高新技术研发、先进制造业、能源工业、原材料工业和轻纺加工等部门的综合性工业基地，以及现代化的优质粮棉畜产品生产和深加工基地。要充分利用北京、天津两个国际性门户城市的优越条件，加强华北地区的国际竞争力，使京津唐地区和山东半岛成为具有国际意义的制造业聚集区，并带动内蒙古中部、山西和河南中北部的发展。

在区域性基础设施方面，应尽快建设京沪高速铁路，并适时建设京广线、青（岛）太（原）线、徐（州）兰（州）线等客运专线，形成快速客运网；加快高速公路建设，在平原地区实现县县通高速；将天津港和青岛港建成为具有国际意义的集装箱干线港，秦皇岛港和烟台港为支线港；在加大节水力度和大力开展海水利用的同时，积极开展"南水北调"工程。本区北部草原退化和土地沙化比较严重，应积极恢复山区植被，构建良好的生态循环，改善北京、天津等大都市的生态环境。此外，应积极治理黄淮海平原的次生盐渍化。

（3）华东经济区。

华东经济区是我国目前最重要的经济聚集区之一，占全国国内生产总值的1/4；也是目前我国最具国际竞争力的制造业基地之一和主要外资流入地之一。在大量外资进入的带动下，华东地区已经基本上实现了产业升级,在信息产品、汽车、装备机械等领域具有较为雄厚的竞争实力,在石化、钢铁、轻纺等领域也保持着优势。华东经济区应继续发挥在全国领先推进现代化的作用和促进长江流域整体协调发展的推动作用,进一步加强国际竞争力,建成我国规模最大的、多功能的先进制造业基地和最重要的参与全球竞争的基地之一。同时,在农业科技园区带动下,建成国家优质创汇农业和现代农业产业化基地。要围绕上海这个国际性大都市,将长江三角洲建设成为全球最重要的制造业聚集区之一,并以此带动长江流域的共同发展。

在区域性基础设施方面,应尽快使上海发展成为东亚乃至世界航运中心之一,重点建设上海集装箱枢纽港,积极发展宁波和太仓两个干线港,稳步建设南京、镇江、张家港、南通和温州等支线港;加快建设京沪高速铁路,适时建设南(京)武(汉)、浙赣、宁(波)厦(门)等客运专线,将上海建成我国铁路快速客运网的中心枢纽之一;加快城市及区域性污水治理工程建设步伐,尽快解决本区相当严重的水环境污染问题。本区的丘陵地区水土流失严重,需以中小流域为单位,实施综合治理。另外,要加强保护沿海湿地生态系统。

(4)大华南经济区。

大华南经济区是我国最重要的、在全球具有影响力的经济聚集区之一,合计国内生产总值达到7600亿美元(其中,港澳地区1660亿美元,台湾地区3100亿美元)。通过大量的跨界投资,该区域已经形成了十分密切的产业联系,成为具有重要国际影响力的信息产品和轻纺产品(服装、玩具、家用电器等)制造基地。其中,香港是该区域乃至东南亚地区的首位门户城市,承担着广泛而先进的生产者服务业功能;台湾地区是信息产业研发和高档信息产品制造基地;广东和福建是本区域主要的制造业基地;广西、赣南和湘南则是制造业扩散区域和本区域农副产品主要供应基地。大华南经济区近期内应继续发挥作为全球重要的信息产品和轻纺产品制造基地的作用，以香港、广州和台北为核心，进一步加强国际竞争力。应加强高新技术产业的研发能力和产业化能力，推动产品结构和产业结构的升级。同时，应建成为我国最重要的以橡胶、甘蔗为主体的热带作物生产基地。此外，一个进一步经济整合的大华南经济区也具有促进祖国和平统一的重要作用。

在区域性基础设施方面，应进一步加强集装箱港口泊位建设，在保持香港地区国际航运中心地位的同时，重点建设深圳港，相应发展广州、厦门两个干线港及福州、汕头、珠海、湛江、防城、海口等支线港，形成布局合理、干支衔接、功能完善、管理高效的国际集装箱运输系统；尽快建设京广和温（温州）福（福州）厦（厦门）铁路客运专线，将广州建成为全国铁路快速客运网的中心枢纽之一；加快建设沿海到内陆山区的交通线，促进"山海互动"。本区的部分山区水土流失比较严重，局部地区石漠化，应积极恢复山区植被，防止水土流失和石漠化的发展。

（5）华中经济区。

华中经济区处于华东、华北和大华南经济区的交叉辐射范围之中，具有重要的区位意义，在解决东、中、西发展差异和"中部崛起"战略中有着举足轻重的地位。华中地区是具有全国意义的农产品主产区和重要的农副水产品加工基地，也是全国比较重要的汽车、原材料和部分装备机械制造基地。今后应加快改善门户城市武汉的投资环境和竞争力，积极接受沿海三大经济区的经济辐射，迅速推进工业化进程，建设成为全国重要的农产品加工（含食品）、汽车制造和原材料工业基地。充分发挥水土资源和经济区位优势，建成全国主要的高产稳产商品粮渔和优质"双低"油菜基地。

在区域性基础设施方面，应加快建设沿江铁路，适时建设沿江铁路客运专线，将武汉建成国家铁路快速客运网的中心枢纽之一；加强沿江港口集装箱泊位的合理布局和建设，加快集装箱运输和滚装运输的发展。本区地处长江中游，洪涝灾害时有发生，需积极采取工程和生物措施，防治洪涝灾害及其对生态系统的危害。

（6）西南经济区。

西南经济区是"三线"时期国家重点建设的地区，积累了一定的工业基础；地理上以山地丘陵为主，是大江大河的上游地区，水能资源丰富；同时，该地区是多民族聚集区，贫困人口比例较高。在今后相当长的时期内，西南经济区将起到全国绿色能源基地（水电开发）的作用，是"西电东送"主要电源基地；也是保障长江流域生态环境的重点治理和保护区。西南地区应围绕成、渝两个门户城市及水能资源的大规模开发，建设具有全国意义的能源原材料工业基地、部分高新技术产品研发和制造基地、国防工业基地、生物制药基地、全国重要的热点旅游区。重点发展机械电子、冶金（特别是钢铁和电解铝）、磷化工与天然气化工、生物制药、生态农业与食品加工、旅游等产业。另外，该地区的少数民族聚集区应是国家在社会发展方面重点支持的对象，支持的重点是基础教育和基础医疗。

在区域性基础设施方面，应修建成昆铁路、南昆铁路、黔桂铁路和湘黔铁路复线，加快渝（重庆）怀（化）铁路建设，进一步改善本区的对外交通条件；适时修建连接近西北的铁路（即西宁—成都线或者兰州—重庆线），远期修建滇藏铁路；同时积极开展国际铁路建设，修建中缅线和中老线。本区地形崎岖，地质灾害频繁，局部山区石漠化严重，应加强森林生态系统的保育，积极保护生物多样性、整治干热河谷。

（7）近西北经济区。

近西北经济区地理位置主要位于在黄土高原，煤炭及石油天然气资源十分丰富，是全国最重要的能源和重化工业基地之一；但生态环境比较脆弱，是黄河流域生态环境治理及其保障黄河干流运行安全的重点区域。近西北经济区的能源资源开发和重化工业发展必须坚持"开发"和"治理"两条腿走路，实现可持续发展。应以关中地区和兰州地区为核心，加强区域竞争力，由单纯资源开发导向型发展转向结构协调导向型发展，坚持资源开发与加工并重，强化资源的综合利用。重点发展煤炭及相关产业、石油及石油化工、有色冶金、国防工业、部分高新技术产品研发与制造（如新材料、航天航空）、特色农业及农产品加工业等。在农业方面，应积极发展具有比较优势的经济林果业、小杂粮生产和养殖畜牧业，建成国家水保生态型设施农业、园艺果业和生态草业的生产与深加工基地。

在区域性基础设施方面，应建设包兰线西段、西康线、兰新线兰（州）武（威）段复线；加快建设宁（南京）西（安）线，新建中（卫）太（原）线；同时，为避免兰州枢纽干线过于集中的弱点，适时建设临河至哈密的铁路；加强农业节水工程建设，合理、高效利用黄河水资源。本区气候干旱，降水量少，黄土发育，沙漠化严重，应以小流域为单元，构建水土流失和沙漠化综合治理体系。

（8）新疆经济区。

新疆维吾尔自治区面积辽阔、地理环境和区位特殊，因此宜单独作为一个大区来进行宏观管理。新疆地处西北干旱区，大部分为沙漠和戈壁，雪山融水的绿洲是社会经济发展的主要载体。同时，它紧邻地缘政治态势不是很稳定的中亚地区，维护边疆稳定的特殊作用十分明显，因而不能视为一个简单的经济区。新疆经济区应合理开发具有特色和市场竞争优势的自然资源，抓好基础设施建设，建成我国部分重要战略性资源后备开发基地（如塔里木盆地的油气资源），同时大力发展高效绿洲农业，建成以粮、棉、畜为主的商品性农产品生产基地，加快当地群众的致富步伐，增强民族团结、维护边疆稳定。新疆的资源开发必须以保护绿洲和雪山融水资源为前提，并科学地实施调水工程。在区域性基础设施方面，重点建设北疆铁路复线、南疆铁路吐（鲁番）库（尔勒）段复线，适时修建青新铁路（格尔木—库尔勒），远期建设新藏铁路。

（9）青藏地区。

青藏地区为高寒气候，是一个独特的地理单元和我国众多大江大河的源头，生态功能极其重要，但自然生态系统脆弱。总体上，本区域在全国意义上不宜承担经济发展的功能，而是承担生态功能和维护边疆稳定的功能，因而是中央政府应重点支持的对象。就区内而言，应以西宁、格尔木和拉萨（一江两河地区）为核心，重点搞好盐湖资源、油气资源、有色金属、高原特色农产品等的开发利用。在农业方面，应大力推进"一江两河"流域的农业综合开发与农产品基地建设，以及藏北高原人工草地建设和高寒畜牧业发展。

在区域性基础设施方面，除了正在建设的青藏铁路格（尔木）拉（萨）段外，应将其延伸至日喀则、林芝，远期延伸至大理，连通滇藏线；同时远期应修建格尔木至龙岗铁路，连接青藏线与兰新线，增强该区域的铁路网机动性。

### （二）重点发展功能区

划分我国重点发展功能区遵循以下原则。

（1）门户城市主导原则：主要体现以门户城市与区域的联系为基础，按照产业联系、人口集聚、信息和技术交流、生态环境和重大基础设施建设的空间发展和控制方向为核心，确定功能区的主体空间。

（2）国家战略资源保障度原则：按照资源集中、大规模分布的现状，以及未来国家经济发展对战略资源的需求程度，确定资源开发区。

（3）国家基本食物安全原则：为了确保国家的基本食物安全，在全国范围内划分出必要的农业开发基地。

（4）内部联系与集中连片原则：所确定的经济功能区内部必须要有密切的经济联系，尤其在空间联系主体方向上要具有一致性；同时，为保证在区域上集中协调和发展战略计划的统一实施，在具体划分中，尽量维持地域上的联片和集中。

（5）县级行政界限完整性原则：以县级行政区域为基本单元，适当兼顾地级和省级行政区域。在西部个别地区，考虑到县域范围较大，且有大片沙漠、高山等人烟稀少地区，因此在实际操作中，适当打破县域范围，将沙漠、高山等区域切除。

（6）现状与远景相结合原则：为体现经济功能区的指导性和前瞻性，划分结果在现状基础上进行了适当拓展。根据"点-轴"理论，拓展方向主要是沿海、沿江和沿重要交通轴线。

（7）空间发展与控制相结合原则：在明确功能区的发展方向和重点的基础上，要充分考虑生态环境、资源状况等对人口、产业集聚的限制条件和承载能力，提出人口、产业发展的空间限制内容和相应的调整方向。

根据上述原则，采用全国各县的 GDP 规模（总量、产出密度）、产业规模（总量、产出密度）、就业结构、城市化水平、地级以上城市的人口规模、经济规模、就业结构等指标，首先利用综合经济指标对全国进行综合评价，然后按照结构类指标对全国进行类型区划分，最后利用 GIS 分析软件，将上述区域叠置、整合，划分出都市经济区（5个）、人口-产业集聚区（带）（10个）、能源-资源重点开发区（3个）、农业生产基地（6个）。

1. 都市经济区

都市经济区是今后 20 年我国产业和城市重点发展和集聚区，是带动我国经济增长的主要引擎，也是我国参与国际化经济的重点地区（表2）。

表 2  都市经济区

| 名称 | 市县数/个 | 面积/万平方千米 | 总人口/万人 | GDP/亿元 | 地理范围 |
|---|---|---|---|---|---|
| 京津都市经济区 | 48 | 6.3 | 3 965.6 | 6 183.3 | 北京市区、大兴县、平谷县、怀柔县、密云县、延庆县、天津市区、宁河县、静海县、宝坻县、蓟县、唐山市区、丰润县、滦县、滦南县、乐亭县、迁西县、玉田县、唐海县、遵化市、丰南市、迁安市、秦皇岛市、青龙自治县、昌黎县、抚宁县、卢龙县、保定市、满城县、清苑县、涞水县、徐水县、定兴县、容城县、安新县、易县、雄县、涿州市、高碑店市、廊坊市区、固安县、永清县、香河县、大城县、文安县、大厂自治县、霸州市、三河市 |
| 长江三角洲都市经济区 | 84 | 9.8 | 7 640.2 | 15 033.6 | 上海市区、南汇县、奉贤县、崇明县、南京市区、江浦县、六合县、溧水县、高淳县、无锡市区、江阴市、宜兴市、常州市区、溧阳市、金坛市、武进市、苏州市区、常熟市、张家港市、昆山市、吴江市、太仓市、南通市区、海安县、如东县、启东市、如皋市、通州市、海门市、扬州市区、仪征市、江都市、镇江市、丹徒县、丹阳市、扬中市、句容市、泰州市区、靖江市、泰兴市、姜堰市、杭州市区、萧山市、余杭市、桐庐县、富阳市、临安市、宁波市区、象山县、宁海县、鄞县、余姚市、慈溪市、奉化市、嘉兴市、嘉善县、海盐县、海宁市、平湖市、桐乡市、湖州市区、德清县、长兴县、安吉县、绍兴市区、绍兴县、新昌县、诸暨市、上虞市、嵊州市、金华市区、义乌市、舟山市区、合肥市区、肥东县、肥西县、芜湖市区、芜湖县、马鞍山市区、当涂县、全椒县、巢湖市区、含山县、和县 |
| 珠江三角洲都市经济区① | 35 | 5.6 | 2 760.4 | 7 673.2 | 广州市区、增城市、从化市、深圳市、珠海市区、斗门县、佛山市、顺德市、南海市、三水市、高明市、江门市区、台山市、新会市、开平市、鹤山市、恩平市、肇庆市区、高要市、四会市、惠州市区、博罗县、惠东县、龙门县、惠阳市、阳江市区、阳西县、阳东县、阳春市、清远市区、佛冈县、东莞市、中山市、云浮市、新兴县,以及香港特别行政区和澳门特别行政区 |

续表

| 名称 | 市县数/个 | 面积/万平方千米 | 总人口/万人 | GDP/亿元 | 地理范围 |
|---|---|---|---|---|---|
| 辽中南都市经济区 | 28 | 5.4 | 2 417.2 | 3 787.5 | 沈阳市区、辽中县、法库县、新民市、大连市区、长海县、瓦房店市、普兰店市、庄河市、鞍山市区、台安县、海城市、抚顺市区、抚顺县、本溪市区、本溪自治县、营口市区、盖州市、大石桥市、辽阳市区、辽阳县、灯塔市、盘锦市区、大洼县、盘山县、铁岭市区、铁岭县、铁法市 |
| 成渝都市经济区 | 42 | 6.6 | 4 402.0 | 3 476.9 | 重庆市区、长寿县、大足县、荣昌县、璧山县、江津市、合川市、永川市、成都市区、金堂县、双流县、温江县、郫县、新都县、大邑县、蒲江县、新津县、都江堰市、彭州市区、邛崃市、崇州市、自贡市区、富顺县、泸州市区、泸县、德阳市区、广汉市、什邡市、绵竹市、绵阳市区、内江市区、资中县、隆昌县、乐山市区、夹江县、眉山市区、彭山县、青神县、宜宾市区、南溪县、资阳市区、简阳市县 |
| 总计/平均 | 237 | 33.7 | 21 185.4 | 36 154.5 | — |

① 数据统计中不包括香港特别行政区和澳门特别行政区的数据。

（1）京津都市经济区。

京津都市经济区是我国北方最大和发展程度最高的经济核心区，也是我国参与国际经济交流和合作的重要门户。未来将会成为我国区域经济增长的第三极，引领着我国乃至世界技术创新和高新技术产业发展的潮流，成为我国电子信息、通信设备、生物技术、新材料、机电一体化等高新技术产业的最大集聚区；钢铁、建材、汽车、石油化工等传统产业适当控制规模扩张，重点向环保型、节能型和高端产品发展。在产业空间发展方向上，要进一步发挥天津港和京唐港的优势，建设滨海产业密集带；鼓励生产性服务业、旅游业和科教文化等第三产业的发展，构建与世界城市相吻合的城市功能。合理引导京津产业的空间转移，带动周边中小城市的发展。

重点建设天津集装箱干线港和秦皇岛支线港，为促进京津及华北地区、西北地区的对外交流提供现代化支撑条件。加快高速铁路专线建设，实现以京津为核心的通达全国各大区现代化交通网。加强城际快速交通通道建设，以增强城市间的联系。建立有效的区域协调机制，解决京津地区水资源短缺和日益严重的生态环境问题。严格限制大耗水产业发展，优化配置水资源，减少农业灌溉用水量。积极实施南水北调工程，减少地下水超采，恢复地下水环境，从根本上解决水资源短缺的问题。积极利用海水资源，同时重视近海水域生态环境综合治理。

（2）长江三角洲都市经济区。

长江三角洲都市经济正是我国最大的经济核心区，也是我国产业和城市人口进一步集聚的重点区域。未来将建成为我国面向东亚和全球的金融、贸易、航运中心，国际上重要的汽车、船舶、电子信息、航空航天等制造业基地。及时提升产业结构层次，在结构调整、降低能耗的基础上，发展钢铁、石油化工等基础原材料工业。继续强化上海的中心地位及其与苏锡常、杭嘉湖、宁镇扬三大城市群的协调发展，统筹和共享区域重大基础设施，推进区域经济一体化进程。通过空间整合和优势重组，有效引导人口、产业适度集中，促进中小城镇合理发展。

在都市经济区发展支撑条件建设上，要强化上海国际航运中心建设，同时，加快快速交通通道建设，增强上海与内陆中心城市联系，构筑以上海为中心的两小时快速交通圈。在产业和城市快速发展过程中，需要进一步优化城乡土地利用结构，严格保护耕地，积极治理水污染，改善水环境质量。控制污染源，缓解湖泊富营养化趋势，实施以近海水域、太湖、江河干支流水环境为重点的区域环境综合治理，减轻环境承载压力。

（3）珠江三角洲都市经济区。

珠江三角洲都市经济区是我国东南沿海地区最大的经济核心区和国际化程度最高的门户地区。在进一步提升港澳金融、贸易、国际航运中心和制造服务业功能的基础上，珠三角地区将成为以电子信息、新材料、生物技术、光电一体化等高新技术产业为核心的、全球最重要的国际制造业加工基地。珠江三角洲都市经济区应发挥区位和深水港的有利条件，积极利用国际资源，在惠州、阳江等边缘滨海地区，适度发展石油化工、钢铁、电力等基础原材料工业；推进粤港澳紧密的经贸合作关系，协调珠江东西两岸产业带的发展，实现区域经济一体化；整合区域优势、优化城乡空间结构，重视流动人口、社会弱势群体、社会割裂等问题。

在保持香港国际航运中心地位的同时，重点建设深圳港和广州干线港，形成布局合理、干支衔接、功能完善的国际集装箱运输系统。同时要加快都市经济区内部轨道交通和高速公路结合的快速客运系统建设。实施区域环境综合整治，严格保护耕地和生态环境。遏制快速城市化和工业化带来的耕地流失和水污染严重的问题，加快中小城市污水处理厂建设，控制城市和工业污水的排放量，并从源头上加强水防污措施，改善水环境质量。

（4）辽中南都市经济区。

辽中南都市经济区是我国东北地区重要的门户和东北亚经济圈的重要组成部分。随着东北老工业基地振兴战略的实施，将会成为我国最重要的原材料加工、装备制造、船舶、石油精细化工、高端钢材及高新技术产业发展的基地。加快体制改革、大力推进市场化进程，通过资产重组，显著提高产业技术装备水平和国际竞争力。加快海洋产业发展和滨海产业带的建设。积极发展金融贸易、生产性服务业、旅游业等现代第三产业，提升沈阳、大连门户城市的功能，带动周边地区中小城市的发展。扩大与日、韩的经济合作，提高在东北亚地区经济合作中的战略地位。完善社会保障体系，提升城市的现代化水平。

继续建设哈大客运专线，与京沪高速铁路、青岛至太原客运专线相结合，构建环渤海圈快速铁路客运网。优化港口布局，重点建设大连集装箱干线港和营口支线港，加强港口、城市对外交通站场与城市道路、轨道交通站点的结合。该区域是仅次于海河流域的严重缺水地区，应加快产业结构调整和节水技术改造，减少城市和工业的用水量和污水排放量。大耗水产业应向沿海集中，减少淡水使用量。积极规划和实施从鸭绿江向辽中南地区调水工程。

（5）成渝都市经济区。

成渝都市经济区是我国长江经济带重要的人口、产业密集区，西南地区最大的商贸、科教、金融和交通中心。产业发展重点是汽车、摩托车、机械、化工、电子信息、医药和食品等支柱产业，构建面向西部地区重要的金融、贸易、旅游和物流中心。强化成都、重庆两大城市的合作，发挥两个特大城市的辐射和带动作用，重点培育成渝交通综合运输通道和长江沿线上中小城市的发展，形成产业关联度高、分工和合作紧密的都市经济区。

加快建设宝成线和成昆线铁路复线，筹建成都—重庆—武汉—南京的铁路客运专线，促进成渝都市经济区与长江中游产业带和长三角都市经济区的合作和交流。重视长江三峡库区水运优势，重点发展重庆港、万州港、涪陵港与陆路交通线的衔接。重视生态环境的建设，尤其是三峡库区上游生态建设和库区环境的综合治理。应积极推行清洁生产，严格控制水污染源，改善水环境质量。

2. 人口-产业集聚区（带）

人口-产业集聚区（带）是今后 20 年我国重点发展和开发的区域，

也是我国重点工业化和现代化的区域（表 3）。

表 3　人口-产业集聚区（带）

| 名称 | 市县数/个 | 面积/万平方千米 | 总人口/万人 | GDP/亿元 | 地理范围 |
| --- | --- | --- | --- | --- | --- |
| 哈（尔滨）大（庆）齐（齐哈尔）人口-产业集聚区 | 12 | 4.3 | 1 067.2 | 2 036.1 | 哈尔滨市区、呼兰县、宾县、阿城市、双城市、齐齐哈尔市区、大庆市、林甸县、杜尔伯特县、兰西县、安达市、肇东市 |
| 长（春）吉（林）人口-产业集聚区 | 11 | 2.9 | 1 052.3 | 1 165.8 | 长春市区、九台市、德惠市、吉林市区、永吉县、四平市、梨树县、伊通自治县、公主岭市、辽源市区、东辽县 |
| 山东半岛人口-产业集聚区 | 38 | 6.1 | 3 478.8 | 4 932.2 | 济南市区、长清县、平阴县、济阳县、商河县、章丘市、青岛市区、胶州市、即墨市、平度市、胶南市、莱西市、淄博市区、桓台县、高青县、沂源县、烟台市区、龙口市、莱阳市、莱州市、蓬莱市、招远市、栖霞市、海阳市、潍坊市、临朐县、昌乐县、青州市、诸城市、寿光市、安丘市、高密市、昌邑市、威海市区、文登市、荣成市、乳山市、邹平县 |
| 海峡两岸人口-产业集聚带① | 45 | 4.7 | 3 641.3 | 4 702.6 | 温州市区、洞头县、永嘉县、平阳县、苍南县、瑞安市、乐清市、福州市区、连江县、罗源县、平潭县、福清市、长乐市、厦门市区、莆田市区、莆田县、泉州市区、惠安县、石狮市、晋江市区、南安市、漳州市区、云霄县、漳浦县、诏安县、东山县、龙海市、宁德市区、霞浦县、柘荣县、福安市、福鼎市、汕头市区、南澳县、潮阳市区、澄海市、汕尾市、海丰县、陆丰市、潮州市区、潮安县、饶平县、揭阳市区、揭东县、惠来县，以及台湾省的西海岸各市县 |
| 郑（州）洛（阳）汴（开封）人口-产业集聚区 | 31 | 2.7 | 2 132.9 | 1 891.8 | 郑州市区、中牟县、巩义市、荥阳市、新密市、新郑市、登封市、开封市区、开封县、洛阳市区、孟津县、新安县、宜阳县、伊川县、偃师市、宝丰县、新乡市、新乡县、获嘉县、焦作市区、修武县、博爱县、武陟县、温县、济源市、沁阳市、孟州市、许昌市区、许昌县、禹州市、长葛市 |

续表

| 名称 | 市县数/个 | 面积/万平方千米 | 总人口/万人 | GDP/亿元 | 地理范围 |
|---|---|---|---|---|---|
| 关中人口-产业集聚区[②] | 24 | 1.8 | 1 565.2 | 1 154.1 | 西安市区、长安县、蓝田县、周至县、户县、高陵县、铜川市区、耀县、宝鸡市区、宝鸡县、凤翔县、岐山县、扶风县、眉县、咸阳市区、三原县、泾阳县、武功县、兴平市、渭南市区、华县、潼关县、富平县、华阴市 |
| 长江中游人口-产业集聚带 | 30 | 4.8 | 2 889.1 | 2 778.5 | 九江市区、九江县、瑞昌市、武汉市区、黄石市区、阳新县、大冶市、宜昌市区、宜都市、枝江市、鄂州市、孝感市区、云梦县、应城市、汉川市、荆州市区、江陵县、洪湖市、黄冈市区、浠水县、蕲春县、武穴市、咸宁市区、嘉鱼县、赤壁市、仙桃市、潜江市、天门市、岳阳市区、临湘市 |
| 长（沙）珠（洲）（湘）潭人口-产业集聚区 | 11 | 1.9 | 993.1 | 1 092.2 | 长沙市区、长沙县、望城县、宁乡县、浏阳市、株洲市区、株洲县、醴陵市、湘潭市区、湘潭县、韶山市 |
| 北部湾沿海人口-产业集聚区 | 7 | 1.8 | 544.1 | 460.2 | 南宁市区、邕宁县、合蒲县、北海市区、防城港市、东兴市、钦州市区 |
| 10. 天山北麓人口-产业集聚区[②] | 14 | 2.3 | 430.9 | 734.9 | 乌鲁木齐市区、乌鲁木齐县、克拉玛依市、昌吉市区、阜康市、米泉市、呼图壁县、玛纳斯县、奎屯市、乌苏市、沙湾县、石河子市 |
| 总计/平均 | 223 | 33.3 | 17 794.9 | 20 948.4 | — |

注：①数据统计中不包括台湾地区的数据；②面积为去除沙漠与山地之后的面积，其余统计数据以所在地县级行政范围为准。

(1) 哈（尔滨）大（庆）齐（齐哈尔）人口-产业集聚区。

哈（尔滨）大（庆）齐（齐哈尔）人口-产业集聚区是我国东北老工业基地振兴的核心之一，黑龙江人口和产业进一步集聚区域。在充分发挥地区资源优势和产业基础上，通过体制改革和机制创新，优化区域投资环境，提升传统和新兴产业的国际竞争力，使其成为我国最重要的以电站成套设备、重型机械装备、重型数控机床为特色的装备制造业基地和石油化工基地；依托丰富的农产品资源和生态优势，打造北方最大的绿色和特色农副产品加工基地。积极发挥中小城市的产业配套和承接能力，重点培育阿城、双城、呼兰、肇东、安达等中小城市，形成人口和产业发展的新增长点，协调城乡全面发展。

加快滨洲线改造，筹建与京哈客运专线的连接线。加快建设哈尔滨与佳木斯、绥化和黑河的高速通道，提升哈尔滨交通主枢纽功能。建设大庆向南至双辽、阜新的线路，提高区域对外交通的便捷性，扩张经济空间联系范围。该区域水资源丰沛，有利于人口和产业集聚；但需要重视工业和城市污水处理，防止水环境污染；协调产业、城市用水与湿地生态保护的关系，保护扎龙湿地生态环境。

(2) 长（春）吉（林）人口-产业集聚区。

长（春）吉（林）人口-产业集聚区是我国东北老工业基地振兴的核心之一，吉林省经济发展的重点区域。未来将成为我国最大的汽车、轨道车辆制造及配件产业集聚区。在整车发展基础，以一汽集团为龙头，整合现有零部件企业资源，重点培育吉林、四平、白城、辽源等中小城市的汽车配套能力，形成汽车电子电气、发动机附件、底盘、转向及传动等产业集群，带动中小城市的发展。以吉化为核心，优化结构，积极发展精细化工、高性能合成材料和特种材料，使该区域成为我国重要的综合性石油化工产业基地。加大玉米、大豆精加工、畜禽乳产业化能力，建设我国重要的生态型绿色农产品加工基地。

该区域陆路交通网密度较高，内外交通便利，应进一步改造哈大铁路线，加快建设长春向西和吉林向东延伸的高速公路，增强对外交流。该区域地表水资源丰富，但应重视第二松花江上游支流的污染问题，适当控制大规模的耗水产业，同时要考虑利用引松工程措施，解决工业与城市用水问题。

（3）山东半岛人口-产业集聚区。

山东半岛人口-产业集聚区是我国北方经济发展最活跃和最具有潜力的区域，也是我国北方重要的现代制造业基地之一。该区域以青岛、济南两大城市为中心，具有完好的产业发展基础和配套能力，未来将会成为我国重要的船舶，电子信息、家电产业、化工、医药和食品产业集聚区。在明确中心城市的地位与职能的基础上，推动人口和产业进一步向沿海地区集聚，对内构建合理的产业链分工，对外积极参与日韩产业协作。

建设青岛-济南-太原铁路客运专线，实现铁路客运与货运分离。加快烟台-东营的沿莱州湾高速路建设，强化青岛集装箱干线港和烟台集装箱支线港分工与合作。该区域为我国北方缺水地区之一，水环境污染也比较严重。应加快产业结构调整，减少城市和工业用水量和污水排放量。重视沿海产业发展与周边海域生态环境保护的关系。

（4）海峡两岸人口-产业集聚带。

海峡两岸人口-产业集聚带是我国市场经济发育程度最高、民营经济发展最为活跃的地区。也是构筑未来海峡两岸经济区重要的组成部分和最具发展潜力的地区。该地区应继续发挥沿海区位、台胞和侨乡的综合优势，建成以电子电器、生活用品、服装鞋革、汽摩配件等产业集群为重点的国际性轻工产品加工基地和区域性的船舶修造业基地。适度发展精细化工和石油化工等基础原材料工业。大力发展海洋资源的深度加工和综合利用。引导中小企业向产业园区集聚，着力提升以温州、福州、厦门和汕头为核心的城市综合辐射功能。通过产业集聚和空间整合，优化投资环境，构建沿海大通道，提升以温州、福州、厦漳泉和汕头为核心的四大产业集聚区的国际竞争力。

重点发展厦门干线港和福州、汕头等支线港，做好与华南沿海港口群之间的分工、合作。完善区域内部铁路和高速公路体系，重点建设温州-福州-厦门客运专线和沪甬（宁波）厦（门）快速客运干线，加快厦门-龙岩-赣州线、福州-南平-南昌线和泉州-永安-吉安等高速公路建设。该区域水资源丰富，但地表水污染问题突出，应重视污水处理设施建设，控制重污染产业发展，积极保护近海水域环境和生物资源。加强丘陵山区生态恢复，确保区域生态环境的良性循环。

（5）郑（州）洛（阳）汴（开封）人口-产业集聚区。

郑（州）洛（阳）汴（开封）人口-产业集聚区是我国中原地区的经济核心，也是全国重要的陆路交通、通信枢纽和现代物流中心。在积极促进资源型产业向技术、资金和劳动密集型产业转化的基础上，全面提升产业竞争力，使其成为我国中原地区最大的能源、原材料和机械制造业基地。强化城市间的分工与合作，突出郑州区位优势，促进以现代物流为核心的第三产业的发展，洛阳、焦作、开封、许昌等城市在发展各自优势产业基础上，要加大生态环境和人居环境的建设和改造力度，促进人口和产业集聚。

加快建设京广铁路客运专线和徐州-兰州铁路客运专线，促进产业集聚区东西和南北的经济联系。突出郑州的区位优势，构建全国陆路交通主枢纽，带动物流业的发展。该区域属于缺水地区，也是水环境污染问题比较突出的地区。积极建设城市污水处理回用系统，供城市河湖、绿地用水和工业冷却用水。重视资源开采区和重化工业地区的生态恢复和治理。

（6）关中人口-产业集聚区。

关中人口-产业集聚区是我国西部地区经济发展的核心区域，也将会成为西部地区最大的科技创新和高新技术产业发展的中心。该区域产业发展重点是电子信息、航空航天、生物医药、机械制造、旅游等产业。需要进一步强化西安在国家层面的地位和作用，在更大范围和更高层次上参与国际合作与竞争，提高关中地区经济发展的外向度，使其成为西部地区重要的门户城市。

加快建设宁西铁路，形成西安直通长江三角洲的便捷通道。重视西安交通枢纽中心建设，促进各种运输方式站点紧密衔接。该地区是北方缺水地区之一，且渭河水环境严重污染态势，已威胁到西安等城市的供水安全，应调整水资源配置，适当减少农业用水，同时积极实施引水工程，解决西安等城市的供水紧张问题。

（7）长江中游人口-产业集聚带。

长江中游人口-产业集聚带是我国交通区位和资源禀赋条件特别优越、人口和产业集聚程度比较高、发展潜力巨大的经济核心区。未来将建成我国长江中游最大的综合交通枢纽和以电力、石油化工、汽车及精密机械、特色冶金和光电子信息产业基地。尽快提升武汉大都市金融商贸、科技信息与现代制造服务业功能，着力培育宜昌、九江、岳阳三个区域增长极，全面提升以沿江和宜黄运输大通道为轴线的人口和产业集聚带。加大沿江及两湖洪涝综合治理力度，逐步恢复和合理利用沿江湖泊湿地资源，积极开发和保护国家战略性的稳高产的商品粮油基地。重视农业产业化和农村剩余劳动力的有序转移，积极推进以中小城市、重点城镇为核心的区域城市化进程。

积极筹建南京—武汉—重庆—成都铁路客运专线，优先建设武汉至宜昌段、武汉至南京段。加强武汉交通主枢纽建设，重视长江干流航道的整治，形成内河汽车滚装运输系统。该区域有丰富的过境水量，可为城市和工业发展提供充足的水源保证。但须要重视水质污染的问题，积极推行清洁生产，减少和防治水污染。加快沿江城市污水处理厂的建设，控制水污染，改善水环境质量。重视长江沿岸湿地、生物物种保护。

（8）长（沙）株（洲）潭（湘潭）人口-产业集聚区。

长（沙）株（洲）潭（湘潭）人口-产业集聚区是我国中部地区经济发展的核心区之一，也是湖南省经济最发达的地区和产业密集区。在充分发挥三大城市各自比较优势基础上，重点要推进资源、产业、重大基础设施和生态环境建设的空间整合，增强集聚能力和优势融合、互补效应，实现区域经济一体化。强化高新技术产业、现代科教、商贸、旅游和信息等第三产业，提升交通设备制造业、机电、冶金、精细化工、建材、纺织等产业，适当控制高载能产业过度集中。促进区域内中小城市的发展，培育人口和产业集聚的新增长点。

进一步加强长沙、株洲、湘潭三市之间的快速交通通道建设，根据发展人口和产业发展需求，适时规划和修建城际轨道交通线。该地区水资源充沛，但湘江个别河段的水污染问题趋于严重，应重视以湘江整治为重点的区域生态环境建设。尽快建设城市污水处理厂，控制水污染，改善水环境质量。

（9）北部湾沿海人口-产业集聚区。

北部湾沿海人口-产业集聚区是我国东南沿海经济圈、西南经济圈及大东盟经济圈接合部最具发展潜力的地区，也是我国西南地区面向东南亚开放的重要门户。该地区应充分利用"北钦防"沿海港口城市的出海通道和对外窗口的作用，重点发展临港型产业、滨海旅游和商贸港口。

加快南昆铁路复线建设，完善北海、钦州、防城港三个港口分工与合作，将防城港建设成为集装箱支线港。本区域水资源和生态环境良好，需要重视产业大规模发展可能带来的生态环境问题，保护沿海水环境质量，确保水产养殖和旅游产业的发展。

（10）天山北麓人口-产业集聚区。

天山北麓人口-产业集聚区是西陇海兰新经济带核心区之一，也是新疆经济发展的重点区域。未来将成为我国向中亚、西亚市场开放和发展的前沿产业基地和全球旅游网络上的一个重要节点。在保护绿洲生态环境基础上，重点发展石油与天然气化工、农产品加工、机电制造、棉毛纺织等支柱产业，构建面向中亚、西亚的物流和国际旅游中心。在空间结构调整的同时，重视高新技术对优势产业的改造，使石油化工、冶金等产业在整个产业结构的调整中，能够协调健康地发展。着力提升乌鲁木齐中小城市的服务功能，并形成具有地方特色的西部现代化区域中心，促进民族团结和社会稳定发展。

筹建北疆铁路复线，将铁路向西延伸至中亚，促进与中亚和西亚的经济交流与合作。天山北麓位于干旱内陆区，冰雪融水为天山北麓的绿洲和城市发展提供了重要水源保证。通过节水和水权有偿转让，减少农业用水量，转供工业和城市发展需水，远期可考虑引额尔齐斯河水作为补充水源。防治土地沙化，重视河流下游湖泊的生态环境建设。

3. 能源-资源重点开发区

能源-资源重点开发区是我国已经探明的能源和资源储量巨大、对全国的能源、资源供应具有重大影响并将大规模开发利用、大量输出的区域（表4）。

**表 4　能源-资源重点开发区**

| 名称 | 市县数/个 | 面积/万平方千米 | 总人口/万人 | GDP/亿元 | 地理范围 |
|---|---|---|---|---|---|
| 晋陕蒙甘（接壤区）能源-资源重点开发区 | 31 | 10.9 | 804.0 | 450.5 | 大同市区、怀玉县、左云真、大同县、右玉县、和林格尔县、清水河县、鄂尔多斯市区、准格尔旗、伊金霍洛旗、延安市区、延长县、延川县、子长县、安塞县、志丹县、吴旗县、榆林市区、神木县、府谷县、横山县、靖边县、定边县、米脂县、佳县、子洲县、庆阳县、华池县、盐池县、灵武市 |
| 川滇黔能源（接壤区）-资源重点开发区 | 25 | 7.9 | 1778.3 | 548.3 | 攀枝花市区、会理县、会东县、六盘水市、六枝特区、水城县、盘县、毕节市区、大方县、黔西县、织金县、纳雍县、威宁自治县、赫章县、曲靖市区、沾益县、富源县、会泽县、宣威市、昭通市区、鲁甸县、巧家县、镇雄县、彝良县、永仁县 |
| 青新盆地油气-资源重点开发区① | 25 | 54.5 | 581.0 | 259.6 | 格尔木市、大柴旦、德令哈市、乌兰县、都兰县、吐鲁番市、鄯善县、托克逊县、哈密市、轮台县、阿克苏市、库车县、沙雅县、新和县、阿瓦提县、喀什市、疏勒县、英吉沙县、泽普县、莎车县、叶城县、麦盖提县、岳普湖县、伽师县、巴楚县 |
| 总计/平均 | 81 | 73.3 | 3163.3 | 1258.4 | |

注：①面积为去除山地之后的面积，其余统计数据所在地县级行政范围为准。

（1）晋陕蒙甘（接壤区）能源-资源重点开发区。

晋陕蒙甘（接壤区）能源-资源重点开发区是我国煤炭、油气等能源资源最集富集地区之一，也是我国未来20年能源重点开发区。现有煤炭保有储量3654亿吨，煤层气和天然气资源总量分别都达11万亿立方米。此外，该区还是我国稀土资源最富集的地区。该地区应重视煤变电和煤变油工作，继续发展坑口电站，扩大西电东送能力；根据水资源优化产业结构与布局，坚持输电与输煤结合；发展环境友好的能源工业、化工业及稀土开发。

加快包西线、包兰线西段复线、中太线及本区外围的客运专线的建设，筹建包（头）西（安）线、乌（海）鄂（尔多斯）溯（州）线等跨区高速公路。该地区应注意控制大耗水产业的发展，并积极采用节水工艺，降低单产水耗指标；重视矿（煤）区土地复垦与植被保护，减少水土流失。

（2）川滇黔（接壤区）能源-资源重点开发区。

川滇黔（接壤区）能源-资源重点开发区是我国西南地区重要的煤炭、水能、钒钛磁铁矿、铅锌矿、铝土矿、铜矿等资源富集地区，也是我国西电东送的主力电源保障地区。应重点开发水能资源，辅以火力发电，增强西电东送的综合能力。有控制地发展高能耗产业，建成我国重要的电力、钢铁、有色金属等基础原材料加工基地。

加快湘黔线、贵昆线、川黔线和黔桂线的复线建设，筹建泸（州）黄（桶）铁路纵线，提高运载能力。合理利用地表水及地下水资源。结合河流综合治理，重点防治水土流失，减少泥石流和滑坡等灾害。在水电开发和其他能源开发过程中，尽可能减少对周围生态系的扰动和破坏，注意防治水环境污染。

（3）青新盆地油气-资源重点开发区。

青新盆地油气-资源重点开发区是我国油气资源富集区，也是未来保障我国油气资源安全的战略接续地区，由三个资源富集片区构成，油气资源总量超过200亿吨。其中，塔里木片区石油107.6亿立方米、天然气8.39万亿立方米，柴达木片区石油储量41亿吨，天然气1万多亿立方米，吐哈盆地片区天然气探明储量200亿立方米。柴达木片区还是我国最重要的无机盐资源富集地，氯化钾、氯化锂、氯化镁储量均占全国资源总量的90%以上。要加强油气等资源的地质勘察工作，提高探明储量。重视大规模开发的前期准备工作，稳步提高油气产量，为西气东输工程提供稳定的资源保障。积极发展相关化工产业，重点发展钾盐化工业。

加快吐库铁路复线、西格段复线和兰青复线。加快吐库高速公路建设并向库车延伸。积极筹建格敦龙线、青新线。重视格尔木河、那陵格勒河、塔里木河等流域的水资源及其涵养地有效管理，加强水资源利用的合理调配，节约用水并寻找新的水源，保障油气资源开发、农业和绿洲生态的用水。严格控制水域污染，防治土地退化、特别是土地沙化和盐渍化。

4. 农业综合开发区

农业综合开发区是今后20年我国农业重点发展和开发的区域。

（1）东北商品粮基地。

东北商品粮基地是国家首要的粮食安全基地，优质水稻、大豆和玉米的主产区，粮食商品率达到50%以上。该区是世界著名的三大"黑土带"之一。该地区由于长期以来土地重用轻养，导致土壤有机质含量显著下降；农业生产规模与机械化优势明显，但因水利设施不足，旱涝灾害频发，严重影响到粮食生产的稳定性。

今后，应重点建设农田水利设施，严格控制地下水超量开采；推进基本农田建设工程，加大黑土地综合整治力度，"藏粮于土"，稳定提高粮食综合生产能力；发展具有区域资源优势的畜禽养殖业、饲料工业及农产品加工业，壮大生态循环经济，着力提高东北农产品品质与市场竞争力。

（2）黄淮海商品粮棉畜基地。

黄淮海商品粮棉畜基地是国家重要粮棉畜产品生产基地，全国优质小麦、玉米等大宗农产品的专业化生产及深加工中心。该地区农业历史悠久，土地开发利用程度高，耕地资源面积大；但是区内降水季节分配不均，水土匹配条件差，旱涝、盐碱化、风沙化问题十分严重。

该地区应充分发挥传统农区耕地资源及其区位优势，进一步调整农业产业结构，优化用水结构，发展节水高效农业；统筹城乡发展，推进城镇村用地整理，注重在农用地内涵挖潜；集中综合治理旱涝盐碱低产田，提高粮食单产水平；强化龙头企业带动，着力建设国家优质型粮畜产业化深加工基地，加快规模化、市场化进程。

（3）黄土高原农业果业基地。

黄土高原农业果业基地是国家水土保持型设施农业果业生产与深加工基地。该地区土地资源丰富，目前广种薄收，水土流失是主要的障碍因素，其深层次的矛盾在于国家宏观生态环境建设目标与农民生活质量改善目的的长期错位，导致"越穷越垦，越垦越穷"的恶性发展。

从提高粮食自给率、缓减贫困和恢复生态环境的目标出发，黄土高原农业发展应采取治理和开发并重的方针，加大雨养节水和基本农田建设力度，从根本上扭转农业生态系统恶性循环的局面；按照因地制宜和市场导向原则，积极发展具有比较优势的经济林果业、小杂粮生产和舍施养畜，促进农林牧综合发展；在技术层面上，重点突破旱作节水农业实用推广技术，小流域水土流失综合整治技术，以及天然降水高效利用与集水农业技术等。

（4）长江中游平原商品粮油基地。

长江中游平原商品粮油基地是国家高产稳产的商品粮渔和优质"双低"油菜基地。该地区水土资源匹配较佳，光温生产潜力巨大。长期以来，由于人为的围湖造田和湖区的开发建设，产生了严重的"水患"问题，特别是洪涝及水体污染给农业生产带来极大危害。

该地区应适应沿江经济发展和建设国家粮油生产基地的要求，高度重视基本农田的保护与防护，划定国家粮食安全生产基地区；利用区内广阔的水面资源，大力发展高级渔业，建立粮油渔多元化农产品产业区；继续推进良种工程，扩大优质油菜、水稻生产规模。在技术层面，重点突破以水稻为主的农作物多元多熟制种植技术，水污染防治和水产养殖集成化精养技术，以及湖区洪涝灾害综合防治技术等。

（5）华南热带作物生产基地。

华南热带作物生产基地水热资源为全国之冠，农作物一年三熟，是我国甘蔗、香蕉、菠萝、荔枝等热带作物主产区和橡胶的唯一适宜产区；同时，山多田少，人多地少，是全国人均耕地最少的地区之一，粮食不能自给。

该地区农业发展应充分利用气候资源优势，开展多种经营，着重发展以热作、林果和鲜活农产品为重点的高效特色农业，建成全国以橡胶、甘蔗为主的热带作物生产基地；加大山区水土资源综合开发力度，适度提高粮食自给率，扩大热带特色作物生产规模，提高土地利用效率；注重发挥沿海经济区位优势，推进"以工补农"和龙头企业带动的农业产业化创新模式。

（6）西部畜牧奶业基地。

西部畜牧奶业基地是国家最大的草地畜牧奶业产业化基地。蒙新和青藏是潜力巨大的草原畜牧区，长期以来处于草场自然利用、靠天养畜的状态，改良草场和人工草场比例很小，草场载畜水平低下，近年来草地退化、沙漠化、盐碱化的问题也日益突出。

该地区应重视发挥西部草场资源优势，大力发展草地畜牧业，实现草场资源高效利用和畜牧业持续发展。从根本上应促进两大转变，一是天然草地的功能应转向以发挥生态效益为主（功能性转变），二是传统粗放的放牧方式转向以人工饲草基地为基础的现代化舍饲畜牧业先进方式（生产方式转变）；注重天然草地的保育性改良，建设一批优质高产的人工草场，推广现代化饲草、饲料生产、加工和贮存技术，提高草场综合载畜能力；重点推进现代奶业标准化生产和育肥基地建设，发挥牧区与农区的互补优势，繁育结合，以大型龙头企业带动畜牧业及其加工业的持续健康发展。

### （三）生态建设重点类型区

保护自然生态系统及生物多样性、重视自然环境的支撑能力和生态系统的承受能力，是实施可持续发展战略的基本要求。根据1998年国务院颁布的《全国生态环境建设规划》基本思路，以中国生态地理区域系统为基础，针对我国重大的生态问题，进行生态建设重点功能区域的划分。划分原则是：

其一，区域生态系统已遭到严重破坏，生物多样性下降，已直接影响到其本身及周边地区的发展，需要采取强有力的干预措施，协调当地环境与发展的关系；

其二，区域生态系统质量开始下降，土地发生了不同程度的退化，而这些区域的生态系统对周边区域的发展具有重要生态意义，需要采取措施加强保护。

据此，将生态建设重点功能区划分为两类：一是生态系统保育类，包括森林生态系统与生物多样性保育、荒漠生态系统保育、湿地生态系统保育、干旱河谷生态系统保育等四种区域类型。二是生态系统恢复与重建类，包括沙漠化和石漠化防治、水土流失防治等两种区域类型。

1. 森林生态系统与生物多样性保育类型

我国森林资源的总量少，覆盖率低，破坏严重。人均资源量仅为世界平均量的1/6左右。应加强对森林与生物多样性的保育，提高森林的资源价值,更好地发挥森林的生态作用。

(1)大、小兴安岭森林生态系统保育类型区。

大、小兴安岭森林生态系统保育类型区面积 20 多万平方千米,森林覆盖率高,但组成和结构都比较简单。大规模的林木开采和严重的林火灾害,使森林的生态功能遭到破坏,水源涵养能力下降,土壤侵蚀加重,野生动物丧失生存环境。应对森林生态系统进行重点保育,禁止任何非保护性采伐作业,及时抚育、优化、改造、更新,提高生产力;加强木材的综合利用和深加工;发展可饲、食用、药用植物,人工饲养野生动物等替代产业和第三产业。

(2)长白山森林生态系统保育类型区。

长白山森林生态系统保育类型区面积 6 万多平方千米,区内有温带最完整的山地垂直生态系统,长期以来一直是我国的采伐基地。该地区严重的超采和滞后的抚育使林木质量下降、总量减少,丧失了野生动物的栖息地,生态功能减弱,水土流失加剧,旱涝灾害较频繁。该地区应全面禁止林木采伐、重点抚育,在天然更新的基础上选择优质、速生树种,加强人工更新,调整区域产业结构,缓解对森林需求的压力。

(3)川滇森林生态系统多样性保育类型区。

川滇森林生态系统多样性保育类型区面积近 24 万平方千米,具有丰富的生物,是多种珍稀动物的聚集区和基因库。人口集聚、长期开发和落后的耕作方式使其生态系统受到严重破坏,大量物种消亡和减少,生物多样性受到严重威胁;同时,外来物种入侵问题日趋严重。该地区应加强自然保护的管理,建立封闭与开放相结合的管理保护模式,使珍贵的生物资源和生态、环境得以保持。

(4)秦巴生物多样性保育类型区。

秦巴生物多样性保育类型区包括秦岭、大巴山、神农架等亚热带北部和亚热带向暖温带过渡的地带，生物种类丰富，是许多珍稀动植物的分布区。由于自然变化与人类活动对森林的破坏，生态系统趋于恶化，水土流失和泥石流频发。该地区适度开发水能资源、减少林木采伐、发展林果生产、保护野生物种资源。

（5）藏东南高原边缘森林生态系统保育类型区。

藏东南高原边缘森林生态系统保育类型区面积 6 万多平方千米，主要以分布在海拔 900~2500 米的亚热带地区，植被以常绿阔叶林为主，山高谷深，人迹罕至，天然植被仍处于原始状态，保存完好，这对生态系统保育和森林资源保护具有重要意义。

（6）阿尔泰山地森林生态系统保育类型区。

阿尔泰山地森林生态系统保育类型区面积 3 万多平方千米，水资源较丰沛，中山带森林茂密，对北疆准噶尔地区绿洲开发、环境保护、生态建设和经济发展具有较高的生态价值。林地的合理更新和林木的禁伐，应该成为生态系统保育的主要措施。

（7）三江源高寒草原/草甸/湿地生态系统保育类型区。

三江源高寒草原/草甸/湿地生态系统保育类型区面积超过 24 万平方千米，是青藏高原的主要牧区，并有较大面积的湿地分布。不合理的草地利用，破坏了江河源区的生态系统，湿地减少，沙化土地增加，威胁着生态系统安全，影响到当地牧业的发展和牧民的生活。今后，在东部条件较好的地方可逐步扩大人工饲草基地建设、改良草场、调整畜群结构、改变不合理的畜牧业生产制度，西部应以封育为主。

2. 荒漠生态系统保育类型

荒漠生态系统保育类型位于西北干旱区，降水罕少，大部分地区在 200 毫米以下，最少的地方不足 20 毫米，荒漠生态系统非常脆弱。对荒漠生态系统实施保育将有利于其本身和外围绿洲，以及周边区域的生态安全。

(1) 塔里木河荒漠生态系统保育类型区。

塔里木河荒漠生态系统保育类型区塔里木河下游面积和沿线草地面积大幅度减少,绿色走廊正逐步消亡,生态系统退化明显,对交通设施和塔里木油田的开发造成严重的威胁。合理利用地表水和地下水是生态建设中的关键问题。要加大农牧业结构的调整力度,解决农牧地区的燃料问题,加强药材开发管理。

(2) 阿尔金草原荒漠生态系统保育类型区。

阿尔金草原荒漠生态系统保育类型区大部分地区仍为原始状态,保存着完整的高原自然生态系统,是保护高原生物、开展高原生态研究的理想基地。该地区的边缘区放牧和旅游等活动对生态系统造成一定影响,需严格控制放牧和旅游区域,严密防范盗猎活动,减少人类活动干扰。

(3) 羌塘高原荒漠生态系统保育类型区。

羌塘高原荒漠生态系统保育类型区处于青藏高原腹地,低丘、湖盆、宽谷交错分布,气候寒冷,发育荒漠植被,局部为高山草原,植被垂直分布简单,是保存着较为完整的高原荒漠生态系统。该地区须完善规划,减少人类活动干扰。本区应是保护荒漠生态系统、野生动物和改善高原环境的重点区域。

3. 湿地生态系统保育类型

我国湿地占世界湿地总面积的1/10,应加强保护,合理开发利用湿地,改变中国天然湿地不断减少的状况,增强湿地的特殊功能和效益。

(1) 东北三江平原湿地生态系统保育类型区。

东北三江平原湿地生态系统保育类型区属于沼泽类湿地,在持续提供食物、原料和水资源,蓄洪防洪、抗旱、调节局地气候,控制土壤侵蚀、保护生物多样性及发展农牧业等方面都有重要作用,当前面临着农业开发和城市建设的巨大压力。为此，国家需调整区域开发政策，扩大保护区范围，加大保护力度，切实改善湿地环境。

（2）黄河三角洲湿地生态系统保育类型区。

黄河三角洲湿地生态系统保育类型区属河口湿地类。石油开发、工农业及城镇发展等，对湿地生态系统产生了许多不良影响。国家应对区内湿地采取多方面综合措施，进一步进行保护。

（3）苏北沿海湿地生态系统保育类型区。

苏北沿海湿地生态系统保育类型区地处鸟类南北迁徙的重要通道。该地区应围绕湿地生态系统保护，制定地区经济发展总体规划，扩大现有保护区范围，调整保护区外围地区的产业结构，停止围垦，恢复湿地生态系统。

（4）若尔盖高原湿地生态系统保育类型区。

若尔盖高原湿地生态系统保育类型区区内湿地泥炭层深厚，对涵养水源及保护生物多样性有特殊的意义。由于自然环境的变化和人类的过度利用，若尔盖高原湿地环境正在发生变化，湿地面积缩小，不少珍奇动物的生存受到威胁。应停止开垦，保护湿地环境。

4. 干旱河谷生态系统保育

（1）西藏—江两河生态系统保育类型区。

西藏—江两河生态系统保育类型区面积6.65万平方千米，属高寒脆弱类型的生态系统，农耕历史悠久，工业正在逐步发展，交通方便，水能开发潜力大，应加强资源、环境、经济、人口协调发展的统筹，重点加强水利建设，改善水利设施，实现生态系统良性循环。

（2）川滇干热河谷生态系统保育类型区。

川滇干热河谷生态系统保育类型区面积在1万平方千米左右，水分不足，自然植被稀疏，水土流失严重；生态脆弱，人口和耕地分布集中，因此造成水土资源矛盾突出，加剧了水土流失，威胁着下游地区的生态安全。该地区应针对不同自然地带分别采取退耕还林、还灌、还草等措施,对山区进行综合整治,以改变区域环境状况。

5. 沙漠化防治类型区

我国严重的沙漠化土地面积为5.8万余平方千米,除沙源丰富的自然原因外,人类不合理的生产生活方式引起草原退化和土壤衰竭,也是导致生态平衡失调、产生土地沙漠化的重要原因。

(1) 呼伦贝尔草原沙漠化防治类型区。

呼伦贝尔草原沙漠化防治类型区为典型草原分布区,草群茂密,产草量高,具有发展畜牧业的潜力,但土壤质地粗疏、春多大风,草地生态系统脆弱,应避免过度开垦、不适当的樵采、超负荷放牧,合理规划土地,防止草场沙化。

(2) 科尔沁沙漠化防治类型区。

科尔沁沙漠化防治类型区地势平坦,草原、森林草原和河岸草甸交错分布。因天然植被破坏,形成大片沙地,应根据不同沙化程度,选择不同治理模式,强化沙化土地的综合治理。

(3) 浑善达克沙漠化防治类型区。

浑善达克沙漠化防治类型区以固定、半固定沙丘为主,气候干旱,冬春多偏西北大风,是京津都市经济区沙尘的主要来源之一。选择适宜的植物种类和工程措施,形成沙漠化防治预防保护区、生态控制带、生态隔离网络和沙漠化防治圈,是防止进一步沙漠化的重要措施。

(4) 毛乌素沙漠化防治类型区。

毛乌素沙漠化防治类型区是典型草原草场分布区。人为干扰引起了天然植被的消失和衰败,使沙丘活化,沙漠化面积扩大,直接威胁晋陕蒙能源重点开发区的生态安全。应建立合理的土地利用结构,确定适宜的土地治理类型及划分治理类型区,构建有效治理模式及其组合,防治沙漠化。

6. 水土流失防治类型

（1）黄土高原丘陵沟壑严重水土流失防治类型区。

黄土高原丘陵沟壑严重水土流失防治类型区黄土堆积深厚、范围广大、侵蚀剧烈，每年每平方千米侵蚀量5000~30 000吨。该地区应以小流域为单元，优化区域产业结构，采用工程和生物措施相结合，对水土流失进行综合治理，以实现生态系统的良性循环。

（2）大别山地土壤侵蚀防治类型区。

大别山地土壤侵蚀防治类型区山地丘陵面积广阔，约占28%；水土流失严重，人口密集，经济贫困。该地区应充分利用本区水热条件，恢复植被，增加水利设施，减轻长江沿岸及淮河地区因洪涝造成的损失，促进区域经济发展。

（3）桂黔喀斯特石漠化防治类型区。

桂黔喀斯特石漠化防治类型区生态脆弱，自然灾害频发；经济落后，贫困人口多；形成石漠化与经济贫困的恶性循环。今后，应严格控制人口过速增长，减少人为干扰；调整土地利用结构，改变落后耕作方式，加强农田基本建设，发展农牧林复合经营模式；强化封山育林育草，增加植被覆盖，分层次建设喀斯特森林生态系统。

## 三、对"十一五"规划工作的建议

1. 根据全国功能区划，对"十一五"时期地区开发总体战略进行新表述的尝试

进入20世纪90年代以来，在我国国民经济与社会发展计划中，区域经济布局的内容越来越受到重视。特别是"西部大开发"和"振兴东北老工业基地"战略的提出，更加强化了区域布局在我国国民经济与社会发展计划中的分量。但同时也暴露出另外一个问题，就是缺乏对我国未来国土开发总体战略和地区发展合理格局的科学表述，长

远目标依然含糊不清。

我国各地的发展条件与发展状况差异很大，落实"五个统筹"的科学发展观，应当强调因地制宜。在近期，全国功能区划可成为表述全国地区发展总体战略的新切入点，并在支撑区域规划、明确不同区域的总体功能定位和发展原则方面发挥指导作用，并有助于以"条条"投入为主的重大工程建设问题。长远来看，全国功能区划将成为全国地区开发总体格局设计和长远战略表述的科学依据，并在以下方面发挥作用：重点区域开发战略的制定、实施区域协调发展目标方案的设计；调整区域产业结构、形成区域特色经济体系；加快城市化进程中合理安排城镇体系的空间结构、规模结构与职能结构；跨流域资源调配与流域综合开发治理；区域性基础设施系统或重大的区域性生态环境工程建设，等等。

建议国家有关部门，在"十一五"规划对地区开发总体战略和区域经济布局的表述中，除了进一步延续已有的"三大地带""西部大开发""振兴东北老工业基地"的战略思路之外，尝试着依托全国功能区划方案和对支撑条件研究的初步成果，阐明都市经济区和人口-产业集聚区（带）在我国未来发展的主体功能，确定农业重点开发区今后发展的基本思路和原则，明确进行重点生态保护类型区的保育与防治政策。这将有助于推动我国规划决策的科学化进程。

2. 开展区域规划，落实功能区制定的主体功能和发展原则

在全国功能区划所确定的重点发展地区中，选择2~3个重点区域，开展区域规划的试点工作。根据我国区域发展的实际情况，全国性的空间规划时机尚不成熟，有关全国地区开发的总体战略问题，可以考虑在全国国民经济与社会发展总体规划中给予体现，以弥补我国在规划系列上断档的不足。而省级行政区的整体布局，同样也可以通过各省国民经济与社会发展总体规划给予体现，省内不同区域层次的

区域规划，则由各省根据本省情况自行组织。国家宜以跨省行政区的区域为主要对象，组织开展并实施区域规划。为了突出区域重点，并有利于进行区域规划经验的总结，建议在"十一五"时期，把长江三角洲都市经济区和京津都市经济区列为我国首批国家级区域规划试点地区。

试点地区的区域规划应选择有限的目标，突出在功能区划中所确定的主体功能和发展原则，通过规划进一步明确该区域的整体定位，特别是从全球经济系统及我国长远发展的角度确定其发展战略和目标，以及为实现该战略目标，规划区范围内不同区域应当履行的基本功能。结合功能区划所提出的完善支撑条件的基本要求，加强区域性基础设施的共同建设、区域性投资环境的营造、区域间的合理分工与协作。并对区域性环境保护、自然资源合理保护与开发、重大生态工程建设等重大问题进行具体落实。

3. 在国民经济发展总体规划和有关行业规划中，逐步实施促进功能区可持续发展的支撑条件

长期以来，我国计划体制中重行业规划、轻区域规划。而行业规划中的核心是建设重大项目的安排。中央政府落实宏观调控的一个具体措施，是对重大项目的审批制度。实践表明，就一个项目论一个项目的作法，往往忽略了具体项目与所在区域发展总体目标是否吻合，忽略了具体项目与建设环境和综合配套功能的协调问题，而成为导致项目在布局选址方面决策失误的主要原因。随着经济全球化进程的不断深入，不仅外商投资注重区域投资环境的评价、把区域与城市发展战略前景作为项目选址的重要依据；而且现代经济管理的思想也深刻地影响到我国的企业家，他们也越来越关心在企业发展战略中纳入产品的区域开发战略的内容。这样客观上也就要求政府能够提供出国土开发和区域建设前景的基本蓝图，作为企业决策，以及引导企业决策

的纲领性文件。此外，市场机制的建立，也应当成为政府各部门从项目审批的具体事务中解脱出来的契机，以全国功能区划为指针，通过进一步抓空间（区域）规划，落实宏观战略部署，使企业投资和项目建设，在一个相对合理的框架下、依据市场机制的法则有效地运行。

因此，全国功能区划所确定的主体功能，特别是基础设施建设、水土资源合理开发利用、生态保护和环境治理等重要的支撑条件建设，应当在各行业和专项规划中给予落实和衔接。通过全国功能区划方案，促使行业及专项规划同全国总体规划的协调，而把区域规划作为对全国总体规划战略的具体落实。从规划层次上说，当行业和专项规划同全国功能区划有所矛盾和冲突时，应遵循全国功能区划方案。区域规划确定的区域总体发展战略和各行政区的基本功能定位，也应符合全国功能区划的基本要求，并对区域内部各地区的发展总体规划具有约束或指导作用。

4. 整合现有空间规划资源，促使功能区划在不同部门、不同地区能够得到认同

目前，在我国发挥重要作用的有三种计（规）划形式，即国民经济与社会发展计划、城市规划、土地利用规划。由于三者在规划目标、内容等方面缺乏协调，从而造成许多不必要的问题。如国民经济与社会发展计划对国家整体开发部署或某个区域和城市的长远发展战略不明确，就会导致城市规划和土地利用规划因宏观论证基础不扎实，而在城市性质与规模的确定、土地需求预测和利用结构转变规划等方面，出现根本性的失误；土地利用规划与城市规划不衔接，城市规划中土地扩展方向是土地利用规划中基本农田保护区的问题已成为普遍现象。三个规划为了弥补自身的不足，都在不断完善各自的规划体系，规划功能之间相互交叉和大面积重复，带来了规划资源的极大浪费和规划结果的矛盾冲突。因此，尽快整合现有三大规划系列，明

确相互关系和各自的功能定位,是发挥规划的指导、约束作用的基本前提。

整合三大规划体系,应以功能区划为基本平台,应以充分合理地利用"空间(区域)规划"这一政府手中的重要资源为主要目标。这是因为,全国功能区划及其在此支撑下的区域规划,是市场经济条件下,政府履行宏观调控职能、实现政府发展思路和政策导向的有效手段。只有在功能区划和空间(区域)规划得到不同地区与不同部门的认可的情况下,政府才可能通过合理使用可调控资源,通过对不同地区合理的财政与税收安排、土地和水资源分配、生态环境规制、基础设施和社会设施建设等,有效地推进区域合理发展与社会经济活动的合理布局,这也是避免政府计划工作在市场机制形成过程中逐步"空心化",能够真正将计划工作落到实处的重要落脚点。对全国功能区划及其空间(区域)规划的实施过程的监督与评估,也可以成为监督政府、考核干部的科学依据之一。

5.进一步深入研究功能区划方案,尽快将功能区划方案纳入到我国规划体系当中去

全国功能区划工作起步晚,工作程度还不足以完全支撑全国地区开发总体战略表述的需求,还同指导编制全国区域发展总体布局及其区域规划有一定距离。在功能区划编制过程中,已经发现了许多有待解决和深化研究的问题。未来几年中,还应进一步深化研究功能区划方案,使之能够逐步明确我国未来发展的基本格局、国土开发和区域发展的整体步骤、不同区域在实现现代化进程中所履行的基本功能、完善我国社会经济发展空间格局的支撑条件,等等。这样,才能够真正将全国功能区划方案的编制与修订,纳入到我国规划体系当中去。

长远看,全国功能区划所确定的主体功能与发展原则,应当在全国五年国民经济与社会发展总体规划中给予表述;在全国区域规划

中给予落实。而在此基础上编制的区域规划文本，则作为国民经济与社会发展规划成果体系中的有机组成部分。应高度重视通过规划方案对全国功能区划方案的实施，一方面，在有关省市规划、专项和行业规划中给予落实，并出台相应的支撑全国功能区划落实的区域政策；另一方面，加强全国功能区划与区域规划实施的法律监督和实施效果的科学评估，在全国人民代表大会进行国民经济与社会发展规划执行情况的报告中，应当有相应的分量反映区域发展总体战略实施情况及其区域规划试点的进展情况。同时，对地方政府的考核，应纳入若干区域规划执行情况的指标。长期来看，区域规划应当有完善的法律环境为保障，真正使我国国民经济与社会发展走上科学决策的轨道。

## 本报告咨询项目组成员名单

| 姓　名 | 职称（工作单位） |
| --- | --- |
| 孙鸿烈 | 中国科学院院士（中国科学院） |
| 郑　度 | 中国科学院院士（中国科学院地理科学与资源研究所） |
| 陆大道 | 中国科学院院士（中国科学院地理科学与资源研究所） |
| 樊　杰 | 研究员　　　（中国科学院地理科学与资源研究所） |
| 陈　田 | 研究员　　　（中国科学院地理科学与资源研究所） |
| 张文忠 | 研究员　　　（中国科学院地理科学与资源研究所） |
| 刘卫东 | 研究员　　　（中国科学院地理科学与资源研究所） |
| 吴绍洪 | 研究员　　　（中国科学院地理科学与资源研究所） |
| 杨勤业 | 研究员　　　（中国科学院地理科学与资源研究所） |
| 谷树忠 | 研究员　　　（中国科学院地理科学与资源研究所） |
| 刘彦随 | 研究员　　　（中国科学院地理科学与资源研究所） |
| 张文尝 | 研究员　　　（中国科学院地理科学与资源研究所） |
| 李丽娟 | 研究员　　　（中国科学院地理科学与资源研究所） |
| 周成虎 | 研究员　　　（中国科学院地理科学与资源研究所） |
| 王传胜 | 副研究员　　（中国科学院地理科学与资源研究所） |
| 戴尔阜 | 副研究员　　（中国科学院地理科学与资源研究所） |

# 关于东北振兴与可持续发展的若干建议[①]
## （摘要）

**编者按：**

  本报告重点从中长期角度，针对东北振兴中已经和将会提出的重大问题，以社会、经济可持续发展为主线，就资源保障体系建设、产业结构合理演变的时序、大都市经济区及产业集聚带的建设、现代农业发展主体功能、资源型城市发展、区域生态环境建设等方面做了分析并提出建议。

  近年来，特别是2003年中央确定实施"振兴东北老工业基地"战略及一系列政策的陆续出台，促进了东北地区社会经济的快速发展。市场力量作为经济增长的原动力正在发挥越来越重要的作用，国内外资本出现向东北转移的明显趋势，以沈阳、大连为核心的全国第四大都市经济区和哈大产业集聚带正在形成。一些重要的工业部门如机械、石油、冶金、食品工业的优势地位得到了巩固，特别是冶金工业的技术升级达到了预期的效果。基础设施建设步伐明显加快。20世纪80~90年代基本处于"边缘化"倾向的东北经济，现在已经开始发生变化。2004年东北三省的一些重要经济指标均高于全国平均水平。

---

[①] 本文为中国科学院院长上报报告，2005年4月6日。陆大道、金凤君为报告的主要执笔人，参与编写的有张平宇、樊杰、刘卫东、刘彦随、张文忠等。

东北振兴在目前和今后较长时期还面临着严峻的挑战。我们根据国家有关部门的要求，组织了多学科的研究力量，重点从中长期角度，针对东北振兴中已经和将会提出的重大问题，进行了一年的调查研究，提出如下建议。

## 一、利用国内国际两种资源解决长期资源保障问题

东北地区对能源、铁矿石、有色金属、建筑材料等矿产资源的需求正在迅速增加，但区内的保障程度却大幅度降低。东北三省能源消耗占全国的10%以上，但煤炭的保有储量仅占全国的0.5%左右。火电装机面临煤炭资源的严重限制。2015～2020年电力需求将达到3000亿千瓦·时以上，较目前增加一倍左右。2010年后大庆油田的原油产量只能维持3500万吨的水平，区内其他含油区域的增产潜力也非常有限。分布在哈尔滨-大连经济带附近的8个有色金属矿山已有7个关坑停采，有色金属冶炼面临原料危机。作为装备制造业基础的钢铁工业也愈来愈依赖进口铁矿石。

构建东北发展的资源保障体系，建议加快内蒙古东部资源接续基地建设。内蒙古东部在自然和经济区划上是东北区的组成部分，有丰富的煤炭、有色金属和非金属矿产资源。应尽快扩大煤电基地建设和向东北电网的输电规模，力争到2010年装机容量达到2000万千瓦以上。加强海拉尔盆地石油和大兴安岭南部矿产资源（铜、铅锌、锡、铀等战略性矿种）勘探力度，使其成为大庆油田的接续基地和有色金属工业的原料基地。同时，要推动以资源的科学考察及勘探、开发为重点的中俄蒙合作。

## 二、控制原材料工业发展规模，以"三步走"推进产业结构转型

目前，地方政府和企业对石油加工和钢铁等原材料工业的发展规模规划过大。东北地区原油一次加工能力现已达到7640万吨/年，超过原油产量和成油品消费量。但黑龙江、吉林、辽宁三省规划2010年原油加工能力分别要达到2000万吨、1000万吨和8620万吨，总规模达到11 620万吨，将大大超过原油供应量和消费量。对这一倾向应采取有效措施加以调控。石油化学工业的发展应以精细化工为方向，提升原材料基地的地位。对于钢铁工业，需要组建大型企业集团统筹规划和调控发展规模，特别是要实现辽宁三大主力钢铁企业的协调发展。企业集团应以鞍钢的改扩建为重点，控制本溪和北台钢铁厂的规模，淘汰一批中小钢铁企业。

为了重塑具有战略地位的东北工业基地，培育和大规模发展作为替代的新兴产业，需要制定工业结构转型的长期引导战略。建议近期提升既有产业竞争力、中期培植新兴产业和构建优势产业集群、远期实现装备制造业-轻工业-原材料工业全面发展。具体来说，近期通过钢铁工业产品结构调整、促进机电一体化和高新技术产业发展等措施，提高装备制造业的配套条件，在辽中南、长（春）吉（林）和哈（尔滨）大（庆）齐（齐哈尔）加强交通运输设备和重型成套设备等装备制造工业生产的区域优势。同时引导煤炭、造纸、森工、纺织等一些已不具有比较优势的部门技术升级或退出市场。中期以都市经济区为主要载体，以交通运输设备和重型成套装备作为行业重点，发展汽车、船舶等交通运输工具和矿山、冶金、石化、输变电、数控机床等重型成套设备，逐步形成我国和亚洲最大的重型机械装备制造业基地，实现重工业结构从基础工业型向基础与加工并重型转变。远期，以装备

工业、轻工业、原材料工业全面协调发展为目标，建成为强大的综合性工业基地。

## 三、建设大都市经济区和产业集聚带是振兴战略的重要组成部分

在计划经济时期，由于"统配统分"的制度，国有大中型企业往往形成经济"孤岛"，城市间的产业联系不密切。在经济全球化的趋势下，由核心城市及其腹地组成的、具有有机联系的"城市区域"正在成为全球经济竞争的基本单元。以国际性门户城市为核心的城市区域（即"大都市经济区"）是目前全球最有竞争力的地区。进一步加强大城市的集聚功能，建设具有国际竞争力的都市经济区，是"振兴东北"过程中深层次的和具有深远意义的工作。这在一定程度上被忽视了。

根据竞争力和聚集功能的分析计算，沈阳和大连可以作为东北的"门户城市"，其地位及功能应该得到进一步强化。沈阳侧重发挥东北地区物流中心、金融中心、交通枢纽、装备制造业研发和生产基地等作用。大连侧重发挥国际贸易窗口、东北亚国际航运及物流中心、涉外金融中心、临港型先进制造业基地等功能。同时，围绕沈-大双核"门户城市"，建设辽中南大都市经济区和东北中部聚集带。

## 四、推进以三大功能为主体的现代化农业建设

为了将东北建成我国最大的粮食安全保障基地、最大的粮草结合型精品畜牧基地和现代高效生态农业科技示范推广与安全生产基地，要求强化"国家粮食安全生产基地"的主体地位，同时突出东北生态绿色农产品生产基地和精品畜牧业基地的区域特色，促进大农业结构的战略性调整。主要采取以下措施：

（1）以地级市为基本单元构建国家粮食安全生产基地。东北现有大型商品粮基地县 110 个。但以县为单元的商品粮基地管理模式有一定局限性，需要转变为以地级市为基本建设单元的管理模式，实现区域农业联合开发与整体规划布局，提高扶持资金的利用效率和促进基础设施的统筹建设。

（2）建立一批国家和省级绿色农业基地，创东北绿色农产品品牌。包括三江平原大型优质安全水稻生产基地、中部平原的淀粉和豆类制品为主导产品的粮食规模化加工业基地，以及山地森林这儿的林特名牌产品的培育与开发基地。

（3）强化优质畜牧产品加工基地建设。东北地区秸秆资源和玉米、大豆等饲料粮是规模化畜牧业发展的重要保障。以松嫩平原、三江平原畜牧业产业链和生态畜产品精深加工业基地为重点，扩大畜牧基地区"无规定动物疫病示范区"的范围。以肉牛、肉羊、生猪、乳制品深加工的集约化、标准化、规模化为突破口，鼓励"以农促牧、以牧带农、农牧结合"的区域生态农业模式的发展，形成东北地区优质畜牧产品生产、加工一体化的综合产业体系。

（4）建立保障国家粮食安全与促进农民增收的长效协调机制。黑龙江、吉林两个农业大省农民收入的 60% 左右来自粮食种植业。为了改变农民收入增长缓慢甚至出现负增长的现象，需要使"一免两补"政策制度化；还要完善与此相关的配套政策，调控生产资料的价格；要鼓励发展农民合作组织，稳定粮食基地规模。

## 五、按照三个生态地理区域进行生态建设与环境保护

东北地区的生态建设和环境治理需要按科学规律进行。东部-北部、中部、西部三大生态地理区域的自然基础和环境承载能力有显著差异。应按照三个区域的生态特点、问题和基础，采取"集中发展中

部、保护性发展两翼"的战略，实施不同的生态与环境建设及保护措施。中部区域重点进行城市化地区环境的综合治理和松辽平原农业的面源污染治理与土地退化防治，东部及北部区域重点进行森林生态的保护、资源型城市的综合治理和三江平原湿地的保护，西部区域目标是遏制草地退化。

## 六、组织编制沈阳-大连大都市经济区和中部集聚带的区域规划

目前国家已经启动了"长江三角洲地区"和"京津冀都市圈地区"的区域规划。"振兴东北老工业基地"是一项长期的战略任务，是一项涉及诸多方面的宏大工程，需要有科学的规划予以指导。建议尽快启动东北核心地区的区域规划，协调已经编制或正在编制的行业规划及地区规划，促进沈阳-大连大都市经济区和中部产业集聚带的发展。

# 关于我国大规模城市化和区域发展问题的认识及建议[①]

**编者按：**

　　这份对我国大规模城镇化发展方面的较早的咨询报告，首次提出我国大规模城镇化过程中出现了冒进态势。主要是建设布局摊子过大，出现无序乃至失控，环境污染日趋严重，城市占地范围迅速扩大，人口、资源、环境之间的矛盾愈益突出，基础设施供应不足等。报告中初步分析了其中的主要原因。报告特别强调，未来要根据国情，走一条资源节约型的城镇化道路，要制定各项建设的合理指标等。报告认为我国地域空间规划对于协调各种建设与资源环境之间的关系非常重要，但我国当时的规划体制很不完善，这是产生许多问题的重要原因之一；建议开展全国国土规划等工作。

## 一、我国大规模城市化中的问题严重

　　改革开放以来的20多年，我国取得了持续高速的经济增长和大规模城市化建设的辉煌成就。城镇化水平从1978年的17.9%提高到2002年的39.1%，年均增长0.88个百分点。这个过程与发达国家相比快2~4倍。但在大规模城市化过程中，许多城市的发展越出了正常轨

---

[①] 本文原载于《中国科学院院士建议》，2006年第1期（总第138期），2006年2月15日。报告撰写人为陆大道。

道，城市建设布局出现无序乃至失控，社会经济发展与资源、生态、环境之间的矛盾和冲突愈来愈严重，已经对我国社会经济的可持续发展造成了危害。在国务院近年来三令五申控制开发区和城市土地占用的情况下，城市"大"规划和建成区蔓延式大扩张的现象还在继续。

（1）发展"国际大都市"，进行"大"规划。20世纪90年代以来，我国大都市区和产业集聚区迅速发展。特别是在珠江三角洲和长江三角洲地区，城市规模增长很快。这表明大城市充满发展活力，并且是经济国际化发展的重要载体和带动区域经济发展的核心。在这种情况下，许多地区对城市进行过度投资和扩张，表现之一是纷纷规划建设"国际大都市"。据不完全统计，全国提出要建设国际性大都市的有183个城市。许多城市不切实际地制定太大的发展目标，建设"大××市"，要求按现有人口和产业规模的两倍乃至三四倍进行"大××市"的规划（或修编）。一些城市还按照"国际大都市"的要求，运用超前标准进行用地和各项基础设施的规划，如会展中心、中央商务区、多个高尔夫球场等以塑造城市形象。许多中小城市也将城市发展框架拉得很大，100米宽的街道和环城路大量出现。

（2）蔓延式的城市建设和混乱的空间布局。现在许多城市的发展，摊子都铺得很大，各项设施建设缺乏严格的占地标准，以致乱占土地。城市周围的开发区太多。2003年全国各类开发区共有6000多个，规划面积达3.6万平方千米，超过了现有城镇建设总面积。一些城市的开发区，占地而没有开发，甚至荒废了良田而长满了大片荒草。开发区发展受到控制后，一些城市搞起了大绿地和大广场。特别是许多大城市纷纷规划和建设"新城"。这些"新城"在开发区建设高潮中开辟了一批，在政府机构等大迁移中又开始了一批。伴随着政府机构的大迁移，新的大型现代化广场越来越多。这些豪华的政府办公大楼和漂亮的大广场多数远离城市人口和商业聚集地区，增加了政府和民众之间交往的困难。如某省城开辟了东部新区，拆迁100多平方千米，请外国专家设计了会展中心，高达百米的商务大楼30多座同时拔地而起。而关于这样的"大手笔"是否能够带来商机和经济的高速增长，事先却没有经过充分的调查研究和论证。在乱设开发区受到控制的情况下，这两年许多大中城市纷纷以"科教兴国"的名义，在郊区建设"大学城"。"大学城"有的占地几十平方千米，有的达到100~200平方千米。

（3）有些发达地区的农村小城镇建设"城不像城、乡不像乡"。农村地区的城市化缺乏引导。在一些中小城镇周围及大城市的郊区，城市化发展很快。据当地政府反映，长江三角洲部分地区，改革开放以来农民建房已经淘汰了四代，现在见到的主要是第五代。但实际的景象却只是远看像城镇，每家房子仍是独立的，缺乏必要的道路、给排水和环境卫生系统，形成了"城不像城、乡不像乡"的状况。

（4）部分城市化地区资源、生态和环境严重恶化。许多大城市地区和城市化快速发展地区，不仅水土等自然资源过度开发利用，而且由于缺乏必要的污染物处理和生态建设措施，导致生态和环境状况严重恶化，已经没有了Ⅱ类和Ⅲ类水质的水体，只有Ⅳ类和Ⅴ类水。全国有400多座城市缺水。大城市中不保温建筑越来越多，这是我国近年来能源消耗大幅度增加的重要原因之一。

（5）城市之间及城市与区域之间缺乏必要的合作。在城市与城市之间、城市和所在的区域之间，政府之间缺乏沟通和合作的平台。在区域上相邻的两个或几个城市，大家都要建设国际大都市，在机场、港口、高速轨道交通等重大基础设施项目的规划及管理方面互不协调，乃至出现重复建设的现象。

上述倾向和问题不仅大量浪费了宝贵的土地资源，造成空间结构长期的不合理，而且使城市道路及城市交通流量和各种管线大幅度增加，能源等资源的消耗也相应增加。这对我国城市化的进程和可持续发展造成了严重的危害。

造成上述问题的主要原因有以下几个方面。

(1) 对我国国情和城市化道路缺乏清楚的认识。我国是一个人口众多、经济总量迅速扩张但水土资源严重不足的国家。我国的城市化不能走如同美国那样的大规模蔓延式的发展道路。各地区应该科学地分析城市经济发展的潜力，对城市及其腹地的发展潜力及周边的大环境做出科学的预测和评估。再在这个基础上制定规划期的发展规模和相应的指标体系。而且不同地区的城市基础设施应该有不同的标准。大规划不一定能带来大发展，却可能引起巨大的风险。

(2) 科学的城市规划工作没有跟上。20世纪90年代以来，我国城市化速度过快，一系列城市发展方针的规划和制订工作跟不上。在大规模快速城市化过程中，曾经提出了"经营城市"的理念和口号，土地和水资源等过度开发利用，土地等国有资产大量流失。城市规划单位在取得了规划"资质"以后，往往承担了太多的任务，其中存在的问题一是人员不足；二是部分人员对我国的国情和城市化道路认识不深刻，在规划工作中较多地按照领导意图办事，而独立的科学精神较差。在有些地区，城市规划的法律地位不明确。有的城市领导班子换一届，城市规划就变一次。

(3) 政府领导的政绩观不全面。近年来各地都在贯彻"发展是硬道理"的理念，并在"率先实现现代化"的目标上做出努力。但不少地区在"城市化"规模和速度方面纷纷提出高指标，形成彼此竞赛之势，以不适当的超前标准规划建设城市。更有甚者，以大绿地、大广场、大立交、大马路等作为政绩工程和形象工程。近年来，中西部地区也开始效仿沿海地区的城镇化发展模式，大量搞开发区、新城、大广场等。

(4) 城市管理严重滞后。近年来出现的问题，一方面是城市发展缺乏科学的决策机制，另一方面是城市规划和城市管理的立法工作薄弱，缺乏符合我国城市化要求的指标体系。

在未来20年左右的时间里，我国经济总量和城市人口规模还将大幅度增加，人口和产业将进一步集聚，城市化将继续以很快的速度发展。要想从根本上遏制上述严重趋势，解决城市过度扩张、蔓延式发展及其引起的资源供需矛盾和环境污染加重等问题，需要以科学发展观为指导，研究和解决我国大规模城市化面临的迫切问题，提出实施资源节约型城市化的途径和措施。我提出如下一些建议。

（1）根据国情，未来我国城市化必须走一条资源节约型的发展道路，即走一条"高密度、高效率、节约型、现代化"的城市发展道路希望主管部门明确强调，我国不能走类似美国那样的大规模蔓延式的城市化道路，而日本和部分欧洲国家的集中型的城镇化空间模式是可以借鉴的。为此，需要阐明在我国实施这条资源节约型城市化道路的重大意义及途径。

（2）针对现阶段我国城市化过程中出现的大规划和大规模蔓延式发展，研究并提出我国城市化的规模结构、空间结构及资源占用等方面的指标体系；对大城市郊区化的混乱状态提出管治措施。同时，农村小城镇建设规划也越来越重要，农民富了，是否就应该每3~5年淘汰一代房子？所以，各省（自治区、直辖市）政府需要对农民建房和农村小城镇建设进行政策引导。

（3）逐步加强城市管理及相应的立法工作。需要确立科学的城市发展决策机制，对已经编制并获得批准的城市规划，不能由领导人随意改动。针对近年来出现的问题，国家和各地区需要加紧立法和各项法规的建立与实施工作。

（4）在目前国家已经启动了"长江三角洲地区"和"京津冀都市圈地区"的区域规划的情况下，需要逐步启动其他一些大都市地区和重点产业带的区域规划。对跨行政区的建设项目和区域性的资源环境问题进行区域协调。

## 二、我国地域（空间）规划所面临的体制问题

改革开放以来，我国在持续高速的经济增长和大规模城市化的同时，国土开发和建设布局无序乃至失控现象广泛出现，社会和经济发展与资源、生态、环境之间的矛盾越来越突出。马凯主任在编制国家"十一五"规划时强调，国家急需战略性和具有空间约束力的区域规划，以打破地区行政分割，发挥各自优势，统筹重大基础设施、生产力布局和生态环境建设，提高区域的整体竞争力。我们在长期的研究工作中也深深感到，地域（空间）规划是政府通过空间资源的合理配置，协调人口、资源、环境与经济和社会发展关系的重要手段，在我国经济迅速发展和政府职能调整日益取得进展的情况下，其重要性越来越突出了。

长期以来，我国规划体系不完善，主要是缺乏综合性的地域规划，即全国性的国土规划和重点地区的区域规划。为了适应国民经济和城市化快速发展的需要，国土资源部门加强了土地规划，建设部加强了城市规划，特别是进行了区域性的城镇体系规划。这两类规划，都希望起到区域协调作用。但是实际上，由于这两个政府部门的职能不同，所编制的规划并没有起到区域协调作用，而且规划功能之间相互交叉和大面积重复，带来了规划资源的浪费和规划结果的矛盾。甚至，一些地区部门规划互不协调，一些跨行政区域范围的地区在资源利用、环境保护、基础设施建设及管理方面的利益和权限矛盾重重，迫切需要整合规划。

国家发改委已经启动了"长江三角洲地区"和"京津冀都市圈地区"的区域规划，希望以这两个地区为试点，取得经验在全国开展。

这次试点工作具体由国家发改委地区经济司组织，但建设部和国土资源部的参与程度不够。在北京、天津、上海等大城市都已经编制了城市总体规划和土地利用规划的情况下，实施区域协调难度很大。

全国性的地域规划，即全国国土总体规划，存在着体制和功能定位的矛盾。国土资源部一年以前就筹划进行新一轮全国国土规划工作，但由于国土规划要求提出国家未来国土开发和生产力发展的地域总体框架、人口分布和城市化及基础设施总体格局、重大的环境治理和生态建设工程等，涉及众多的政府主管部门，属于综合性工作，而国土资源部的职能比较偏重于土地和矿产资源，因此组织开展全国国土规划工作困难较大。而国家发改委的职能适宜于统领此项工作，也很希望将这项工作开展起来，但其职能定位却没有这项任务。这种体制和职能的矛盾，使本应立即开展的国土规划工作难以正式启动。国家发改委正在制订国家的《规划编制条例》，国务院法制办正在征求意见。我们希望在正式出台的《规划编制条例》对各类规划的衔接做出科学和可行的规定。

我建议：全国性的地域规划，即全国国土规划，需要国家发改委与国土资源部联合组织进行。

城市规划和土地利用规划一般是在区域规划编制的前提下而编制的，应该属于专项规划，但是，城市规划和土地利用规划也是具有一定区域范围的综合性规划，根据这一点，城市规划和土地利用规划应该属于区域规划的一种。因此，在进行重点地区的区域规划时，要求建设部和国土资源部等部门有较大程度的参与。

在目前开展的以京津冀和长江三角洲地区为试点的区域规划工作及取得经验的基础上，在东北中南部大都市区、成渝地区等大都市区进行区域规划，并希望尽快正式编制"全国国土总体规划"。这些工作确实有着紧迫的现实需要和深远的历史意义。

## 三、对中部地区发展和"中部崛起"战略方针的认识

在国家实施"西部大开发"和"振兴东北老工业基地"区域发展战略方针的情况下，中部各省加快社会经济发展的意愿不断高涨。温家宝总理在政府工作报告中也强调要采取措施，促进中部地区的崛起。

在这里，我还是想就"中部崛起"是否作为"十一五"规划中与"西部大开发"和"振兴东北老工业基地"相似的国家区域发展战略方针之一，以及相关的措施问题提出我的认识。

我的基本认识是国家区域战略方针的对象是特定的"问题区域"，例如结构性危机区域、发展严重停滞区域或受到严重破坏的区域。而"中部崛起"作为国家的区域发展战略方针之一，不具备解决这几种特定的"问题"背景。

（1）近年来中部地区的经济增长和城市化进程相当快。我国从20世纪90年代初以来，开始实施地区协调发展战略。中部各省利用它们各自的资源优势和产业优势，集中发展各自的主导产业，普遍实现了经济的高速增长，按照各地区的统计，年均GDP增速为9%～11%。在这个过程中，中部地区各省的结构性调整也取得了明显的进展。特别是在国家投入的支持下，中部许多农业大省的优势得到了发挥，特色优质农牧业产品生产有了很大的发展，成为带动地区经济增长和出口增长的重要因素。中部地区制造业产品结构也有所优化，电力、冶金、石油化工、机械等方面有了明显的加强。但同时，中部地区高速经济增长同样带来了资源环境问题，虽然没有珠江三角洲和长江三角洲地区那么严重。

（2）基础设施条件明显改善。在全国性和大区性的基础设施工程建设中，中部地区的发展条件同样得到了改善。"西部大开发"过程中的许多工程，如高速公路、铁路、航空建设等，横跨中部地区或延伸

到中部地区，受益的不只是西部地区。基础设施条件的改善是近年来经济增长保持良好发展势头的主要原因之一。三峡工程是超大型的生态环境工程、能源建设工程和交通建设工程，与"西部大开发"中的生态建设和能源工程、交通工程没有区别。

（3）中部地区也存在一系列问题。我国农业大省主要处在中部地区，三农问题在中部地区表现突出。中部地区的一些大中城市，也确实存在"东北现象"，产业结构的调整和支柱产业的发展很困难，结构升级步履缓慢，国民经济发展缺乏有活力的经济增长点。诸多的生产部门和行业在与东部地区同行的竞争中面临的压力很大。另外，中部地区从来不是一个完整的经济区域，没有一个或者两个大的大都市区作为经济中心，而是分别属于珠江三角洲、长江三角洲、京津等集聚区的腹地和相应经济区的一部分。

（4）鉴于近年来中部地区高速经济增长和结构调整的明显进展，认为"中部塌陷"是不客观的。全国性的扶贫政策、农业政策、基础设施发展方针及生态建设方针等都是惠及中部地区的。因此，中部地区也不是政策的"塌陷区"。中部地区不是特定的"问题区域"。针对中部地区存在的问题，建议按照"老工业基地城市"标准，对中部地区若干"老工业基地"比照"振兴东北老工业基地"的若干政策予以支持。国家通过加强对农业基地县和"三农"问题的支持，使中部地区较多地受益。

（5）继"西部大开发""振兴东北老工业基地"之后提出的"中部崛起"，我理解内涵是有区别的。我认为，不宜为"中部崛起"专门设置一个类似国务院"西部地区开发领导小组办公室"和"振兴东北办公室"的机构。我和学术界及管理部门的许多同行都认为，我国幅员辽阔，各地区在发展条件和发展基础等方面的差异很大。地区之间的发展实力和发展水平的差异将长期存在。由于人类社会经济活动受海洋的吸引是长期趋势，特别是由于经济全球化的客观要求，我国沿海地区在未来的发展中将凝聚愈来愈强大的增长潜力和实力。当然，国家会继续加强对中西部地区发展的支持，减缓经济发展差距扩大的趋势，逐步缩小社会发展的差距。我认为这是完全符合全国人民的整体利益和长远利益的。

# 关于遏制冒进式城镇化和空间失控的建议[①]

**编者按：**

报告以丰富的数据和图片资料阐述了"九五"以来我国城镇化的冒进态势和处于失控状态的空间扩张，分析了冒进式城镇化与中国的国情特别是资源环境的承载力的矛盾，尖锐指出"九五"和"十五"我国城镇化超出了正常的发展轨道，出现了"虚假的城镇化"，进程上呈现冒进态势，空间失控极为严重。明确提出和论证了我国的产业发展、基础设施和资源环境条件不能够支撑如此高速度城镇化及其空间扩张，阐述了中国必须要走符合国情的循序渐进和资源节约型的城镇化道路。这些观察和论断在当时无论在政府部门还是学术界、社会舆论方面都是不可想象的。在常规渠道难以尽快上报的情况下，时任中国科学院院长路甬祥看到陆大道报给他的文本和附件，立即决定以自己的名义直接报送国务院领导同志。国家发改委根据国务院领导同志的批示组织了11个部委进行了半年多的调查研究，当年就出台了若干重要政策。

改革开放以来的20多年，我国取得了经济持续高速增长、综合国力大幅度提升的辉煌成就，与此同时也实现了大规模的城镇化。城镇

---

[①] 本文原载于《中国科学院院士建议》，2007年第3期（总第163期），2007年2月15日。本报告课题组组长、执笔者陆大道，课题组成员叶大年、姚士谋、刘盛和、刘慧、高晓路、李国平、段进军、陈明星，参与了大量的实际调查与报告讨论，提供了所需的资料。

化推动了我国经济和社会的发展，在一定程度上改善了居民的生活条件。然而，近 10 年来我国的城镇化违背了循序渐进的原则，超出了正常的城镇化发展轨道，在进程上属于"急速城镇化"，其表现为：人口城镇化率虚高，空间上建设布局出现无序乃至失控；耕地、水资源等重要资源过度消耗，环境受到严重污染；城市基础设施建设出现了巨大的浪费。甚至在《中共中央关于制定国民经济和社会发展第十一个五年规划的建议》发布和国务院三令五申制止若干严重倾向之后，一些行为和现象还在继续出现，特别是大规模占地、毁地的现象令人触目惊心！为此，我们经过一年的调查和研究，建议采取严格、多方面的综合措施，遏制"冒进式"城镇化和空间失控的严重趋势，使我国的城镇化严格按照循序渐进的原则，采取资源节约型的发展模式，走一条"高密度、高效率、节约型、现代化"的道路。

## 一、我国城镇化进程出现冒进态势

### （一）城镇化速度虚高，特别是"土地城镇化"的速度太快

2004 年年底，全国有设市城市 660 多座，建制镇 20 600 多个。城镇化率从 20% 到 40% 只用了 22 年，这个过程比发达国家的平均速度快了一倍多。城镇人口从 1949 年的 5000 万，发展到 2005 年的 5.62 亿，城镇化率已经达到 43%（图 1）。然而，我国 43% 的城镇化率是虚高的。根据公安部、建设部和民政部的规定，农民进城打工居住半年以上的均算作城镇人口。因此，5.62 亿城镇人口中包含了 1.3 亿农村进城务工人员和他们的家属。但实际上，这些人与真正意义上的市民还有相当大的差别（图 2）。他们的工作和生活条件都很差，没有达到城市的生活水准。问题源于"土地城镇化"的速度太快，大大快于人口城镇化的速度。农民的土地被城镇化了，而农民却未被城镇化。另外，

43%的城镇化率中还有部分是由于一些城镇行政区划调整,辖区面积扩大所造成的。这些"城镇区域"的产业结构并未转型,缺乏产业支撑力,也基本上没有城镇的基础设施,实际上依然是农村。

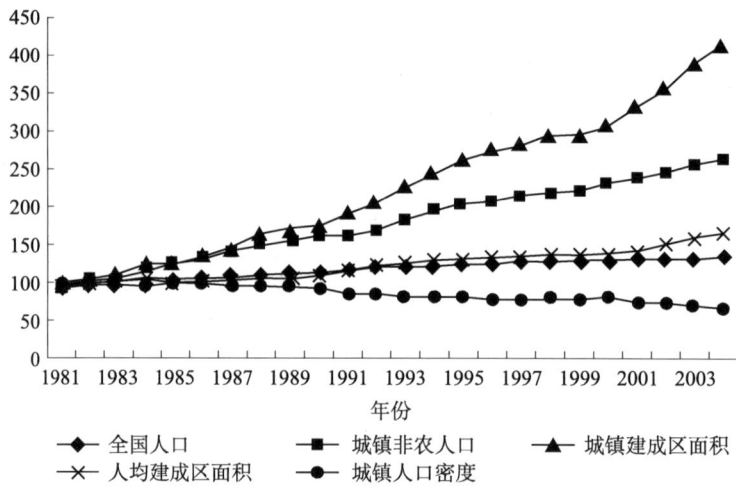

图1　1981~2004年全国综合数据对比（1981值为基准值100）

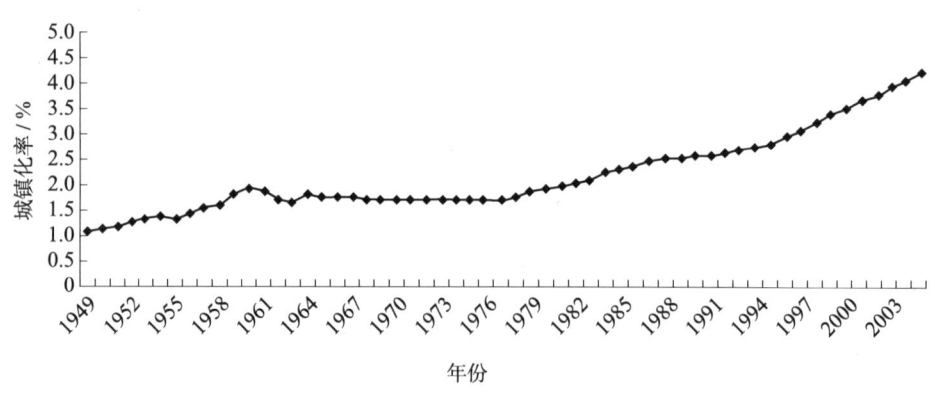

图2　中国城镇化率时序变化

各地区纷纷将高指标的城镇化率作为政绩目标,并彼此攀比,形成了竞争之势。因此,虚高的城镇化速度和城镇化率,有很突出的人为拉动的因素,在相当程度上脱离了国情,脱离了客观规律。

近 10 年来，我国城镇化进程中空间失控情况极为严重。这是城镇化发展"冒进"的重要表现之一。2000～2004 年，全国地级以上城市的建成区面积由 16 221 平方千米猛增到 23 943 平方千米。在这种城镇土地大扩张的背景下，城市人均综合占地很快达到 110～130 米$^2$ 的高水平，这是大多数人均耕地资源比我国多几倍乃至十几倍的欧美发达国家的水平（图 3）。1949 年以来我国城镇化水平变化如表 1 所示。

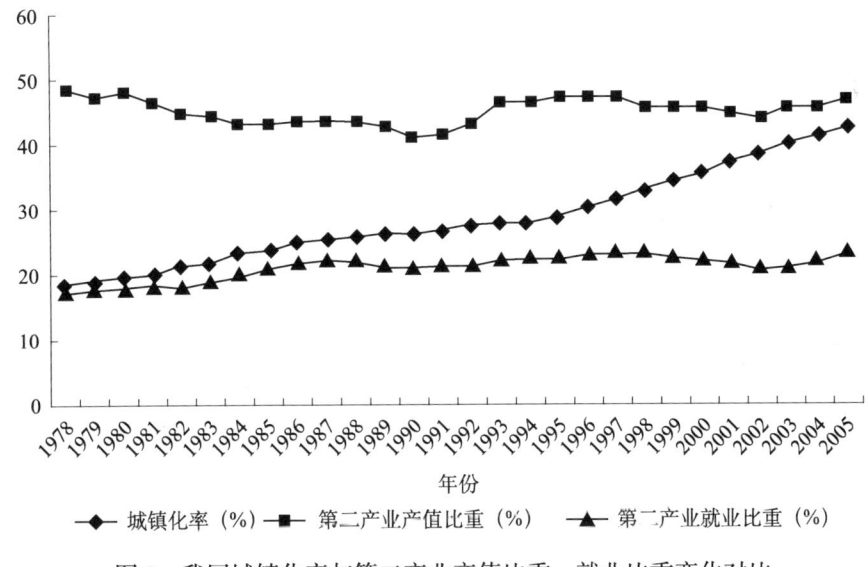

图 3  我国城镇化率与第二产业产值比重、就业比重变化对比

表 1  中国城镇化水平的上升过程

| 时间段 | 状态 | 增长状态 |
| --- | --- | --- |
| 1949～1957 年 | 正常城镇化 | 年均增长 0.6 个百分点 |
| 1958～1960 年 | 过度城镇化 | 年均增长 1.45 个百分点 |
| 1961～1963 年 | 反城镇化 | 负增长 |
| 1964～1978 年 | 停滞阶段 | |
| 1979～1995 年 | 正常城镇化 | 年均增长 0.63 个百分点 |
| 1996～2005 年 | 过度城镇化 | 年均增长 1.4 个百分点 |

空间失控和蔓延式发展，主要有下面一些突出表现。值得注意的是，除了滥设开发区的趋势得到了初步控制外，许多行为和触目惊心的现象仍在继续出现。

1. 规划建设"国际大都市"和"大市"

据建设部的统计，全国有48个城市要建设"国际大都市"，按照国际化标准开展中央商务区（CBD）、大广场等标志性建筑和国际机场等的规划与建设。在规划与建设"国际大都市"的同时，"大市"几乎遍及各省区，如"大沈阳""大广州""大杭州""大济南""大昆明""大南昌""大贵阳""大烟台""大合肥""大郑州"等。这样的大规划和大规模空间开发正在风行全国。许多中小城市，也不顾客观条件，将城市发展框架拉得很大。

2. 政府办公区的"大搬家"

在全国范围内，政府办公楼一波一波地进行大迁徙，建设新城。新城一般离原有城区（城市居民和商业的聚集地）几千米乃至10～20千米，建设豪华的政府办公大楼，配以几百亩至上千亩的华丽的硬质广场，有的还在附近建起了豪华的会展中心，建造大型人工水景。根据我们的考察和估计，全国省会城市建设新办公区和新城的占一半以上，这还不包括正在计划中的"大搬家"。地市级城市和县级城市建几万平方米的新办公区已经成为很普遍的现象。大城市的"新城"的规划面积往往达到100平方千米以上，规划人口少则100万人，多则几百万人。例如，某省会城市的东部新区，规划拆迁100多平方千米，至2006年年初已经拆迁50多平方千米，投入了280亿元；政府请外国专家设计了会展中心，30多座百米高的商务大楼拔地而起，修建了大型人工湖、运河、艺术宫及世界顶级的立交桥。地处内陆的某省会城市，市领导人提出要建设"大××市"，"使五百里××（内陆湖泊）成为世界上绝无仅有的最大的城中湖"；规划工作者按照领导要求，将新城定位为"鲜花之城""田园之城""山水之城""文化之城"，规划人口达到450万。一些地级市，城市人口规模不大（有的仅有50万～70万人），也将市政府搬迁到新区，建设豪华的政府大楼，仅大楼前的广场就用掉了800亩、1000亩，甚至1500多亩农田和耕地。这样的例子比比皆是，如东莞、泰安、烟台、南通、盐城、许昌、驻马店、绍兴县等。

3. 大立交、大型会展中心及大马路、大绿地等

许多大中城市开辟了极其宽阔的大马路，双向八车道甚至十车道，两边还要各设30～40米的隔离带和绿化带，道路红线总宽度达到110～140米。但许多大中城市刻意建设的超级大立交，仅仅成为巨大的摆设，实际车流量极少。继前些年的"大绿地"之风后，近几年很多城市又建起了豪华的大型会展中心，有些水资源极其匮乏的地区也建造了大型人工水景。

4. "大学城"成为大规模圈地的新形式

为与我国大学教育的发展相适应，增加大学用地和建设新校区确有必要。但值得注意的严重倾向是，各地以"科教兴国"和"大学扩招"为名，纷纷规划建设规模宏大的"大学城"，占地面积过大。实际上，一些决策者考虑的是以大学用地的名义低价获取土地，以便今后高价出售或进行房地产开发。大学城通常占地20～30平方千米，有的甚至达到40～70平方千米。一些大学有两三个新校区，每个新校区占地2000～3000亩。很多大学新校区极其空荡。例如，某著名大学的新校区由于圈地太大，大门的1千米以内几乎没有任何建筑，长满了大片荒草，但学校领导人还在要求另建新校区。据统计，2003年年初，全国22个省（自治区、直辖市）在建和拟建的大学城有46个。大学城多数离城市和原有校区10～20千米，离市中心50～60分钟车程，给教学管理带来的困难和给师生带来的疲劳问题相当突出。这股兴建

"大学城"之风毁掉了大量的耕地，而且正在愈演愈烈。纵观欧洲、日本等发达国家和地区的大学、中等专业学校，其占地通常不多，相当集中和紧凑，整体性很强，这样才有利于师生的学习、生活与工作，才能提高教学和科研的效率。在日本的许多学校，师生人数虽然很多，但都集中在几幢大楼里，尽可能节省土地。

**（二）经济发展、产业结构水平及就业岗位增加与"冒进式"城镇化不相适应**

城镇化进程需要与产业结构及其转型的过程相适应。在我国三次产业的就业比重中，第一产业仍占45%。这说明我国工业化程度与发达国家存在很大的差距，实现产业结构的根本转型将是一个长期的过程。目前，我国拥有庞大的基础原材料产业。经过若干年的快速增长，依靠这些产业的继续扩张来吸纳农村劳动力和农村人口空间已经不大。今后，城镇化和就业人口的增加将越来越依赖于第三产业的发展。但是，由于人口基数庞大，每年提高1个百分点的城镇化率，就业岗位就要求增加800万～1000万个。第三产业的发展空间也很难持续提供这么多的就业岗位。近年来，我国城市就业问题日益突出，表明城镇化速度和规模已经超出了产业发展及其规模的支撑能力。另据2002年的统计，我国有110多个资源型城市，2030年将增加到200个左右。这些资源型城市多数是有生命周期的，在今后某个时期将出现资源枯竭，城市规模不仅不可能大幅度扩张，而且会逐步缩小，少数还会走向衰亡。此外，作为城镇化的主要外部推动力，经济全球化的作用也将逐步减弱。因此，外部市场对城镇化的促进作用将会下降。

**（三）给资源、环境带来了巨大的压力甚至造成破坏**

我国的资源和环境基础难以支撑"冒进式"城镇化和空间蔓延式

的大扩张。城市要求有大规模的电力、优质的能源和大型的集中水源作为支撑，人均能耗、水耗及垃圾集中排放量都要比农村大得多。2003年，全国70%的城镇缺水，90%的城镇水域和65%的饮用水源受到不同程度的污染，90%的城市沿河水系遭到污染，全国污水处理率只有36%。全国城市年产生活垃圾1.5亿吨，有200个城市出现垃圾围城的现象，在50%的垃圾处理率中只有10%达到无害化处理标准。近10年来，虽然各级政府在给排水、环境保护等城市基础设施方面的投资逐年增加，但资源和环境的缺口并没有相应缩小。这从另一个角度表明，我国城镇化的速度过快，背离了循序渐进的原则。

### （四）与国外城镇化进程的比较

城镇化率从20%提高到40%，英国经历了120年，法国经历了100年，德国经历了80年，美国经历了40年（1860～1900年），苏联经历了30年（1920～1950年），日本经历了30年（1925～1955年）。而我国是22年（1981～2003年）。1997年，美国、日本等世界高收入国家的城镇化率为75%～80%，但从事第二产业和第三产业的人口高于这一比例。

根据我国的国情、人口总量及产业支撑等条件来分析判断，我国还没有条件迅速赶超欧美发达国家的城镇化发展速度和城镇化水平。西方发达国家的城市建设与农村改造是一个比较漫长的工业化过程。同时，这一资本原始积累的过程，在很大程度上是依靠掠夺殖民地国家的财富完成的。而我国的工业化、城镇化则主要依靠自力更生。西方国家在城镇化的快速发展阶段，总人口规模要小得多。而我国人口基数庞大，现阶段每增加一个百分点的城镇化率所要求增加的就业岗位，比发达国家相应的进程高5～10倍甚或更多。

十多年来，我国城市人均占地已经很快达到110～130平方米的高水平,这是大多数人均耕地资源比我国多几倍乃至十几倍的发达国家的水平,超出许多发达国家的城市。在城市占地大规模扩张的同时,城市用地结构不合理的现象也十分严重。在许多大中城市的居民区,楼群密集,缺少公共空间,与新城区的政府办公大楼及大广场、大绿地、大立交等形成了鲜明的对比。

以上事实表明,我国未来城市人均占地标准能否应与欧美国家齐平,是关系我国城镇化发展的一个极为重要、不可回避的问题。同时,即使城市的人均用地控制在比较合理的范围内,也有可能存在严重的空间结构不合理和浪费现象,需要加以控制。

### (五)"冒进式"城镇化危害严重

城镇化速度"冒进",远远超出了城镇的就业吸纳能力和基础设施承载能力。成片成片地毁掉民居和优质耕地,造成了大量失地农民与城市边缘人群。据估计,2000年全国已有5000万农民失去土地。2001~2004年,全国又净减少2694万亩耕地。按劳动力人均4亩耕地来计算,相当于增加了670万农业剩余劳动力。如果按照这种趋势发展下去,到2020年还将有6000万农民失业和失去土地。由于土地价格低廉、补偿不到位等原因,农民的利益受到严重侵害,甚至陷入"种田无地、就业无岗、低保无份"的"三无"困境。到城市就业的"农民工"一般以非正规就业为主,收入水平低、居住条件简陋恶劣。他们中相当高比例的农民工住在城市边缘地区的"城中村"、简易房、建筑工棚和地下室里,与"贫民窟"相差无几。这种虚假的城镇化和贫困的城镇化,正在影响城乡社会的安全与和谐发展。四川、湖南、安徽、河南、江西等人口大量流出的农村地区,还出现了土地大面积撂荒、留守儿童和老人的比重过高等现象。据估计,我国农村留守儿童已达2000万人。这种现状,正在危害我国社会经济发展的基础和社会安全。

大规模的城镇扩张与无序蔓延，侵占了大量的优质耕地。在1997～2005年的8年间，我国各类建设占用耕地总量为182.02万公顷，约相当于1997年全国耕地总面积的1.4%。建设占用的大多是优质耕地，而开发整理补充耕地的质量大多较差，占优补劣的现象极为严重。这些问题使我国粮食生产与消费量的缺口逐渐加大，对粮食安全构成了潜在的威胁。

## 二、"冒进式"城镇化发展和空间失控的主要原因

**1. 对我国国情，包括自然基础、产业发展的支撑能力及"农民工"现象的长期性缺乏正确认识**

我国存在三大自然区和三大地势阶梯。其中，西北干旱、半干旱区加青藏高寒区约占全国土地总面积的一半。2000年，中国的人均耕地只有世界平均水平的47%，是澳大利亚的1/30，加拿大的1/19，俄罗斯的1/9，美国的1/8，近年来这个比例还在下降。我国产业发展阶段和产业结构与城镇化发展的关系不同于发达国家，难以支撑超量的城镇化人口。由于我国农村人口总量巨大，农村人口向城市转移将是一个长期的过程，在20～30年内达到现在欧美发达国家和地区的城镇化水平是不现实的。

一些地区领导人搞城市建设的"大手笔"，不断扩大城市基础设施的建设和投资规模，动机是造就城市大发展的形象，借此招商引资，实现GDP的高速增长。但是，城市规划的"大手笔"不一定能带来大发展，因为城市经济发展的根本动力来自于城市腹地的经济、腹地的自然资源，以及外部宏观经济形势所提供的可能性。城镇空间的盲目扩张和蔓延式发展中还存在对环境伦理缺乏理解的因素，也没有考虑人与其生存条件之间的相互依赖关系，对于城镇化的发展缺乏可持续

发展的理念,在做城市发展规划和确定用地规模时,没有考虑后代人实现可持续发展的需求。

2. 城乡二元化的土地管理制度及过低的征地费用造成大量圈地

我国土地征用实行双轨制。农村土地征用价格太低,给农民的补偿太少。按照《中华人民共和国土地管理法》的规定,土地补偿费和安置补助费两项之和最高只有土地年均产值的15~16倍。如此低廉的征地费用,如果以市场价格出让,政府可以获得巨额土地差价。这是产生大量圈地的制度诱因。

3. 干部考核制度的偏差

以GDP为导向的干部晋升制度,导致许多地方政府为了招商引资,以低地价、零地价甚至负地价出让土地,以追求外商直接投资(FDI),增加进出口,增加GDP。一些地方甚至将招商引资也作为干部任免的重要标准。

4. 分税制带来了大规模出让土地的动力

《中华人民共和国土地管理法》规定,新增建设用地的土地有偿使用费,30%上缴中央财政,70%留给地方政府,专项用于耕地开发。但是,实际上大部分地区将其用于城市建设。许多城市70%以上的城市建设资金来源于土地出让金,一些地方政府90%的财源来自土地有偿使用费。土地出让金是地方政府预算外财政收入的重要组成部分,却没有被纳入公共财政管理的框架。这种监督机制的不健全和公共财政制度的缺位,使"形象工程"建设的资金来源难以从源头上得到遏制。

5. 城市规划和规划师的问题

规划建设用地标准过高,在实施中缺乏有效的监管。建设部1991年颁布的《城市规划建设用地标准》,对各级城市的人均建设用地标准做出了规定,即最低不低于人均60平方米,一般为100平方米。但是,实际上大部分城市的人均建设用地指标都超过100平方米。

城市领导者热衷于急功近利的城镇规划编制或修编。一些城市总体规划刚刚做完，新来的领导又请人来重新做修编规划，甚至请国外专家做不切实际的"发展战略规划"，造成了极大的浪费。有些只有10万～20万人的小城市，5～10年内就要变成拥有50万人的大城市；50万～60万人的城市，10年期规划就要扩张到100万～120万人。盲目的规划修编意在按照领导意图做大人口规模，给城镇用地继续扩张一个冠冕堂皇的理由。

目前，规划设计行业存在人员不足的问题。涉及的学科和领域很多，有"资质"的规划单位承担的任务往往太多，难以精心规划。部分规划设计人员对我国的国情和城镇化道路的认识不深刻，在规划工作中，较多地按照领导意图办事，缺乏独立的科学精神。有些规划人员，对于明显不合理和不可能实现的畅想也随声附和，甚至充当了吹鼓手。另外，规划面积与规划费挂钩的制度，以及规划费标准过高等问题，也在一定程度上影响了规划的科学性和严肃性。

## 三、政策和措施建议

为了从根本上遏制"冒进式"城镇化和空间失控的态势，解决由此带来的资源、环境和社会问题，需要以科学发展观为指导，探索一条符合我国国情的"高密度、高效率、节约型、现代化"的城镇化道路。为此，我们从我国城镇化发展进程、有关体制和政策的改革及城市规划控制等方面提出如下建议。

1. 必须遵循循序渐进的原则，城镇化速度不能过快

我国人均资源占有量状况（尤其是耕地资源稀缺）、产业结构发展阶段，以及大量资源型城市的存在难以支撑城镇化的过快发展，农村人口向城市的转移不彻底，要求我们更加关注城镇化的质量而非速度。

鉴于以上认识，城镇化发展水平应当与水土资源和环境承载力保持一致，与城镇产业结构转型和新增就业岗位的能力保持一致，与城镇实际吸纳农村人口的能力保持一致。为此我们建议：要在客观地认识国情的基础上，对城镇化发展水平进行科学的分析和预测，设定各个发展阶段适宜的城镇化率。根据我国各个发展时期特别是20世纪80年代初至90年代中期的经验，城镇化率每年增长0.6～0.7个百分点是比较稳妥的。与此同时，不同区域的城镇化发展速度应该有所差异。各地区在编制国民经济和社会发展规划，以及土地利用规划、城镇体系规划和城市总体规划时，应因地制宜，制定符合各地实际的发展目标，不能在城镇化率和有关城镇发展指标方面盲目攀比。

2. 建立和完善相应的制度体系

（1）调整各级干部的政绩考核标准和指标体系。以GDP增长为核心的政绩考核体系的负面效应越来越突出，应该予以调整。我们建议以单位GDP的资源占用、资源消耗（如单位用地GDP）和人均GDP等来代替GDP总量增长的单项指标。将GDP与人口和土地指标结合起来，会有效抑制地方政府把人口和土地规模做大的动机，有利于城市的高密度和高效率的规划与建设。政绩考核指标体系还应该纳入反映公众利益的指标，如社区的居住环境指标等。

（2）从经济机制上促进土地的集约化利用。目前，国务院和中央有关部门已经陆续制定了一系列关于地根控制和土地出让金的管理办法，现在需要的是严格贯彻这些法规，阻断地方政府对土地出让金的过分依赖，克服土地出让金在预算体系外独立循环的弊病。

（3）改革城乡二元化的土地管理制度，发挥市场在土地资源配置中的作用。进行农村集体土地的产权改革，通过法律手段保护农民的土地权益，逐步解除对农村集体土地所有权的限制，实行农村集体土地和城市建设用地的"同地、同价、同权"。同时，要遏制地方政府利用行政区划调整、村民改居民、新一轮城市规划修编等手段，变农村集体所有土地为国有土地，导致农民失地、失业、失权的现象。

（4）提高农村土地征用价格，缩小由于土地征用的双轨制而造成的征地价格与出让价格的差异。同时，政府要尝试放弃对工业用地的垄断供应，使农民集体土地直接进入工业用地市场。借此来抑制地方政府大规模征用农村土地的冲动。

为了促进城镇土地的集约化利用，还建议政府利用公共投资实现对城市土地和空间开发的合理引导，例如，中心城区公共用地的优先供给，对公共交通指向的城市开发、地下空间的综合利用，人口密集地区的公共设施的建设和改造提供优惠的财政补贴。与此同时，提高城市外围的新区、工业园区内的低密度开发建设的审批门槛，通过税制设计对不同区位的土地开发强度进行引导，对城市中心区的高密度、集约式开发建设有所倾斜。

3. 适当降低现行城镇人均综合用地标准，以控制蔓延式的城市发展

目前，我国城镇现行用地标准的主要依据是建设部1991年颁布的《城市规划建设用地标准》，其中按照城市用地的现状将城市分为四级，参照人均100平方米的基本指标对各级城市的用地标准进行设计，并对每个级别分别设定了允许调整的幅度。这一体系主要存在两个方面的问题：一是对于人均100平方米是否普遍适合所有城市的问题缺乏论证；二是由于允许调整范围的规定过于宽松，在实际中很难对各级城市起到有效的分类指导作用。近年来，这个指标已经被广泛突破了。

城市人口密度与资源消耗量存在明显的负相关关系。美国和澳大利亚的城市普遍呈现低密度的郊区蔓延形态，人均能源消耗量很高。而东京、香港等亚洲城市的人口密度很高，能源消耗量要低得多。就

资源环境条件而言，中国与美国、澳大利亚、欧洲的城市都无法相提并论，与东京、香港等亚洲城市同属一类。东京、香港均采用高密度、集约型发展道路。东京作为日本的首都和国际大都市，承担着国家政治功能和国际性机构服务的功能，其人均建设用地也只有78.7平方米。香港的土地总面积为1068平方千米，760多万人，地形多山，城市建设用地约210平方千米，人均建设用地才35平方米。而在这样的标准下，它们依然保持了很高的生活质量和居住环境水平，是世界上最有竞争力的城市。

中国城市人均建设用地已经达到110~130平方米，这不应作为我国今后的用地标准。在人口密集、经济发达的沿海地区及部分中西部地区，标准可以适当降低。应该参考日本、韩国和我国台湾地区的指标，在局部地区的城市规划应该学习香港的经验。因此我们建议，以人均60~100平方米作为我国城镇综合用地标准的适宜区间。

最近，针对城镇化空间失控日趋严重的趋势，相关部门开始强调对人均用地指标的上限进行控制。例如，国土资源部2006年在《全国土地利用总体规划纲要》（最终未通过）中提出人均城镇工矿用地标准，对全国8个土地利用综合区的人均城镇工矿用地的上限进行了规定。然而，这些新的标准在数值上突破了现行国家标准中人均100平方米的诱导目标，一旦实施，极有可能事与愿违，导致大部分城市采用其所提出的上限标准。

在控制城市人均综合占地指标的前提下，还应该补充土地利用效率标准和体现生活质量的指标。同时，建议调整城镇土地利用规划控制的时间尺度，将20年的规划期缩短一些。这是因为，影响今后发展的社会经济环境等各种因素具有高度和复杂性和不透明性，要想准确地预测20年以后的人口和土地利用变化有很大难度。缩短规划期可以较为准确地预测城镇各个要素的发展趋势，有助于保持规划期内城镇空间范围的稳定。

**4. 完善城市规划管理和监督工作**

加强对城市规划的管理,严格规划的审批,加强对规划资质单位工作的评估。同时,应该整合、简化各种城市发展目标的评比活动。有关政府部门推出了很多城市称号和评比目标,众多的目标助长了浮夸之风,也导致了土地等资源的浪费,带来城市管理方面的沉重负担。我们建议有关部门对各种城市建设的评比目标进行整合,取消大部分评比、奖励的名目。

**5. 坚持走健康城镇化与新农村建设相结合的道路**

我国城镇化进程不仅关系到城镇的发展,而且关系到"三农"问题和城乡二元体制协调发展,以及缩小城乡差别和建设社会主义新农村等问题。21世纪以来党中央和国务院已经将解决"三农"问题提到突出位置,一系列重大措施和政策正在制定和实施中。我们认为,这也是解决我国"冒进式"城镇化带来的严重问题的战略和措施的一部分。实现城乡协调发展和共同富裕的目标,一方面,要通过提高城镇化水平、扩大城镇就业岗位来吸收农村剩余劳动力,使更多的农村人口享受城市文明;另一方面,要通过发展农村经济、改善农村生产和生活条件、提高农民的教育水平来缩小城乡差距。走健康城镇化与新农村建设相结合的道路是我国目前最现实的选择。鉴于我国农村人口基数庞大、城镇化与耕地保护矛盾突出、城镇人口就业压力巨大、资源环境承载力已接近饱和的基本国情,城镇化率的目标不一定非要像发达国家一样达到70%、80%或更高,而可能在达到60%以后城乡差异就能得到有效缓解。那时,城镇化率的增长曲线就会逐渐进入平稳阶段。

# 应对环境危机，保障国民健康与生存[①]

**编者按：**

本文为地学部咨询项目"应对环境危机保障国民生存"的研究成果。地学部诸多著名科学家院士及环境保护部、农业环保、医学、水利等行业的著名专家30余人，进行了一年多的调研和分析研究形成了此份报告。报告从发展与环境关系的高度，深刻切入国民健康和生存问题。以大量的实际情况与数据资料，阐述了当时全国范围环境污染的新特点，深入分析了出现严重态势的根本原因。指出我国的环境问题已非常严重，国民生存环境已出现恶化趋势。环境污染引起的潜在危机正在由局部向更大地域范围扩展。在一些局部范围内，环境问题正在或可能演变成社会事件和社会危机。在当时，这样全面深刻阐述环境污染的严重性、原因及如何解决国民健康威胁的建议，在国内很可能是首次。如果不能从源头上遏制环境污染的进一步加剧，在"发展"和"环境"问题上取得合理的平衡，环境安全和环境危机将对我国经济发展和社会稳定产生愈来愈大的影响，并可能成为社会危机的

---

[①] 本文为中国科学院上报的咨询报告，科发学部字〔2008〕258号，2008年10月10日。本报告课题组的顾问有孙鸿烈、叶笃正、陈宜瑜、秦大河、施雅风。课题组组长为陆大道，成员为安芷生、赵其国、傅家谟、郑度、刘昌明、吴国雄、胡敦欣、黄荣辉、王毅、夏军、秦伯强、骆永明、吴绍洪、刘卫东、金章东、李云生、唐世荣、张晓平、林玉锁、袁晶、王跃思。编写组成员为陆大道、秦伯强、夏军、骆永明、吴绍洪、刘卫东、金章东、李云生、唐世荣、张晓平、林玉锁、袁晶、王跃思。陆大道承担整个报告的结构与集成编写、定稿等工作。

根源之一。由于此时正是美国爆发国际性金融危机，我国政府正在采取紧急刺激经济计划之时，《应对环境危机，保障国民健康与生存》的咨询报告在国家当时并没有产生实际影响。

改革开放 30 年来，我国取得了经济持续高速增长和综合国力大幅度提高的辉煌成就。但与此同时，我国的环境问题日益严重，国民的生存环境出现恶化的趋势，生命健康受到不同程度的威胁。环境污染引起的潜在危机正在由局部向更大的地域范围扩展。在一些局部范围内，环境问题正在或可能演变成社会事件和社会危机。

过去十多年中，我国对环境问题的重视程度和环境治理投入不断加大，对遏制环境污染产生了积极的和不可低估的作用。但是，由于庞大的人口规模、超高速经济增长和低端产品"世界工厂"的发展模式，近年来我国环境恶化的趋势并未因治理投入增加而得到扭转。这表明，已经不能再以"就环境论环境"的思路和办法来解决环境问题了。必须将环境问题与发展模式联系起来，把切实落实科学发展观和创新发展模式作为解决环境问题的根本之道。

本报告试图以比以往更宽的视野和实事求是的态度阐述我国环境污染和环境危机的严重态势，揭示环境恶化对我国国民生命健康和社会稳定已经造成和正在造成的巨大威胁和损失，指出在发展与环境的关系上指导思想的偏差，以及政府部门在环境管理方面的一些不科学做法是导致环境危机的根本原因。本报告就落实科学发展观和创新发展模式、控制过快经济增长和低端产品"世界工厂"的规模、调整地方政府和官员政绩评价指标、完善环境立法和严肃整顿执法环境、增加环境科技和环境治理投入等方面提出了建议。

我们认为，环境污染及其对国民生命健康的威胁已经成为广大民众的沉重负担，成为对政府执政能力的重大挑战。如果不能从源头上遏制环境污染的进一步加剧，在"发展"和"环境"问题上取得合理得平衡，环境安全和环境危机将对我国经济发展和社会稳定产生愈来愈大的影响，并可能成为社会危机的根源之一。

## 一、我国的环境污染和环境危机

我国的环境污染，全面地表现在大江大河、湖泊水库、近海海域、地下水体的污染，土地特别是耕地的污染，以及城市和人口密集区的大气污染等。污染范围迅速扩大，污染严重性大幅度增加。

### （一）水污染

水污染是我国面临的最严峻的环境污染之一。近20年来，水污染从局部河段到区域和流域、从单一污染到复合型污染、从地表水到地下水，扩展速度非常快。而且，受污染水体中含有越来越多对人类生命健康危害极大的有毒有机污染物。

1. 江河水污染迅速加重，污染范围持续扩大

虽然经过了13年的治理，但淮河流域水污染形势依然十分严峻，劣Ⅴ类水质占比仍高达30%，流域水污染事故频繁。1994年7月，发生了震惊中外的"淮河水污染事件"，沿河各地自来水厂被迫停止供水达54天之久。10年之后，2004年淮河再次发生严重水污染事件，黑色污水团绵延133千米。近年来，长江水质污染状况在加重。沿长江21个城市总长度790千米江段中有650千米受到污染。每年排入长江流域的污水总量已超过300亿吨。辽河和海河水质持续恶化。海河流域水质低于劣Ⅴ类的河流长度一直占50%以上，甚至是"无水不黑"。降水丰富的珠江流域现在也面临着"守着大江没水喝"的局面。特别是，珠江三角洲的水体污染日趋严重。广州市区珠江河段已是劣Ⅴ类水质，不但丧失使用功能，而且影响着居民生活。西北地区，黄河上

游甘肃境内及支流渭河、湟水河、北洛河、汾河和涑水河,水质基本属于Ⅴ类或劣Ⅴ类,有的已成为黑臭河段。其中,渭河已成为全国污染最严重的流域之一。

### 2. 湖泊和水库水质恶化,普遍出现富营养化和生态系统退化

我国已经成为世界上湖泊富营养化最严重的国家之一。特别是大中城市和城市群周围地区的湖泊,都已处于重度富营养或异常富营养状态。不少湖(库)已经丧失供水、旅游、水产等服务功能。2006年,27个国控重点湖(库)中,水质为Ⅴ类或劣Ⅴ类的占2/3。滇池在20世纪80年代初仍为Ⅲ类水体,到90年代后期成为劣Ⅴ类水体,陷入重度富营养化状态。巢湖和太湖也处于重富营养化,为Ⅴ类水质。1998年,太湖实施了"零点行动"。但是,太湖中心水域的COD、总氮、总磷和叶绿素浓度等富营养化指标显著上升。2007年发生的无锡水危机事件,仅是太湖污染问题的"冰山一角"。许多位于山区的水库也出现了富营养化,且日趋严重。根据对135座水库的调查结果,水库水质呈明显下降状态,不同程度地发生了富营养化,其中富营养型水库已占37.0%。三峡水库及浙江的新安江水库都不同程度地出现了富营养化。按照目前的发展趋势,21世纪前10年我国可能出现由于湖(库)富营养化引起的大范围生态灾害。

### 3. 近岸海域大面积污染,近海水质恶化,海洋生态环境破坏严重

大江大河的污染,最终延伸到沿岸海域,导致我国近海水质恶化和赤潮频繁暴发。监测结果显示,2002~2006年,我国近海未达到清洁水质标准的面积为11.0万平方千米,约占全国近海面积的55%。约25%面积的近海水质处于中度和重度污染状态。渤海是我国海洋生态环境破坏最为严重的海区,未达清洁水质标准的面积占总面积的比例为26%~41%。每年排入渤海的污水量高达56.8亿吨,入海主要污染

物216万吨。这使得渤海近岸污染严重，生物资源锐减，个别排污口附近海域几乎已无生物。如果不采取任何遏制措施，那么10年或更长时间后渤海将变成"死"海。随着近海污染和海水富营养化加重，赤潮发生也越来越频繁，面积不断扩大，危害越来越重。据统计，20世纪80年代我国近海累计记录赤潮75次，90年代上升到262次。发生区域从局部海域发展到整个近海海域。2006年，我国发生赤潮高达93次，赤潮发生的范围累计面积约1.98万平方千米。

## （二）大气污染

我国已经出现了发达国家未曾经历的复合型大气污染，即煤烟型污染、汽车尾气及有机气体的光化学污染共存和相互耦合的局面。这种复合型大气污染在人口和城市密集区和城市群地区特别突出。从卫星观测图片上可以看出，在我国东部沿海地区，已经形成长江三角洲、珠江三角洲、京津冀地区、黄淮平原、辽中南地区等煤烟型与光化学型复合污染区，棕色云区已经出现。全国1/3的城市空气污染严重。我国已经成为世界三大酸雨区之一，酸雨影响面积占国土面积的1/3，而且近年强度持续加重。

2005年，全国二氧化硫（$SO_2$）年排放量高达2549万吨，烟尘排放量达1159万吨，工业粉尘排放量达1175万吨。在二氧化硫、氮氧化物（$NO_x$）和大气颗粒物得到初步控制后，国内区域性大气复合污染的问题依然严重。城市$NO_x$、CO、$O_3$、VOC、苯系物及相关污染物浓度快速升高，其毒性也由重金属污染向有机物与重金属污染相耦合发展。而大气气溶胶的毒性则更大。不少城市细颗粒物（$PM_{2.5}$）浓度占到$PM_{10}$以下颗粒物的50%以上，严重影响大气能见度。细颗粒物浓度高，反映出这些区域已经出现了光化学反应。

### （三）土壤污染

我国土壤环境质量不断恶化，有毒有害物质对土壤的污染日益加剧。许多地区污染物在土壤中的蓄积程度，已超过自然净化能力。据统计，我国受污染土壤的面积已经达到 1000 万公顷，占耕地总量的近 10%。特别是，重金属、有机污染物、放射性核素等有害物质在土壤中不断积累，已形成重金属和二噁英类化合物的高暴露和高风险区。土壤污染具有隐蔽性和潜伏性，不易为人们所察觉，一旦污染，极难恢复。土壤污染不但可使作物减产、降低农产品质量，而且会通过食物链危害人类健康。

沿海地区的耕地土壤中有毒有害物质大量积累，一些地区已出现由农药残留和重金属及持久性有机污染物构成的复合型土壤污染。虽然目前还缺少普查数据说明土壤污染的严重性，但大量的科学研究和媒体报道已经露出了"冰山一角"。2004 年，长江三角洲地区土壤中普遍检测出六六六、DDT 和多环芳烃。2002 年，太湖全流域土壤中 15 种多氯联苯同系物检出率达 100%。在局域农田土壤中，除了检测出常见的农药、农膜类等有机污染物外，还同时检测出 16 种多环芳烃、100 多种多氯联苯及 10 余种二噁英类剧毒物质。近年来，上海农田耕层土壤中汞、镉含量增加了 50%。广东省土壤受重金属污染面积逐年扩大，其中广州市有 50% 农地遭受镉、砷、汞等重金属污染[①] 和石油类污染。

据 2004 年农业部环境保护科研监测所的调查，在湖北大冶矿区监测的 47 000 亩基本农田中，有 46 000 亩重金属含量严重超标。镉的超标率高达 95%，超标倍数为 117 倍；砷、铜、锌超标率为 46%，最大超标倍数高达 166 倍。据统计，浙江省受"三废"污染的耕地面积

---

① 砷为类金属，在环境污染监测中将砷污染归入重金属污染。

达 33.33 万公顷，占全省耕地总面积的 20% 以上。对杭州市郊三个蔬菜区土壤的监测分析表明，受重金属污染的蔬菜区面积超过 2/3。杭州萧山区国家级现代农业开发区 960 平方千米的监测范围内，有一半的土壤受轻度至重度污染。此外，大量局域土壤污染报道也在一定程度上显示出我国土壤污染的严峻性。例如，江苏宜兴有近千亩土地因污水灌溉导致铜污染从而颗粒无收。天津近郊因污水灌溉导致 2.3 万公顷农田受到污染。广州近郊因为污水灌溉导致农田污染面积曾达 2700 公顷。

**（四）近年来我国环境污染的新特点**

*1. 新的有毒有害污染物正在成为潜在的"定时炸弹"*

我国的环境污染已经从尚未解决的传统有机污染，发展到化学品及有毒有害物渗入的复合型污染。持久性有毒有害化学品和危险废弃物的污染日趋严重。特别是，持久性有机污染物（POPs，包括多氯联苯、多溴联苯醚、多溴联苯、二噁英和溴代二噁英等致癌、致畸、致突变物质）在环境中大量增加和积累。POPs 主要来自化工厂和焦化厂的废弃物及电子产品废弃物等，成分复杂，清除困难，但危害极大。近年来，我国每年产生的危险废弃物高达 963.0 万吨。世界有近 70% 的电子废弃物通过各种渠道涌入我国。此外，大量农药的使用，致使有毒、有害物质在土壤中大量滞留。这些有毒、有害物质在环境中不断累积，成为可能引发大范围环境事件的潜在"定时炸弹"。

*2. 有毒有害污染物正在快速浸入食物链*

大量污染物的超标准排放，并在环境中长期累积，必然导致生态系统恶化，生态事件频发。最显而易见的是大规模藻类水华的频繁发生。2007 年太湖无锡水危机事件和秦皇岛市水危机事件就是典型的例子。更为严重的是，重金属、农药、POPs 在环境中长期累积，正在大量浸入生态系统,并通过食物链影响到食品安全和生命健康。在污染严重的河流沿岸、有色金属矿区、矿业城市和一些中小城市的郊区,甚至在一些环境污染触目惊心的地点,仍然居住着普通老百姓,他们饮用被污染的水,食用累积农药残毒的土壤中生长的农产品。在一些主要污染区和特殊污染区,铅、镉、砷等重金属污染导致的疾病频发,并随着污染物的扩散而蔓延形成了许多"癌症村",有些地区甚至被称作"死亡地带"。

3. 农村地区成为"藏垢纳污"场所,农业和农村环境问题广泛而突出

由于对农村环境问题及其特殊性重视不够,再加上一些城市污染企业和污染物排放向农村转移,使得我国许多农村地区环境迅速恶化。垃圾遍地、河湖黑臭,是我国大量农村地区的写照。由于农村居民点分散,生活污水随地排放,而绝大部分小城镇没有任何污水处理设施,这些污水最终直接排入江河。在东部一些发达地区,污染严重的企业向农村转移的现象很普遍,进一步加重了农村地区的环境污染。此外,农业生产中广泛使用的农药和化肥等,大量流失到周边的环境中,成为农村环境污染的又一主要来源。农村环境问题,已逐渐成为农村地区的民生问题,并开始影响农村地区的社会稳定。

4. 环境污染的空间范围已遍及全国主要的人口和经济密集区

近年来,我国环境污染的空间范围大幅度扩张。从东部地区向中西部地区扩张,由城市向农村地区扩张;由部分河段到整个流域,由局部近海海域到几乎全部近海海域。环境污染已经遍及全国主要的三角洲、平原、河谷和绿洲地区。几乎所有的大中城市周围的地表和地下水体都受到严重或较严重的污染。其中,流经城市90%的河段受到严重污染,97%城市的地下含水层受到污染。这种广泛而持久的污染,正随着空间范围的扩大,影响到越来越多的人民群众。而且随着累积

时间的增长，正逐步从隐性危害转为显性危害，环境污染或由其引发的生态事件发生频率逐步增加，重大、特大事件的数量逐步增多。

此外，近年来污染企业的移地转移之风开始形成，即污染严重的中小企业由沿海平原向（本省）丘陵山区转移，由东部沿海地区向中西部地区转移，这成为近年来我国环境污染问题的一个新特点。

## 二、环境污染引起严重的社会经济问题

上述分析表明，我国的环境污染已经到了十分严重的程度，已经成为制约我国21世纪经济社会可持续发展的重大障碍之一。

### （一）环境中蓄积的大量有毒有害物质愈来愈危及人体健康

POPs、重金属、农药等已经大量进入食物链，对人体健康产生着严重危害。这些有毒、有害污染物已经在我国许多水体和土壤等环境中被广泛检测出。例如，近几年，太湖表层水已检测出37种POPs，而鱼类体内有毒、有害污染物的浓度大大高于水环境中的浓度。污水灌溉和过量使用农药是污染物进入食物链的另一个重要途径。据有关部门统计，目前我国利用被污染的径流进行灌溉的面积已达361.84万公顷。由于大量长期使用化肥和农药及污水灌溉，很多地区农民根本不吃自己耕种的粮食和蔬菜。化工企业和农药厂集中地、化学品和电子废弃物处理地等高风险污染源，也会在一定条件下像"定时炸弹"一样向环境释放有毒、有害物质，这些物质不可避免地进入食物链。

大量工业污水中的有害成分，远比现有常规检测项目所能涵盖的内容复杂。其中的多种化学成分，都有可能对人体产生致畸、致癌、致突变的效应。近两年，江苏省内13个省辖市的25个饮用水源地和25个饮用水厂，共检出有机污染物504种，其中能确切定性的仅213种。北

京官厅水库检测出的挥发性有机物总含量为19.4~101微克/升，为国际饮用水标准的200倍以上。蓝藻水华和近海赤潮频繁暴发，同样威胁到人体健康。我国绝大部分湖（库）出现的蓝藻水华为有毒的微囊藻，是公认的肝脏毒素和引起肝癌的重要原因。而一些赤潮生物所含有的毒素，可以导致神经性中毒、腹泻性中毒，或是具有细胞毒性。近几年，由于水产品被污染而导致的食物中毒事件频繁发生。例如，2007年北京、浙江、福建等省相继发生了食用织纹螺中毒事件。

许多地区中小型有色金属矿和冶炼对当地的危害极为严重。例如，广西南丹由于采矿、冶炼污染，造成刁江上百千米河段严重污染，鱼虾绝迹，人畜无法饮用。广东省韶关大宝山矿由于私挖乱采，有毒废水不断流向曾经清澈见底的横石河，致使附近种植的水稻重金属镉的含量超过国家标准5倍，蔬菜和水果中的镉含量也全部超标，其中香蕉中镉超标高达187倍。严重超标的毒水污染使附近村民健康受到严重损害，皮肤病、肝病、癌症高发。诸如此类的现象并非个案，在湖南、广西、贵州、福建、江苏等地都有发生。

越来越严重的环境污染已经形成了为数不少的"癌症村"和"死亡地带"。一些地区不明确致病因的疾病广泛发生，出现了"恶性肿瘤高发区""肿瘤高发区"等。一些严重污染地区，当地征兵体检多年无一合格。南方某地妇女母乳中的多氯联苯含量创下了检测纪录。沿海某地区（电子废弃物处理地）工人血液内，十溴联苯醚的含量比国外的职业暴露人群高出50~200倍。淮河上游支流沙颍河上游分布着大量织染、皮革、造纸等小型化工企业，还有莲花味精、丰原石化等大型国有化工企业。从项城、沈丘到安徽的颍上，被媒体报道过的"癌症村"不下10个。当地卫生部门的数字显示，1972年沈丘的癌症发病率只有1/10万，而现在已经达到了320/10万。

## （二）环境污染已造成巨大经济损失

我国环境污染最严重的区域恰恰是经济和人口密集区，涉及几乎所有大中城市及其周围地区。这些区域的地表和地下水体受到严重污染。随着水污染的加剧，许多地方已经由资源性缺水转化为水质性缺水。即使在水资源相对丰富的长三角地区和珠三角地区，水质性缺水的矛盾也已十分尖锐。1991年太湖梅梁湾一次蓝藻水华暴发造成的直接经济损失就达1.3亿元，间接损失则更大。污染物突然排放造成下游饮用水供应困难、养殖水产大量死亡等经济损失事件，层出不穷。环境污染造成的巨大经济损失，已经开始影响区域性的经济社会可持续发展。

据世界银行测算，1995年中国空气和水污染造成的损失占当年GDP的8%。我国专家估算，2003年我国环境污染和生态破坏造成的损失占GDP的15%。按污染损失法核算，2005年中国环境退化成本为5788亿元，占当年GDP的2.93%。水污染造成的环境退化成本为2836亿元，其中水污染对农村居民健康造成的损失为198亿元，污染型缺水造成的损失为1451亿元，水污染造成的工业用水额外治理成本为356亿元，水污染对农业生产造成的损失为468亿元，水污染造成的城市生活用水额外治理和防护成本为363亿元。大气污染造成的环境退化成本为2869亿元，其中大气污染造成的城市居民健康损失为1765亿元，大气污染造成的农业减产损失为645亿元，大气污染造成的材料损失为136亿元。固废堆放侵占土地、污染事故造成的经济损失分别为30亿元和53亿元。

愈来愈大范围的土壤污染，常使一些地方农作物减产或绝产。浙江有万亩连片农田受镉、铅等多种重金属复合污染，致使10%土壤基本丧失了生产力，短期内难以恢复。江苏也曾发生千亩农田铜污染及作物中毒死亡事件。广西有万亩土壤被砷污染而失去生产力。土壤重金属污染可使农产品品质下降。据不完全统计,因重金属污染而引起的粮食减产每年达1000多万吨,被重金属污染的粮食每年多达1200万吨,两者合计经济损失至少200亿元。

### (三)环境事件大幅度上升对社会稳定产生严重威胁

环境污染引起各种类型的环境事件愈来愈广泛地出现。重大、特大环境污染事件发生的频率越来越高,影响面越来越大。环境纠纷引起的群体性事件层出不穷。1996年以来,环境信访案件每年以20%的速度增长。2005年全国环境信访案件69万件,2006年达到70多万件。显现出社会不稳定和潜在的社会危机。

大量的环境污染事件多是污水或有毒有害物质突然排放导致饮用水水源地遭到污染而引发环境危机。(20世纪90年代以来的主要水污染事件见专栏)这些令人震惊的大规模水污染事件接二连三地发生,说明我国开始进入了水污染事故的高发期。这些事例仅是媒体举报或群众举报而披露出来的污染事件。与各地普遍发生的类似事件相比,这些例子只是较小的部分,这些事件的影响难以在短期内消除。

### (四)环境污染已经成为出口贸易及国际关系发展的重大障碍

加入世界贸易组织后,环境污染已经在愈来愈大的程度和范围上影响我国的出口贸易。诸多的出口商品因为环境指标不合格而被退回,一些"中国制造"产品在进口国因环境指标而受到批评。一些国家政客和媒体将中国商品特别是食品的质量问题"政治化"。一些大气和水污染物的"跨境污染"不仅会引起外交纷争,而且会引发外交事件,并且随着时间的推移,这个问题的严重性将日益突出。这些由于环境污染导致的"政治化"问题也不能不引起我国的严重警惕。因为它影响中国和"中国制造"的形象,成为中国与一些大国之间关系的变数。

## 20世纪90年代以来的主要水污染事件

1994年7月,淮河上游因突降暴雨开闸泄洪,水经之处河水混浊,河面上泡沫密布,顿时鱼虾死亡,沿河各自来水厂被迫停止供水达54天之久。沿淮河百万民众饮水告急。这就是震惊中外的淮河水污染事件。

2002年10月,南盘江柴石滩以上河段发生严重的突发性水污染事件,造成上百吨鱼类死亡,下游柴石滩水库3亿多米$^3$水体受到污染。

2003年黄河发生有实测记录以来最严重的污染,三门峡水库变成"一库污水",水库泄水呈"酱油色",水质已恶化为V类。

2003年下半年至2005年9月,温州市龙湾区海水养殖园,是一个以鱼、虾、蟹、贝立体混养的高效、高产养殖园。这里养殖的水产品受周边的制革、印染和电镀企业排污影响而陆续死亡,导致直接经济损失1270万元。区内河流鱼虾绝代,黑臭难闻,如果沾上污水皮肤就会溃烂。有一条河流经检测有38种有毒物质,极大地污染了农村的水环境,严重威胁农民的身体健康。

2004年发现一条洪河"流出"多个癌症高发村,原因是沿岸企业偷排污水导致河水受到严重污染,亚硝酸盐、氮超标54.5倍以上。由于周边村民长期饮用这样的水,诱发了消化道癌症。

2004年2月底3月初,川化股份公司第二化肥厂违规排放,造成简阳市、资阳市、内江市、资中县等地近百万群众饮水中断26天,50万公斤网箱鱼死亡,直接经济损失约3亿元,生态环境遭受严重破坏,环境恢复需5年时间,这就是沱江"3.02"特大水污染事故。

2004年6月初，楚雄市龙川江发生严重镉污染事件，楚雄水文站、智民桥、黑井等断面的总镉超标36.4倍。

自2004年10月以来，河南省濮阳市黄河取水口发生持续4个多月的水污染事件，城区40多万居民的饮水安全受到威胁，濮阳市被迫启用备用地下水源。

2005年，从青海经甘肃、宁夏至内蒙古的黄河沿岸，大量未达标的工业废水直接排入引黄支渠，导致黄河沿岸部分受灌溉地区近似于污水灌溉，一些地区的农作物也因此减产甚至绝收。一时间，黄河流域的农村地区出现了"臭水入村、毒水浇地、脏水进肚"的严重局面，黄河水成为"农业之害"。

2005年11月13日，中石油吉林石化公司双苯厂苯胺车间发生爆炸，事故产生的约100吨苯、苯胺和硝基苯等有机污染物流入松花江，下游十几座城市深受其害，北国特大城市哈尔滨被迫停水7天。

2005年12月15日，广东省北江流域发生一起企业违法超标排放导致严重环境污染事故。北江韶关段出现严重镉污染，高桥断面检测到镉浓度超标12倍多，北江下游韶关、清远、英德三个城市的饮用水受到威胁。

2006年2月和3月份，白洋淀相继发生大面积死鱼事件，引起社会各界广泛关注，国家环保总局和农业部及河北省政府迅速组成调查组赶赴现场对死鱼事件进行调查。调查结果显示，水体污染较重，水中溶解氧过低，造成鱼类窒息是此次死鱼事件的主要原因。造成水体污染的主要原因是保定地区大量未经处理的工业和生活污水进入白洋淀；其二是满城县造纸工业污水排放量明显增加，特别是流域内造纸业发展失控；其三是白洋淀水位常年偏低，且今年补水较晚。而部分企业环保意识淡薄，存在偷排偷放问题。由于当地环保部门监控手段落后，执法能力不足，监管无力到位，一些企业受经济利益驱动，擅自停运治污设施，偷排偷放污水。

2006年8月21日，吉林市环保局举报中心接到群众举报，牤牛河附近发生化工污染。经现场勘察，发现部分水质呈红色，并伴有少量泡沫，污染带长约5千米，污染物是剧毒的二甲基苯胺。

2006年9月8日，湖南省岳阳县城饮用水源地新墙河发生水污染事件，砷超标10倍左右，8万居民的饮用水安全受到威胁和影响。

2007年5月29日开始，江苏省无锡市城区的大批市民家中自来水水质突然发生变化，并伴有难闻的气味，近百万市民家中的自来水无法正常使用。事后调查显示，发生此次水危机事件的原因是太湖富营养化导致蓝藻水华暴发并在取水口堆积，而引江济太引入的水流把这些堆积在岸边的蓝藻水华死亡残体推移到水厂取水口，导致水危机事件的发生。

2007年7月2日，江苏省沭阳县地面水厂取水口遭受新沂河上游山东化工企业排污，导致城区供水系统被迫关闭，城区20万人断水。

2007年7月10日，在河北秦皇岛市发生了由于蓝藻水华污染水源地，使得全市饮用水供应发生困难。

### 三、导致环境污染持续加重的主要原因

1. 粗放式经济增长和低端产品"世界工厂"导致了超量污染物排放

20多年来，我国实现了GDP持续的超高速度增长。近10年来，大多数省（自治区、直辖市）GDP持续两位数增长。绝大多数地区以GDP为主要目标甚至作为唯一的目标，某些地区的领导人视GDP增长高于一切。很多地区在两位数持续增长态势下，近年来还在动员进一步"加速发展"。只讲速度、不顾质量，已经成为一种普遍的风气，使污染排放在不断加大治理力度的情况下仍然持续上升。

我国已经是低端产品的"世界工厂"。多数地区政府将招商引资作为主要政绩之一。一方面，通过独资或合资的形式，高污染、高排放、高耗能的企业和行业在我国大规模扩张，其中包括钢铁、水泥、焦炭、铝及铜铅锌、化工产品、皮革、印染、造纸等。另一方面，大量直接能耗和直接排放较低行业的进入（如电子产品制造），极大地拉动了上游原材料行业的扩张。在这种情况下，我国的能源和基础原材料生产规模迅速扩大和飙升。2002~2007 年的短短 5 年里，我国钢材年产量由 2 亿吨增加到 5.7 亿吨，发电量由 1.65 万亿千瓦·时增加到 3.82 万亿千瓦·时，煤产量由 14.6 亿吨增长到 25.4 亿吨。而且，基础原材料产品出口也曾大幅度增加。例如，2003~2007 年我国钢铁出口额从 50 亿美元增长到 500 亿美元。

尽管这种发展速度使我国在很短时间里成为世界第四经济体和第二出口大国，但也形成了"全世界使用中国制造、全世界污染中国"的局面。据估算，我国约 1/3 的工业能源消耗与出口相关。现在是需要反思这种发展模式的时刻了！

2. 以 GDP 为主要导向的干部考核机制助长了环境污染和生态破坏

政府工作和干部绩效的评价标准过于倾向 GDP 增长。在中央提出科学发展观、"以人为本"和"又好又快"经济增长指导思想的今天，盲目、不惜代价的高增长冲动仍持续在很多地区及其政府官员中蔓延。

仍然有部分地方官员无视中央的禁令。多年来，一些地区的政府领导实质上将 GDP 视为政府绩效的唯一目标，相互攀比成风。实现跨越式发展、赶超排在自己前面的省（自治区、直辖市），成为共性的冲动。为了遏制日益严重的环境污染，中央政府已经采取了一系列政策和措施。但是，在每年两位数的高速增长的情况下，一些地区现在还在动员"加快发展"，不断制定新的"跨越"计划。对这些地区的政府官员来说,更多的工厂意味着更多的就业和更高的 GDP 增长率,而这又可以提升他们的干部绩效。

地方政府和领导干部对环保的错误理念和态度是我国环境污染日益严重的重要原因之一。一方面,对污染的极端严重性认识不足,环保工作在政府决策中不到位。另一方面,很多地区的环保工作还停留在"环保政治""环保口号"上。污染治理往往采取搞"运动",满足于表面上的轰轰烈烈,制订不切实际的治理目标,缺乏实实在在的行动,谈不上持续治理,也没有追究责任。在许许多多漂亮的口号背后,我们看到的是生态和环境的恶化和蔓延。从长江、珠江到淮河、辽河和海河,从滇池到太湖,这些水体的水质都在持续下降。典型的例子就是太湖治理。有的政府官员抱着侥幸心理,甚至认为仅仅是水脏一点,没有关系;还有的认为,创造大量的 GDP 只要拿出"小钱"来治理污染就行了。发展中国家先污染后治理的观念成为合法的理念和借口。

3. 人口与土地之间的关系日趋紧张,农业生产高度依赖化肥和农药

大规模城镇化过程中出现的空间失控,使大量的耕地被占用。我国可耕地只占全国土地面积的 10% 左右,人均大约 1.4 亩,只占世界人均水平的 25%。而且,我国耕地总体质量不高,高产田仅占 28%,中产田为 40%,低产田为 32%。优质耕地占用过快,耕地污染退化严重,因水土流失、土壤盐碱化和沙化等损失的耕地也在增加。这些都加剧了我国耕地与人口发展之间的矛盾。国土资源部的数据显示,1997~2000 年,我国平均每年建设占用耕地为 270 多万亩;而 2001~2005 年,增加至 328 万亩。

在耕地不断减少的压力下,为提高农产品产量,一是持续提高复种指数和使用良种,二是加大化肥和农药的施用量。现在我国已

是世界上化肥施用量最大的国家。在不到世界10%的耕地上施用了世界近30%的氮肥。2006年，我国平均每公顷耕地使用化肥量高达400千克以上，远远超出发达国家225千克/公顷的安全上限。其中，氮肥（纯氮）单位面积用量为世界平均水平的3倍。可以说，过量使用化肥和农药已到极限。据研究，我国氮肥施用量的一半在被农作物吸收之前就以气体形态逸失到大气中或从排水沟渠流失到水体环境中。这是我国大量湖泊和河流富营养化的主要原因之一。长期过量施用化肥和农药，不但使生产成本增加，而且使土壤的物理、化学及生物属性退化。若持续下去，最终将使农田成为不能生产的"化学地"。

一个典型的例子就是山东省寿光市。该市为国家级粮食、蔬菜、果品、棉花、水产、畜牧综合商品基地市，形成了60万亩粮食、80万亩蔬菜、18万亩果品、30万亩海淡水养殖和300个饲养小区的格局。由于长期超量施用化肥，目前已经造成相当严重的地表土壤硝酸盐的积累，对农产品生产的危害已经凸现。

我国也是世界上农药施用量最大的国家，每年农药使用量在130万吨以上，单位面积用量为世界平均水平的2倍。我国农药的产品结构不够合理，质量较低。农药产品中杀虫剂占70%，而杀虫剂中有机磷农药占70%；在有机磷农药中，高毒品种又占70%；它们会残留和积累在蔬菜和粮食等农产品中，造成食品污染。目前，我国农药污染面积已经高达1.4亿亩。农产品因农药残留超标而不能出口或遭退的案例已很常见。农药的大量使用，还破坏了农田生态平衡和生物多样性，导致抗药性害虫不断出现。

4. 环境立法面临严重困境，行政执法不能独立

在环境保护领域，有法不依、执法不严、有法难依的状况已经司空见惯。目前，很多地方法院对群体性环境事件有不成文的约定：不

立案、不审理、不判决、不执行。在环境立法方面，我国还没有专门的环境污染损害赔偿法或相关司法解释。立法部门和司法部门对环境问题不甚了解。环境立法的目标与法律规范相矛盾，有执法机构却无执法保障。

重大环境事件难以进入司法程序。对环境污染者，法律追究乏力。2007年，全国因严重环境污染事件而被追究法律责任的只有4人。由于行政执法部分有的有可能存在执法腐败的问题等原因，有部分法院不能做出恰当的法律判决。也没有科技手段（监测数据等）给无辜群众提供证据支持。行政执法中的法律法规，有用的不多，管用的更少。而法律上对污染行为的处罚力度过低，又实际上恶化了环保执法的环境。

污染受害者在法律面前非常弱势。由于技术手段及其制度保障还难以确认污染受害者（得到法律认可），群众根本没有能力提起诉讼，也没有机构可以代表受害者向污染者索赔。水污染防治法第85条规定"因水污染受到损害的当事人，有权要求排污方排除危害和赔偿损失"，虽然原则上保护了受害人的正当权利，但未有细化的条款给予解释。这在实际操作中容易造成分歧，实际上受害方举证艰难。

环保执法难的背后隐含着利益之争。环境污染的最大受害者是广大的老百姓，而最大利益方是非法排污企业和地方政府，特别是乡、镇一级政府，有些非法排污企业就是其财政的主要收入来源。虽然经济发展对提高当地百姓生活水平有帮助，但他们为此付出的环境代价也是沉重的。

5. 治污不力和无效也来自对环保的错误认识和"以邻为壑"等因素

对于环境污染治理，政府管理部门过分期待科技手段能够解决问题。实际上，污染治理工作中管理是关键，技术只是支撑。在没有做到大力控源截污的情况下，生态恢复技术很难改善水环境。最典型的例子是"九五"期间对于云南滇池的治理。当地政府部门开始时认为,只要加强科研经费的投入,通过生态的方法就可以治理好滇池。后来的事实表明,由于昆明市70%的污水源源不断地排放入滇池,仅仅依靠生态修复是无法解决问题的。"十五"期间,许多地方都把生态恢复作为水环境治理的重点。这些治理工作以科技人员为主体,缺少地方政府的参与,项目结束后技术的推广应用没有保障。当科技人员撤离后,大部分项目试验场地被荒废,实在令人痛心。近期,在太湖及其他地区,又出现了轻视科技作用的错误倾向。

行政管理不力、以邻为壑是导致环境污染冲突和危机的另一个重要原因。为了保护地区利益和部门利益,追求本地区GDP的大发展,在上下游之间、左岸和右岸之间、这部分流域和那部分流域范围之间,"你污染我,我污染他"已经成为灰色的环保潜规则。行政分割和以邻为壑,损害了流域水环境的整体性,引发了社会矛盾和冲突。这种情况遍及我国主要的河流和湖泊所在地区,在局部地区状况更是层出不穷。

此外,一些地方政府不重视环保工作,但迫于上级部门的检查,就在监测数据上弄虚作假。有些地区的基层环保机构有几套环境监测数据。一套递交给上级管理部门,一套递交给当地政府部门,还有一套公开给公众。

6. 环境科学和环境医学研究薄弱

环境与健康研究基础薄弱,缺乏有毒有害污染防物治技术系统。我国对影响人体健康的毒害污染物的研究起步晚,研究投入、规模和水平与国外差距很大。由于检测分析难度大,目前我国只有不到10个研究机构和高校具备相应的检测分析能力。国家职能监测部门还普遍缺乏对这些污染物的监测能力和危害认识,相关控制法规和能力建设方面缺乏技术支持。直接为管理服务的技术支持力量有限,分析能力、生物毒性检测能力、风险评价能力和前瞻性研究与实际需要相差甚远。

特别是，对于电子废弃物粗放式处理所造成的污染的特殊性和严重性，以及其对生命健康的危害程度，在国家层面上还认识不足。

## 四、趋势与建议

改革开放30年来，在党和政府领导下我国国民经济得以高速增长，人民生活水平普遍大幅度提高。但"发展"带来的"环境"问题日益严重。如何认识和处理"发展"与"环境"这一对矛盾是至关重要的，既要维持较高的GDP增长率，又要保证"环境质量的改善"，如何在"高速发展"和"环境改善"之间取得合理平衡需要进一步深入研究。

在今后十年左右的时间内，如果不能从根本上提出问题和在很大程度上解决问题，环境恶化将会越演越烈，环境危机随时可能爆发。环境污染将会全面威胁我国人民的生活，包括食物、饮用水和空气，进而威胁到生命健康、子孙后代繁衍，以及经济和社会的可持续发展，并成为社会危机的重要根源。

要从根本上落实科学发展观，坚持以人为本，将环境问题作为基本民生问题来考虑；改变GDP是硬道理的思想观念，创新发展模式，调整政绩考核体系；强化环境管制，完善环境立法，将保持水土资源质量纳入基本国策；增加环境科技和环境治理投入，强化应对环境危机的能力；提倡节俭和科学生活方式，降低人均环境排放水平。

基于这样的认识，特提出以下几点建议。

1. 切实转变观念，将环境质量作为基本民生问题及建设小康社会的核心指标之一

要彻底放弃在环境问题上的侥幸心理，充分认识我国环境危机的严峻性和危害性。我国是一个人口规模非常庞大的国家，而且在全球

产业分工中尚处于低端。经济发展已导致和将导致的环境问题，其严峻程度是人类历史上前所未有的。绝不能由于看到发达国家走过"先污染、后治理"的道路，就认为我们一定可以走同样的道路。我国所面临的环境问题，就像一颗颗定时炸弹，若不能高度认真对待和处理，随时可能引发大规模的环境危机，严重影响我们的发展进程。因此，必须要将环境问题上升到关乎中华民族能否平安崛起的高度来对待。

要重新认识环境问题的性质，坚持以人为本，将其作为一个关系到广大人民群众基本生存的问题来对待。一个发达和可持续的文明，不仅仅需要衣食住行和文化上的保障，还必须有一个安全健康的自然环境作保障。我国已经渡过解决温饱的发展阶段，进入全面建设社会主义小康社会的新时期。建设小康社会，不仅要让广大人民群众吃饱穿好，而且要活得健康。

2. **走科学发展道路，在发展模式和发展目标上实施重大转折**

转变"GDP是硬道理"这一不科学的思想，将环境质量作为发展的重要组成部分，树立"环境是生存基础"的观念。目前，很多领导干部存在将"发展是硬道理"片面理解为"GDP是硬道理"的错误思想，将环境问题置于无足轻重的地位。要认真贯彻落实科学发展观，使广大干部和群众认识到"环境保护也是硬道理"，威胁到生存基础的发展是"自掘坟墓"。

在科学发展观指导下，强化中央政府的执政能力，坚决遏制各地区追求GDP超高速增长的冲动。我国环境问题的严峻性，很大程度上是超高速经济增长所致。中央政府应对各地区普遍追求超高速经济增长和经济赶超战略采取有力遏制措施，刹住盲目"赶超"之风，使各级政府能腾出更多精力、物力和财力来处理环境问题。国家"五年规划"中提出的GDP增长目标不应被视为"儿戏"，随意超越。要把节能减排目标作为各地制定 GDP 增长目标的"红线",树立"不以 GDP 论英雄"的正确风气,切实重视实际民生的改善。

尽快转变作为低端产品"世界工厂"的发展模式,以有限的资源和科学计划的环境容量优先满足国内民生的需要。尽管"世界工厂"带来了发展机遇、外汇盈余和就业,但也导致了"全世界污染中国"的局面,加剧了我国环境问题的严峻程度。这种发展模式的"外部性"尚未获得地方各级政府的正确认识;我们也还没有深刻地认识到,环境容量愈来愈成为一种稀缺的资源。我国利用低端产品"世界工厂"模式启动了高速经济增长,现在到了痛下决心进行刹车的时刻了。如果这种模式再持续下去,将可能威胁中华民族生存的基础!要尽快对高污染产品加征环境税,以有效控制其出口规模。要下决心调整我国的产业结构和产业发展方向。按照建设资源节约型和环境友好型社会的要求,统筹考虑产业发展,让"两型"社会不要仅停留在口号上。

3. 从严立法,健全环境监管体制,严肃环境执法环境

尽快修订《中华人民共和国环境保护法》,大幅度提高环境违法成本,让处罚力度起到震慑作用,并赋予环境执法机构合理的法律地位。法制手段过"软",是我国环境问题恶化的原因之一。应在《中华人民共和国宪法》中明确环境立法的法律基础和依据,解决《中华人民共和国环境保护法》与其他法律法规的冲突之处,为环境保护提供有效的法律保障。

在环境立法中,不能再迁就现有企业的工艺与技术水平,而是应按照环境质量标准设置排放限值,使"环境门槛"成为促进产业结构调整和产品升级的重要手段。应进一步加大对偷排、暗排、无故停用环保设施等违法行为的惩罚力度,切实起到以儆效尤的遏止作用,使环境保护成为法律监督下的自觉行为。应尽快对环境污染赔偿做出司法解释;对造成污染事故的排放者,处罚力度不能小于实际损失额,

并切实追究相应的法律责任。要赋予环境执法部门足够的法律地位，要求执法人员穿着统一的制服，提高其监察和执法的威严性。

提高环境问题的透明度，积极发挥民众在环境监管中的作用，以司法手段保护广大人民群众的环境利益。环境基础数据和监测数据要向公众公开，接受公众对环境问题的监督。建设项目的环境评价应设立公示期，接受公众质询。要保护媒体报道环境事件的权力，保障公众的知情权，并通过公开透明的渠道使公众科学地了解事件进展，避免不必要的社会恐慌。要完善和强化环境事件的司法解决途径，杜绝地方法院对此不立案、不审理、不判决和不执行的情况发生。要探索设立具有法律地位的、独立于地方政府部门的监测评估机构，以第三方的身份为司法判决和执行提供技术依据。

加强环境管理部门之间的协调，制定统一的环境监测指标，完善环境标准，提高环境监管水平。目前，我国的环境管理涉及环保部、农业部、水利部、住房与建设部等多个部门。这些部门之间不但监测指标和标准不统一，而且缺少相互通气和协调的平台，责任不清、相互推诿的情况也时有发生。建议国务院成立环境保护委员会或责成环保部，统筹负责相关部门的协调工作。要加强对环境监测工作的管理，通过部门间交叉检验等科学方法，提高监测数据的质量，杜绝虚假数据的泛滥。对于"桌面一套数据、桌下一套数据"的单位和地方，要严厉处罚。要加快环境标准的制定工作，使污染物的监管有标准可依。

此外，严肃整顿环境执法秩序，杜绝对环境执法的各种干扰。重点是以科学发展观严格要求各级领导干部，拔掉部分地方政府官员为污染企业撑起的"保护伞"。要严格执法，使企业在环境执法上形成对法律应有的敬畏感。

**4. 将保持水土资源的质量纳入基本国策**

水土资源是一个民族生存与发展的基本保障。过去一个时期，我国在解决缺水问题和保护耕地等方面做了大量的工作。特别是，18亿亩耕地"红线"的提出，为保障生存奠定了重要基础。但是，目前我国水土污染愈演愈烈，大量具有巨大潜在危害的有毒有害污染物进入水体和土壤，使水土资源质量每况愈下，对食物供应及食物安全产生了不可忽视的负面影响。为保障中华民族的生存能力，要尽快将保持水土资源的基本质量纳入基本国策，下大力气解决水土污染问题，特别要着手解决还没有受到足够重视的土壤污染问题。水土资源的数量和质量，在保障生存上具有同等的重要性，因此保护尚未受到污染的水土资源成为当务之急。

除了继续下大力气改善水环境之外，要在坚守18亿亩耕地"红线"的同时，尽快开展土壤污染状况调查，摸清污染程度，并确定土壤质量保护标准。提高广大干部群众对"看不见"的土壤污染的重视程度，不但要解决"饿"的问题，也要解决"毒"的问题。要提出土壤污染物优先控制清单，以及控制标准和方案；要确认高风险区域及其类型，进行登记和严格管理，严防污染物进入食物链；要对高污染企业和产业的空间布局进行严格监管，谨防污染的空间扩散和转移；要开展对污染严重的土壤特别是高风险区的修复工作。

另外，应尽快着手研究和解决在新农村建设和农业发展中出现的面源污染问题。过量使用化肥和农药、缺乏监管和处理措施的大规模畜禽及水产品养殖，再加上农村生活逐渐富裕却缺乏污水处理设施作为支撑，已经成为大范围水土污染的重要根源。要加强对农业施肥和用药的科学指导和监管，使种植农产品既有产量也有质量；要逐渐将必要的处理设施作为规模养殖场建设的前提；要充分认识解决农村生活废水处理的难度，积极研究和探索确有实效的办法。

此外，要探索在主体功能区划中落实水土资源质量保持工作，将数量和质量保持指标具体化。特别要严格控制优质耕地的占用；宁可增加部分建设成本，也要避开占用优质耕地。要将"占补平衡"不仅仅落实到数量上，更要落实到相同质量上。

5. 进一步调整中央与地方的关系，完善干部政绩考核体系

目前我国的财政体制和政绩考核体系不够完善是不少地方政府"重 GDP、轻环境"的重要原因之一。一些地方政府为了获得财政资金，只认项目、不顾污染。"宁可呛死不愿饿死"的观点在一些欠发达地区相当流行。除了深入全面落实科学发展观外，中央政府也要采取一些制度措施，包括建立有效的企业环保补偿制度和地区（尤其是农村地区）的生态补偿制度，鼓励地方政府保护环境生态的积极性，减缓地方领导盲目追求经济增长的冲动。一方面，要逐步规范对欠发达地区的财政转移支付，并加大支付力度；另一方面，要切实转变潜在的以 GDP 增长为核心的干部考核体系，提拔一批在落实科学发展观和环保工作上有所作为的干部，树立正确的干部任职观念，坚决遏制一些地方政府官员为出政绩而只要 GDP 的不良风气。

坚持实施绿色 GDP 的考评研究和试点工作。环保部和国家统计局联合进行的绿色 GDP 核算研究，对我国因环境污染造成的经济损失进行了估算。2004 年，损失为 5118 亿元，占当年 GDP 的 3.05%。由于绿色 GDP 核算结果影响了地方政绩，这项对环境保护具有重大推动意义的工作没有获得地方政府普遍支持。有不少省份要求退出核算试点。中央政府应以适度的强制性措施，继续推动这项工作，使绿色 GDP 核算逐渐完善，成为对干部政绩考核和区域发展成就科学评价的重要基础。

6. 增加环境科技投入，加强环境管理，充分重视新型污染物的危害及其防治措施研究

一方面，要重视科技手段在解决环境问题上的作用，增加环境科技投入，加快科技成果的转化；另一方面，应重视科技手段与管理措施之间的匹配与协调。要认识到，环境问题仅仅依靠科技是难以解决

的，更需要科学而严格的管理措施。

尽快开展"化学定时炸弹"的普查、管理与修复工作。所谓"化学定时炸弹"是指污染物在环境中缓慢累积所导致的突发环境事件。所涉及的污染物包括持久性有机污染物、重金属、放射性物质等。要建立我国"化学定时炸弹"的信息档案，准确掌握其区域分布、时空分布、污染类型和污染程度等；向公众公开污染场地信息，加强对其的监测和监管，将危害约束在可控范围之内；积极研究污染场地的修复措施，并加快这类科技成果的转化和产业化。

开展重金属和持久性有机污染物对生命健康危害的研究。科技界对这些物质的毒性已有明确认识，但是对于它们影响生命健康的机理和所产生的危害程度至今尚不清楚，甚至具备基本检测能力的科研单位都很少。由于研究不到位，很多污染物的防治标准难以制定。科技管理部门要尽快增加对重金属和持久性有机污染物研究的支持力度。由于电子废弃物处理是这类污染物的主要来源之一，而我国又是世界主要的处理地，因而加强电子废弃物处理对生命健康影响的研究与防治已刻不容缓。

研究和实施流域上、下游之间和地区之间的环境补偿机制。很多地区在环境问题上采取"以邻为壑"的态度，是环境恶化的重要根源之一。而这个现象之所以屡禁不止，一个主要原因是缺少合理的环境补偿机制。近年来，环境补偿问题已经逐步进入了政府和公众的视野。但是，相应的科学研究和补偿实验大大滞后，影响了解决措施的出台。紧密结合主体功能区划工作，积极开展环境补偿机制方面的研究，应作为环境科技投入的一个重要方向。

研究和完善重大环境危机应急预案，特别是针对"化学定时炸弹"的应急预案。要像对待重大自然灾害那样，认真研究在发生重大环境事件时如何进行应急管理、救助、减少危害的措施等，建立一套比较完善的应急体系。而且,不同污染物类别,要有不同的应急预案。

7. 加强环境教育,提倡节俭和科学生活方式,降低人均环境排放水平

近年来,城市人群环境意识普遍增强,但仍然不够普遍,而农村人群环境意识仍很薄弱。建议教育、文化部门和社会公益单位加强对公众尤其是年轻一代的环保意识教育。

勤俭节约是中华民族的优良传统,但这个传统在近年来快速富裕过程中被淡忘了。我国人口规模庞大,超过现有发达国家的人口总数。在全面建设小康社会的道路上,我国人口和环境状况决定了我们不能接受某些发达国家大量占用空间、大量消耗能源的生活方式。倡导科学生活方式,减少人均排放量,是解决我国环境问题的重要出路。

要树立资源节约型和环境友好型生活方式的观念,从消费观上奠定"两型"社会建设的基础。要正确处理刺激内需与节俭生活方式之间的关系,认识到来自奢侈浪费的内需是有害的。要提倡文明的饮食文化,杜绝食物浪费,树立"文明饮食就是保护环境"和"适度需求就是适度减少排放"的观念。要鼓励建立二手家电产品回收再用体系,减少对环境的危害。提倡选择环境友好型出行方式,努力降低居民出行对私人汽车的依赖程度。

## 本报告咨询项目组成员名单

| 姓　名 | 职称（工作单位） |
| --- | --- |
| **顾问组** | |
| 孙鸿烈 | 中国科学院院士（中国科学院地理科学与资源研究所） |
| 叶笃正 | 中国科学院院士（中国科学院大气物理研究所） |
| 陈宜瑜 | 中国科学院院士（国家自然科学基金委员会） |
| 秦大河 | 中国科学院院士（中国气象局） |
| 施雅风 | 中国科学院院士（中国科学院南京地理与湖泊研究所） |
| **课题组成员** | |
| 陆大道 | 中国科学院院士（中国科学院地理科学与资源研究所） |
| 安芷生 | 中国科学院院士（中国科学院地球环境研究所） |
| 赵其国 | 中国科学院院士（中国科学院南京土壤研究所） |
| 傅家谟 | 中国科学院院士（中国科学院地球化学研究所） |
| 郑　度 | 中国科学院院士（中国科学院地理科学与资源研究所） |
| 刘昌明 | 中国科学院院士（中国科学院地理科学与资源研究所） |
| 吴国雄 | 中国科学院院士（中国科学院大气物理所） |
| 胡敦欣 | 中国科学院院士（中国科学院海洋研究所） |
| 黄荣辉 | 中国科学院院士（中国科学院大气物理研究所） |
| 王　毅 | 研究员　（中国科学院科技政策与管理科学研究所） |
| 夏　军 | 研究员　（中国科学院地理科学与资源研究所） |
| 秦伯强 | 研究员　（中国科学院南京地理与湖泊研究所） |
| 骆永明 | 研究员　（中国科学院南京土壤研究所） |
| 吴绍洪 | 研究员　（中国科学院地理科学与资源研究所） |
| 刘卫东 | 研究员　（中国科学院地理科学与资源研究所） |
| 金章东 | 研究员　（中国科学院地球环境研究所） |
| 李云生 | 研究员　（国家环保总局） |
| 唐世荣 | 研究员　（农业部） |
| 张晓平 | 副研究员（中国科学院研究生院） |
| 林玉锁 | 研究员　（南京环境科学研究所） |
| 袁　晶 | 教　授　（华中科技大学同济医学院） |
| 王跃思 | 研究员　（中国科学院大气物理研究所） |

续表

| 姓 名 | 职称（工作单位） |
|---|---|
| **编写组** | |
| 陆大道 | 中国科学院院士（中国科学院地理科学与资源研究所） |
| 秦伯强 | 研究员　（中国科学院南京地理与湖泊研究所） |
| 骆永明 | 研究员　（中国科学院南京土壤研究所） |
| 吴绍洪 | 研究员　（中国科学院地理科学与资源研究所） |
| 刘卫东 | 研究员　（中国科学院地理科学与资源研究所） |
| 金章东 | 研究员　（中国科学院地球环境研究所） |
| 李云生 | 研究员　（国家环保总局） |
| 唐世荣 | 研究员　（农业部） |
| 张晓平 | 副研究员（中国科学院研究生院） |
| 林玉锁 | 研究员　（南京环境科学研究所） |
| 袁　晶 | 教　授　（华中科技大学同济医学院） |
| 王跃思 | 研究员　（中国科学院大气物理研究所） |

# 关于城乡统筹方针下我国城镇化合理进程的建议①

**编者按：**

　　本报告汇总了大量的实际情况与数据，说明了近年来我国城镇化进程中出现的空间无序扩张、耕地过度流失、农村空心化严重等突出问题，分析了高速城镇化未得到有效控制的主要原因，并就我国城镇化进程和实现城乡统筹发展提出了以下建议：一是根据我国国情和经济发展阶段的特点，确定城镇化合理速度，在今后一段时期内城镇化率年均增长控制在1.0个百分点以下为宜；二是加快中小城市、小城镇建设，优化城镇体系空间格局；三是按照主体功能区的要求，探索城乡一体化发展的优化模式；四是加强城镇化信息监测，制定城乡一体化规划，走不以牺牲农村农民利益和资源环境为代价的健康城镇化道路。

## 一、近年来我国高速城镇化进程及其出现的突出问题

　　"十一五"期间，国家对城镇化发展方针做了调整，提出"要积极稳妥推进城镇化"。可是，一些地方政府仍在快速推进城镇化。

---

① 本文为中国科学院上报的咨询报告，科发学部字［2012］142号，2012年10月10日。本报告由刘彦随等撰写了初稿，陆大道对其做了少量补充，并对一些主要内容进行了观点的概括。课题组成员：陆大道、郑度、叶大年、刘彦随、高晓路、刘慧、陈玉福、段进军、陈明星、张华、张文忠、张晓平、白永平。

"十二五"规划国家再次强调"统筹城乡发展，积极稳妥推进城镇化"，但一些地方还是未按规定办理。近年来，我国城镇化率年均增长仍保持在1.3个百分点以上，说明高速城镇化发展态势仍未得到有效遏制。

1. 片面追求城镇化速度与规模，土地城镇化过快、失地农民持续增多

城镇化进程中政府的角色在于公共基础设施等硬件的投资建设，以及医疗、教育、就业等社会保障体系的软件建设。但是，许多城市管理者过分追求城镇化指标，利用行政力量，片面做大城市规模，使土地城镇化远快于人口城镇化，一些地方"要地不要人"的问题严重。1996~2008年，全国城市用地和建制镇用地分别增长53.5%和52.5%，但农业户籍人口仅减少了2.5%。2000~2008年，21个省（自治区、直辖市）城镇用地增长率快于城镇常住人口增长率，18个省（自治区、直辖市）城镇用地增长率快于城镇非农人口增长率。部分地方为了扩大新增建设用地指标，背离城乡建设用地"增减挂钩"政策，擅自扩大挂钩规模，导致强拆强建、逼农民上楼，恶性事件时有发生。

快速城镇化对农村土地征占规模越大，失地农民群体性事件就越多。初步统计分析，当前我国失地农民达5000多万人；近十多年因建设征地，年均新增失地农民约260万人。大多数地区的失地农民没有得到公平、足额的征地补偿和妥善的就业安置。失地农民进城，但大多不能从被征占的土地开发与建设中受益，陷入种地无田、上班无岗、低保无份的困境。

2. 中小城市和小城镇发展迟缓，城镇规模结构严重失衡

政府财政投入是城市基础设施建设的主要资金来源，但地方政府投资落地时主要偏向大城市。中小城市与小城镇因区位相对偏远，重视程度不够。而小城镇建设，因自身投入能力有限，在推进"乡财县管"改革后，建设投资出现了严重滑坡，乡村建设就更加滞后。以

2008年市政公用设施建设固定资产投资为例，城市人均投资分别是县城的2.26倍、建制镇的4.48倍、乡的7.27倍和行政村的20.16倍。

城镇等级体系和规模结构出现严重失衡。2000~2009年，我国特大城市和大城市的数量分别由40个和54个骤增到60个和91个，其城市人口占全国城市人口的比例由38.1%和15.1%增加到47.7%和18.8%，而同期中等城市和小城市的数量分别由217个和352个变化为238个和256个，城市人口比例由28.4%和18.4%下降到了22.8%和10.7%。

3. 农村"空心化"严重，土地闲置和基础设施废弃

近年来城镇化高速发展，在很大程度上是建立在对农村的"高抽低补"基础之上的，直接导致农村的快速"空心化"和主体老弱化。"高抽低补"即抽去了农村大量的土地、青壮年劳动力、储蓄资金等优质生产要素，仅给予了少量的征地补偿和政策补贴，拉大了城乡差距，牺牲了农村和农民的利益。

城乡建设"两头"占地，导致耕地快速减少。农村人口非农化，一方面促进了城镇建设用地的规模扩展，另一方面农村"一户多宅"的问题日益突出，导致农村人口减少而村庄建设用地反增。近十多年来，我国城镇建设年占用耕地为300万~400万亩。根据针对山东省禹城市48个典型村1.2万余宗宅基地的调查显示，宅基地的废弃率达8.8%，闲置率达10.4%；40.4%的农户拥有两处以上宅基地。农村房屋废弃闲置和"建新不拆旧"呈现上升趋势，造成了大量耕地的占用和破坏。

农村公共物品供给不足和基础设施建设资金缺乏的现象相当普遍。由于农村居住过于分散，即使政府投向农村建设资金，也难以找到有效支撑的空间平台，导致大多"耗在途中、撒在点上"，不能起到实效，也造成了农村聚落、产业、医疗和教育等公共服务设施的空废，

农村生产、消费与保障功能出现衰退，引起城乡差距的进一步扩大。

## 二、高速城镇化未能得到有效控制的主要原因

1. 对城乡统筹方针的认识不到位或根本不考虑

当前一些地方政府对城乡统筹方针的认识存在误区，主要有以下几种情况。

（1）城乡统筹就是"以城统乡"，变农村为城镇，甚至有的地方提出减少"过程浪费""消灭农村"的冒进口号。

（2）城乡统筹就是"城市先行"，先建好城、城再带乡，成为一些地方热衷于大城市建设的理由。

（3）城乡统筹就是"城乡统管"，不适当地推行"撤乡并镇"和"改村建居"，扩大城镇的管辖范围，追求虚高的城镇化速度和水平。

（4）城乡统筹就是"城占村补"，一些地方干部认为城镇化就是土地非农化。城市占地依赖于农村来补充。过度追求城市建设用地指标和地方土地财政。

2. 片面的政绩观助长了城镇规模的不断扩展

很多城市都热衷于大规划、大建设。随意地修改城市规划和扩大城镇规模，借以征占农村集体土地搞开发建设。甚至于操控"低征高卖"，疯狂寻租，大肆卖地，导致土地征而不用、囤积闲置的问题十分突出。目前对具有严重负面影响的政绩工程、耕地非法转用、城镇空间过度扩张等问题仍缺乏长效的问责制度，助长了一些地方政府片面追求政绩和自身利益。

大量的土地出让背后，暴露出城市发展对土地的依赖有增无减。据国土部统计，"十一五"期间全国土地出让金累计7万亿元。2006~2010年全国土地出让金由0.77万亿元上升为2.71万亿元，土地出让金占地方财政收入的比例也由41.9%上升为76.6%。北京、上

海、天津等大城市的土地财政收入位居全国前列。问题的关键在于几万亿元的土地财政收入属于政府财政预算外收入，这是各地政府竞相追逐城镇建设规模的内在动力。

3. 追求城镇化虚高目标的攀比之风盛行

虚高的城镇化率与不切实际的冒进做法有着直接的关系。东部地区和中部传统农区的有些省市，为了短期内实现赶超全国城镇化水平的目标，人为地设定1.8%～2%的城镇化年增长率指标，还分解到所辖各市县。城市规划越调越大，中心城镇和农村社区化迅猛推进，以此达到做大城镇规模和提高城镇化率的目标。

片面追求虚高的城镇化率，直接导致攀比之风盛行。一些地方热衷于通过发展新区、建设大学城、产业集聚区（实质上就是工业区）吸引外来人口。当前2亿多农民工基本上属于"两栖人口"。让农民进城，既是快速提高城镇人口数量所需，也可以作为扩大城镇建设用地规模的依据。

一些省市积极推进行政区划的调整，广泛推行"扩区建城"，扩大城市辖区面积。这些新的城镇区域，产业结构并未转型升级，基本上没有城镇的配套基础设施，结果只是城镇人口规模上去了，而并没有实现真正意义上的城镇化。

4. 城乡一体化规划工作跟不上

城市规划的编制和实施往往受制于领导意志。一些城市领导在需要迅速扩大城市的规模、圈占更多土地时，就要求城市规划"做大"人口规模，有些10万～20万人的小城市，5年内就要变成50万人口的大城市。而在提供城市公共服务时，则以户籍为门槛，"有理有据"地将农民工拦在外面。而且，当前城市规划体系中城乡分割严重，乡村问题考虑甚少。乡村建设缺乏科学的规划作为指导和支撑。

农民是城镇化的重要主体，但是在高速城镇化进程中农民发展的意愿和农村发展的战略被长期忽视。无论是农民进城就业或留村居住，还是农村产业发展和环境保护，都缺乏城乡一体化发展的规划引导及管控机制，以致在盲目推进的大城市建设中，一方面造成大城市的无序扩张和农村土地的严重流失，另一方面也带来农村空心化的加剧发展和城乡差距的持续拉大。

## 三、关于我国城镇化进程和实现城乡统筹的几点建议

按照城乡统筹方针的要求，城镇化水平越高、经济越发达，越应重视农业和农村的发展。现阶段我国城镇化正进入转型关键期。正确把握城镇化的合理进程，关键在于优化城镇化发展的进程和规模结构，促进城镇人口、土地与就业的协同增长，逐步消除农村劳动力进城务工与落户面临的制度性障碍，推进真正意义的城镇化模式。具体有以下几点建议。

1. 根据我国国情和经济发展阶段的特点，确定城镇化合理速度

2010年，我国城镇化水平已经达到50%。高速城镇化需要庞大的产业支撑。我国城镇化需转移安置人口与提供就业岗位的压力越来越大。因此，我国不能盲目追寻某些发达国家或新兴经济体的城镇化模式，我国城镇化也难以达到发达国家70%～80%的高水平。当前，城镇化发展从"过速"到"适度"转变，成为城镇化健康发展的客观需求。

科学预测我国城镇化发展，设定适宜的城镇化速率。根据我国各个时期城镇化发展的历程，充分考虑资源环境承载力和产业支撑能力，在今后一段时期内城镇化率年均增长控制在1.0个百分点以下为宜。与此同时，不同区域的城镇化发展速度应当有所差异。各地区在编制国民经济和社会发展规划及土地利用规划、城镇体系规划和城乡总体规划时，应因地制宜，研究制定符合各个地区实际的发展目标，防止

城镇化率及有关城镇发展指标的盲目攀比。

2. 加快中小城市、小城镇建设，优化城镇体系空间格局

优化发展大城市，加快中小城市和重点小城镇基础设施建设。着力夯实中小城市、小城镇发展的产业与区域发展基础。特别是要使生产力合理布局，将一部分中小企业及其研发机构配置在县城和中心镇。要提高地方政府的管理和服务能力，创造有利于企业创新和产业集聚的社会环境。从长远角度，需要构建以"大和特大城市-中等城市-小城市（包括县城）-小城镇-农村新型社区"为框架的城镇等级体系。特别是中小城市、小城镇在城乡统筹发展中发挥着重要的枢纽作用。因此，要加强县城及建制镇的城镇建设投入，以县域城镇化作为未来10~15年中国城镇化发展的重要环节。

科学推进农村新型社区及中心村的建设。农村的稳定与发展既是城镇化的前提，也是城乡统筹发展的重要目标。针对城镇化进程中农村人地关系的新情况和新问题，建议以农村土地综合整治为途径，科学推进农村新型社区及中心村建设，促进农村组织整合、产业整合。加快农村居住的社区化、农业生产的园区化及农村的现代化进程，为城乡统筹和优化城镇体系空间格局搭建新平台，逐步实现城乡基本公共服务的均等化，让农村居民更好地共享城镇化和工业化的发展成果。

3. 按照主体功能区的要求，探索城乡一体化发展的优化模式

按照推进形成国家主体功能区的要求，不同类型区应推行不同的城镇化模式，制定不同的城镇化发展速度和规模目标。

（1）优化开发区实施集约型城镇化，促进产业结构升级、基础设施共享、提高用地效率。

（2）重点开发区实施产业带动城镇化模式，在土地指标、产业发展等方面给予一定的优惠支持，促进产业和人口集聚，加快城镇化发展。

（3）农业型限制开发区实行分流型城镇化模式，鼓励农民外出安

居乐业,着力开展农村中心社区建设,确保农民能够以地为生。

(4)生态型限制开发区以迁移型城镇化为主,适度推进农牧民中心村镇定居,提高其社会保障水平,实施生态补偿。

要推进城镇常住农民工的市民化进程。未来应以提高城镇化的质量为主,杜绝"要地不要人"的现象,从制度上给农民工(转为市民)群体提供基本的城镇公共服务。新生代农民工和已有城市稳定工作及住房的中年农民工家庭,应是新时期城镇化发展的重要群体。尤其是新生代农民工,人口总量约1亿人,其中约8000万人未婚,普遍缺乏农业生产技能,渴望融入城市社会。应适时推行制度改革和政策创新,力促该群体率先成功实现完全的城镇化,这将带动1.5亿~2亿农业人口实现城镇化转移,从而有效提高真实的城镇化水平,并持续推进我国城乡统筹发展进程。

4. 加强城镇化信息监测,制定城乡一体化规划

要改变我国当前存在的城乡人口规模数据不完全、统计口径不一的状况。近期应加强城镇化信息的研究和监测,重点是城乡地域划分标准、历史统计信息精度校验、城镇化空间数据库和信息监测体系的研究,为我国城镇化水平及其质量的评估,以及城镇规模体系的测算提供科学基础。

走中国特色城镇化道路,要研究制定统筹城乡发展的规划体系,重点是一体化的基础设施和城乡一体的中小型产业体系规划,发展完善城乡规划中的公众参与机制,从提高城市和农村居民生活质量、维系产业经济可持续发展、保护城乡景观文化等角度,制定合理的城市边界,走城乡各具特色、利益兼顾的发展之路。同时,根据我国基本国情,适当降低城市人均用地标准,严格控制人均用地上限。建议建立城镇用地经济密度指标和区域国土开发强度指标,协调城乡用地结构,控制城镇用地的无序扩张。

# 科学引领我国城镇化健康发展的建议[①]

**编者按：**

在贯彻落实中央"积极稳妥推进城镇化"方针的过程中，针对正在兴起的新一轮大规模推进城镇化、拉动内需、使经济高速增长的强大势头，陆大道组织若干院士专家在长期研究城镇化规律和国内外城镇化经验教训的基础上，编写了本报告。报告深刻总结分析了我国十多年高速城镇化发展中存在的突出问题及其主要原因。重点强调了一定要牢固树立走符合中国国情、造就具有中国特色的城镇化道路的理念。提出了关于科学引领我国城镇化健康发展的几点具体建议：城镇化速度不能过快，近期城镇化速度宜调整到每年增长1个百分点左右；城镇化要十分注重资源的集约节约利用，城镇人均综合用地应以70～100平方米作为适宜标准；城镇化应采取多样化的模式，把建设生活方式逐步"城镇化"的新农村作为城乡统筹的重要内容；要认真搞好国土空间规划和城镇化规划、城市规划。

近几个月来，为落实党的十八大报告和中央经济工作会议提出的"积极稳妥推进城镇化并着力提高城镇化质量"的方针，许多地区已经开始制定以大规模城镇化为核心的经济刺激计划，紧锣密鼓地编制城市群规划、城镇体系规划及各种类型的开发新区、产业园、产业基地

---

[①] 本文为中国科学院上报的咨询报告，科发学部字［2013］85号，2013年7月12日。

规划。种种迹象表明，新一轮大规模推进城镇化、拉动内需、使经济高速增长的强大势头正在兴起。在这种情况下，我们认为，如何正确认识"积极稳妥推进城镇化"的方针及如何正确地理解城镇化所面临的任务十分重要。而为此，需要分析我国国情和总结十多年来高速城镇化发展的经验教训，正确估计中长期内我国各种类型城市（大中小城市、城市群等）集聚产业和人口的能力，预测未来我国城镇化发展的可能规模和城镇化的合理进程。在此基础上，制定推进农业转移人口市民化、发挥各类城市综合承载能力等一系列政策措施。在启动这样大规模的中长期发展规划时，应该充分考虑到遇到的困难和过程的长期性，以求科学地引导我国城镇化的健康发展。本报告就上述有关问题做粗略的分析，并提出几点建议。

## 一、城镇化高速发展中的突出问题及其主要原因

### （一）突出问题

1996年以来的大规模城镇化，有力地促进和保障了大规模的工业化，推动了我国经济的国际化，我国综合国力大幅度提高，成为世界上第二大经济体，城镇居民生活大幅度改善。但是，持续大规模和高速城镇化也出现了一系列突出的问题，付出了巨大的代价。这主要表现在以下方面。

1. 城镇化速度过快，城镇化率虚高

从"九五"时期（1996~2000年）开始，我国城镇化一直处于高速发展状态。其中，1997年以后的三年，城镇化年平均增长1.7%；"十五"期间年平均增长1.4%；"十一五"以来城镇化速度仍然居高不下，年平均增长1.3%。2012年我国城镇化率达到52.6%，但是实际的人口城镇化率只是35%。全国2.6亿农民工没有市民化，他们的居住

等生活条件很差，处于所谓"半城市化"的状态。中小城市发展缓慢，部分中小城市衰落，农村空心化严重，目前农村的留守儿童达到9700万（包括城市间流动的儿童数）。城乡统筹发展存在严重的不协调，这种状况正在危害我国社会经济发展的基础和安全。

2. 持续不断的大规模占地和圈地，耕地资源消耗过多

在人口"半城镇化"的同时，近十年来每年因征地而失去耕地的农民平均为260万人。"十五"期间，各地大搞所谓"国际大都市"、大广场、大马路等。近十年来，许多城市以大搞各种类型的"新区"而进行大规模圈地，一规划就是几十平方千米甚至上千平方千米。2000～2004年，4年内仅全国地级以上城市的建成区面积就由16 221平方千米猛增到23 943平方千米，约合1160万亩。2004年后建成区扩大仍然很快，近5年来，全国因城镇化占去耕地约1500万亩。为了能够拿到土地，强撤强迁频频发生，导致了城镇化与农村发展之间的对立，带来了恶劣的社会影响。

我国城市人均综合占地110～130平方米，与大多数人均耕地资源比我国多几倍乃至十几倍的欧美发达国家和地区水平相当。成片成片地毁掉民居和优质耕地，导致大量失地农民与城市边缘人群出现。据估计，目前全国失去土地的农民有5000万人。许多中小城市由于盲目扩大范围，产业发展缺乏科学分析和论证，出现了被媒体称之为"鬼城"的现象。一些具有耕地优势的产粮大省，由于大幅度减少播种面积而渐失作为粮食基地的作用。如果继续这样占用耕地和挥霍土地，我国潜在的粮食危机将不可避免地演变成现实的粮食危机。

3. 经济增长和产业支撑与高速城镇化不能相适应

近年来，我国城市就业问题突出。在我国三次产业的就业比重中，第一产业仍占35%。这说明我国工业化程度与发达国家存在很大的差距，实现产业结构的根本转型将是一个长期的过程。目前，我国拥有

庞大的基础原材料产业。经过若干年的快速增长，依靠这些产业的继续扩张来吸纳农村劳动力和农村人口空间已经不大。今后，城镇化和就业人口的增加将越来越依赖于第三产业的发展和农村地区中小企业的发展。但是，由于人口基数庞大，每年提高 1 个百分点的城镇化率，就业岗位就要求增加 800 万～1000 万个。第三产业的发展空间也很难持续提供这么多的就业岗位。目前，我国有 110 多个资源型城市，到 2030 年将增加到 200 个左右。这些资源型城市多数是有生命周期的，在今后某个时期将出现资源枯竭，城市规模不仅不可能大幅度扩张，而且会逐步缩小，少数还会走向衰亡。此外，作为城镇化的主要外部推动力，经济全球化的作用即外部市场对于提高城镇化率的促进作用将明显趋缓。中小城市发展所面临的主要困难是产业支撑和投入不足，而没有产业发展支撑的城镇化，不是真正的城镇化。对于中小城市而言，新一轮城镇化带来的大量土地供应，很可能落在了一座座已经被透支的空城之上。

**4. 环境污染代价巨大，基础设施不堪重负**

1996 年以来，大规模的城镇化是导致环境污染越来越严重的主要原因之一。沿海地区的大中城市规模迅速扩张，加上低端产品生产的"世界工厂"，引起了突出的环境问题。中西部中小城市由于大规模开发资源和对资源进行加工而成为周围地区的污染源。近年来，平原农业区域中小城镇的发展也使广大农村成为污染严重的地方。流经城市的河段 78% 不适合作为饮用水水源，全球 20 个空气严重污染的城市中我国就占 16 个，严重的环境污染使国民的生存环境日益恶化，生命健康广泛地受到了威胁。环境污染引起的危机正在由局部发展到更大的地域范围。在一些局部范围内，环境危机正在演变成社会事件和社会危机。在未来大规模实施农村地区城镇化，大批以一般性原材料和制造业为主的中小企业发展，将可能导致环境污染越来越严重。

城市要求大规模的电力、优质的能源和大型集中水源作为支撑，人均能耗、水耗及垃圾集中排放量都要比农村多得多。我国全国有60%～70%城镇缺水，城市污水处理率只有20%左右。全国城市年产生活垃圾约达2亿吨，有200多个城市垃圾围城。垃圾处理率低，而其中达到无害化处理标准的更低。近十年来，虽然各级政府在给排水、环保等城市基础设施方面的投资逐年增加，但资源、环境和基础设施领域的问题并没有相应缓解，反而形成欠账多、缺口大、水平低的基本状况。在公共交通和绿色出行方面，全国大部分中心城市公共交通出行比例平均不足30%，中小城市平均约10%。城市公交基础设施面临着巨大的压力。

5. 近年来各种新区规划和城市群规划出现了诸多的不良倾向

在全球化的大背景下，当今世界上最具竞争力的经济核心区域是几个大的城市群。城市群的内涵是以1~2个特大型城市为核心，包括周围若干个城市所组成的内部具有垂直的和横向的经济联系的经济区域。由于经济活动高度密集和在空间上的压缩，城市群往往是一个国家或区域的增长极，也是最具活力和竞争力的地区。我国的长江三角洲、珠江三角洲及京津冀三大城市群正在成为我国进入世界的枢纽、世界进入我国的门户。但是，现在全国要划定几十个"城市群"，大部分"城市群"的内部各城市间没有密切的产业（横向的和纵向的）联系，缺乏功能很强的核心城市等。在这种情况下，周围许多城市还千方百计地往里面挤，希望成为国家经济增长极的一员。这些"城市群"并没有在一系列公共服务系统（部门）取消现有的管理机构而迈向一体化。因为这种实质意义的一体化要跨越现在体制和制度的门槛，如果没有这一点，城市群建设规划就将可能流于形式，也没有就促进市场经济条件下的产业空间重组、优化城乡土地利用结构、积极治理环境污染等进行周密的论证，而主要就是进行大片大片地占地、在中心城市和周围城市之间规划轻轨建设及大规模房地产开发等。由于我国在一个较长时期内人均 GDP 和相应的人均出行频率较低，这些轻轨中的大部分线路不可能具有大流量的通勤客流。在这种情况下，这些线路建成之日，就是大规模经济亏损之时。

近几年来，全国大约已经有 20 多个省（自治区、直辖市）及众多的地市正在广泛地组织编制各种区域性规划（有的称作"空间规划"），包括城乡一体化和城乡统筹的新区规划、产业集聚新区（地带）规划、新城规划等。这些规划普遍存在规划的盘子过大，目标不切实际等问题。多数区域的产业规划主观臆断，重大基础设施建设缺乏科学论证，更为严重的是普遍借各类"新区"建设规划之名，实行大规模圈地、"要地（向上）"和"造城"。

### （二）主要原因

上述问题在过去十多年中不断累积，政府也曾经出台了许多政策，采取一系列措施，但是，问题并没有得到解决，上有政策下有对策，有的问题甚至变本加厉了。当前，我们特别需要从发展理念、方针政策等方面分析出现这些问题的原因，并从中吸取经验教训。导致上述问题出现的主要原因有以下几个方面。

1. "十五"城镇化方针上的偏差及近年来的正确方针政策没有得到贯彻实施

"九五"期间，在中央政府做出实施国民经济"软着陆"决策的情况下城镇化却实现了超高速增长。2001 年开始的"十五"计划又强调"随着农业生产力水平的提高和工业化进程的加快，我国推进城镇化的条件已经成熟，要不失时机地实施城镇化战略。"这个"战略"使本来已经高速行驶中的城镇化列车进一步"加速"，导致城镇化速度出现冒进。针对这些问题，国家"十一五"规划进行了明确的调整，提出要

"积极稳妥推进城镇化",要集约和节约用地;国家"十二五"规划中也再次强调"统筹城乡发展,积极稳妥推进城镇化"。但是,从这些年各地区出现的问题看,国家"十一五"规划和"十二五"规划的"积极稳妥推进城镇化"的方针和城乡统筹的基本指导思想在许多地方没有得到重视和贯彻执行。

2. 走符合中国国情城镇化道路的指导思想宣传薄弱,没有真正成为实施城镇化的指导思想

走符合中国国情的城镇化道路应该成为城镇化建设的基本理念。中国的国情及其资源、环境特征在很大程度上决定了中国城镇化的道路和发展模式,这条道路就是"资源节约型和环境友好型的城镇化道路"。为了实行这样的发展道路,应该对各级干部和规划人员进行国情教育,解释这一条道路的内涵、指标及一整套具体的方针和政策措施,并在各个大区实行有差别的城镇化模式。而实际上,这些基本理念和指导思想仅仅在文件中提提而已。

3. 干部政绩评价指标过分偏重 GDP 及城镇化速度,各地政府过分依赖"土地财政"

各级干部工作绩效评价指标对于各项工作的发展起着巨大的支配作用。多年来,尽管中央多次强调要从政治思想、工作成绩、群众路线和民主作风等方面评价和考察干部。但在实际中,发展观和政绩观往往出现严重偏差,真正受重视的是经济增长速度和城市建设形象等方面。经济上搞得快,城市场面大、形象好,常常成为重要政绩。这种干部考核指标上的偏差,强有力地引导广大干部在城市规划和建设中热衷于搞"大""快""虚",彼此攀比甚至以搞运动的方式去片面追求城镇化速度和城镇化率。高速发展的城镇化强烈地表现出人为拉动、政府造城的特征,而且成为许多地方"普遍"的做法。政府把着力点更多地放在"圈地"、"形象工程"打造上和"短期行为"上,使开发

区和新城用地的起点规模不断被刷新，建筑物高度和广场占地面积第一的位次不断被更改，城市基础设施和建筑物更新改造、拆除重建的周期之短已经在中国城市建设史上创下了纪录。

除政绩观偏差导致人为造城运动这一原因外，另一个主要原因是地方政府对"土地财政"的依赖性过大。许多地方土地出让金净收入占政府预算外收入的60%以上。地方政府通过卖地收入和土地抵押贷款弥补财政收支差额、筹集大规模城镇基础设施和公共服务设施建设资金等，导致片面追求城镇化的速度和高城镇化率。

4. 城镇化发展进程和发展模式具有其客观基础和要求

城镇化是一个国家发展和区域发展问题，涉及生产结构、生活方式、社会结构、国民素质等方面的深刻变化，必然是一个长时期的发展过程。我国的城镇化进程和发展模式必须体现我国的国情和特色。评价和引领城镇化的合理进程，必须了解国家和区域发展的阶段、实力、水平对城镇化的驱动作用，以及自然基础和生态环境对于城镇化发展的重要基础作用；充分考虑到城镇化的分布格局是国家社会经济空间结构的重要组成部分；正确处理好城乡关系等。城镇规划与建设政策的制定和实施制度不完善、缺乏有效的监督约束和责任追究制度，也在很大程度上助长了不严格执行城镇规划、随意扩大规模，擅自变更建设性质和内容的问题发生。片面追求城镇化速度，其结果就会违背城镇化发展的客观规律。

5. 如何看待城镇化的国际经验

各国城镇化大都经历了漫长的历史过程。欧美主要资本主义国家城市化水平（城市化率）普遍达到70%甚至80%以上，但在其起步阶段平均每年增加只有0.16%～0.24%，在加速阶段每年增加也仅达0.30%～0.52%。我们回顾他们走过的城镇化发展之路，并不是主张将我们的城镇化速度降到他们那时的速度，而是为了客观地思考我国有没有条件大大超过发达国家城镇化的速度？根据我国的国情、城镇化人口总量和产业支撑等条件来分析判断，要不要将70%~80%城镇化率作为我国社会发展的长远目标呢？后一个问题长期以来没有人提出过，似乎是不言而喻的问题。但是，这种最终目标已经在支配人们的行为目标，甚至导致地区之间的攀比。我们认为，我国未来长远的城镇化目标不一定要追求70%~80%的城镇化率。

## 二、科学地引领我国城镇化健康发展

### （一）城镇化是一个巨大的系统工程

实施城镇化这样巨大的系统工程，是长期的积累和长期发展的渐进式过程，也是一个长期的历史任务。今后，将特别加强大城市群的发展和农村地区的城镇化，任务更为复杂和艰巨。

1. 走符合中国特色的城镇化道路应当逐步成为全社会的共识和基本理念

我们认为，当前需要认真总结以往的经验教训。结合城镇化方针的贯彻落实、提高各级干部对城镇化的科学认识和理论水平，把了解中国国情和资源环境特征及城镇化规律作为重点，吸取盲目城镇化导致南美、非洲一些国家长期被困在"中等收入陷阱"及由此引起的社会不稳定的教训，树立走符合中国国情即具有中国特色城镇化道路的基本理念。还要建立符合科学发展观和生态文明建设要求的干部学习考核和政绩考核体系。解决城镇化的质量提高，特别是其中的人口城镇化问题，不像成批出让土地和大规模城市地产开发那样快。

2. 规划未来城镇化的合理进程，最重要的是科学地评估产业支撑能力

在今后一个较长时期内，工业化和现代化的发展，特别是通过经

济结构的调整，可以扩大内需和扩大市场，使城市就业空间扩大。城乡建设本身也将提供新的就业空间。但是，这些方面都不会如同以往十多年高速经济增长所带来城市就业增加那样快。没有产业支撑的城镇化是虚假的城镇化。特别是中小城市的发展，最关键的不是基础设施问题，而是产业支撑问题，也是市场问题。就现阶段来说，一个中小城市，如果没有特别优势的自然资源、人力资源或在附近大城市某些产业链上占有重要位置，则难以迎来持续较大规模的就业增加。为此，需要找出本地优势，搭建发展平台，培育特色产业，为农村劳动力就地就近转移就业创造条件，为城镇化建设提供产业支撑。

经济全球化与进出口贸易的未来发展对于新的就业岗位增加所起的作用将会趋缓，而资源、环境和生态条件的制约作用将比以往要强。

**3. 正确估计国家和地方政府的财力**

这些年，中央政府的城市基础设施投资主要在大城市。许多地方政府大搞园区和产业集聚区的开发，很大一部分是依靠当地的"土地财政"。"十一五"期间全国土地出让金每年平均约 0.77 万亿元，现在已上升到每年 2.71 万亿元，从占财政收入比例的 41.9% 上升到 76.6%。今后，如此巨量的土地财政肯定将无法维持。那么国家可用于城镇化发展的财政支出有多大？可不可以长期持续呢？

**4. 逐步创造消除城镇化制度性障碍的条件**

近年来很多人认为大规模推进城镇化的障碍是制度因素，要推进城镇化发展及农民工市民化就要取消户籍制度。但是，这其中有两个重要问题需要考虑：其一，取消户籍制度及其他一系列限制市民化规模的基础和前提是具有足够的资金用于发展城市的各种公用事业及社会保障等。为什么政府官员对取消户籍制度几乎一致地持反对态度？可能主要就是因为，以往十多年中，就业、教育、医疗、社保、能源和水源供应、垃圾处理等方面的问题堆积严重，难以解决。其二，传统的城市、农村完全不同的生产方式和生活方式的二分法已经不符合现代社会发展的实际情况。统筹城乡社会保障和公共服务逐步达到均等化，是城镇化任务的主要内涵。而这些目标的实现，则取决于大量的资金和复杂的管理工作。当然，其中也需要进行许多领域内的创新。

**（二）我国城镇化建设的建议**

1. 坚决实施关于"积极稳妥推进城镇化"的方针及其一系列正确的政策措施

要针对十多年来我国城镇化发展问题，进行"积极稳妥推进城镇化"方针的教育，树立牢固的国情观念。按照着力提高城镇化质量的要求，根据我国不同区域主体功能定位和有差别的城镇化模式，建立具有"资源节约型和环境友好型城镇化道路"内涵的干部绩效考核指标体系，确保因盲目决策导致城镇化冒进、虚假、严重浪费等现象不再大量发生。在实施"积极稳妥推进城镇化"方针过程中，不提倡设置城镇化的硬指标，更不要搞攀比、竞赛。总之，不搞人为的"拉动"，更不能搞人为的"造城"。

2. 城镇化速度不能过快

我国的城镇化需要遵循循序渐进的原则。我国产业结构发展阶段及大量资源型城市的存在难以支撑城镇化的过快发展，农村人口向城市转移中的问题，要求我们更加关注城镇化的质量而非速度。城镇化发展水平应当与水土资源和环境承载力保持一致，与城镇产业结构转型和新增就业岗位的能力保持一致，与城镇实际吸纳农村人口的能力保持一致。我们建议：要在客观地认识国情的基础上，对城镇化发展水平进行科学的分析和预测，设定各个发展阶段的适宜的城镇化率。根据我国改革开放以来各时期的城镇化发展实际绩效和经验，除去城镇化率中的虚高部分，建议近期将城镇化的速度调整到每年增长 1.0

个百分点左右。在中长期范围内，保持每年增长 0.6～0.8 个百分点是比较稳妥的。与此同时，不同区域的城镇化发展速度应该有所差异。

3. 要十分强调实行"资源节约型和环境友好型城镇化"的方针

我国人均占有的资源非常有限，尤其是耕地资源和淡水资源。各类城市的规划建设，要充分考虑到中国的这一基本国情。即使到了现代化之时，我国人民也要过着节俭的日子。城市人均占地、人均生活能源消耗和淡水资源的消耗等不能仿效发达国家特别是美国人的人均指标。

城镇人均占地和人均生活耗能必须实行较低的指标：从 20 世纪 90 年代以来，我国城市的人均综合占地增加很快达到了 110～130 平方米。大部分小城镇的人均综合占地指标高达 200～300 平方米。今后，我国城镇人均综合用地标准应该符合国情。我国不能走美国和澳大利亚等国那样蔓延式城镇化发展道路。2000 年，中国的人均耕地只有世界平均水平的 47%，约是澳大利亚的 1/30，加拿大的 1/19，俄罗斯的 1/9，美国的 1/8。近年来，这个比例在进一步下降。建议以人均 70～100 平方米作为我国城镇综合用地的适宜区间。需要根据人口、经济密度和人均耕地等指标在全国范围内划分若干大区，并确定它们的适宜控制指标。由于中小城市一般没有大型的公共设施（体育场、交通枢纽、市政广场等），未来的规划建设完全可以进一步缩小占地规模。

我国城市的人均生活能耗还比较低，但近年来部分大城市（包括特大城市）这个指标上升很快。在我国能源勘探或新能源开发利用技术没有获得重大突破之前，一般特大城市（少数国际化大城市可例外）人均生活能耗每年应该为 2 吨左右标准煤，中小城市要明显低于这个指标。

加强生态建设和污染综合治理。各地政府需要拿出较以往更多的精力、物力和财力放在环境污染治理和生态建设方面,把城镇人居环境质量改善作为衡量城镇化是否健康发展的重要指标,在各种评比考核指标体系中赋予城镇环境质量更大的权重。在沿海地带,重点治理由于人口密集、大中城市规模迅速扩张所引起的环境问题;在中西部地区,重点治理大规模地开发资源和对资源进行大规模加工所引起的污染问题;在生态基础本来就很脆弱的地区,重点加强生态恢复和生态建设。

4. 加强城乡统筹,发展多样化的城镇化模式

在城乡统筹发展中推进城镇化。城乡关系是国家、区域内最重要的关系,需要从区域的角度、从城乡整体的角度进行规划和统筹,使城市促进农村社会经济结构的变化和生存条件的改善,同时使城市发展获得广泛的支撑。其结果是使城镇化速度和模式与区域的社会和经济发展相协调。如果我们深入地从我国的城乡关系及其产业支撑、资源环境支撑等角度进行分析和思考,就会不那么倾向于也不那么乐观地认为我国的城镇化率会明显超过发达国家所经历的城镇化速度和较快地达到发达国家今天所达到的城镇化率水平。

传统理念将城镇化理解为"农民进城"。这种理念上的守旧,导致了城乡统筹的困难,需要逐步加以改变。在现代社会经济发展的今天,城镇化已经在实践中发生了新的变化。美国等发达国家已经具有大量的人口分布在不城不乡的小镇,我国部分发达地区也出现这种情况。我们应当根据具体条件灵活地发展城镇化,建设生活方式逐步"城镇化"的新农村将是许多地区进行城乡统筹的重要模式,经济繁荣的新农村是我国社会安定的"稳定装置"。

5. 认真搞好国土空间规划和城镇化规划、城市规划

实践证明,经过严格论证的科学的规划特别重要,包括全国性的国土空间规划、多种类型的区域性规划、城市群规划、城镇体系规划、

城市规划和开发区规划等。国土空间规划是其他区域性规划的主要基础，近年来完成的全国主体功能区规划和长期酝酿的全国国土规划两者在目标、原则等方面实际上是一致的，都属于国土空间规划。城镇化规划可以分全国性和省（自治区、直辖市）两级，不宜编制地市一级的城镇化规划。城镇化规划主要阐明城镇化发展的意义、趋势、中长期目标、本区域城镇化发展的基础条件、产业发展方向和支撑潜力、人口集聚、城镇规模结构、重大基础设施建设、资源保障和集约利用、生态环境及促进城镇化健康发展的政策措施等。全国一级的城市群规划可以先确定在长江三角洲（以上海为核心）、珠江三角洲（香港是这个大城市群的核心城市，广州应该培育成核心城市）、京津冀（以北京、天津为核心城市）、成渝地区（以重庆、成都为核心城市）和辽宁中南部地区（以沈阳、大连为核心城市）等五个地区进行。现在有关部门提到的省（自治区、直辖市）一级的城市群，就核心城市的产业层次、城市间产业联系、人口和就业人员流动的规模等还不具备城市群的条件，需要暂缓进行规划。城市规划及各种新区规划需要在总结以往经验教训的基础上进行，在产业规模、重大基础设施等方面要经过充分论证，坚决实行"资源节约"和"环境友好"的方针，坚决防止借各种名义再搞大规模"圈地"和"造城"。

## 本报告咨询项目组成员名单

| 姓 名 | 职称（工作单位） |
|---|---|
| 陆大道 | 中国科学院院士（中国科学院地理科学与资源研究所） |
| 吴良镛 | 中国科学院院士<br>中国工程院院士（清华大学） |
| 周干峙 | 中国科学院院士<br>中国工程院院士（中国城市规划学会院士） |
| 叶大年 | 中国科学院院士（中国科学院地质与地球物理研究所） |
| 黄荣辉 | 中国科学院院士（中国科学院大气物理研究所） |
| 郑 度 | 中国科学院院士（中国科学院地理科学与资源研究所） |
| 傅伯杰 | 中国科学院院士（中国科学院生态环境研究中心） |
| 郭华东 | 中国科学院院士（中国科学院遥感与对地观测研究所） |
| 樊 杰 | 研究员 （中国科学院地理科学与资源研究所） |
| 吴唯佳 | 教 授 （清华大学） |
| 石 楠 | 研究员 （中国城市规划学会研究员） |
| 方创琳 | 研究员 （中国科学院地理科学与资源研究所） |
| 刘彦随 | 研究员 （中国科学院地理科学与资源研究所） |
| 武廷海 | 教 授 （清华大学） |
| 高晓路 | 研究员 （中国科学院地理科学与资源研究所） |
| 刘 慧 | 研究员 （中国科学院地理科学与资源研究所） |
| 张 华 | 副教授 （北京师范大学） |
| 陈明星 | 助理研究员 （中国科学院地理科学与资源研究所） |

# 关于走符合我国国情的城镇化
# 道路的认知和建议[①]

**编者按：**

在阐述了多年来我国大规模城镇化中出现的突出问题的基础上，重点论述了我国城镇化发展的基本内涵，特别是比较详细地阐述了关于走符合我国国情城镇化道路的建议。

在2013年12月11至12日中央召开的城镇化工作会议上，习近平总书记和李克强总理分别做了重要报告。会议特别强调要注重"人的城镇化"，在进程上要"稳中求进"。此后，《国家新型城镇化规划（2014～2020年）》很快正式出台。我国城镇化的战略方针终于实现了重大调整，城镇化正处在转型之中。

## 一、关于我国城镇化发展的基本内涵

城镇化，是人口向城镇集中并由此推动城镇发展的过程。伴随着这一过程的是国家的经济结构、社会结构和生产方式、生活方式的重大转变。

城镇化是一个巨大的系统工程。城镇化的健康发展关系到我国现代化的全局。积极稳妥推进我国城镇化需要树立走符合国情的城镇化

---

[①] 本文为在2013年8月26日国务院主要领导同志召开的会议上陆大道代表中国科学院项目组的汇报稿整理的文字稿。

道路的基本理念，并在产业转型和新产业的成长，基础设施建设，立法和制度建设，模式创新，资源，环境的支撑，国民素质提高等方面进行大量的工作。

深刻认识中央关于"积极稳妥地推进城镇化，并着力提高城镇化的质量"的方针，对于正确地理解城镇化所面临的任务十分重要。为此，需要总结分析我国国情和总结十多年来高速城镇化发展的经验及问题，正确估计中长期内我国各种类型城市（大中小城市、城市群等）集聚产业和人口的能力，预测未来我国城镇化发展的可能规模、城镇化的合理进程及城镇化的模式等。并在此基础上制定推进农业转移人口市民化、发挥各类城市综合承载能力等一系列政策措施。

## 二、城镇化高速发展中的问题

1996年以来的大规模城镇化，取得了辉煌的成就。城镇化有力地促进和保障了大规模的工业化，推动了我国经济的国际化。我国综合国力大幅度提升，成为世界上第二大经济体，城镇居民生活大幅度改善。但同时，也出现一系列突出的问题。

1. 城镇化速度过快，城镇化率虚高

"九五"期间，有三年我国城镇化率每年增加1.7个百分点，"十五"期间年平均增长1.4%。"十一五"以来，城镇化速度仍然居高不下，年平均增长1.3个百分点，即每年城镇新增人口在1800万以上。2012年我国城镇化率达到52.6%。但是，实际的人口城镇化率只有35%。

全国2.6亿农民工没有市民化，他们的居住等生活条件很差，是谓"半城市化"。农民工有相当一部分是在工资低、工作条件差、就业不稳定、医保和社保程度低、无升迁机会的城市非正规部门就业，从事城里人不愿干的"脏、累、苦"的工作。农民工大多居住在城市边缘地区的"城中村"、简易房、建筑工棚或地下室等，居住环境简陋恶劣。农村空心化严重。目前农村的留守儿童达到9700万。农民工和农村的上述状况说明了我国城镇化存在严重的质量问题。

2. 持续不断的大规模占地和圈地，耕地和水资源消耗过多

在人口"半城镇化"的同时，近十年来每年征地失去耕地的农民平均有260万人。"十五"期间，各地大搞所谓的"国际大都市"、大广场、大马路等。近十年来，许多城市以大搞各种类型的"新区"而进行大规模圈地，一规划就是几十平方千米甚至上千平方千米，致使土地的非农化非常快。

城市建设占地迅速且大规模扩张。城市人均综合占地很快达到110~130平方米的高水平。这个占地指标是大多数人均耕地资源比我国多几倍乃至十多倍的发达国家的水平。

大规模工业化和城镇化使我国北方15个省（自治区、直辖市）的水资源供应出现了全面的紧张，南方地区的许多城镇也常有严重的水质性缺水问题，在局部地区出现过水危机。经过半个多世纪的大规模水资源开发，北方地区依赖"开源"解决缺水问题面临着极限的挑战。

3. 经济增长和产业支撑与高速城镇化不能相适应

近年来，国民经济增速放缓，工业结构调整面临着越来越大的压力，就业岗位的增加满足不了城镇化的需要。按照近年来的城镇化速率，我国城镇人口每年增加约1800万人，相应的需要增加1200万以上的就业岗位。各类城市的就业问题都非常严峻。虽然每年增加的就业岗位都在800万个以上，但是其中一些就业岗位的稳定性很差。

4. 环境污染代价巨大，基础设施不堪重负

1996年以来，大规模的城镇化是导致越来越严重的环境污染的主要原因之一。沿海地区的大中城市规模迅速扩张，再加上这些城市是低端产品生产的"世界工厂"，引起了突出的环境问题。大规模开发资

源和对资源进行加工而成为中西部许多地区的污染源。

城市要求大规模的电力、优质的能源和大型的集中水源作为支撑，人均能耗、水耗及垃圾集中排放量都要比农村多得多。目前，我国75%以上流经城市附近的河流受到严重污染（大部分饮用水源受到不同程度的污染）；垃圾围城现象突出，无害化处理率很低。

虽然各级政府在给排水、环保等城市基础设施方面的投资逐年增加，但资源和环境供应保障的缺口并没有相应缩小。这从另一个角度表明，我国城镇化的速度过快。

## 三、关于走符合我国国情城镇化道路的几点建议

1. 关于产业支撑能力的评估——城镇化发展速度不能过快

我国国民经济经历了长时期的高速增长，正在进入以"稳增长、调结构"的发展阶段。在结构调整中，能源重化工和传统的制造业将很难有很大的规模扩张，新的具有竞争力的品牌和大型产业链需要一个形成过程。多种因素的共同作用将使经济增长率有所下降。此外，结构调整和创新的发展还会使就业增加的弹性系数发生变化。所有这些，将使就业岗位的增加趋缓。下文作具体的分析。

现有基础原材料产业已经非常庞大，依靠这些产业的继续扩张来吸纳农村劳动力和农村人口，空间已经不大。同时，能源、原材料和设备制造业的技术进步将使劳动生产率得到提高，这也将驱使用工强度下降。

以轻纺产品为主的中小企业劳动力成本正在不断上升。2010年以来，在我国中小企业集中的珠江三角洲和长江三角洲地区，劳动力成本上涨了20%~25%。中小企业劳动力成本上升，驱使用工强度明显减小。

产业结构的升级将提高高附加值产业的比重，而高端产业对就业

拉动的作用一般是较弱的。

根据分析，每增加一个百分点城镇化率，需要比以往更多的就业岗位，进而需要更大的经济增长规模。目前我国统计数据存在对就业数量高估的偏差，在讨论城镇化的就业支撑能力时应予以注意。

经济全球化对城镇化过程的推动作用也将逐步减弱，原因是外贸进出口面临不断增长的竞争和压力；全球技术进步速度减缓从根本上降低全球潜在经济增速，抑制中国外部需求的扩大；部分发达国家深陷债务困境，对中国商品和劳务的需求趋于下降；国际市场日趋饱和，出口规模难以继续高速扩张。

众多的资源型城市的存在是我国产业结构的长期特点之一。据 2002 年的初步统计，全国有 110 个资源型城市，估计 2030 年将达到 200 个左右。这些资源型城市多数是有生命周期的，有的资源型城市近年来采取了一些措施，经济增长情况较好，但还有可能要经历二次转型。少数资源型城市有可能走向衰落。

国内消费拉动 GDP 增长动力不足。中国居民最终消费总体比例不高，低于欧洲发达国家水平；近年来，中国居民消费占 GDP 比重不断下降。

城镇化发展水平应当与城镇的产业结构转型和新增就业岗位的能力保持一致，与城镇实际吸纳农村人口的能力保持一致，与水土资源和环境承载力保持一致。要根据城镇产业的吸纳能力，基础设施的支撑能力，资源环境的承载能力，城镇管理水平提高的程度等逐步提高我国城镇化水平。

我国产业发展的态势难以支撑城镇化的过快发展。农村人口向城市转移中存在的问题，要求我们更加关注城镇化的质量而非速度。因此，我国城镇化速度不能过快。

欧美主要资本主义国家城镇化水平（城镇化率）在起步阶段平均

每年只增加0.16～0.24个百分点，加速阶段每年增加也仅有0.30～0.52个百分点。他们的城镇化率从20%发展到40%用了几十年至上百年，自40%的城镇化率到如今的80%左右的城镇化率又经历了几十年。我们要考虑，我国有没有条件在城镇化速度方面大幅度超过西方发达国家的历史进程。

在阿根廷等拉美国家，4.98亿总人口中有3.8亿人居住在城市，城镇化高达75%以上，与经济发达国家相差无几。但是其经济水平只及发达国家的1/4，失业和从事非正规经济的人约占全部劳动力的一半。总人口超过1/3为贫困人口，其中相当一部分住在贫民窟中，有约2000万人流浪街头，出现虚假城市化和贫困城市化。超出经济发展与就业增长能力的过快、过高的城市化，并不是由于工业化来推动的，而是由大量的失去土地的农民和人口的失业所造成的。这样的城市化是拉美部分国家政治不稳定、社会动乱时有发生的重要原因之一。

2. 我国城镇化发展一定要坚持"资源节约"和"环境友好"

我国人均占有的自然资源非常有限，尤其是耕地资源和淡水资源。各类城市的规划建设，要充分考虑到中国的这一基本国情。即使实现了现代化，我国人民也要过着"节俭"的日子。城市人均占地、人均生活能源消耗和淡水资源的消耗等方面不能仿效发达国家（特别是美国）的人均指标。城镇人均占地和人均生活耗能必须实行较低的指标。

日本东京，人均综合用地也才只有78.7平方米。我国香港特别行政区人均综合用地才60平方米。而在这样的标准下，这两个城市的居民依然保持了很高的生活质量和居住环境水平，是世界上最有竞争力的城市。从20个世纪90年代以来，我国城市的人均综合占地增加很快达到了110～130平方米。大部分小城镇的人均综合占地指标高达200～300平方米。我国不能走美国、澳大利亚等国那样蔓延式城镇化发展道路。建议以人均 70～100 平方米作为我国城镇综合用地的适宜区间。根据我国基本国情，适当降低城市人均用地标准，建立城镇用地经济密度指标和区域性国土开发强度指标也是必要的。

一般特大城市（少数国际化大城市可例外）人均生活能耗每年应该为 2 吨标准煤左右，中小城市要明显少于这个指标。

我们需要拿出较以往更多的精力、物力和财力放在环境污染治理和生态建设方面。把城乡人居环境质量改善作为衡量城镇化是否健康发展和城乡统筹方针的落实情况的重要指标之一。什么是生态城市？各国还没有一个公认的定义和指标。但可以肯定的是，不同的自然结构和生态系统环境下的生态城市的标准是不一样的。在我国的具体条件下，生态城市应该包括以下三方面的内涵。

其一，城市发展（包括布局、建筑、基础设施系统等）应该尽可能减少能源和其他自然资源的消耗。

其二，城市中的生产和生活系统产生的废料及其相应的处理系统尽可能地不对周围环境产生严重的影响。

其三，城市的景观和景观结构应该与其所处的人的自然地带性相一致。

生态城市的基本内涵是"资源节约"和"环境友好"。生态城市决不可以理解为不顾客观条件的大规模"绿化"，特别是违背城市周围自然环境去造优美的风景和大气派的城市景观。

**3. 探索创新城乡统筹发展的途径和模式**

鉴于我国农村人口基数很大、城镇化与耕地保护矛盾突出，城镇人口就业压力大，资源环境承载力已接近饱和的基本国情，城镇化率的长远目标不一定非要像发达国家一样达到 70%～80% 或是更高的水平。在积极稳妥推进城镇化发展的同时，下大力气建设好广大的农村是我国社会经济发展的一项长期战略选择，也是最适宜的选择。党的十六大明确提出了统筹城乡发展的方针，各地都在积极探索和示范推进，一些地区已取得了明显成效，农村面貌有明显改变。

但是，仍有很多地区的政府未能认真贯彻，仍然在追求高速城镇化，导致城市无序扩张、耕地过度流失、土地快速非农化、失地农民增多、农村空心化严重。这就背离了统筹城乡发展的方针。

实行城乡统筹的发展方针，需要从区域的角度、从城乡整体的角度进行规划和统筹。使城市促进农村社会经济结构的变化和生存条件的改善，同时使城市发展获得广泛的支撑。在发展城乡统筹的方针下，在着力提高城市群和人口产业密集带发展活力的同时，要特别重视中小城市和建制镇的发展，改善我国的城市规模结构。

以农村土地综合整治为途径，加快农村居住的社区化、农业生产的园区化及农村的现代化进程，为城乡统筹和优化城镇体系空间格局搭建新平台，逐步实现城乡基本公共服务的均等化。

按照推进形成国家主体功能区的要求，不同类型区应推行不同的城镇化模式。

（1）优化开发区实施集约型城镇化，促进产业结构升级、基础设施共享、提高用地效率；

（2）重点开发区实施产业带动城镇化模式，在土地指标、产业发展等方面给予一定的优惠支持；

（3）农业型限制开发区实行分流型城镇化模式，鼓励农民外出安居乐业，着力开展农村中心社区建设，确保农民能以地为生；

（4）生态型限制开发区适度推进农牧民中心村镇定居，实施生态补偿。

传统理念总是将城镇化理解为"农民进城"。这种理念上的守旧，导致了城乡统筹的困难。现代社会经济发展的今天，实践已经产生了新的模式。美国等发达国家有大量的人口分布在不城不乡的居民点，我国部分发达地区也出现了这种情况。可以根据具体条件灵活地发展城镇化，建设生活方式逐步"城镇化"的新农村将是许多地区进行城乡统筹的重要模式。经济繁荣的新农村是我国社会安定的"稳定装置"。

4. 充分考虑到城镇化的区域差异和特点

由于发展历史、经济区位和发展条件的差异，各地区在城镇化速度和城镇化率方面必然具有明显的差异。经济增长和城市化的重点区域，必然是气候、地形及水土资源条件比较适宜和优越的区域。这些区域主要是沿海地带和中西部地带的平原和盆地。这些区域在现代化支撑体系保障下，可以建成"高效率、节约型、现代化"的发展空间。

海洋，早在19世纪就被认为是"伟大的公路"。人类的社会经济活动受海洋的吸引是长期趋势。在经济全球化和信息化迅速发展的今天，沿海地区的发展优势进一步加强了。沿海地区经济国际化大规模发展，国际地位进一步提升。沿海大城市群正在成为我国进入世界的枢纽、世界进入中国的门户。城市群的进一步发展和活力的加强完全符合全中国人民的战略利益和长远利益。

青藏高原、干旱和半干旱地区、农牧交错带和喀斯特地区等多种特殊类型的地区，大都是生态脆弱的区域，有些是水土资源严重缺乏的区域，不可能普遍实施大规模的工业化和城市化。

各地区城镇人均综合用地标准也应该符合区情。需要根据人口、经济密度和人均耕地等指标在全国范围内划分若干大区并确定它们的适宜控制指标。在水资源缺乏和严重缺乏的地区，要考虑到逐步建立起合理规模结构的城镇体系，重点发展中小城市和镇。同时要建立相应的节约用水体制和价格体系。

5. "新区"规划、城镇化规划和城市群规划的倾向值得注意

在全球化的大背景下，当今世界上最具竞争力的经济核心区域是

几个大的城市群。城市群的内涵是以1~2个特大型城市为核心包括周围若干个城市所组成的内部具有垂直的和横向的经济联系的经济区域，并具有发达的一体化管理的基础设施系统作为支撑。城市群往往是一个国家或区域的增长极，也是最具活力和竞争力的地区。我国的长江三角洲、珠江三角洲及京津冀三大城市群正在成为我国进入世界的枢纽、世界进入我国的门户。

城市群的空间结构由核心城市、过渡地带和周围地区构成。城市群的核心城市通常是国家或大区域的金融中心、交通通信枢纽、人才聚集地和进入国际市场最便捷的通道，即资金流、信息流、物流、技术流的交汇点。土地需求强度较高的制造业和仓储等行业则扩散和聚集在核心区的周围，形成庞大的过渡带。核心区与周围地区存在极为密切的横向的和纵向的产业联系。

现在全国要划定几十个"城市群"，大部分"城市群"的内部各城市间没有密切的产业（横向的和纵向的）联系，缺乏功能很强的核心城市等。在这种情况下，周围许多城市还千方百计地往里面"挤"，希望成为国家经济增长极的一员。这些"城市群"并没有在一系列公共服务系统（部门）取消现有的管理机构而迈向一体化。因为实质意义上的一体化要跨越现在体制的门槛，如果不能实现这一点城市群建设将可能流于形式。也不可能就促进市场经济条件下的产业空间重组、优化城乡土地利用结构、积极治理环境污染等进行周密的论证。一体化就只能是进行大片大片地占地，在中心城市和周围城市之间规划轻轨建设及大规模房地产开发等。

全国一级的城市群规划可以先确定在长江三角洲（以上海为核心）、珠江三角洲（以香港为核心城市，广州应该培育成核心城市）、京津冀（以北京、天津为核心城市）及成渝地区（以重庆、成都为核心城市）和辽宁中南部地区（以沈阳、大连为核心城市）等五个地区进行。现在有关部门提到的省（自治区、直辖市）一级的城市群，其核心城市的产业层次、城市间产业联系、人口和就业人员流动的规模等还不具备城市群的条件，因此建议暂缓进行规划。

城镇化规划可以分全国性和省（自治区、直辖市）两级，不宜编制地市一级的城镇化规划。城镇化规划主要阐明城镇化发展的意义、趋势、中长期目标及本区域城镇化发展的基础条件、产业发展方向和支撑潜力、人口集聚、城镇规模结构、重大基础设施建设、资源保障和集约利用、生态环境以及促进城镇化健康发展的政策措施等。

# 关于我国经济增长（速度）支撑系统的分析与建议①

**编者按：**

本文是中国科学院学部咨询项目"中国经济增长速度的基本要素和支撑系统研究"完成的报告，希望能够为正在编制中的国家"十三五"规划提供参考意见。本报告论证经济增长问题的角度有违于国内主流学者与计划部门的基本理念，即关于经济增长的"三驾马车"（投资、出口与消费）思路。而是从发展与环境的关系出发，对生态环境与自然资源及建立在此基础上的城镇化与经济增长方式四方面进行论证。形成的观点很明确：中国的环境承载力已经"过冲"，新型城镇化将发展质量置于首位，速度必然放慢，依靠投资拉动高速增长已经不可持续。因此，中国经济将很快进入中速增长，中速增长是可以保障高质量的精明增长；建议：不以GDP增速作为国民经济发展的唯一指标，应该强调"三维目标空间"的经济发展，即经济增长、社会发展与生态环境保护之间的协调发展。

---

① 本文为中国科学院上报的咨询报告，科发学部字〔2015〕80号，2015年6月5日。参与咨询报告讨论、编写的有中国科学院院士、经济学家，中国工程院院士及诸多的专家。陆大道任项目组组长，主要成员有吴敬琏、孙鸿烈、杜祥琬、戴金星、张卓元、刘燕华、叶大年、郭华东、金之钧、傅伯杰、周成虎、葛全胜、杨桂山、邓伟、李善同、陈锡康、张平宇、刘卫东、王安建、张玉斌、曾刚等。咨询报告是在项目组讨论基础上，由陆大道执笔起草并根据有关领导多次修改定稿。在编写过程中，项目秘书组陈明星、王成金、玛丽、谭志鹏、周侃、宋涛、孙东琪等提供了有关专题性分析资料。

两年后的 2017 年，党的十九大的政治报告的一个主体内涵是努力提高经济增长质量，未提 GDP 增速，而是将社会发展特别是生态环境治理置于特别重要的地位。这表明了咨询报告具有前瞻性与科学性，咨询报告的选题、分析与论证是科学的。

改革开放以来，我国国民经济保持了长时期的高速和超高速增长，取得了辉煌的成就。2014 年我国国内生产总值超过 63 万亿元人民币，不变价 GDP 是 1978 年的 28 倍，同期名义 GDP 则为 174.6 倍，连续几年位居世界上第二大经济体。但同时，片面追求 GDP 及其增速的发展模式，导致社会经济及人与自然关系诸多方面出现了严重的不协调。环境和自然资源已经难以支撑如此高速发展的国民经济，国家发展面临的结构性难题日益突出。对此，党中央和国务院已经下决心推进国民经济的战略转型。

如何实现我国国民经济发展的转型？经济转型直接取决于经济结构优化、发展模式转变和发展速度（预期）的调整。多年来的经验教训说明，调整经济增长速度的预期值非常重要。如果持续地谋求高速经济增长，经济结构将难以优化，发展模式也将难以转变。

从国家"十三五"规划开始，我们应当谋求多高的经济增长率（预期），在学术界和社会人士中存在着明显的分歧。在本报告中，我们着重分析了高速经济增长如何导致我国环境污染的加剧及能源和矿产资源的庞大规模消耗，阐述了建立在高消耗、高污染基础上的经济发展模式和城镇化与高速经济增长的关系。在这几方面分析评价基础上进行了综合性的集成，对我国经济增长（速度）的趋势作出了判断，并对有关问题提出了建议。

## 一、长期高速经济增长引起结构性困境

自1992年以来，我国国民经济高速发展，但同时通货膨胀逐渐突出。2000~2007年，在大规模重化工业投资和城镇化投资的推动下，经济增长率连续8年处于8%~14.2%的上升区间。2008年，美国次贷危机迅猛演变为国际金融危机。为应对这次危机对世界范围内经济发展的冲击，中央政府实施追加投资4万亿（实际上包括各地区在内为20多万亿）的经济刺激措施。2009~2011年，我国经济又一直保持着高速增长（GDP增长率为9.2~10.4个百分点）。

大规模经济刺激计划，加强了基础设施建设和能源重化工的大发展，加强了低端产品生产的"世界工厂"和投资拉动经济的发展模式。这在保障了经济高速增长的同时，也造成了过剩的产能和大量的投资浪费，透支了增长因素和环境的承载力。中央提出的"经济发展方式转型"和"科学发展观""平衡发展""和谐发展"等理念没有得到认真的贯彻执行。

我国在20世纪50~70年代工业化过程中，曾经出现过重工业"过重"的不协调状况。然而，21世纪开始，又出现了一次大规模的能源重化工业扩张。这次重化工业的扩张（至2014年）使我国经济总量在很大基数之上翻了近两番。引起全国轻重工业结构又一次大幅度重型化。高消耗、高污染的重化工业产品产量的大幅度增长，带来严重的环境污染和空前的自然资源消耗。1990~2013年，我国主要工业产品产量增长十分迅猛。其中，水泥增长了10.5倍，钢材和粗钢分别增长了19.7倍和10.7倍，塑料（初级形态）增长了24.7倍。

在以往的十多年中，我国快速形成了庞大的国民经济总量，但许多领域竞争力仍然不强。我国高技术产业的规模已经居于世界前列，但存在创新能力弱、经济效益差、"三资"企业比重高等问题。我国虽

然成为世界高技术产品的"制造工厂",但产业核心技术、关键设备及相当大部分市场需求均在海外,从而受制于人。

我国作为全球第二大经济体,对全球资源和世界市场的依赖程度在世界上是没有先例的。2013年,我国进出口贸易总值4.16万亿美元,占世界各国进出口贸易总值的11.7%。其中,从210个国家和地区进口总值1.95万亿美元,向230个国家和地区出口2.21万亿美元,分别占世界各国进口总和与出口总和的10.4%及13.2%。在进口总值中,最重要的是大量的石油、天然气等优质能源,以及对工业化极为重要的铁矿、铝土矿、铜、铅、锌、锰、铬等大宗金属矿产资源。在21世纪的头十年,我国对外贸易每年平均增长超过20%。但2014年我国外贸进出口总值只增长3.4%,连续四年没有完成既定指标。这种情况表明,过高地依赖世界资源将可能造成国家经济发展的不稳定。

政府在经济刺激政策和GDP政绩观的引导下,以高负债的方式,强力推进城市空间扩张,超前建设了大量的新城、新区。与此同时,房地产商在政策鼓励和价格泡沫的刺激下盲目投资房地产项目,造就了大量的"鬼城"。可以说,在我国许多地区出现了冒进式城镇化。现在,这种冒进式城镇化已无法持续,房地产业增速大幅下降。房地产业关联上下游50余个行业的发展,由此对国民经济持续发展带来重大影响。

20年来,经济发展的结构性问题日益积累,中央政府也多次提出要下大力气进行结构性调整和转变经济增长方式。然而,虽然强调了要优化结构,但因保增长而又采取财政、金融、税收等一系列措施刺激经济,结果又使经济持续地高速发展,延缓了结构调整的进程。

## 二、高速经济增长已经超出了环境的承载能力

高速和超高速经济增长,使我国环境、生态系统承受了越来越大

的压力。环境污染及其对国民生命健康的威胁已经成为广大民众的关注热点,成为对党和政府执政能力的重大挑战。2013年5月24日,习近平总书记就大力推进生态文明建设主持第十八届中央政治局第六次集体学习时强调,"决不以牺牲环境为代价去换取一时的经济增长"。我们体会到,在一定的区域范围内,经济规模、增长速度和经济结构共同决定环境的状况,经济增长的规模过大、速度过快或者经济结构不合理都会引起环境的恶化以致破坏;反过来,要免于对环境的破坏,经济增长的规模或速度就应该处于合理区间,或者改变经济结构。在制定经济增长目标和增长速度时,就应该考虑协调并处理好经济发展与环境保护的关系。

要树立"环境保护是基本国策,经济发展必须与环境保护相适应"的观念,需要认真评价我国当前环境状况与经济高速增长关系的严峻态势。

### (一)我国生态环境恶化的严峻态势、影响及主要原因

高速和超高速粗放式经济增长造成环境污染严重,特别是21世纪第一个十年,粗放型的高速增长,环境污染范围和程序直线上升。

(1)水污染。从局部河段到区域和流域、从单一污染到复合型污染、从地表水到地下水,水污染以很快的速度在全国扩散。淮河、海河、辽河、松花江、珠江、长江、黄河等大河虽有治理,但水质恶化情况仍然令人担忧,而太湖、洞庭湖、鄱阳湖、洪泽湖、滇池、巢湖等大湖在水质恶化的同时,还伴随着相当严重的富营养化。国家审计署发布审计调查结果称,2003~2009年,国家投入资金910亿元,"三河三湖"水污染防治虽然取得一定成效,但整体水质依然差,巢湖、太湖、滇池的平均水质仍为Ⅴ类或劣Ⅴ类。随着长三角区域经济的繁荣,太湖水质却"连降三级":从20世纪80年代的Ⅱ类水为主下降

至Ⅴ类、劣Ⅴ类。当遍布太湖周边的上万家纺织印染、化工制造、食品加工等企业为地方GDP增长做贡献时，污染物也在急剧积累。与太湖的命运一样，巢湖、滇池也在当地政府和居民围网养鱼、围湖造田、建厂兴业的大发展之后，湖面萎缩，水质恶化。近年来的总体状况是边治理、边污染，而治理赶不上污染。我国的水污染及影响，比雾霾污染更严重。

（2）大气污染。东部沿海城镇密集区，普遍存在城市群大气复合性污染。2014年的秋天至2015年春天，包括华北中南部、江淮以北、西北东部在内约150万平方千米范围被雾霾天气所笼罩，没有了金色的秋天。其中，2014年全年空气污染的天数：北京175天，天津197天，沈阳152天，成都125天，石家庄264天，兰州112天。雾霾的影响范围远远超出了1952年的"伦敦雾"。经济、健康等方面的损失和代价有多大，无法得知。

（3）土壤污染。全国3亿亩耕地（绝大部分为优质耕地）正在受到重金属的污染，占全国农田总数的1/6。而广东省未受重金属污染的耕地，仅剩11%左右。大量持久性有毒有害物（POPs）和重金属污染物等毒性极大的物质通过种植的农产品进入人的食物链。这些耕地正在或已经丧失作为生产农产品的功能。

（4）近海海洋污染。全国海湾大多数污染严重。杭州湾、长江口、辽东湾、珠江口和部分渤海湾的水质为重度污染。其他沿海近海海域，由于长期大规模高密度养殖，海水污染情况也同样突出。

一些污染河流的沿岸、有色金属矿区、矿业城市和一些中小城市的郊区，甚至在环境污染触目惊心的少数地区仍然居住着普通的老百姓。人们长期饮用被污染毒化的水，食用聚集农药残毒的土壤中生长的农产品。在这些地区，多种铅、镉、砷等污染导致的疾病频发，且随着污染物的扩散而蔓延，形成局部的环境灾难。有些地区（化工企业废弃原址、有毒化学品装运容器清洗地、废旧电子产品回收地等）甚至被称作"死亡地带"。

据统计，2002～2008 年，全国范围内媒体报道"癌症村"的相关新闻有 120 多次；自 2013 年到 2014 年 3 月底的 15 个月内，媒体报道"癌症村"和特别严重的污染事件就有 40 次。这些"癌症村"分布于我国中部、南方、西南、川陕甘的许多河流中下游，其中包括长江的若干中小支流及淮河、钱塘江等，有的山区几十千米的小河沿岸出现了多个"癌症村"，甚至在北京、天津、重庆、西安等特大城市的郊区也有"癌症村"。这些情况与"中国个别地区出现了癌症村"的说法有出入。就其涉及的地理范围、人口规模，"癌症村"对居民生命和健康的摧残及对社会经济的影响，都远远超过了 20 世纪 50 年代日本的"水俣病"。

环境污染如此严重主要原因是长期粗放式高速经济增长。以河北省为例，近十年来河北省采取了追赶战略，大规模发展能源重化工。自 2005 年，河北省 GDP 的年增长率就超过 10%，2006～2008 年每年增长 14%，2006～2012 年 GDP 实现了翻一番。这种超高速经济增长主要是依靠能源重化工的大规模扩张实现的。2005～2012 年，河北省的钢和生铁产量都翻了一番，达到 1.8 亿吨的惊人数字；水泥产量增加了 85%，达到 1.4 亿吨；火力发电量翻一番，达到 2400 亿千瓦·时。全省煤炭消费量达到 2.7 亿吨标准煤。这七年间，河北省的电力和煤炭消费的弹性系数分别高达 1.0 和 0.85。规模迅速扩张的钢铁、水泥等原材料生产能力，落后设备的中小企业占到一半以上。由此，河北省成了京津冀地区的主要污染源。

### （二）我国环境污染出现了五个特点

（1）在传统的有机污染相当严重的同时，POPs 已经在我国许多水体和土壤等环境中被广泛检测出。

（2）越来越严重的环境污染，导致一些地区生态系统严重退化，生态灾害事件频繁发生。

（3）由于没有环境净化设施的大量中小企业和畜禽养殖业、水产养殖业的大发展，我国许多重要的农业地区正在成为"藏垢纳污"的主要场所，农业和农村环境问题广泛而突出。长江三角洲、珠江三角洲、江汉平原、成都平原等广大的农业区内，人们对环境改善的强烈要求已经超出了对实现温饱的愿望。

（4）我国环境污染已经开始从周边环境进入生态系统并进一步浸入人的食物链和呼吸系统，导致多种疾病包括目前尚不知道确切病因的疾病增多。

（5）环境污染的区域范围不仅遍及到全国的城市群和经济密集地区，而且连人烟稀少的内蒙古毛乌素沙漠腹地也未能幸免。那里发现10平方千米污水湖（查汉淖尔湖）暗黑色的湖水上漂浮着五颜六色的泡沫，泡沫里时隐时现一些腐烂鸟类的尸体。

### （三）环境系统的承载能力已经发生了"过冲"现象

现阶段环境和生态系统已经无法继续承载经济的高速增长和冒进式城镇化，即我国经济与社会活动已经超出了环境和生态系统的承载能力，发生了"过冲"现象。解决我国的环境和生态系统保护的"良药"是在加大治理、保护力度的同时，要坚决实行国民经济发展的转型。而这个阶段的经济转型在客观上就无法要求保持经济高速增长。

关于评价我国环境（承载力）对经济增长的适应状况，我们有以下判断标准。

（1）基本适应（可承载）。局部区域环境污染，且影响不严重。涉及的污染企业较少，经过治理和对污染企业进行技术改造等措施可基本恢复原来环境本底状况。

（2）基本不适应（承载能力接近极限）。环境重污染的面积大，分布较广，环境事件与生态灾难时有发生，对环境卫生和人体健康造成重大损失，治理能力和效果不能遏制污染的加重。

（3）已经超越了承载能力（负荷已经超越了承载能力的极限，即产生"过冲"现象）。环境重污染遍及广大城乡地区，环境事件与生态灾难频发，对环境卫生、公共健康、社会经济乃至社会稳定造成诸多的损失，在局部范围内对环境本底、自然结构造成了难以逆转的结果。

根据我国大范围环境恶化的状况，环境污染负荷已经超越了环境承载力的极限。

## 三、自然资源的过度消耗将可能带来严重的国家安全问题

在全世界已知的有探明储量的170～180种矿种中的关键矿种是煤、铁、石油、天然气四种，对我国国民经济和社会发展的贡献率接近70%。重要矿种有铜、铝、硫、磷、铅、锌、锰、盐等8种，对我国国民经济和社会发展的贡献率约20%，评估中不包括少数对生产尖端技术装备有特殊意义、但耗用量很少的矿种。从发展国民经济、保障国家资源安全角度衡量，主要不在于国民经济耗用量极少的矿种的多寡，而在于意义重大、耗用量很大的矿种在数量和质量上的保障程度。

### （一）对自然资源的庞大规模需求

改革开放以来的30多年间，以能源重化工、低端产品"世界工厂"为特色的我国经济持续高速增长，加上快速城镇化、大规模空间扩张和大规模基础设施建设，引起钢铁、化工和石化、有色冶金、建筑材料、电力等工业产能与产品规模迅速扩张。至今，我国的能源和

矿产资源消费总量已达到惊人的规模。2013年，我国能源消费总量37.5亿吨标准煤。其中，煤炭37亿吨，原油4.8亿吨。我国2013年GDP占世界12.3%（现价），但能源消费却占到世界的22.4%。我国是世界上一个经济发展极其粗放的大经济体。大宗金属矿资源的年消费量：铁矿石（精矿粉）12亿吨以上，氧化铝4000多万吨（合铝土矿约8000万～9000万吨），锰矿砂及其精矿、铜矿砂及其精矿、铬矿砂及其精矿都分别在2000万吨以上。还有大量的非金属矿资源、木材、化工原料等。这些重要资源的消耗量都在世界上占相当大的份额。

上述消费量的激增发生在2000年后的十多年，推动力是高速经济增长。1990~2000年，我国GDP年增速约为9%，但由于基数较小（1990年GDP为1.87万亿元），全国能源消费虽呈现上升趋势，但增量不大。2000~2013年，我国经济在较大的基数上的持续大幅度增长，（年GDP由9.8万亿元激增到56.6万亿元），使得能源总消费由14.6亿吨上升到37亿吨标准煤。13年间年净增达到22.4亿吨标准煤，年均增速达到7.6%。2013年全国能源消费总量占全球总消费量的22%以上。

2001年以来，我国钢产量从1.29亿吨增加到7.79亿吨，在全球粗钢总产量中的占比由17.8%攀升至约45.1%。电解铜产量从137.1万吨增加到649万吨，消费量从230.7万吨增加到930.6万吨，占到全球铜消费量的45%。氧化铝和电解铝的产能也迅速增长，分别从2003年的603.4万吨和596.2万吨增长到2013年的4437.2万吨和2205.9万吨。原铝的消费量从2000年的349.9万吨增长到2012年的2202万吨，占到全球铝消费量的45%。

在近十多年中，我国单位GDP的矿产资源消耗不但没有下降，反而攀高。能源消费弹性系数达到0.8以上。单位GDP粗钢消耗从1998年的1195吨/亿元增加到2012年的1841吨/亿元，精铜消耗从13.61

吨/亿元增加到 23.34 吨/亿元，原铝消耗从 1998 年的 25.97 吨/亿元增加 2012 年的 59.6 吨/亿元，增幅均在 50% 以上。这些数据充分表明近年来的高速增长是依靠能源重化工的大规模扩张取得的。

**（二）对世界资源的高度依赖将会使国家面临着巨大的地缘政治压力**

长期以来国内油气供不应求，缺口量不断增大。2013 年，我国原油进口量高达 2.8 亿吨，进口依赖度高达 57.7%。铁矿石进口依赖度由 1998 年的 28.0% 增加到 2013 年的 70.1%。铜按金属量计算的矿石进口依赖度从 1998 年的 41.4% 上升到 2013 年的 69.8%。

我国经济和社会的持续发展必须具备庞大的能源和矿产资源的支撑，对外的依赖程度在总体上肯定会愈来愈大，特别是在经济高速发展（设 GDP 年增长速度 7.0%～7.5%）情况下。如果按照能源消费弹性系数 0.5 计，2020 年中国的能源消费规模将达到 48 亿吨标准煤，2025 年、2030 年将分别达到 58 亿吨和 70 亿吨标准煤。如果在经济中速发展（设 GDP 年增长速度 5% 左右）情况下，2020 年我国能源消费规模将达到 45 亿吨，2025 年、2030 年将分别达到 51 亿吨和 58 亿吨标准煤。

根据已有的勘探资料，今后十年左右我国油气产量在目前年产量 1.8 亿～2.0 亿吨基础上，很难有大幅度增长。在考虑到缓解环境保护和减排压力情况下，进口油气的比重还可能大幅度提高。在上述中速和高速经济增长下，进口原油将达到 4.0 亿吨和 5.0 亿吨左右，进口依赖度将提高到接近 70% 和超过 80%；天然气的进口依赖度将达到 40% 和 50% 左右。进口原油部分大约 60% 的来自中东，20% 的来自非洲。约 15% 的原油和 60% 的天然气来自中亚和俄罗斯。

在我国工业化发展过程中，鉴于国内自然资源种类、数量、质量及开发利用条件的限制，从世界进口资源和资源型产品是非常必要的，这也是世界上许多发达国家走过的发展道路。但是，进口如此大量的优质能源和大宗矿产资源，会遇到什么样的地缘政治压力？在我国崛起过程中，地缘政治的严峻态势是长时期的。中亚地区在地缘政治历史发展过程中被认为是"破碎地带""缓冲地带"。今天，中俄两国共同维系中亚地区的稳定。俄罗斯在中亚地区具有巨大的政治利益及深刻的思想和文化影响。相比而言，我国的影响力还差得多。我国从中亚地区进口大量的石油、天然气，对他们依赖程度愈来愈大。但他们对我们经济上的依赖程度并不大。经济上的相互依赖是地缘政治上的"稳定装置"。印度逐渐强大，其地缘战略最主要目标是控制印度洋。未来我国在印度洋很可能同时面临美国和印度两个强权。当美国的世界独大地位受到挑战时，不可能接受另一个国家（中国）与其平起平坐。一旦出现极为不利的地缘政治态势，将会使我国优质能源和诸多的矿产资源来源受到威胁。

如果我国持续保持现在的经济高速增长，对能源与矿产资源的需求规模将快速增加。如果我们考虑减少对国际资源的依赖程度，在一定量能源消费情况下，还可以继续加大对煤炭的开发利用规模，将每年煤炭开采和消费量提高到50亿吨甚至60亿吨。这就必然面临更严重的环境恶化压力，承受着更加高额的经济成本。

我国高消耗的经济结构和技术状况很难在较短的时期内得到大幅度的扭转。要避免上述几种情况，比较可行的途径是选择中速经济增长，而下大力气进行节能技术的开发和推广应用，提高资源的利用效率。

### （三）能源矿产资源对经济增长的严重制约将可能使经济成本过高甚至经济大幅波动

未来我国能源和矿产资源的消耗量将是极其巨大的。这样的资源量，如果不能保障长期稳定的供应，必然会引起经济的大幅波动；即使量的方面能够保障,也因为各种原因,能源和资源价格过高而反过来制约经济发展。这两种情况都威胁到国家经济的安全。以铁矿石为例,中国是世界上最大的铁矿石进口国,近年来每年铁精矿进口量都在 7 亿吨以上。但没有价格的定价权(全球四大贸易巨头控制了 70% 的铁矿石贸易量)。过去十年,铁矿石价格涨 6 倍,使我国的钢铁业矿石原料超额支出达 2 万亿元。近年来,我国维持巨大的金属矿产资源(精矿)进口,由于垄断导致其价格不断攀升,已持续给国内生产企业带来严重的威胁。

多年来,我国部分地区利用自己的能源和矿产资源"优势",大规模发展能源重化工业,使 GDP 长期高速增长。这种所谓的"优势"正在发生变化,表现在东北、华北和西北的一些省区,近年来国有企业经济效益下降,利润减少,出现大面积的亏损。国有经济结构偏重于重化工业是这种状况的主要原因之一。

## 四、高速发展与大规模空间扩张的城镇化:战略方针调整之后

近 20 年的城镇化发展,有力地促进和保障了大规模工业化,推动了我国经济的国际化,综合国力大幅度提高,我国成为世界上第二大经济体,同时城镇建设和居民生活也大幅度改善。

高速发展和大规模空间扩张的城镇化,强力地推动了大规模土地开发和大规模投资。城镇化与大约 50 个产业的发展相关。我国的城镇化,是经济高速和超高速增长的最重要的要素和支撑因素。

我国城镇化在"九五"时期就开始了高速发展,有三年的城镇化率每年增加 1.7 个百分点。2001 年开始的"十五"计划又强调"我国推进城镇化的条件已经成熟,要不失时机地实施城镇化战略",使本来已经高速行驶中的"城镇化列车"进一步"加速"。"十五"期间我

国城镇化率年平均增长 1.4%;"十一五"以来年平均增长 1.3 个百分点,即每年城镇新增人口在 1800 万以上。2012 年我国城镇化率达到 52.6%,但是实际的人口城镇化率只是 35%,即城镇化速度过快,城镇化率虚高。全国 2.6 亿多农民工并没有市民化,是谓"半城市化"。农村空心化加剧,农业生产与粮食安全面临严峻考验。农民工和农村的上述状况说明了我国城镇化存在严重的质量问题。

欧美主要资本主义国家城镇化水平(城镇化率)的起步阶段平均每年增加只有 0.16~0.24 个百分点,加速阶段每年增加也仅达 0.30~0.52 个百分点。西方发达国家的城镇化率从 20% 发展到 40% 用了几十年至上百年,我国只用了 21 年。自 40% 的城镇化率到今天的 80% 左右的城镇化率西方发达国家又经历了 50~100 年。

在城镇化进程高速发展的同时,由于以 GDP 为主导的干部绩效指标和土地财政的引领,全国范围内持续不断地出现大规模占地和圈地,开发区之风、新区之风、新城之风愈刮愈烈。媒体所称的"鬼城"广泛出现。由此导致我国耕地资源消耗过多。近 10 年来每年征地失去耕地的农民平均有 260 万人,全国总计已造成了上亿失去耕地的农民。2009~2013 年,全国因城镇化占去耕地共约 1500 万亩,平均每年约 300 万亩,而且基本上都是优质耕地。如果再加上环境污染造成的耕地损失(重金属污染、POPs 污染、其他类型污染),每年因城镇化和环境污染而失去(不能恢复具有农产品、水产品生产功能的)耕地约 1000 万亩。如此惊人的耕地资源消耗速度在整个地球上是没有先例的,对我们中华民族的永续生存是巨大的威胁。

高速发展与大规模空间扩张的城镇化,使国民经济对房地产业的依赖度持续上升,国家经济、金融和地方财政均有突出的房地产化倾向。建筑业,其中主要是房地产建筑业,是十多年来对经济增长率影响很大的领域。房地产投资是固定资产投资的支柱之一。许多省份的经济都高度依赖房地产投资。《第一财经日报》统计各省（自治区、直辖市）的2014年上半年固定资产投资中对于地产投资依赖度排名前十位的分别是上海（55%）、北京（52%）、海南（46%）、贵州（33%）、重庆（33%）、广东（32%）、浙江（30%）、福建（26%）、云南（26%）、辽宁（22%）。这种情况表明，我国大规模投资、大规模"造城"带动了建筑业、房地产业的空前繁荣。经济增长和产业支撑与高速城镇化不能相适应，一些地区是基本没有产业支撑的"城镇化"。环境污染代价巨大，一些城市基础设施不堪重负。

上述严重态势的发展，将不可避免地引起城乡对立、城市中人群之间的对立，给我国的现代化伟大事业带来严重的危害。

2013年12月，中央召开了城镇化工作会议，习近平总书记和李克强总理分别作了极为重要的报告。会议提出：农业转移人口市民化、解决好人的问题是推进新型城镇化的关键。在进程上要稳中求进。2014年3月16日，《国家新型城镇化规划（2014—2020年）》正式出台。我国城镇化的战略方针实现了重大调整，城镇化进程进入转型。

城镇化的基本功能在于通过规模效益的提高和新思想、新技术的创造，提高整个国民经济的效率。所以，我国城镇化的未来发展，将要求更加关注城镇化的质量而非速度，重点将是通过"人"的城镇化，提高我国全要素生产率（total factor productivity，TFP）。城镇化发展水平应当与水土资源和环境承载力保持一致，与城镇产业结构转型和新增就业岗位的能力保持一致，与城镇实际吸纳农村人口的能力保持一致。我国城镇化将进入一个平稳发展阶段。由此判断，全国经济增长速度也将进一步趋缓。

## 五、建立在高消耗高污染基础上的发展模式不可持续

长时期实行的低端产品生产的"世界工厂"和投资拉动的发展模

式是我国经济高速增长的重要理念和支撑。现在，是要认真考虑这种发展模式的可持续性了。这两种发展模式的重要支撑仍然是资源和环境，其作用是通过相应的产业发展和产业结构来体现的，即资源、环境→产业结构与产业发展→发展理念与发展模式三方面密切关联。

### （一）低端产品生产的"世界工厂"

低端产品生产的"世界工厂"发展模式在以往较长时间内推动了我国经济的高速增长。钢铁、水泥、焦炭、铝及铜铅锌、基本化工产品、皮革、印染、造纸等部门的高污染、高排放、高耗能行业的项目大量上马，能源和基础原材料生产规模迅速扩大。2001~2013年，我国钢材年产量由1.29亿吨增加到7.79亿吨，发电量由1.36万亿千瓦·时增加到5.4万亿千瓦·时，煤产量从不到10亿吨增加到36.8亿吨。中国成为世界上第二大经济体和世界最大的出口国。2002~2012年，我国主要高耗能产品铝材、铜材、钢材、水泥、平板玻璃等基础原材料的出口规模都以惊人的速度增长。

这种模式导致国内重要资源在加速消耗，并引起"世界在污染中国"以及经济效益低、国内竞争国际化、加深国民经济结构性困境等问题，到2007年左右这种发展模式就已经到了"尽头"。但2008年开始，由于美国的国际金融危机爆发、中国政府实施大规模经济刺激计划，低端产品生产的"世界工厂"发展模式得以持续。

除此以外，低端产品生产的"世界工厂"还表现在"高能耗、高污染、低附加值"的加工类产品占据了我国出口的主要地位，技术含量高的出口商品较少。2009年，棉纺服装、金属及其制品、矿产品、化工产品、建材等高能耗产品出口额在出口总额中的比重占到47%。能耗较高的机电类初级产品也是在2001年中国加入世界贸易组织后出口大幅度增长，从2001年的2661亿美元增长到2013年的22 090

亿美元，其在 GDP 中的比例也从 2001 年的 20.1% 增长到 2007 年的 35.2%。这些产品的出口反过来又拉动了石化、钢铁、建材、冶金和电力等高能耗产业的大发展。

### （二）经济刺激计划和投资拉动

大规模投资是我国经济高速增长的重要保障因素之一。在 2000～2013 年，固定资产投资对我国 GDP 的贡献率平均达到 50%，其中 2009 年高达 87.6%。2000～2013 年固定资产投资弹性系数一直居于高位。

通过扩大投资，增加产能，我国避免了经济发展低迷乃至危机。但在保障经济高速增长的同时，积累了大量的结构性问题，也造成了巨量的投资浪费。

大规模的投资拉动经济增长的模式，到 2012～2013 年实际上也已经走到了"尽头"。其一，这种经济发展模式引起了巨额的财政支出和货币发放，形成了投资过度、产能过剩、重复建设，以及调控也止不住的房价高涨。其二，地方政府的巨额投资，一方面来源于土地财政，另一方面大量举债。2001 年全国土地出让金 1296 亿元，到 2013 年全国土地出让金总额首次超过 4 万亿元。13 年间增长超过 30 倍，累计达到 19.4 万亿元。这既表明了对土地资源的巨大索取，也给政府资金来源带来了不可持续性，造成地方政府积聚的债务风险不断升高。如此高速增长的"链条"已使经济发展不可持续。

## 六、如何判断我国经济增长的"后发优势"

### （一）我国已经充分发挥了"后发优势"

改革开放以来我国实现了 30 多年的高速经济增长。在经济全球化和信息化的大背景下，通过建立特区、开发区、自由贸易区等形式，吸收资本、吸引技术，并在各个行业和层面，进行了管理体制改革，实现了技术追赶。经济增长速度长时期都超过了发达国家相应的历史进程。

但是，"后发优势"也是有限度的。30多年来的经济增长速度，是发达国家所没有的，这就是"后发优势"得到超常规发挥的结果。可以列举的案例很多。例如，我国充分利用国际上先进的技术和设备，在过去的十多年中，通过消化和研制，生产了大批60万千瓦及其以上规模的大型火力发电机组，用于国内改造旧设备。今天我国的燃煤发电总体水平已居世界前列。中国火电装机容量中的2/3（约5亿千瓦）是在2006～2013年新安装的，也就是说，再利用引进国外设备和技术的办法提升我国产业技术和效率水平，空间已经不像过去那样大。今后我国火电发电设备制造的更大发展需要在自主创新的基础上，并且主要市场将由国内转到国外。发电设备制造面临的形势反映了我国装备制造业的整体情况。

充分利用"后发优势"是我国经济长时期高速增长的主要因素之一。在我国经济发展达到如此规模和技术水平的情况下，今后的发展将主要依靠创新驱动模式，经济增长速度趋缓是必然的。

### （二）关于我国人均GDP指标在世界上的排位

国内外一些学者近年来总在强调：中国人均经济指标只是刚刚过世界平均水平的一半。2008年中国人均经济只有美国的21%，相当于日本的1951年、新加坡的1967年、韩国的1977年与美国的差距。而这些国家在达到我国今天的人均经济指标后都持续地高速发展，现在都达到了当时的人均GDP水平的几倍，与美国等最发达国家人均经济指标的差距大为缩小。2014年我国是进入GDP 10万亿美元以上的"俱乐部"国家，但人均只有7575美元，仅位于世界的第80位左右。因此,持这种观点的学者认为我国经济增长还具有很大的"追赶空间",这种"空间"可以保证今后20年的高速增长。

现阶段考虑我国人均GDP指标,主要目标应该是逐步赶上世界平均水平和进入高收入国家行列(人均国民收入1.22万美元以上,2009年美元)。如果要使我国人均GDP达到美国、德国、日本等发达国家的水平(人均在4万美元以上),那我国的年经济总量则要求比现在总量增加四倍以上。达到如此规模的总量,各主要增长因素的供应能否达到所需的规模,那个时候我国的产业结构和技术水平等情况,现在还很难预见。仅仅强调人均GDP指标在世界上的排位,不足以作为我国经济还可以保持高速增长的理由。

### (三)创新驱动下的经济增长速度

在20世纪80年代至90年代初,我国经济发展的主要驱动力来自于廉价的劳动力、土地、矿产等资源,可以归之于要素驱动的发展。近20年来以大规模投资更新设备,扩大规模,增强产品的竞争力,实现大规模生产而驱动经济增长。现在,我国正在逐步进入创新驱动阶段,这个阶段的特点是以技术创新为经济发展的主要驱动力,竞争优势主要来源于产业中整个价值链的创新,特别是注重和投资高新技术产品的研发,并把科技成果转化为商品作为努力的目标。重要的产业集群开始出现,世界级的具有竞争力的新产业也从相关产业中产生,企业的创造力表现在产品、流程技术、市场营销和其他竞争力方面,已经接近精致化程度。但是,我国经济增长由要素驱动、投资驱动向创新驱动转变的动力不足,主要表现在缺少具有世界竞争力的民族品牌。今后,在实现从"中国制造"向"中国创造"的转变过程中,将是一个渐进式的过程。从低端产品生产、投资拉动等模式,转型到创新驱动为主,推动经济提质增效升级,本身就很难在高速经济增长中实现。

欧美主要发达国家在达到我国目前人均GDP水平时，也基本处在创新驱动发展阶段，当时他们经济增长和城镇化发展速度并不高，例如，美国、加拿大在达到我国人均GDP规模之前的20年间（1961~1972年）基本保持了中速经济发展。其中，美国有3年超过6%，其余均在2.3%~5.3%；加拿大有7年在6%~7%，其余年份在2.9%~5.5%。欧美发达国家在达到我国目前人均GDP水平之后（约）30年中，年经济增长率都基本维持在中、低速水平。日本在达到我国人均GDP水平之后的25年中，除金融危机影响外，经济年增长率处在4%~7%。英国在近200年的时间内经济增长率都比较稳定，除少数特殊年份外，都保持在中、低速增长。在上述国家处在我国人均经济总量和发展阶段时，从能耗、排放、污染等方面考察的三产结构都比我国明显优化。

## 七、关于经济增长速度与就业、国家影响力及经济转型的关系

### （一）经济转型与就业

1. 导致就业增加趋缓的因素

经济增长率下降、技术进步和劳动生产率提高等是使我国就业增加趋缓的主要因素，这也是实现经济发展转型的必然趋势。

我国已经拥有庞大的基础原材料产业。依靠这些产业的继续扩张来扩大吸引农村劳动力、增加就业，空间已经不大。经济结构调整和科学技术发展，必然会使一定量的GDP所需的就业岗位数下降。

能源、原材料和设备制造业的技术进步将使劳动生产率得到提高，产业结构的升级将提高高附加值产业的比重，而高端产业对就业拉动

的作用一般是减弱的。根据分析，2008年创造一个就业岗位需要增加值数量：资源密集型部门1.6万元，劳动密集型部门3万元，资本密集型和技术密集型则高达7万元。一般制造业和低端服务业不超过5万元，高新技术产业、高端服务业等高附加值的新兴产业普遍需要10万元以上。

重型大企业劳动生产率提高显著，同规模产出的用工数量大幅度减少。以轻纺产品为主的中小企业劳动力成本的上升驱使用工强度缩减。2010年以来，在我国中小企业集中的珠江三角洲和长江三角洲地区，劳动力成本上涨了20%～25%。以钢铁、合成氨、电力、汽车、水泥为代表的重型大企业的人均产出量逐年上升，这意味着劳动生产率显著提高和单位增加值的就业岗位数下降。

改革开放以来，我国就业弹性呈逐年下降趋势。就业弹性的下降预示着产业吸纳劳动力能力减少。

2. 促进社会就业增加的因素

（1）改善企业的规模结构。近年来政府非常重视中小（微）企业的发展。中小企业可以因地制宜充分利用地区的各类资源，满足地方性的多样化需求，可以使地区经济较快增长。最重要的是在一定的经济总量情况下，可以容纳较多的劳动力。因此，改善企业的规模结构对那些欠发达且近年来经济重型化突出的地区更为重要。

（2）发展社会服务业。服务业是今后就业增加的主要领域。根据摩根大通2013年5月预计，当年全国与服务业（零售、旅游和休闲）有关的工作岗位在GDP所占的比重首次超过工业领域的工作岗位。2008～2012年，服务业共创造3700万个就业岗位，而包括制造业、建筑业和矿业在内的工业领域仅仅创造2900万就业岗位。但是，上述的统计数据中，有相当大的部分是不正规的、稳定性差的就业岗位。

（3）发展城乡一体化、建设新农村可以减轻城镇就业压力。根据长江三角洲地区近年来出现的实践经验，城乡一体化和农村现代化发展有可能增加就业岗位。为此要进行土地制度的改革，实行促进城乡人口的双向流动制度，创造城乡一体的制度环境。以分级门槛、柔性推进人口市民化，构建城乡无差别的聚落体系。以产业链延伸和服务化为路径，构筑城镇化的就业及经济支撑体系。适度保护乡村，积极探索参与式的绿色乡村旅游的发展路径。

（4）改善教育结构。我国教育改革的主要方向之一是加强职业教育。职业教育的发展，一可以提高"中国制造"的水平，提高出口竞争力和增加出口规模；二可以"学以致用"，增加就业岗位。

### （二）经济增长速度与国家影响力

有人可能认为：现阶段中国经济增长速度无论如何不能降，速度一降下来，中国对周围国家的影响势能就会降低，这无论如何也不可以。我国已经是世界大国但是还不是世界强国。我国的经济发展和综合国力的提高无疑是国家崛起的长期重大战略任务。但是，在现如今具体情况下是不是只有经济高速增长才能加强国家的影响力？

国家影响力是众多因素相互作用的结果。国家影响力的培育与强化需要一定的经济发展速度做支撑。但国家影响力与经济发展速度之间也不存在正比例关系。在社会发展史上，世界权力中心在转移过程中，退位者往往具有较低的经济增长速度，承接国家往往具有较高的经济发展速度，多处于经济高速发展状态。但中心地位稳定之后，经济发展则降低为低速或中低速增长。

当今世界上，经济发展速度与国家竞争力之间呈现逆向的对应关系，经济发展速度较高的国家往往有着较低的竞争力，而竞争力较高的国家却保持着较低的经济增长速度。经济发展超高速、高速增长的国家往往是竞争力处于平均水平以下的国家，拥有较低的竞争力。

### （三）经济转型与经济增长速度

在我国如此庞大的经济总量条件下，转型和高速增长不可能同时兼得。如果继续谋求高速，就难以实现转型；而要实现国民经济的转型，必须下大力气，将较多的资金、人力、资源以及时间、空间等用于科技创新、技术进步、改善管理等，但这也难以实现高速。

美国、日本、德国等发达国家在发展过程中也都具有经济转型的经历。德国在国家人均GDP约1万美元时实现转型，一方面重视社会发展，同时提升"德国制造"上新台阶。在他们的经验中，实现技术含量较高的发展，也往往伴随着经济增速趋缓的过程。所以，在转型过程中由高速变为中速增长不是走下坡，不是下滑，是旧常态到新常态的转型。

在进入创新驱动阶段时，还需要防止出现这样的情况：即很可能在需要坚决实施发展转型时又要谋求经济高速增长，结果使调整和转型不能坚持下去，或转型没有收到大的实效。

## 八、小结及建议

人们在讨论经济增长目标（速度）时，往往从"需求端"，即投资、消费和出口"三驾马车"方面进行论证。从制约当前经济增长的制度性因素考虑较多，而从制约经济增长的物质性因素考虑较少，解决当前的问题而成为"重中之重"。本报告更多地从"供给端"考虑，即将资源利用和环境保护作为经济增长的支撑，认为发展模式、城镇化也直接关乎到经济发展和增长速度。我国几十年的发展深刻表明：我国的发展模式、城镇化和资源利用、环境保护之间具有强烈的相互作用关系。只分析资源、环境和经济增长的直接关系还是很不全面，必须将经济增长模式及城镇化纳入分析框架之中。通过这些分析，希望能以远近结合的视觉阐明资源（能源）、环境（承载力）等支撑系统能力的现状和扩大的可能，揭示发展理念和发展模式的转型及对经济增长速度的作用和要求。最后，聚焦到我国经济增长（速度）的基本趋势。

在制定经济增长目标和衡量经济绩效时，我们已经习惯于指数增长。长时期维持较高的指数增长，由于需要增长的支撑系统因素的相应增长和扩大，到一定阶段经济发展的规模将突然变得很大，可能会遇到增长因素供应"极限"的阻碍。指数增长具有诱惑力，也具有欺骗性。

### （一）我国经济进入中速增长已是必然趋势

以上分析说明了我国长时期高速经济增长引起了严重的结构性问题，而具有如此结构性问题的国民经济已经超越了环境承载力的极限，空前庞大的资源消耗量将可能给国家安全和经济稳定带来难以承受的威胁，曾经支撑了高速经济增长的发展模式和高速发展及大规模空间扩张的城镇化已经不可持续。

根据我国经济长时期高速增长历程中积累的问题及国内外发展的大环境，我们判断，我国经济发展的客观趋势是较快地进入中速增长（阶段）。在今后一段时间，我们建议在考虑经济和社会可承受能力的前提下，将经济年增长率逐步下调。进入并保持中速或努力激发创新活动，争取中高速增长的合理区间。这既是经济发展规律的客观反映，也符合我国经济、社会可持续发展的客观要求。

我们聚焦世界部分发达国家（美国、加拿大、日本、英国、法国、德国、瑞士、荷兰8个国家）经济增长速度的变化轨迹。这些国家达到我国目前人均GDP水平之前的10余年甚至更长的时间里，除日本保持了10年左右的高速增长外，其他发达国家发展速度并不高；在达到我国目前人均GDP水平之后的30年发展中，经济增长率都基本维持在中、低速的发展态势。其中，美国在第二次世界大战后的经济增长率基本保持了中速发展的态势。英国近200年的时间内经济增长率都比较稳定，除少数的特殊年份外，都保持在中、低速增长。近30年来，这些国家在与经济增长紧密联系的重大领域即城镇化、产业结构、能源消耗、环境状况等并没有出现严重的不协调状态。

我国进入并保持中速或中高速经济增长，将为建设经济强国和实现我国和谐社会提供重要的机遇和空间。创新活动的增长（可能是中速增长）对于我国的今后发展是精明增长，佳好增长，通向世界经济强国的增长，不是"差"增长，更不是糟糕的增长。

### （二）把提高效率放到首位

从"供给端"考虑，经济增长主要靠三种力量推动。一是新增劳动力，二是资源（货币表现为资本）投入，三是效率提高。以往我国经济增长主要是依靠前两个驱动力量。今后主要要靠第三个动力。进入21世纪以来，我国经济的全要素生产率（TFP）不升反降，这种情况需要引起高度关注。

我们建议，将提高效率作为一切经济工作的首要目标。在增长减速已成定局的情况下，只有实现经济发展方式的转型、结构优化和发展效率的提高，才能确立我们所希望建立的新常态。

### （三）充分考虑到GDP指标的局限性，提倡"三维目标"的发展

GDP是国民经济核算的核心指标。多年来对于凝聚我国社会共识、加快国家经济发展以及表现经济增长绩效等方面起了重要的作用。但到了现今的发展水平和发展阶段，则需要充分认识到这个指标的局

限性。GDP只反映经济总量及其上升的状态，不能反映产业结构、资源消耗、收入分配等重要方面所付的代价和影响的信息。实践中，过分强调GDP，导致引导广大干部片面追求数字政绩而忽视转变经济增长方式。此外，由于经济增长指标是由中央政府下达，各地区、各部门为完成指标难免会有GDP"兑水"现象。过度强调GDP的增速，是导致高投入、高消耗、高排放、高污染和低产出的重要原因。过分强调GDP，还会导致我国社会发展、科教发展等领域中的"并发症"，其中最主要的有：人为地拉动城镇化速度过快发展，导致城镇化率虚高；科教战线上出现SCI论文挂帅，引起学术界相当严重的浮躁和脱离国家需求的倾向等。

我们建议，今后制定国民经济和社会发展年度计划时不以经济增长率作为主要衡量指标，有关部门可以提出GDP（或GNP）的预期值。政府可以通过财政、货币和产业政策等来促进经济发展，但不提出必须完成的经济增长率指标。与此同时，研究和制定包括GDP（或GNP）在内的一组指标来综合衡量国民经济发展的实际绩效。这组指标应该能够科学反映资源消耗、环境代价和生态系统所提供的服务功能的大小。

经济增长、社会发展和生态环境保护，是国家发展的三个主要目标。在工业化的初期，经济增长几乎是唯一目标。之后，社会发展成为国民收入分配的主要方向之一。到了工业化的中期，生态环境保护逐渐成为国民收入分配又一个主要目标。经济增长便在三维目标空间中运行。在三维目标空间中的经济发展，既受到经济利益因素的驱动，同时还受到社会公正和控制生态环境恶化因素的制约。因此，增长速度低于二维空间，更低于一维空间的结构状态。但是，从社会和谐及人与自然关系相互协调的角度衡量，是一种高级的常态化发展。

实现"三维目标"的发展，需要进一步提高社会发展在国民收入分配中的比重。2009~2013年，全国财政用于教育、社会保障和就业、医疗卫生与计划生育的民生领域支出从28.9%增长至31.9%。而主要发达国家基本上保持在60%左右的水平。其中，美国59.9%、意大利61.6%、荷兰66.3%、波兰66.4%、英国64.6%、澳大利亚58.5%。进一步比较发现，我国民生领域的财政支出差距主要体现在卫生医疗和社会保障方面。2013年我国卫生医疗的支出仅为5.9%，发达国家是这一水平的2~3倍。在社会保障方面我国的支出仅为10.3%，与发达国家水平相比差距达3~4倍：美国32.1%、意大利48.5%、荷兰36.2%、俄罗斯38.7%、英国35.7%、澳大利亚32.1%。

我国大范围环境恶化问题已经成为关系到我国现代化事业全局的大问题。如果不能从经济增长速度、结构和发展模式解决问题，环境污染还可能进一步加剧，就可能引发环境危机，严重影响我们的发展进程。因此，要将环境问题上升到关乎我国能否迈过"中等收入陷阱"、中华民族能否平安崛起的高度来对待。将环境与生态保护作为基本民生问题以及建设小康社会的核心指标，使全社会逐步牢固树立"环境是生存基础"的观念。

在现阶段，正确处理发展与环境之间的关系，需要强调三点：其一，对于现有的污染企业，特别是大中型的污染企业和排放剧毒物质的小企业，要坚决实行综合性的强制措施。遏制污染物排放总量扩张及毒性加剧应该是今后一段时期解决环境问题的头等任务。其二，在国民收入的再分配中持续提高环境治理、环境保护的比重。2001年环境污染治理的投资总额1166.7亿元已经增加到2011年的7114亿元，年均增长速度超过了GDP的增长速度。2011年环境污染治理投资占GDP的比重1.50%。其三，严格进行环评特别是区域发展的战略环评。在决策机制上应该实行环境保护一票否决制。

**(四）从国情出发，建立资源节约型社会经济体系和"适度消费"观念**

我国庞大规模的资源消耗，不仅仅对今后经济持续发展构成严重制约，也透支了我们子孙后代的生存能力。资源利用的巨大浪费和低效，也成为我国环境污染极端严重性的主要原因之一。所以，节约资源，建立资源节约型社会经济体系应当成为我们的基本国策之一。

各国国情不尽相同，在人均自然资源消耗方面我们永远不能效仿西方国家，特别是美国、加拿大等高消耗的国家。欧洲国家、日本已经走成了一条比美国、加拿大更低耗能、更低排放的发展道路，说明想要拥有几乎一样的现代化水平，并不一定要付出同样的资源环境代价。对于我国而言，就更需要走节约资源的道路。1973年西方发达国家发生的石油危机，推动了他们国内产业结构的调整，并对产业和资本向外实施了大规模转移。当前，我国规模庞大的能源和资源消耗，既是现实的压力、潜在的危机，也是我国进行结构调整和发展对外投资的重要机遇。

要制定切实的政策和措施，落实以节能为中心的"能源革命"方针。节约资源不但要落实到生产领域，更要落实到消费领域。生活方式与消费结构将从根本上决定我国未来的资源、环境状况。西方发达国家在进入工业化中期之后，就出现了高消费社会。而我国有限的资源和有限承载力的环境已经不能适应今日国民的消费习惯。未来，我们要从我国国情出发，选择具有中国特色的生活方式、消费水平与消费结构。

**（五）构建社会科学和自然科学合作平台，加强国家经济与社会可持续发展的综合研究**

我国正在向世界强国迈进，规模巨大的社会经济总量和日益复杂而重要的国际关系使国家的可持续发展不断出现新的情况。在跨越"中等收入陷阱"，进入世界先进行列，真正实现中华民族的伟大复兴的伟大事业中，已经并将会继续出现一系列重大的实际问题和理论问题。其中，在涉及中长期经济发展方面主要有：国家经济发展的影响因素、中长期趋势及区域格局，如何走具有中国特色的城镇化道路，资源节约型的社会经济体系的框架及实施政策，有限的环境容量和生态系统承载力约束下我国经济和社会发展的方略，在复杂的国际地缘政治环境下我国的全球观点和区域观点等。对这些问题的考察分析，大都需要同时具备社会科学和自然科学的知识，需要对我国国情和各阶段国内外发展基本态势做全面的立体分析。

但是，我国自然科学和社会科学的体制处于分割状态，在涉及到国家经济和社会发展这些重大的综合性问题时，学者们往往严守自然科学或社会科学的边界，只立足自己领域的研究而得出结论并提出建议。这对于充分发挥决策的咨询作用是很不利的。因此，我们建议，政府有关部门要重视社会科学与自然科学之间的交叉研究，要为这种研究和讨论搭建相应的平台，建立必要的机制。

## 本报告咨询课题组成员名单

| 姓 名 | 职称（工作单位） |
| --- | --- |
| **顾问组** | |
| 吴敬琏 | 研究员　　　　（国务院发展研究中心） |
| 孙鸿烈 | 中国科学院院士（中国科学院地理科学与资源研究所） |
| 杜祥琬 | 中国工程院院士（中国工程院） |
| 戴金星 | 中国科学院院士（中国石油勘探开发研究院） |
| 张卓元 | 学部委员　　　（中国社会科学院） |
| 刘燕华 | 研究员　　　　（中国科学院地理科学与资源研究所） |

续表

| 姓　名 | 职称（工作单位） |
|---|---|
| **组长组** | |
| 陆大道 | 中国科学院院士（中国科学院地理科学与资源研究所） |
| **成员组** | |
| 叶大年 | 中国科学院院士（中国科学院地质与地球物理研究所） |
| 郭华东 | 中国科学院院士（中国科学院遥感与对地观测研究所） |
| 金之钧 | 中国科学院院士（中石化石油勘探开发研究院） |
| 傅伯杰 | 中国科学院院士（中国科学院生态环境研究中心） |
| 周成虎 | 中国科学院院士（中国科学院地理科学与资源研究所） |
| 葛全胜 | 研究员（中国科学院地理科学与资源研究所） |
| 杨桂山 | 研究员（中国科学院南京地理与湖泊研究所工作） |
| 邓　伟 | 研究员（中国科学院成都山地灾害与环境研究所） |
| 李善同 | 研究员（国务院发展研究中心） |
| 陈锡康 | 研究员（中国科学院数学与系统科学研究院） |
| 刘纪远 | 研究员（中国科学院地理科学与资源研究所） |
| 王安建 | 研究员（中国地质科学院） |
| 樊　杰 | 研究员（中国科学院地理科学与资源研究所） |
| 张平宇 | 研究员（中国科学院东北地理与农业生态研究所） |
| 刘卫东 | 研究员（中国科学院地理科学与资源研究所） |
| 刘彦随 | 研究员（中国科学院地理科学与资源研究所） |
| 方创琳 | 研究员（中国科学院地理科学与资源研究所） |
| 曾　刚 | 教　授（华东师范大学） |
| 魏后凯 | 研究员（中国社会科学院） |
| 张玉斌 | 研究员（哈尔滨经济研究所） |
| 张文忠 | 研究员（中国科学院地理科学与资源研究所） |
| 陈　雯 | 研究员（中国科学院南京地理与湖泊研究所） |
| 陈明星 | 副研究员（中国科学院地理科学与资源研究所） |
| 王成金 | 副研究员（中国科学院地理科学与资源研究所） |
| 张晓平 | 副研究员（中国科学院地质与地球物理研究所） |
| 马　丽 | 副研究员（中国科学院地质与地球物理研究所） |
| 唐志鹏 | 副研究员（中国科学院地质与地球物理研究所） |
| 周　侃 | 助理研究员（中国科学院地质与地球物理研究所） |
| 宋　涛 | 助理研究员（中国科学院地质与地球物理研究所） |
| 孙东琪 | 博士后（中国科学院地质与地球物理研究所） |